Universum Physik 9|10

Niedersachsen G9

Cornelsen

Universum Physik

Band 9/10 Gymnasium Niedersachsen G9

Autoren:
Dr. Hans-Otto Carmesin, Stade; Jens Kahle, Cuxhaven; Ulf Konrad, Verden;
Inka Katharina Pröhl, Bremerhaven; Torsten Trumme, Friesoythe

Teile dieses Werkes beruhen auf Arbeiten von:
Benedict Bogenberger; Ruben Brand; Werner Hasler; Prof. Dr. Lutz Kasper;
Dr. Reiner Kienle; Dr. Josef Küblbeck; Thorsten Mitschke; Carl-Julian Pardall;
Prof. Bruno Rager; Stefan Ronellenfitsch; Dr. Ursula Wienbruch; Lutz Witte

Beratung:
Lutz Witte, Wilhelmshaven

Redaktion:
Dr. Andreas Hagedorn

Grafik:
Franz Josef Domke, Hannover; Atelier tigercolor Tom Menzel, Scharbeutz/Klingberg;
newVISION! GmbH Bernhard A. Peter, Pattensen; Karin Mall, Berlin

Layoutkonzept, Umschlaggestaltung:
SOFAROBOTNIK GbR, Augsburg & München

Layout und technische Umsetzung:
Jesse Konzept & Text GmbH, Hannover

Begleitmaterial zum Lehrwerk für Lehrerinnen und Lehrer

Lösungen zum Schülerbuch	ISBN 978-3-06-420092-0
Kopiervorlagen, Teil 1	ISBN 978-3-06-420084-5
Editierbar zum Download	ISBN 978-3-06-012071-0
Kopiervorlagen, Teil 2	ISBN 978-3-06-420085-2
Editierbar zum Download	ISBN 978-3-06-012072-7
Kopiervorlagen, Teil 3	ISBN 978-3-06-420086-9
Editierbar zum Download	ISBN 978-3-06-012073-4
E-Book	ISBN 978-3-06-420197-2

www.cornelsen.de

1. Auflage, 6. Druck 2023

Alle Drucke dieser Auflage sind inhaltlich unverändert
und können im Unterricht nebeneinander verwendet werden.

Druck und Bindung: Livonia Print, Riga

ISBN 978-3-06-420091-3

Atom- und Kernphysik 100

Elektrizitätsleitung 134

Energieübertragung in Kreisprozessen 166

Anhang

Wärmelehre

In diesem Kapitel beschäftigst du dich mit

- dem Aufbau von Körpern und Stoffen. Du lernst das Teilchenmodell kennen, mit dessen Hilfe du viele Eigenschaften von Festkörpern, Flüssigkeiten und Gasen erklären kannst. Du lernst den Druck als eine neue physikalische Größe kennen und erfährst, dass das Teilchenmodell hilfreich dabei ist, Druckphänomene zu erklären.

- dem Zusammenhang zwischen den Größen Druck und Kraft. Du wendest diesen Zusammenhang in verschiedenen Alltagssituationen an.

- dem Zusammenhang zwischen Energie und Temperatur. Du lernst, dass jeder Stoff eine spezifische Wärmekapazität hat. Du erfährst, wo die einem Körper zugeführte Energie bei Aggregatszustandswechseln bleibt. Du wendest deine neuen Kenntnisse über den Energiebegriff in vielen Beispielen aus deinem Alltag an.

Eigenschaften von Körpern und Stoffen

Die **Masse *m*** eines Körpers ist ein Maß dafür, wie schwer ein Körper ist. Die Einheit der Masse ist ein Kilogramm (1 kg).
Jeder Körper hat ein **Volumen *V*.** Die Einheit des Volumens ist ein Kubikmeter ($1\,m^3$).
Die **Dichte *ρ*** ist eine Stoffeigenschaft. Es gilt:

$\rho = \frac{m}{V}$. Die Einheit ist $1\,\frac{kg}{m^3}$ bzw. $1\,\frac{g}{cm^3}$.

Kraft

Wirkungen von Kräften: Wenn ein Körper verformt oder beschleunigt wird, dann wird eine Kraft auf den Körper ausgeübt.

Eigenschaften der Kraft: Eine Kraft hat einen Betrag und eine Richtung. Wir kennzeichnen dies durch einen Pfeil über dem Größensymbol $\vec{F}$.
Die Einheit der Kraft ist ein Newton (1 N).

Schwerkraft: Auf eine Masse m wirkt am Erdboden die Schwerkraft

$F = m \cdot g$.

Dabei ist g der **Ortsfaktor** mit $g = 9{,}8\,\frac{N}{kg}$.

Mehrere Kräfte: Wenn zwei Kräfte auf einen Körper ausgeübt werden, dann kann man die resultierende Kraft mit einem Kräfteparallelogramm bestimmen (▸ Bild 01).
Wenn die resultierende Kraft den Betrag null hat, dann liegt ein **Kräftegleichgewicht** vor.

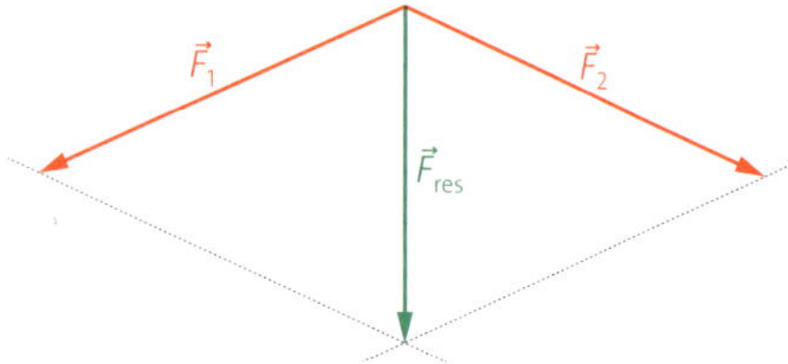

01 Kräfteparallelogramm: Die zwei Kräfte $\vec{F}_1$ und $\vec{F}_2$ ergeben die resultierende Kraft $\vec{F}_{res}$.

Wechselwirkungsprinzip: Wenn ein Körper A auf einen Körper B eine Kraft $\vec{F}$ ausübt, dann übt der Körper B auf den Körper A eine Kraft $-\vec{F}$ mit gleichem Betrag und entgegengesetzter Richtung aus.

Energie

Ohne Energie können Pflanzen, Tiere und Menschen nicht überleben.
Immer wenn wir etwas bewegen, heben, biegen, spannen, erleuchten, erwärmen, ausrufen, verdichten, schmelzen oder verdampfen, dann brauchen wir Energie.
Die Energie wird mit E bezeichnet. Die Einheit der Energie ist ein Joule (1 J).

Energiespeicher: Energie kann gespeichert werden. Wir nutzen Energiespeicher wie Akkus und Pumpspeicherkraftwerke. Auch in erhitzten Körpern ist Energie gespeichert.

Energieübertragung: Energie kann übertragen werden. Die Energieübertragung kann auf verschiedene Arten erfolgen, z. B. durch Licht, durch den elektrischen Strom (als **elektrische Energie**), durch die Drehbewegung einer Achse usw.

Energieformen: Energie kommt in verschiedenen Formen vor.
Ein angehobener Körper hat **Höhenenergie.** Je höher er sich befindet, desto größer ist seine Höhenenergie.
Wenn sich ein Körper bewegt, dann hat er **Bewegungsenergie.** Je schneller er sich bewegt, desto größer ist seine Bewegungsenergie.
Ein elastisch verformter Körper hat **Spannenergie.** Je stärker er verformt ist, desto größer ist seine Spannenergie.
Ein Körper hat **thermische Energie.** Je höher seine Temperatur ist, desto größer ist seine thermische Energie.

Energieübertragungskette: Eine Energieübertragungskette besteht aus mehreren hintereinander angeordneten Energiewandlern. Um Energieübertragungsvorgänge darzustellen, verwendet man Energieflussdiagramme (▸ Bild 02).

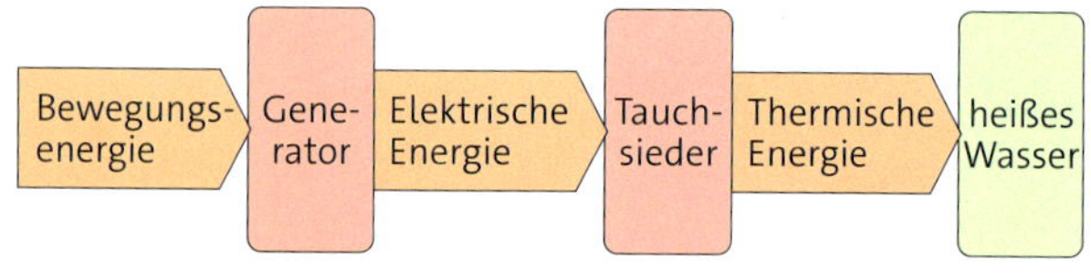

02 Energieflussdiagramm; Rot: Energiewandler, Grün: Energiespeicher

Rechnen mit Größen, Kräfte

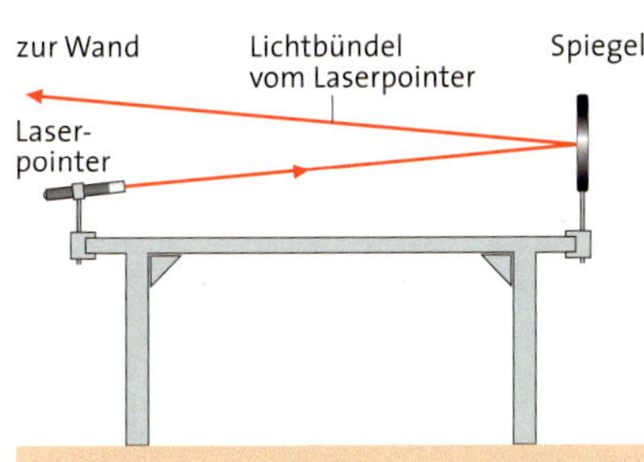

1 Eine Tischplatte scheint so fest zu sein, dass sie sich im Alltag nicht verformen lässt. Mit dem Versuchsaufbau im ▸ Bild oben lassen sich auch kleine Verformungen der Tischplatte nachweisen.
a) Jemand drückt auf die Mitte der Tischplatte. Beschreibe, wie die Verformung der Tischplatte nun nachgewiesen werden kann.
b) Der Versuchsaufbau soll so verbessert werden, dass er möglichst kleine Verformungen nachweisen kann. Finde Verbesserungsmöglichkeiten. Erkläre jeweils, warum die Empfindlichkeit dadurch gesteigert wird.

2 Tanjas Augentropfen sind vier Wochen haltbar. Sie braucht jeden Tag sechs Tropfen. Sie stellt fest, dass 25 Tropfen ein Volumen von 1,25 cm^3 haben. Die Flasche enthält insgesamt 10 mℓ.
Stelle fest, ob die Tropfen vor Ablauf der Haltbarkeitsdauer verbraucht sind.

3 Auf der Erde ist der Ortsfaktor nicht überall gleich (▸ Tabelle 03). Eine Personenwaage zeigt deshalb nicht an jedem Ort die gleiche Masse an.
a) Gib an, wo auf der Erde du am wenigsten wiegst, bzw. wo am meisten?
b) Gib an, wie genau eine Personenwaage messen muss, um diesen Unterschied festzustellen?

4 ▸ Bild 03 zeigt, wie sich der Ortsfaktor mit der Entfernung zum Ermittelpunkt ändert. Als Einheit für die Entfernung dient der Radius der Erde (R = 6370 km).
Boris sagt: „Die ISS schwebt so weit über dem Erdboden, dass der Ortsfaktor praktisch null ist. Deswegen ist man dort schwerelos."
Nimm Stellung.

Ort	g in $\frac{\text{N}}{\text{kg}}$
Äquator	9,78
Mitteleuropa	9,81
Nord- und Südpol	9,83

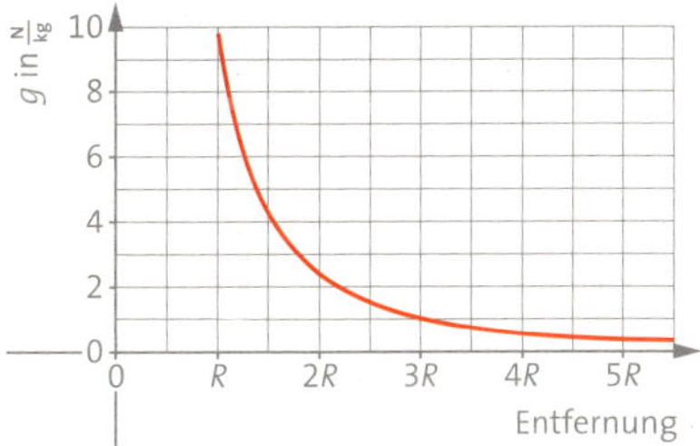

03 Ortsfaktor

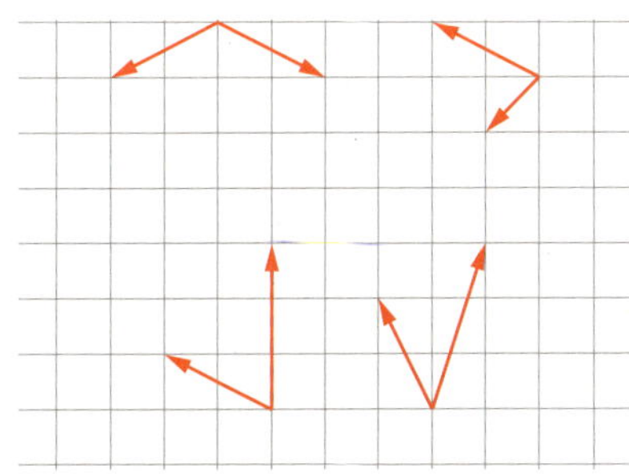

04 Resultierende Kräfte gesucht

5 **a)** Zeichne die vier Kräftepaare aus ▸ Bild 04 in dein Heft und ergänze die resultierenden Kräfte. Beschreibe, wie du vorgehst.
b) Bestimme die Beträge der vier resultierenden Kräfte (1 Kästchen ≙ 3 N).

6 **a)** Ein Massestück liegt auf einem Tisch (▸ Bild 05). Jemand sagt: „Das Massestück bewegt sich ja nicht. Also werden keine Kräfte darauf ausgeübt." Nimm Stellung.
b) Auf das Massestück wird die Schwerkraft $\vec{F}$ ausgeübt. Nach dem Wechselwirkungsgesetz muss es einen Körper geben, auf den die Kraft $-\vec{F}$ ausgeübt wird. Erläutere.

05 Kräfte gesucht

Energie

7 Im Alltag spricht man oft von „Energieerzeugung", „Energieverbrauch" und „Energiesparen". Erkläre, was damit aus physikalischer Sicht gemeint ist.

8 Mit einem Tauchsieder wird Tee von 20 °C auf 50 °C erwärmt. Für eine Tasse mit 150 mℓ benötigt er 20 s, für eine Kanne mit 750 mℓ dagegen 100 s.
a) Gib an, ob der Tee in der Tasse oder in der Kanne mehr Energie enthält. Begründe.
b) Zeichne ein Energieflussdiagramm.
c) Eine Tasse mit 300 mℓ Tee wird von 20 °C auf 35 °C erhitzt. Vermute, in welcher Tasse – 150 mℓ oder 300 mℓ – mehr Energie gespeichert ist. Begründe.

01 Island im Winter

Das Teilchenmodell

Wasserdampf, flüssiges Wasser, Schnee, Eis – Wasser kann sehr unterschiedlich aussehen und ist trotzdem immer der gleiche Stoff. Wie lässt sich das erklären? Dazu müssten wir wissen, woraus Wasser besteht.

WIE SIND STOFFE AUFGEBAUT? · Schon seit der Antike machen sich die Menschen Gedanken darüber, woraus die Stoffe aufgebaut sind und wie man damit ihre Eigenschaften erklären kann. Im Laufe der Zeit hat man immer mehr darüber herausgefunden. Die Vorstellung über den Aufbau der Stoffe ist inzwischen relativ kompliziert. Noch heute wird auf diesem Gebiet viel geforscht und es ergeben sich neue Erkenntnisse.

Obwohl die Frage nach dem Aufbau der Stoffe noch nicht endgültig beantwortet ist, kann man etwas über den Aufbau der Stoffe aussagen. Dazu muss man sich eine vereinfachte Vorstellung machen. In der Physik nennt man so etwas ein **Modell.** Seit über 200 Jahren hat sich in der Naturwissenschaft für den Aufbau der Stoffe das **Teilchenmodell** bewährt.

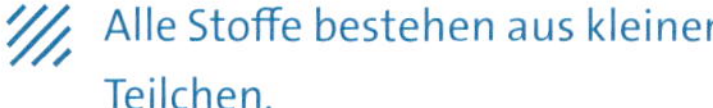

Alle Stoffe bestehen aus kleinen Teilchen.

DIE DARSTELLUNG DER TEILCHEN · Auf den kommenden Seiten betrachten wir einige Erscheinungen in der Natur. Du wirst sehen, dass diese mit dem Teilchenmodell erklärt werden können.
Hierbei ist es oft hilfreich, die Teilchenvorstellung mit Bildern zu veranschaulichen. Für die Phänomene, die wir erklären wollen, spielt die Form der Teilchen überhaupt keine Rolle. Deshalb stellen wir die Teilchen einfach als Kreise dar.

DIE AGGREGATZUSTÄNDE · Stoffe, z.B. Wasser, können fest, flüssig und gasförmig sein. Man bezeichnet diese Zustände als Aggregatzustände. Mithilfe des Teilchenmodells können wir diese Zustände erklären.

Wenn du z.B. mit der Faust auf einen Tisch schlägst, dann behält der Tisch seine Form (▸ Bild 02 A). Der Tisch ist ein **Festkörper**. Im Teilchenmodell stellen wir uns vor, dass bei Festkörpern die Teilchen eng beieinander liegen (▸ Bild 02 B). Zwischen den Teilchen ist ein starker Zusammenhalt. Die Tischplatte ist daher fest und deine Faust kann nicht in sie eindringen.

Im Gegensatz dazu fällt es dir leicht, deine Hand in Wasser einzutauchen (▸ Bild 03 A). Wasser ist bei Raumtemperatur eine **Flüssigkeit.** Bei Flüssigkeiten liegen die Teilchen ebenfalls eng beieinander. Allerdings sind sie gegeneinander verschiebbar (▸ Bild 03 B). Daher weicht das Wasser deiner Hand aus.

Noch leichter als durch das flüssige Wasser kannst du deine Hand durch die Luft bewegen (▸ Bild 04 A). Luft ist ein **Gas.** In Gasen befinden sich die Teilchen ohne jeden Zusammenhalt in sehr großem Abstand zueinander (▸ Bild 04 B). So nimmt 1 g Wasserdampf etwa 1700-mal mehr Volumen ein als 1 g flüssiges Wasser. Zwischen den Teilchen eines Gases befindet sich leerer Raum, sonst nichts.
Wir können also festhalten:

In **Festkörpern** liegen die Teilchen eng beieinander und haben einen starken Zusammenhalt.
In **Flüssigkeiten** liegen die Teilchen eng beieinander und sind gegeneinander verschiebbar.
Bei **Gasen** befinden sich die Teilchen in großem Abstand voneinander ohne jeden Zusammenhalt. Zwischen den Teilchen ist leerer Raum.

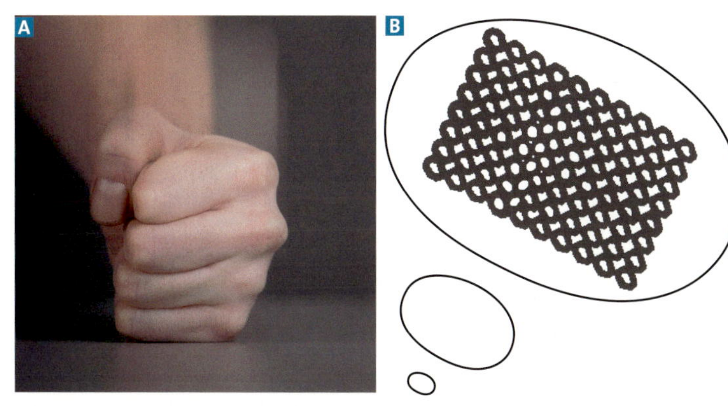

02 **A** Die Faust durchdringt den Tisch nicht. **B** Ein Festkörper im Teilchenmodell

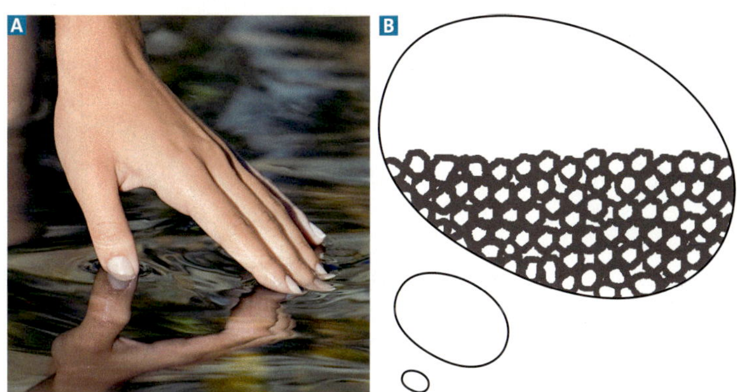

03 **A** Die Hand taucht ins Wasser. **B** Eine Flüssigkeit im Teilchenmodell

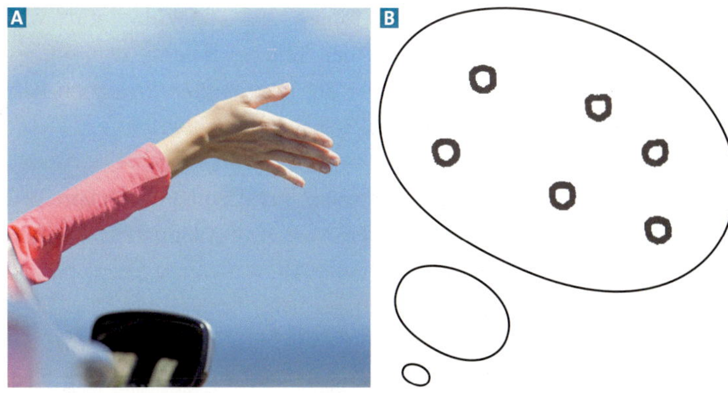

04 **A** Die Hand bewegt sich leicht in Luft. **B** Ein Gas im Teilchenmodell

1 Vergleiche und erkläre die unterschiedlichen Dichten von Festkörpern, Flüssigkeiten und Gasen.

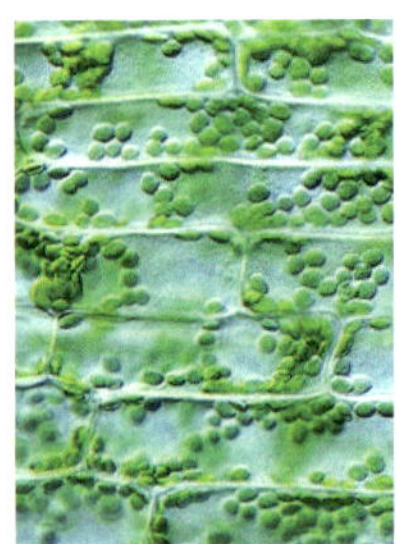

01 Eine Zelle kann man sehen, Teilchen nicht!

WIE GROSS SIND DIE TEILCHEN? · Wenn du dir ein entsprechend präpariertes Blatt einer Pflanze durch ein Mikroskop anschaust, dann kannst du sehr gut die Zellen erkennen, aus denen das Blatt aufgebaut ist (▸ Bild 01). Aber die Teilchen, aus denen die Zellen wie alle anderen Körper aufgebaut sind, wirst du so niemals sehen können. Sie sind noch tausendmal kleiner als alles, was man mit einem Mikroskop erkennen kann! Ein Teilchen hat einen Durchmesser von etwa einem Millionstel Millimeter.

02 Mehr als 1000000000000000000000 Wasserteilchen!

Die Teilchen sind so klein, dass jeder Körper aus unvorstellbar vielen Teilchen besteht. Schon ein Tropfen Wasser (▸ Bild 02) enthält mehr als tausend Milliarden Milliarden von ihnen – das ist eine Zahl mit 22 Stellen! Wenn ein Teilchen so groß wäre wie du, dann wäre der Wassertropfen größer als die Erde!

ATOME UND MOLEKÜLE · Du weißt, dass Stoffe unterschiedliche Eigenschaften haben können. Ein Teil dieser Eigenschaften ergibt sich daraus, dass Stoffe aus verschiedenen Teilchen bestehen. In der Chemie beschäftigt man sich damit, welche Folgen das hat. Dort spricht man häufig von Atomen und Molekülen statt von Teilchen. Für das Teilchenmodell, wie wir es verwenden, ist der Unterschied zwischen den einzelnen Teilchensorten nicht wichtig.

 Ein Teilchen hat einen Durchmesser von etwa einem Millionstel Millimeter.

DIE TEILCHEN BEWEGEN SICH · Mit dem folgenden Versuch wollen wir eine weitere Eigenschaft der Teilchen deutlich machen: Sie sind andauernd regellos und ungeordnet in Bewegung. Wir geben einen Tropfen Milch in etwas Wasser und betrachten einen Tropfen dieser Mischung unter dem Mikroskop. Was wir sehen, können wir in ▸ Bild 03 gar nicht richtig darstellen: Viele Flecken bewegen sich langsam durch unser Blickfeld. Sie ändern dabei ständig ihre Bewegungsrichtung, ohne dass etwas Sichtbares gegen sie stößt. In ▸ Bild 04 ist die Bahn eines Flecks vergrößert dargestellt.

Was sehen wir durch das Mikroskop überhaupt? Die Teilchen selbst können es nicht sein, da sie viel zu klein sind. Die Flecken sind Fetttröpfchen aus der Milch, die sich durch das Wasser bewegen. Man hat solche Zick-Zack-Bewegungen auch bei winzigen Metallsplittern beobachtet. Damit ist ausgeschlossen, dass Lebewesen für diese Bewegung verantwortlich sind.

Wenn wir annehmen, dass die Teilchen sich heftig und ungeordnet bewegen, dann können wir die Bewegung des Fetttröpfchens in ▸ Bild 04 erklären: Für uns unsichtbar treffen ständig Wasserteilchen auf das Tröpfchen. Wenn z.B. an der rot markierten Stelle etwas mehr Wasserteilchen von rechts gegen das Tröpfchen stoßen, dann wird es nach links abgelenkt. Kurze Zeit später ändert sich die Richtung durch solche Stöße wieder.

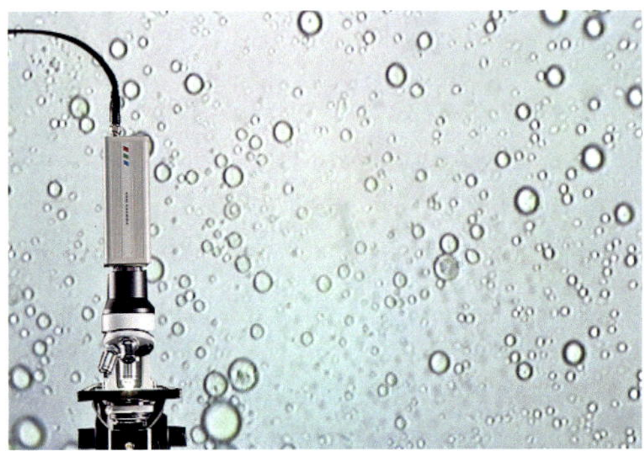

03 Ein Tropfen Milch unter dem Mikroskop

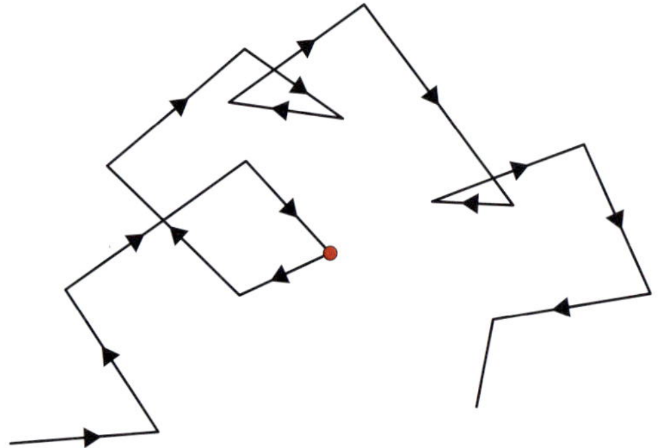

04 Zick-Zack-Bewegung eines Fetttröpfchens

DIE BEWEGUNG HÖRT NIE AUF! · Im Alltag bist du gewohnt, dass alle Bewegungen durch Reibung langsamer werden, wenn kein Antrieb vorhanden ist. Wie sieht es bei den Fetttröpfchen aus? Wenn man die verdünnte Milch Stunden oder Tage später untersucht, beobachtet man immer noch die gleiche Zitterbewegung der Fetttröpfchen. Daran sieht man, dass die Bewegung der Teilchen nicht nachgelassen hat, sondern bei gleichen Bedingungen immer gleich heftig andauert.

Eine ähnliche Bewegung wie die der Fetttröpfchen in der verdünnten Milch kann man bei Staubkörnern in der Luft beobachten. Wir schließen daraus, dass die Teilchen in einem Gas sich auch ungeordnet bewegen.
Selbst die Teilchen in einem Festkörper bewegen sich. Da sie ihren Platz aber nicht verlassen können, schwingen sie um diesen hin und her.

DIE DIFFUSION · Wenn jemand in einer Ecke des Physikraums etwas Parfüm versprüht, dann riechst du den Duftstoff bald überall (▸ Bild 07). Wie kommt es dazu? Luftströmungen sind nicht allein dafür verantwortlich. Das können wir mit dem folgenden Versuch nachweisen: Wir verschließen ein Glasrohr auf der rechten Seite mit einem Stopfen und legen an das linke Ende ein Stück Filterpapier, das mit etwas Parfüm getränkt ist (▸ Bild 05 A). Anschließend verschließen wir das Rohr auch dort.

Wenn wir den Stopfen am anderen Ende nach einigen Minuten vorsichtig öffnen, dann riechen wir den Duftstoff auch dort (▸ Bild 05 B).
Mit dem Teilchenmodell können wir diese Beobachtung erklären: Die Teilchen des Duftstoffs und die Luftteilchen vermischen sich durch ihre ständige Bewegung. Die heftige Bewegung der Duftstoffteilchen sorgt dafür, dass sie sich nach und nach im ganzen Raum verteilen. Dieses Vermischen durch die Teilchenbewegung nennt man **Diffusion.**

07

BEWEGUNG UND TEMPERATUR · Wenn wir einen Tropfen Tinte in ein Becherglas mit Wasser geben, dann vermischt er sich durch Diffusion mit dem Wasser (▸ Bild 06 A). Wenn wir den Versuch mit heißem Wasser wiederholen, dann geht dies schneller (▸ Bild 06 B).
Wenn die Diffusion von der Temperatur abhängt, dann muss das im Teilchenmodell auch für die Bewegung der Teilchen gelten. Offensichtlich bewegen sie sich heftiger, wenn die Temperatur höher ist.

Alle Teilchen bewegen sich andauernd.
Je höher die Temperatur eines Körpers ist, desto heftiger bewegen sich die Teilchen, aus denen er besteht.

1 Wenn man Käse neben einem Stück Sahnetorte im Kühlschrank stehen lässt, dann schmeckt die Torte bald nach Käse. Erkläre mit dem Teilchenmodell.

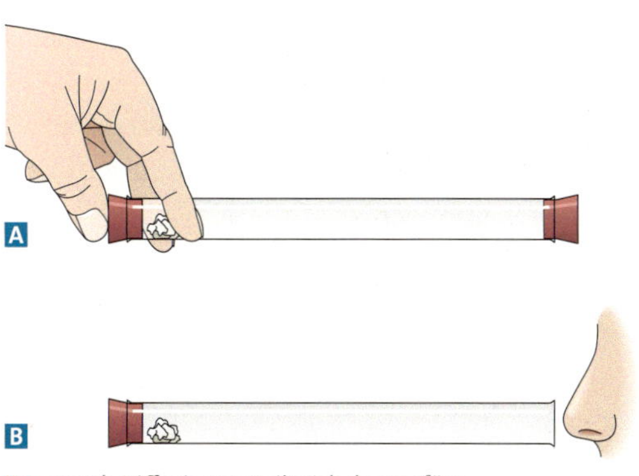

05 Durch Diffusion verteilt sich das Parfüm.

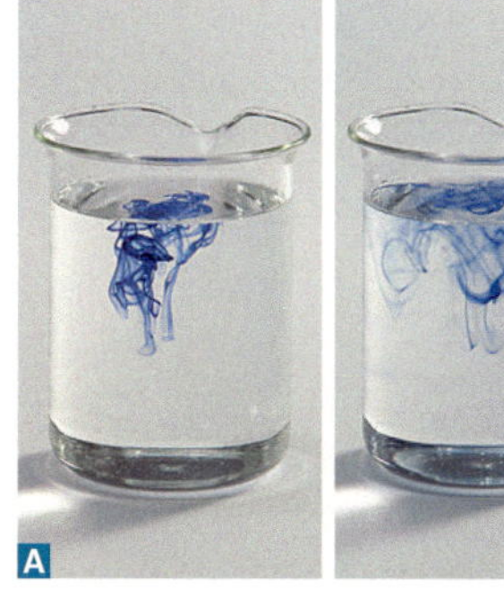

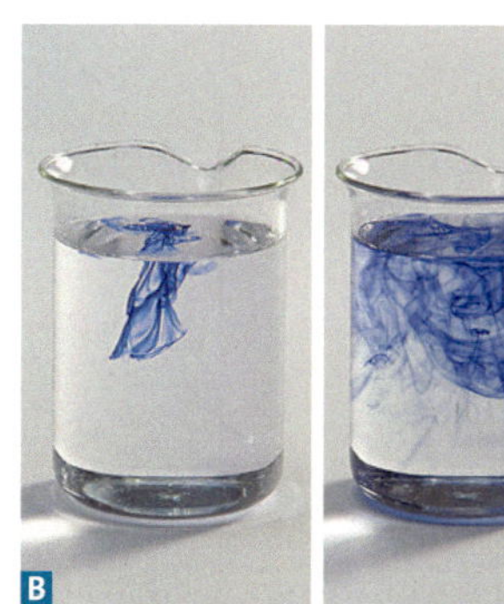

06 Tinte in Wasser: **A** kaltes, **B** warmes Wasser

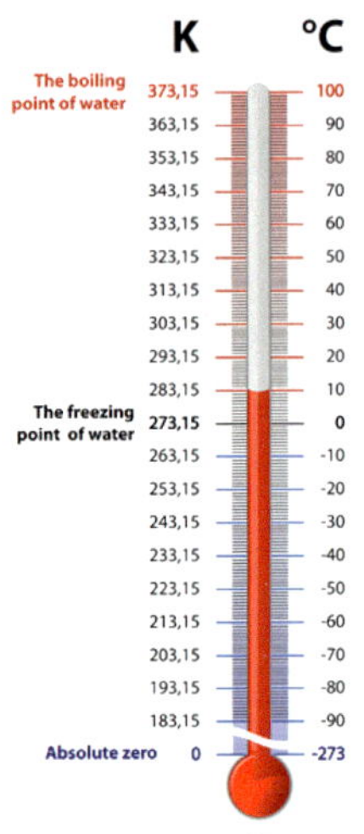

01 Thermometer mit Celsius- und Kelvin-Skala

BLICKPUNKT

Temperaturskalen

Wenn eine Flüssigkeit erhitzt wird, dann dehnt sie sich etwas aus. Nach diesem Prinzip funktioniert das Flüssigkeitsthermometer im ▸ Bild 01. Der größte Teil der Flüssigkeit befindet sich in einem Vorratsbehälter, nur ein kleiner Teil befindet sich in einem engen Rohr. An dem Rohr ist eine Skala, die sogenannte **Celsius-Skala,** angebracht. Mit 0 °C wird der Gefrierpunkt, mit 100 °C der Siedepunkt des Wassers bezeichnet. Zwischen diesen beiden Punkten ist die Skala gleichmäßig in 100 Gradschritte eingeteilt.

Du weißt, dass sich der elektrische Widerstand mit der Temperatur verändert. Diesen Zusammenhang kann man nutzen, um Temperaturen zu messen. Bei bestimmten Stoffen ist der Zusammenhang zwischen Temperatur und Widerstand linear.

02 Plättchen aus Yttrium-Barium-Kupfer-Oxid

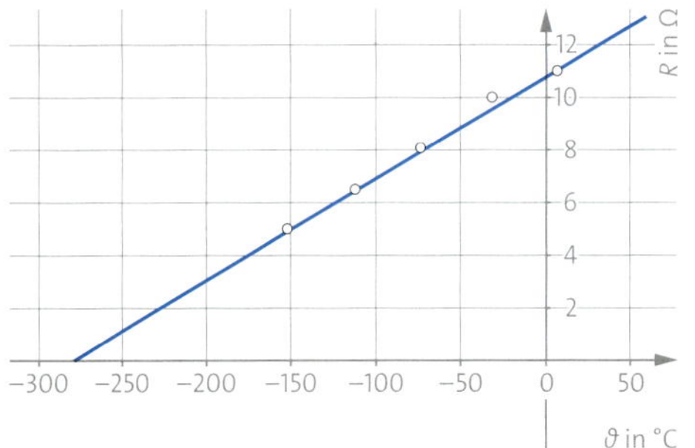

03 Temperatur-Widerstand-Diagramm

Für eine Yttrium-Barium-Kupfer-Oxid-Probe wie im ▸ Bild 02 zeigen wir das Temperatur-Widerstand-Diagramm (▸ Bild 03). Wenn man durch die Datenpunkte eine Ausgleichsgerade zeichnet, dann schneidet diese Gerade die waagerechte Achse bei einer Temperatur von etwa −273 °C. Da der elektrische Widerstand keine negativen Werte annehmen kann, bedeutet das, dass −273 °C die tiefste Temperatur ist. Man nennt diesen Wert auch den **absoluten Temperaturnullpunkt.** Wenn man von diesem Punkt in gleichen Schritten wie bei der Celsius-Skala nach oben zählt, dann erhält man die **Kelvin-Skala** mit der Einheit 1 K (▸ Bild 03). Die Temperatur 273 K entspricht 0 °C und 373 K entspricht 100 °C.

Warum gibt es einen absoluten Temperatur nullpunkt, wie kann man sich das vorstellen? Im Teilchenmodell entspricht eine hohe Temperatur einer schnellen Bewegung der Teilchen. Wenn man die Temperatur eines Gegenstands absenkt, dann nimmt diese thermische Bewegung der Teilchen ab. Wenn man die Temperatur immer weiter absenkt, dann kommt diese thermische Bewegung der Teilchen irgendwann zum Erliegen. Noch weiter kann man die thermische Bewegung nicht verringern. Die Temperatur kann daher nicht weiter absinken.

Hat man den absoluten Temperaturnullpunkt schon einmal erreicht? Man hat schon viele Geräte erfunden, um möglichst tiefe Temperaturen zu erreichen. Der aktuelle Kälterekord liegt bei einer Temperatur von 0,000 000 0001 K oder 0,1 Nano-Kelvin.

1 Die Probe zum Diagramm im ▸ Bild 03 hat bei einer Temperatur von 280 K den elektrischen Widerstand 11,5 Ω. Bestimme den Widerstand für 140 K.

VERSUCHE ▸ Wie groß sind die Teilchen? – Eine Abschätzung

Mit der Größe von Spülmittelflecken auf der Wasseroberfläche kannst du berechnen, wie groß Spülmittelteilchen etwa sind. Der Versuch selbst ist einfach, der Schritt zur Teilchengröße ist etwas komplizierter. Wie man von den Messungen zur Teilchengröße kommt, kannst du anhand von V1 nachvollziehen.

V1 Wie groß sind Gummibärchen?

Du bestimmst die Größe von Gummibärchen auf die gleiche Weise wie in V2 die Größe der Teilchen.

Material:

eine Packung Gummibärchen, Messbecher, Lineal

Durchführung:

a) Miss mit dem Messbecher 200 cm^3 Gummibärchen ab. Verteile sie dann auf einem Blatt Papier, sodass die Bärchen eine Fläche bedecken, ohne dass es eine größere Lücke gibt oder Bärchen übereinander liegen.

b) Bestimme die Fläche, die die Bärchen bedecken, möglichst genau. Schätze dazu die Fläche durch ein entsprechendes Rechteck, Dreieck oder einen Kreis ab.

c) Wenn ein Körper die Grundfläche G und die Höhe h hat, dann gilt für sein Volumen $V = G \cdot h$. Für den Quader kennst du diese Gleichung. Berechne entsprechend die Höhe der „Gummibärchenfläche".

d) Diese Höhe soll angeben, wie groß ein Gummibärchen ist. Miss bei einem Gummibärchen direkt nach und vergleiche.

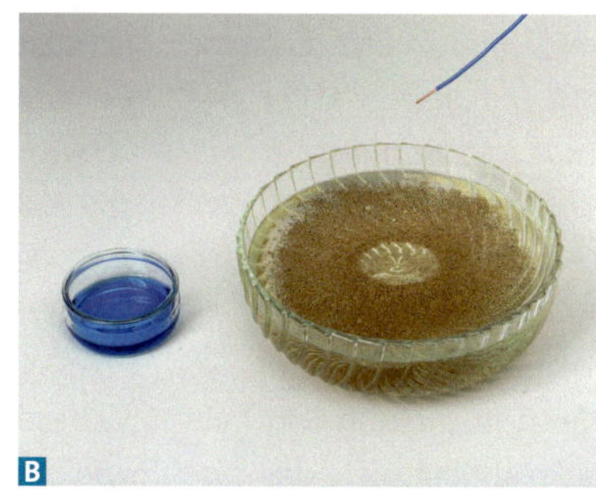

04 Versuch mit **A** Gummibärchen, **B** Spülmittel

V2 Spülmittelflecken

Material:

etwas Spülmittelkonzentrat, ein dünnes, sauberes Drahtstück (ca. 0,1 mm Durchmesser, z. B. frisch abisolierte Kupferlitze), gemahlener Pfeffer, Zimt o. Ä., flache Schale oder Suppenteller, Wasser, Lineal

Durchführung:

a) Fülle Wasser in die Schale und bestäube die Wasseroberfläche dünn mit dem gemahlenen Pfeffer. Tauche das Ende des Drahts in das Spülmittel, sodass ein Tropfen dort hängen bleibt. Berühre damit die Wasseroberfläche. Bestimme die Fläche des Spülmittelflecks.

b) Wiederhole den Versuch mehrfach. Der Fleck sollte jeweils etwa gleich groß sein, sonst ist wahrscheinlich der Draht nicht sauber.

c) Um die Höhe des Flecks zu berechnen, musst du das Volumen eines Spülmitteltropfens kennen: Er ist etwa so groß wie ein Würfel mit dem Drahtdurchmesser als Kantenlänge.

d) Berechne die Höhe des Flecks. Was kannst du nun über die Teilchengröße aussagen?

Material A ▸ Aggregatzustände und Teilchenmodell

A1 a) Wenn du einen Luftballon aufpustest, dann verteilt sich die Luft überall im Ballon. Jedes Gas füllt den ihm zur Verfügung stehenden Raum ganz aus. Erkläre mit dem Teilchenmodell.

b) Flüssigkeiten und Festkörper verhalten sich hier anders als Gase: Wenn man Wasser oder Eiswürfel in ein Trinkglas gibt, sieht man dies deutlich. Erkläre mit dem Teilchenmodell.

A2 a) Früher hatten Fahrräder Reifen, die vollständig aus Gummi waren. Heutzutage sind die Reifen mit Luft gefüllt. Für den Federungskomfort sind Luftreifen besser. Erkläre mit dem Teilchenmodell.

b) Erkläre, warum es nicht sinnvoll ist, die Reifen mit einer Flüssigkeit zu füllen.

01 Ein Fahrradreifen wird aufgepumpt, bis er hart ist.

Druck in Gasen

Den Unterschied zwischen schlecht und gut aufgepumpten Fahrradreifen kannst du kaum sehen. Aber du kannst ihn spüren! Wenn der Reifen voll aufgepumpt ist, dann lässt er sich mit den Händen nicht mehr eindrücken. Was macht den Reifen so hart? – Schließlich ist doch „nur" Luft drin.

WAS IST DRUCK? · Wenn du deinen Fahrradreifen aufpumpst, dann ändert sich das Volumen des Reifens praktisch nicht, obwohl immer mehr Luft in den Reifen gepresst wird. Je mehr Luft du in den Reifen presst, desto größer wird der Druck im Reifen. Deshalb wird der Reifen so hart. Das Ventil hindert die Luft übrigens daran, wieder aus dem Fahrradreifen zu entweichen.

Luft ist für uns lebensnotwendig. Auch für Taucher muss sie immer in ausreichender Menge zur Verfügung stehen. Für lange Tauchgänge muss möglichst viel Luft in einen relativ kleinen Behälter gepresst werden. Man spricht deshalb auch von der Pressluftflasche (▸ Bild 02).

02 Pressluftflaschen für den Tauchsport

Je mehr Luft in einen Behälter gepresst worden ist, desto größer ist der Druck der Luft in diesem Behälter. Für Luft und alle anderen Gase gilt:

Gase können zusammengepresst werden. Die physikalische Größe Druck beschreibt, wie sehr ein Gas zusammengepresst ist.

Sicher kennst du auch solche Redewendungen wie „unter Zeitdruck stehen" oder „jemanden unter Druck setzen". Manches Obst hat „Druckstellen" und schließlich ist dieses Physikbuch „gedruckt" worden. Daran erkennst du, dass der Begriff „Druck" in der Alltagssprache eine andere Bedeutung haben kann als in der Physik. Du wirst noch weitere Begriffe kennen lernen, deren Bedeutung in der Alltagssprache eine andere als in der Fachsprache ist.

MESSUNG UND EINHEITEN DES DRUCKS · Vielleicht besitzt du selbst eine Fahrradpumpe mit Druckanzeige. Sie gibt dir Auskunft über den Druck im Reifen. Druckmessgeräte heißen im Allgemeinen **Manometer.**

Eine oft genutzte Messmethode wird im Dosenmanometer angewendet (▸ Bild 03). Der Name kommt von einer Dose im Innern des Messgeräts. Diese Dose ist vollkommen geschlossen. Wenn sich der Druck der Luft außerhalb der Dose ändert, dann ändert sich die Form der Dose: Je höher der äußere Druck ist, desto mehr wird die Dose eingedrückt. Die Verformung der Dose wird über Hebel auf einen Zeiger zur Druckanzeige übertragen.

An deiner Fahrradpumpe und an der Tankstelle findest du oft die Einheit ein Bar (1 bar). In der Physik wird der Druck meist in der Einheit ein **Pascal** (1 Pa) angegeben. Weil ein Pascal ein sehr kleiner Druck ist, wird die Einheit ein Hektopascal (1 hPa) genutzt. Dabei gilt:
1 hPa = 100 Pa,
1 mbar = 1 hPa
(mbar bedeutet abgekürzt Millibar),
1 bar = 1 000 hPa = 100 000 Pa.

Der Druck von Gasen wird mit Manometern gemessen. Er wird in der Einheit ein Pascal (1 Pa) angegeben.
Das Formelzeichen für den Druck ist p.

VERFORMUNG DURCH LUFTDRUCK · Das hast du sicher schon mal erlebt: Wenn du mit der Seilbahn oder dem Auto vom Berg ins Tal fährst, dann spürst du einen leichten Schmerz im Ohr. Wie kommt das?

Unser Mittelohr ist über eine Röhre mit dem Mundraum verbunden. Diese Röhre ist normalerweise geschlossen. Wenn der Druck auf das Trommelfell von außen größer ist als der Druck von der Luft im Mittelohr, dann wölbt sich das Trommelfell nach innen (▸ Bild 04 A). Das schmerzt. Genau dies geschieht bei der Talfahrt. Denn der Luftdruck nimmt mit der Höhe über dem Boden ab.
Um einen Druckausgleich durchzuführen, musst du den Mund schließen, dir die Nase zuhalten und den Druck im Mundraum durch eine Ausatembewegung vergrößern. Auf diese Weise wird der Luftdruck im Mittelohr erhöht. Wenn der Druck auf beiden Seiten des Trommelfells gleich groß ist, dann ist das Trommelfell nicht mehr gewölbt und der Schmerz lässt nach.

ÜBERDRUCK UND UNTERDRUCK · Der Druck macht sich meistens nur dann bemerkbar, wenn er vom äußeren Luftdruck abweicht. In einem aufgepumpten Reifen z.B. ist der Druck der gepressten Luft größer als der äußere Luftdruck. Man spricht deshalb von **Überdruck.**
Unterdruck kennst du z.B. von den Saugnäpfen (▸ Bild 05). Der Druck unter dem Saugnapf ist geringer als der äußere Luftdruck. Deshalb wird er an die Wand gepresst – und nicht angesaugt!

1 Kondensmilch wird auch in Dosen verkauft. Erkläre, warum es für das Ausgießen gut ist, zwei Löcher in die Dose zu stechen.

06 Barometer zur Messung des Luftdrucks

Optimaler Reifen-(über)-druck:
Mountainbike: 2 bis 4 bar
Tourenrad: 2,5 bis 6 bar
Rennrad: 5 bis 9 bar

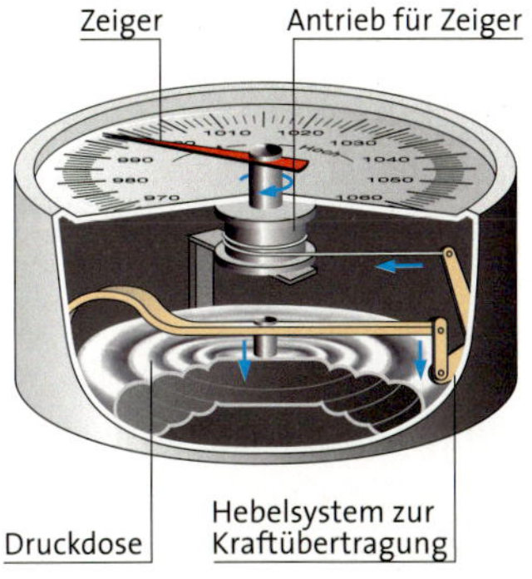

03 Aufbau eines Dosenmanometers

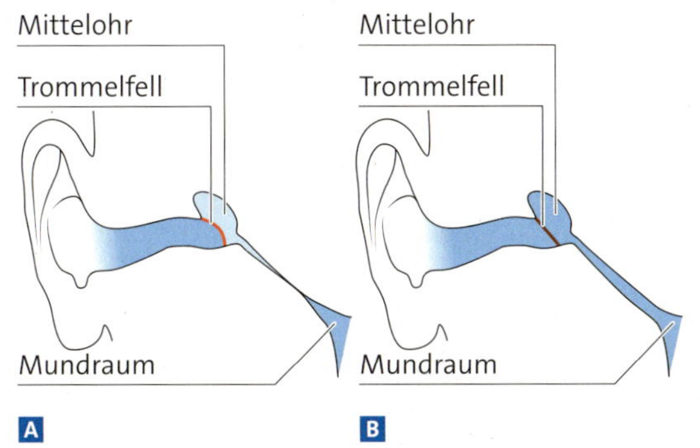

04 **A** Das Trommelfell wird nach innen gedrückt. **B** Nach dem Druckausgleich

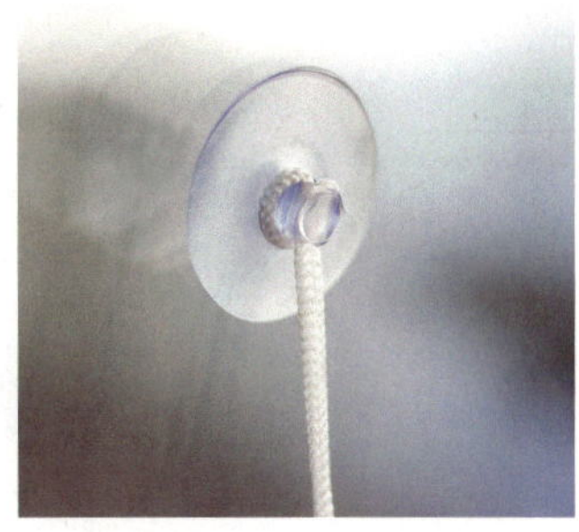

05 Halten ohne Leim – Saugnäpfe

01 Vakuumverpackte Lebensmittel

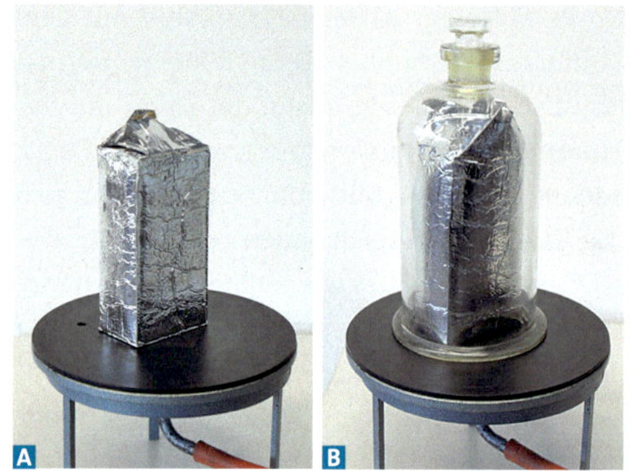

02 Vakuumverpackter Kaffee **A** bei normalem äußeren Luftdruck, **B** bei sehr geringem äußeren Luftdruck

VAKUUM – ABWESENHEIT VON LUFT? · Viele Lebensmittel werden in so genannten Vakuumverpackungen verkauft (▸ Bild 01). Sicher kennst du solche Verpackungen. Sie fühlen sich hart an. Aus allen Zwischenräumen in der Verpackung ist die Luft entfernt worden. Das macht das Packvolumen kleiner. Der entscheidende Vorteil ist aber, dass kein Sauerstoff mehr an die Lebensmittel kommt und sie verderben kann. So bleiben die Lebensmittel lange haltbar. Aber ist wirklich keine Luft mehr in der Verpackung? Zum Test wird vakuumverpackter Kaffee unter eine Glasglocke gelegt, aus der die Luft langsam herausgepumpt wird. Das Ergebnis kannst du in ▸ Bild 02 sehen. Die Verpackung bläht sich auf! Das bedeutet, dass in der Verpackung noch ein Rest von Luft sein muss. In dieser Luft herrscht jedoch ein so geringer Druck, dass die Packung vom normalen Luftdruck zusammengedrückt wird und sich hart anfühlt. Wenn der äußere Druck unter der Glasglocke kleiner als der Druck in der Verpackung ist, dann bläht sich die Verpackung auf.

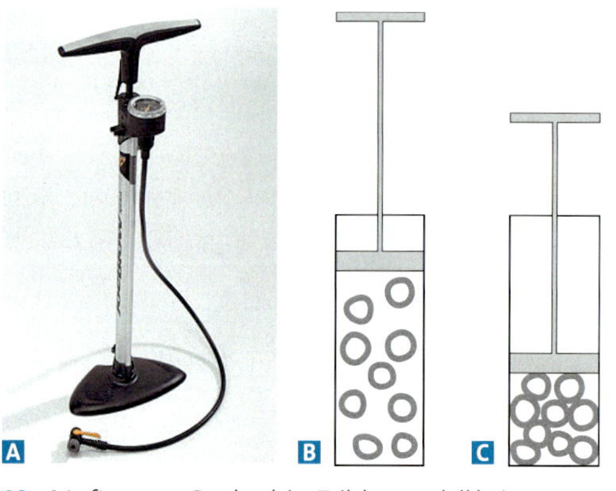

03 **A** Luftpumpe, Gasdruck im Teilchenmodell bei **B** niedrigem Druck, **C** hohem Druck

DRUCK VON GASEN IM TEILCHENMODELL · Das Teilchenmodell für Stoffe hast du bereits kennen gelernt. Auch Luft und alle anderen Gase bestehen aus Teilchen. Diese Teilchen sind in ständiger sehr schneller Bewegung. ▸ Bild 03 B zeigt, wie wir uns die Verhältnisse in einem Zylinder, ähnlich einer Luftpumpe, im Teilchenmodell vorstellen können: Bei ihren schnellen Bewegungen stoßen die Teilchen immer wieder miteinander und mit der Wand zusammen und prallen voneinander und von der Wand ab. Stelle dir diese Zusammenstöße so ähnlich vor, wie bei Billardkugeln, die auf einem Billardtisch alle in Bewegung geraten sind. Alle Stöße der Teilchen miteinander und mit der Wand erzeugen zusammen den Druck des Gases in diesem Behälter.

Mit dieser Modellvorstellung lässt sich auch erklären, warum der Druck in der Luftpumpe steigt, wenn der Kolben nach unten bewegt wird. Im Teilchenmodell bedeutet das, dass für die gleiche Anzahl von Teilchen der zur Verfügung stehende Raum kleiner ist. Deshalb werden die Zusammenstöße der Teilchen miteinander und mit der Wand häufiger. Damit steigt der Druck.

1 Auf einer Bergwanderung wird nach der Gipfelrast eine leere Plastikflasche fest verschlossen. Beschreibe, was mit dieser Flasche beim Abstieg geschieht.

2 **a)** Erkläre mithilfe des Teilchenmodells, warum sich ein voll aufgepumpter Reifen hart anfühlt.
b) Erläutere, weshalb sich auch eine Vakuumverpackung hart anfühlt, obwohl fast keine Luft mehr darin ist.

VERSUCHE ▸ Zum Luftdruck

V1 Verkehrte Welt?

Mit dem folgenden Versuch kannst du schon fast in einer Show auftreten. Ein randvoll gefülltes Wasserglas, verkehrt herum gehalten, hält allein mit einer Postkarte dicht!

Material:

Trinkglas, Postkarte oder ein Stück Karton, Wasser

Durchführung:

Führe den Versuch vorsichtshalber über einem Waschbecken aus. Fülle das Glas vollständig bis zum Rand mit Wasser. Bedecke es mit der Postkarte oder mit dem Stück Karton. Halte den Karton fest und drehe das Glas mit seiner Öffnung nach unten. Jetzt kannst du den Karton loslassen.
Wenn du alles richtig gemacht hast, dann sollte kein Wasser auslaufen. Gib eine Erklärung dafür.

V2 Ein einfaches Luftdruckmessgerät

Mit einem einfachen Modell eines Luftdruckmessgeräts überprüfst du Änderungen des Luftdrucks im Verlauf einiger Tage.

Material:

leeres Marmeladenglas, Luftballon, langer Strohhalm, Klebeband, Bindfaden

Durchführung:

Schneide den Luftballon so zurecht, dass du ein großes Stück Gummihaut hast. Spanne diese Gummihaut über die Öffnung des Marmeladenglases. Binde den Faden so um den Glasrand, dass die Gummihaut das Glas dicht schließt. Befestige den Strohhalm mit etwas Klebeband auf dem Gummi (▸ Bild 04). Stelle das Glas in einen Raum mit möglichst gleich bleibender Temperatur.

Um Luftdruckunterschiede feststellen zu können, brauchst du noch eine Art Skala. Auf dieser Skala markierst du für jeden Tag die Position des Strohhalms.
Überlege zuerst, in welche Richtung sich der Zeiger bewegt, wenn der Luftdruck größer bzw. kleiner wird.

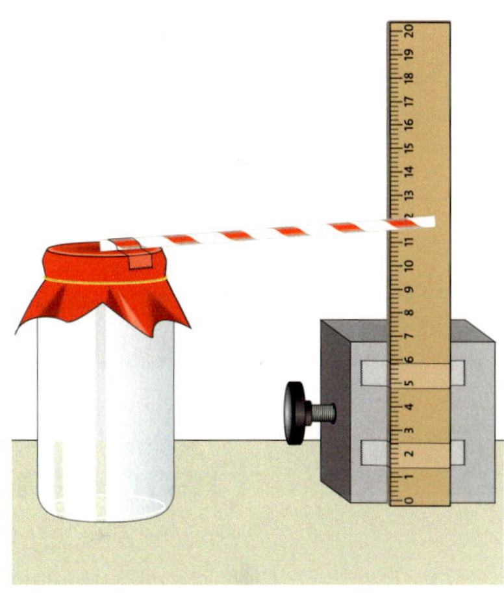

04 Modell eines Luftdruckmessgeräts

Material A ▸ Überraschung beim Abwasch

Sarah und Jasin machen eine Entdeckung beim Abwasch:

A1 Gib eine physikalische Erklärung dafür, warum das Wasser nicht aus dem Glas „will".

A2 Formuliere eine Vermutung, was geschieht, wenn Sarah und Jasin versuchen, das Wasser aus dem Glas zu saugen.

A3 Überprüfe deine Vermutung selbst in einem Versuch.

Material B ▸ Magdeburger Halbkugeln

Die enorme Wirkung des Luftdrucks zeigte OTTO VON GUERICKE 1654 in einem spektakulären Versuch (▸ Bild unten). 16 Pferde konnten zwei fast luftleer gepumpte Halbkugeln nicht auseinander ziehen!

B1 Erkläre diesen erstaunlichen Versuch.

B2 Du hast eine Modellvorstellung zur Erklärung des Luftdrucks kennen gelernt. Eine Aussage ist dabei, dass auf Luft Schwerkraft ausgeübt wird. Beschreibe, wie man in einem Versuch zeigen könnte, dass Luft etwas wiegt.

01 Feuerwehrboot während einer Vorführung

Druck in Flüssigkeiten

Ein Feuerwehrboot vor New York zeigt während einer Vorführung, was es kann. Im Ernstfall muss ein brennendes Objekt auch in größeren Entfernungen von über fünfzig Meter erreicht werden. Wie kommt es zu einem solchen Wasserstrahl?

WASSER UNTER DRUCK · Was das Wasser dazu bringt, in einem enormen Strahl die Feuerwehrspritze zu verlassen, kannst du mit einem einfachen Versuch verstehen (▸ Bild 02):

02 Versuch zum Druck in einer Flüssigkeit

Eine mit etwas Wasser gefüllte Plastiktüte wird verschlossen. Dann werden einige Löcher hinein gestochen. Wenn du nun mit dem Finger auf die Tüte drückst, dann tritt aus jedem der Löcher ein feiner Wasserstrahl heraus. Die Wasserstrahlen haben verschiedene Richtungen und behalten diese bei – unabhängig davon, wo du mit dem Finger auf die Tüte drückst. Wichtig ist nur, dass das Wasser gepresst wird. Bei der Feuerwehrspritze auf dem Boot übernimmt eine starke Pumpe das Pressen des Wassers.

Allgemein gilt: Flüssigkeiten können gepresst werden, ändern dabei aber ihr Volumen praktisch nicht – im Gegensatz zu den Gasen.

Der Druck in einer Flüssigkeit gibt an, wie sehr diese Flüssigkeit gepresst ist.
Der Druck wirkt in alle Richtungen gleich.

SCHWEREDRUCK IN FLÜSSIGKEITEN · Das kennst du vielleicht: Du bist im Schwimmbad und tauchst nach einem Gegenstand auf dem Grund des Wasserbeckens. Dabei spürst du in den Ohren ein unangenehmes Druckgefühl. Es wird umso deutlicher spürbar, je tiefer du tauchst. Die Erklärung dazu ist ähnlich wie beim Luftdruck. Stelle dir vor, dass über dir Wasserquader übereinander gestapelt sind. Auf jeden Quader wird eine Schwerkraft ausgeübt. Je tiefer du tauchst, desto mehr solcher Wasserquader befinden sich über dir. Deswegen nimmt der Druck mit der Tiefe zu. Der Druck wird auch hier durch die Schwerkraft verursacht, deshalb spricht man vom **Schweredruck.**

Mit einem einfachen Versuch kannst du untersuchen, wovon der Schweredruck in einer Flüssigkeit abhängt. Aus einem Luftballon und einem durchsichtigen Strohhalm kannst du eine Drucksonde bauen. Zur besseren Sichtbarkeit sollte der Ballon mit gefärbtem Wasser gefüllt sein. Wenn du die Drucksonde unterschiedlich tief ins Wasser eintauchst, dann kannst du erkennen, dass der Schweredruck mit der Wassertiefe zunimmt (▸ Bild 03 A–C). In gleicher Tiefe ist der Schweredruck an jeder Stelle gleich, auch am Rand des Gefäßes (▸ Bild 03 D). Wenn du die Versuche genauso in einem anders geformten Gefäß durchführst, dann stellst du fest, dass die Form des Gefäßes keinen Einfluss auf den Schweredruck hat (▸ Bild 03 E). Für alle Flüssigkeiten gilt:

> Der Schweredruck in einer Flüssigkeit nimmt mit der Tiefe zu.
> In gleicher Tiefe ist der Schweredruck in einer Flüssigkeit überall gleich.
> Der Schweredruck ist von der Form des Gefäßes unabhängig.

Man kann zeigen, dass der Schweredruck in Wasser pro 1 cm Tiefe um 1 hPa steigt. Wenn man 1 m tiefer geht, dann nimmt der Schweredruck um 100 hPa oder 0,1 bar zu. Bei 10 m Wassertiefe steigt er um 1 bar, bei 100 m Tiefe um 10 bar. Diese Zusammenhänge gelten auch für alle natürlichen Gewässer.
Jetzt kannst du dir vorstellen, welch extremer Druck am Grunde des Meeres herrscht. Bei der Erkundung der Tiefsee müssen Menschen und Geräte vor den Wirkungen des Schweredrucks geschützt werden. Das geht nur in Tauchkapseln, die aus dickem Stahl gebaut sind. ▸ Bild 04 zeigt das Rekord-Tauchboot aus dem Jahr 1960. Mit ihm tauchten die Forscher JACQUES PICCARD und DON WALSH erstmals bis zum Meeresboden in knapp 11 km Tiefe.

04 Rekord-Tauchboot von PICCARD und WALSH

1 Bestimme den Schweredruck des Wassers an der tiefsten Stelle des Pazifiks, dem Marianengraben, bei ca. 11 000 m Tiefe.

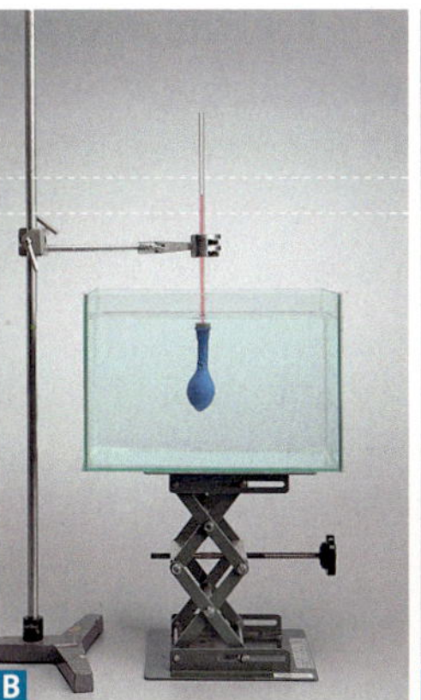

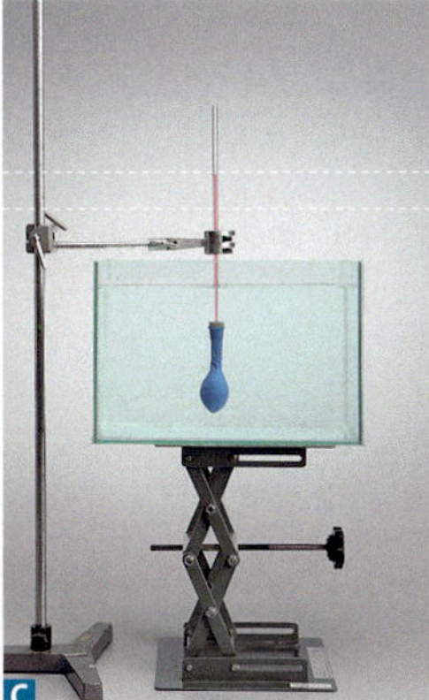

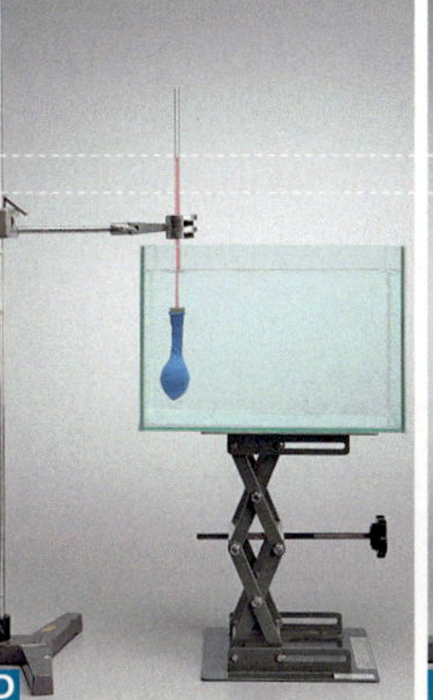

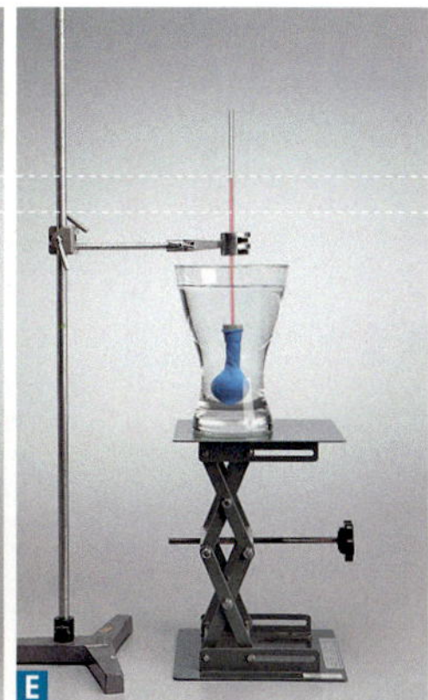

03 **A–C** Der Schweredruck hängt von der Tiefe ab, **D** ist bei gleicher Tiefe überall gleich, **E** ist unabhängig von der Gefäßform.

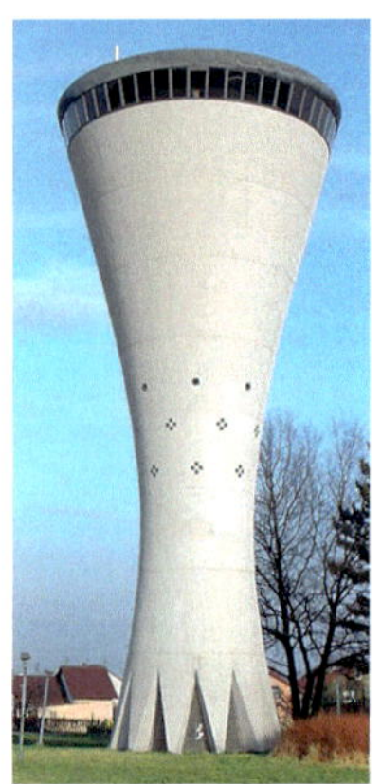

01 Wasserturm in Pfahlbronn

VERBUNDENE GEFÄSSE · In manchen Gemeinden versorgen Wassertürme die umliegenden Haushalte mit Trinkwasser (▸ Bild 01). Die Turmhöhe ist von großer Bedeutung. Der Vorratsbehälter des Wasserturms muss im Vergleich zu den Wohnhäusern die höchste Position haben. Nur dann ist der Schweredruck ausreichend, um das Wasser in den Leitungen bis in die Wohnungen zu transportieren.

Wasserturm und Wohnhäuser kannst du dir als ein verbundenes System von Wassergefäßen vorstellen. Ein einfaches Modell ist in ▸ Bild 03 dargestellt. Wenn ein Wohnhaus gerade so hoch wie der Wasserturm oder gar höher wäre, dann würde das Wasser in den Leitungen des Wohnhauses genau bis zu der Höhe steigen, auf der sich gerade der Pegel im Wasserturm befindet. Die oberen Wohnungen würde das Wasser nicht erreichen. Das liegt daran, dass eine Flüssigkeit in verbundenen Gefäßen immer gleich hoch steht.

In verbundenen Gefäßen steht eine Flüssigkeit gleich hoch.

Diese Gesetzmäßigkeit nutzt man bei Schlauchwasserwaagen aus (▸ Bild 02). In beiden Anzeigeröhrchen ist der Pegel stets gleich hoch. Das gilt auch dann, wenn die Röhrchen nicht genau in gleicher Höhe gehalten werden. So lässt sich für Wandbohrungen prüfen, ob sie sich auf einer horizontalen Linie befinden.

KRAFTVERSTÄRKUNG MIT FLÜSSIGKEITEN · Mit einer Kunststofftüte und Wasser kannst du einen einfachen Versuch durchführen. Lege auf die halb mit Wasser gefüllte und verschlossene Tüte vorsichtig einen Ziegelstein. Wenn du jetzt mit einem Finger auf die Tüte drückst, dann spürst du, dass der schwere Ziegelstein mit Leichtigkeit angehoben wird. Allerdings hebt er sich nur um ein sehr kleines Stück.

Dieser Effekt wird z. B. bei hydraulischen Felgenbremsen am Fahrrad genutzt (▸ Bild 04). Sie bestehen aus zwei mit Öl gefüllten, verschieden großen Zylindern, die über Schläuche miteinander verbunden sind. Wenn im Zylinder am Handgriff der Druck im Öl erhöht wird, dann herrscht dieser Druck im ganzen Bremssystem. Im Bremszylinder bewirkt diese Druckänderung das Herausschieben der Bremsbacken um ein kleines Stück. So werden die Bremsbacken kräftig an die Felge gepresst.

1 Erkläre mithilfe des Teilchenmodells, dass sich Flüssigkeiten nicht wie Gase zusammenpressen lassen.

2 Trainierte Menschen können ohne Hilfsmittel eine Wassertiefe von 30 m erreichen. Bestimme den Druck in dieser Tiefe.

3 Stelle eine Vermutung auf, wie in der Tiefsee lebende Tiere den extremen Schweredruck aushalten können.

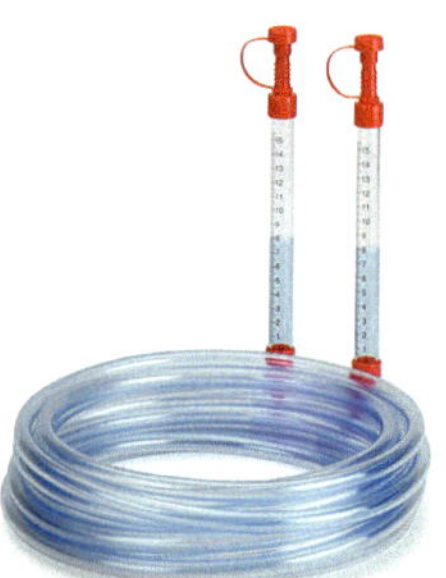

02 Schlauchwasserwaage

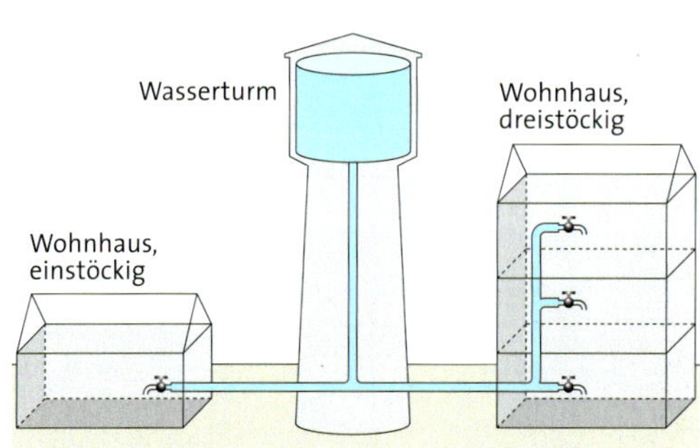

03 Modell einer Wasserversorgung mit Wasserturm

04 Hydraulische Felgenbremse am Fahrrad

VERSUCHE ► Zum Schweredruck in Flüssigkeiten

V1 Schweredruck sichtbar machen

Mit einfachen Mitteln machst du den Schweredruck an unterschiedlichen Stellen in einer PET-Flasche sichtbar.

Material:

PET-Flasche 1 ℓ, Schere, Wasser

Durchführung:

Stich mit der Schere drei kleine Löcher in die Trinkflasche, sodass sie sich übereinander in unterschiedlichen Höhen befinden. Stelle die Flasche an den Rand eines Waschbeckens und fülle sie vollständig mit Wasser. Beobachte die Form und die Reichweite der Wasserstrahlen, die aus den Löchern heraustreten. Verändern sich Form und Reichweite im Verlauf des Versuchs? Erkläre deine Beobachtungen. Beachte die unterschiedliche Höhe der Löcher.

V2 Der Schweredruck wirkt in alle Richtungen gleich

Im Versuch V1 zeigst du die Wirkung des Schweredrucks an den seitlich austretenden Wasserstrahlen. In diesem Versuch erkennst du, dass der Schweredruck genauso nach oben wirkt.

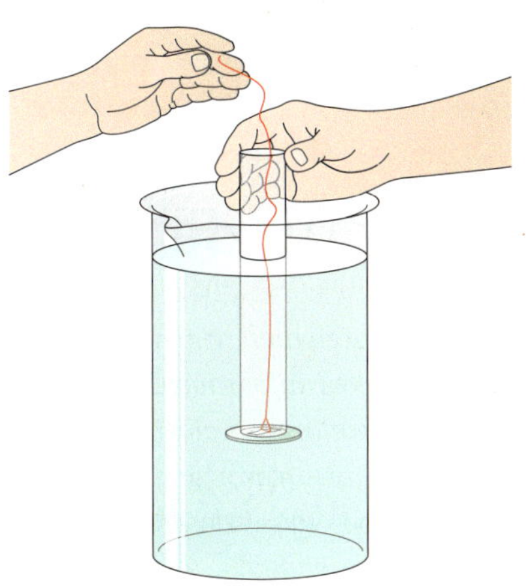

05 Hält die Scheibe?

Material:

Glasrohr mit glatt geschliffenem Rand, Scheibe mit Schnur, Gefäß (mindestens 15 cm tief), Wasser

Durchführung:

Führe die Schnur durch das Glasrohr. Ziehe damit die Scheibe an den geschliffenen Rand des Rohrs (► Bild 05). Senke das Glasrohr mit der festgehaltenen Scheibe voran in das mit Wasser gefüllte Gefäß. Wenn die Scheibe eine Tiefe von etwa 10 cm erreicht hat, dann kannst du die Schnur loslassen. Wovon hängt es ab, ab welcher Tiefe die Scheibe hält? Erkläre.

Material A ► Druck im Stausee

Sarah und Jasin wandern mit ihrer Klasse über die Schluchsee-Talsperre (► Bild unten). Beim Blick nach unten staunen sie:

Sarah: Ist das tief hier! Und auf der anderen Seite steht das Wasser bis fast oben. Was die Mauer am Grund wohl für einen Druck aushalten muss?

Jasin: Ja, ein extremer Druck. Aber zum Glück ist der See nur 1,4 Kilometer breit. Wäre er breiter, hätte der See mehr Wasser und der Druck auf die Mauer wäre noch größer!

A1 Beurteile Jasins Argument.

06 Schluchsee-Talsperre

Material B ► Kleine Ursache – große Wirkung

Im 17. Jahrhundert behauptete BLAISE PASCAL, ein Weinfass mit nur ein paar Gläsern Wein sprengen zu können. Zum Beweis bohrte PASCAL das volle Fass auf, steckte ein mehrere Meter langes Rohr in die Öffnung und dichtete alles sorgfältig ab. Dann begab er sich auf einen Balkon und ließ ein paar Gläser Wein in die obere Rohröffnung hineinlaufen (► Bild 07). Unter lautem Krachen platzte schließlich das Holzfass!

B1 Erkläre, warum der Versuch gelang.

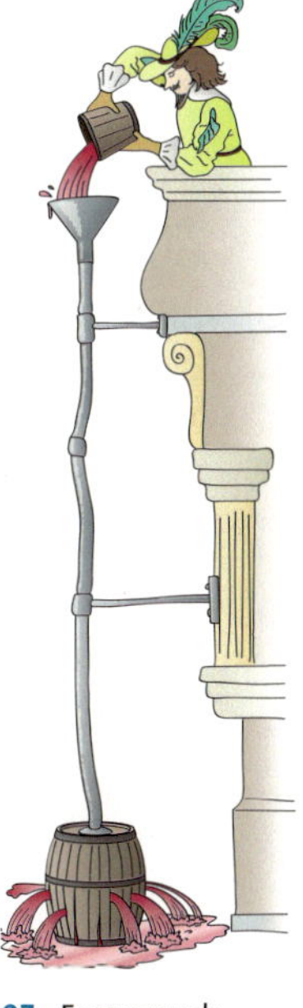

07 Fassversuch

01 Ein Fahrradreifen wird mit einer Standluftpumpe aufgepumpt.

Eine Gleichung für den Druck

Mit einer Standluftpumpe kann man einen Fahrradreifen bequem und schnell aufpumpen. Wie groß ist der Druck, den man mit so einer Pumpe erzeugen kann? Zur Beantwortung dieser Frage muss man wissen, von welchen Größen der Druck in der Pumpe abhängt.

DRUCK, KRAFT UND FLÄCHE · Um zu untersuchen, wovon der Druck abhängt, verwenden wir statt einer Standluftpumpe einen sogenannten Kolbenprober. Das ist im Wesentlichen ein Zylinder mit einem luftdicht abschließenden Kolben (▸ Bild 02 A). Wir erwarten, dass der Druck umso größer ist, je weiter der Kolben in den Zylinder gedrückt wird. Dabei stellen wir fest, dass die Kraft, mit der man drücken muss, zunimmt. ▸ Tabelle 03 A zeigt, dass der Druck proportional zur Kraft ist, also

$$p \sim F.$$

Wenn wir den Versuch mit mehr Luft im Kolbenprober wiederholen, dann erhalten wir wieder denselben Zusammenhang wie in ▸ Tabelle 03 A.

Verwenden wir einen Kolbenprober mit einer kleineren Querschnittsfläche A (▸ Bild 02 B), dann stellen wir fest, dass der Druck bei gleicher Kraft größer ist (▸ Tabelle 03 B). Eine Verkleinerung der Kolbenfläche auf ein $\frac{1}{3}\,A$ ergibt bei gleicher Kraft den dreifachen Druck. Wir vermuten daher, dass der Druck bei konstanter Kraft umgekehrt proportional zur Kolbenfläche ist:

$$p \sim \frac{1}{A}.$$

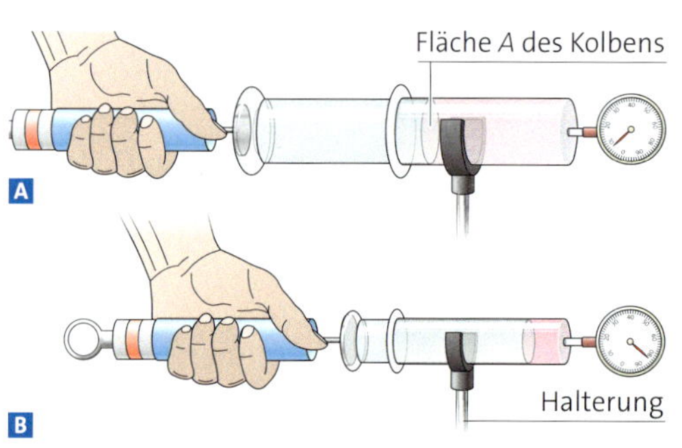

02 Wenn Luft zusammengedrückt wird, dann steigt der Druck der eingeschlossenen Luft.

A

Kraft F in N	10	20	50
Fläche A in cm²	6,0	6,0	6,0
Druck p in kPa	17	33	83

B

Kraft F in N	10	20	50
Fläche A in cm²	2,0	2,0	2,0
Druck p in kPa	50	100	250

03 Abhängigkeit des Drucks von der Kraft für unterschiedliche Kolbenflächen.

DRUCK ALS KRAFT PRO FLÄCHE · Aus der Abhängigkeit des Drucks von der Kraft und von der Kolbenfläche folgt: Wenn man die Kraft und die Kolbenfläche um den gleichen Faktor ändert, dann bleibt der Druck in der eingeschlossenen Luft konstant – genauso wie der Quotient $\frac{F}{A}$ (▸ Tabelle 04). Mehr noch: Die Tabelle zeigt, dass der Quotient $\frac{F}{A}$ und der Druck p stets den gleichen Zahlenwert haben. Das liegt daran, dass die Einheit ein Pascal (1 Pa) als $1\,\frac{\text{N}}{\text{m}^2}$ festgelegt wurde. Damit haben wir eine Gleichung für den Druck erhalten.

Wenn ein Kolben der Fläche A mit der Kraft F auf ein eingeschlossenes Gas drückt, so gilt für den Druck in dem Gas
$p = \frac{F}{A}$.
Die Einheit des Drucks ist: $1\,\text{Pa} = 1\,\frac{\text{N}}{\text{m}^2}$.

Eine alte, aber oft verwendete Druckeinheit ist ein Bar (1 bar). Dabei ist 1 bar = 100 000 Pa.

Somit können wir den mit der Luftpumpe erzeugbaren Druck ausrechnen: Wenn sich eine Person mit 50 kg Masse auf den Kolben aufstützt, dann übt sie eine Kraft von etwa 490 N auf die Luft aus. Der Rohrdurchmesser der Pumpe beträgt etwa 2,5 cm = 0,025 m. Für die Querschnittsfläche ergibt das etwa 0,00049 m^2. Somit kann der Radfahrer folgenden Druck erzeugen:

$$p = \frac{F}{A} = \frac{490\,\text{N}}{0{,}00049\,\text{m}^2} = 1\,000\,000\,\text{Pa} = 10\,\text{bar}.$$

DER GASDRUCK AUF DEN KOLBEN · Der Kolben übt eine Kraft auf die eingeschlossene Luft aus. Aber auch die Luft übt eine Kraft auf den Kolben aus. Da sich der Kolben nicht bewegt, müssen diese Kräfte gleich groß sein.

Allgemein übt ein eingeschlossenes Gas mit dem Druck p auf jede Begrenzungsfläche eine Kraft aus. Für diese Kraft gilt:

$F = p \cdot A$.

F in N	60	20	35
A in m^2	0,00060	0,00020	0,00035
$\frac{F}{A}$ in $\frac{\text{N}}{\text{m}^2}$	100 000	100 000	100 000
p in Pa	100 000	100 000	100 000

04 Der Quotient $\frac{F}{A}$ und der Druck p sind gleich.

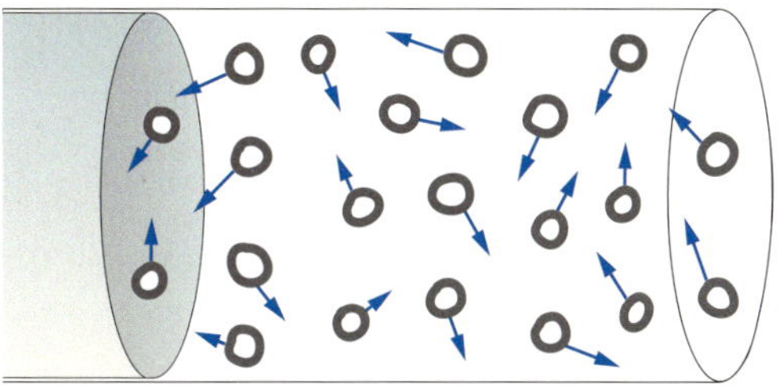

05 Druck im Teilchenmodell: Durch die Stöße üben die Teilchen eine Kraft auf den Kolben aus.

DRUCK IM TEILCHENMODELL · Im Teilchenmodell prallen die Teilchen auf die Zylinderwand und den Kolben (▸ Bild 05). Dabei ändern die Teilchen nur die Richtung, nicht aber den Betrag ihrer Geschwindigkeit. Man kann sich dies so vorstellen, als ob sehr viele Flummis gegen eine Scheibe prasseln würden. Die von den Teilchen auf den Kolben ausgeübte Kraft ist umso größer, je mehr Teilchen pro Zeiteinheit auf den Kolben prallen. Daher ist die Kraft umso größer, je größer die Begrenzungsfläche ist.

1 Durch die Verbrennung von Benzin entstehen in den Zylindern eines Automotors heiße Gase mit einem Druck von etwa 50 bar. Die heißen Gase treiben die Kolben an (▸ Bild 06).
a) Gib den Druck in der Einheit Pa an.
b) Der Durchmesser eines Kolbens beträgt 80 mm. Berechne die Kraft auf den Kolben.

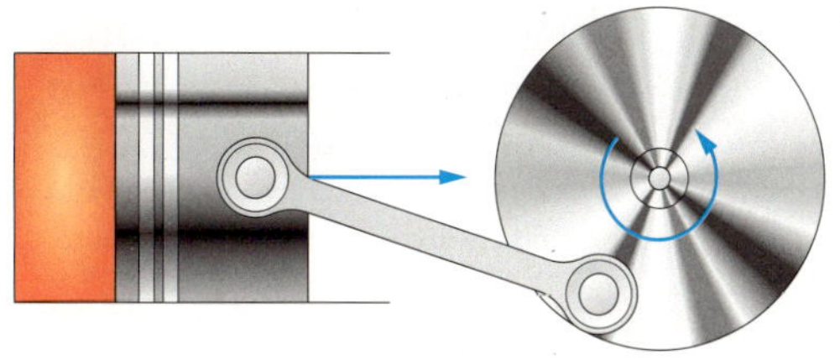

06 Das heiße Gas übt eine Kraft auf den Kolben aus.

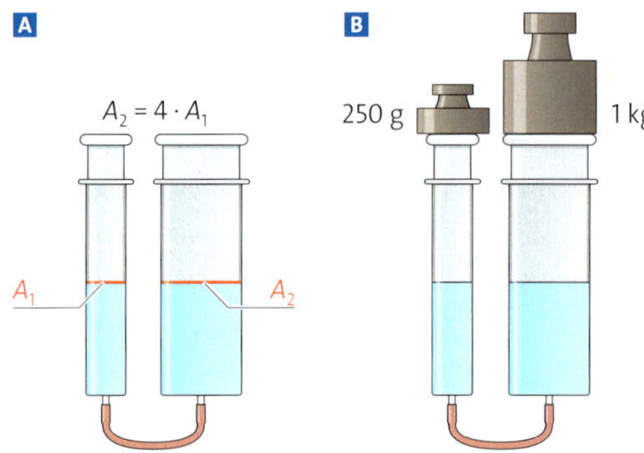

01 Die Kraft pro Fläche ist links und rechts gleich.

DRUCK IN FLÜSSIGKEITEN · Bei Gasen gilt für den Druck $p = \frac{F}{A}$. Anders als Gase können Flüssigkeiten nur sehr wenig zusammengedrückt werden. Wir stellen die Hypothese auf, dass die Gleichung für den Druck auch für Flüssigkeiten gültig ist.

Wir überprüfen unsere Hypothese mit einem Experiment: Dazu nehmen wir zwei wassergefüllte Kolbenprober mit unterschiedlichen Querschnittsflächen und verbinden sie mit einem Schlauch (▸ Bild 01). Nun legen wir passende Massestücke auf die Kolben. Wenn auch bei Flüssigkeiten der Zusammenhang $p = \frac{F}{A}$ gilt, dann muss das Verhältnis der Massen genauso gewählt werden wie das Verhältnis der Querschnittsflächen. Unsere Hypothese wird durch das Experiment bestätigt.
Tatsächlich gilt allgemein für Flüssigkeiten:

Wenn man auf eine Fläche A einer eingeschlossenen Flüssigkeit eine Kraft F ausübt, dann erzeugt man in der Flüssigkeit den Druck
$p = \frac{F}{A}$.

BLICKPUNKT

Hydraulische Pressen

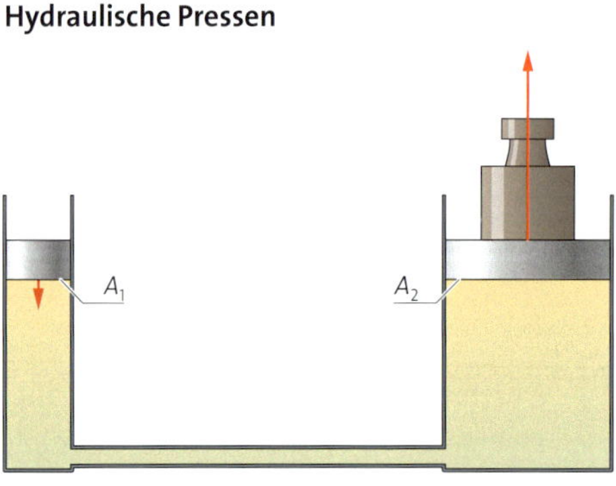

02 Mit einer kleinen Kraft kann eine große Kraft ausgeübt werden.

03 Eine Schrottpresse übt große Kräfte auf ein Auto aus.

Eine hydraulische Presse kann große Kräfte ausüben. Wie macht sie das?

Mit einem Kolben kleiner Querschnittsfläche A_1 wird eine Kraft F_1 auf eine Flüssigkeit ausgeübt (▸ Bild 02, links). Der so erzeugte Druck herrscht auch rechts an der größeren Fläche A_2. Auf diese wird die Kraft F_2 ausgeübt. Es gilt:

$$F_2 = p \cdot A_2 = \frac{F_1}{A_1} \cdot A_2 = F_1 \cdot \frac{A_2}{A_1}.$$

Wenn A_2 zehnmal so groß wie A_1 ist, dann ist auch F_2 zehnmal so groß wie F_1.

Mit einer solchen Anlage kann man z. B. schwere Lasten heben. Oder man kann ein Auto zu einem kleinen Quader pressen (▸ Bild 03).

1 Mit einer hydraulischen Presse wird ein Auto der Masse 1200 kg angehoben. Die Fläche A_2 beträgt 0,5 m², die Fläche A_1 beträgt 0,025 m². Berechne die Kraft, die mindestens auf A_1 wirken muss.

Material A ▸ Reifendruck

04 Hinterrad von Mountainbike und Rennrad

A1 Je nach Fahrradreifen benötigt man einen anderen Reifendruck. Ein Mountainbikereifen wird mit ca. 3 bar aufgepumpt, ein Rennradreifen mit ca. 9 bar (▸ Bild 04). Ein Fahrer mit 50 kg Masse setzt sich auf das Fahrrad, welches selbst noch einmal etwa 10 kg Masse hat.

a) Berechne die Auflagefläche der Reifen beim Mountainbike- und beim Rennradreifen.

b) Die Reifenbreite beträgt beim Mountainbike etwa 60 mm, beim Rennrad etwa 25 mm. Passen diese Werte zu deinem Ergebnis von Teilaufgabe a)?

c) Bitte einen Freund, sich auf dein Rad zu setzen und bestimme die Auflagefläche deiner Reifen, indem du von allen Seiten ein Blatt Papier zwischen Reifen und Unterlage schiebst. Vergleiche mit deinem Ergebnis von Teilaufgabe a).

Material B ▸ Wasserdruck

05 Versinkendes Auto

B1 Eine Wasserleitung mit 2,0 cm^2 Querschnittsfläche wird mit einem Daumen verschlossen. Dazu ist eine Kraft von 50 N nötig. Berechne den Druck in der Leitung.

B2 Wenn ein Auto im Wasser versinkt, wird es für die Insassen schnell lebensgefährlich. Die Autotür lässt sich aufgrund des Wasserdrucks nicht mehr öffnen.

a) Zähle auf, wovon es abhängt, mit welcher Kraft man gegen das Wasser drücken muss, um die Tür zu öffnen.

b) In 5 m Wassertiefe beträgt der Wasserdruck etwa 50 000 Pa. Berechne die Kraft auf die Tür in dieser Tiefe. Dazu musst du eine Größe abschätzen.

c) Häufig wird empfohlen, das Fenster zu öffnen, wenn das Auto sinkt. Zähle Vor- und Nachteile auf, die das Öffnen des Fensters unter Wasser hat.

Material C ▸ Zaubertrick mit Luftdruck

06 Das Wasser läuft nicht heraus!

C1 Auf ein randvoll mit Wasser gefülltes Trinkglas wird ein Karton gelegt. Anschließend wird das Glas vorsichtig umgedreht. Der Karton fällt nicht herunter.

a) Erkläre, warum der Karton nicht herunterfällt. Betrachte dazu die Kraft des Wassers und der Luft auf den Karton.

b) Die Wassermenge im Glas beträgt 500 cm^3. Das Glas hat eine Querschnittsfläche von 50 cm^2. Berechne die Kraft, die das Wasser auf den Karton ausübt. Der Luftdruck beträgt 1 bar. Berechne die Kraft, die die Luft auf den Karton ausübt.

c) Probiere, ob der Trick auch mit einem teilweise mit Wasser gefüllten Trinkglas funktioniert. Wenn ja, was kannst du dann über den Druck der Luft im Glas aussagen?

01 Ein Taucher beim Druckausgleich

Schweredruck und Auftrieb

Beim Tauchen spürst du den Wasserdruck. Den Luftdruck an der Wasseroberfläche spürst du normalerweise nicht. Ist es nur eine andere Wahrnehmung oder ist der Druck des Wassers viel größer als der Luftdruck?

DER SCHWEREDRUCK · Du weißt, dass der Wasserdruck mit der Wassertiefe zunimmt. Im Experiment können wir den Wasserdruck mit einer Druckdose und einem Manometer messen (▸ Bild 02). Je größer der Druck ist, desto weiter wird die Membran der Dose eingedrückt. Im Experiment stellen wir zunächst fest, dass der Druck bei fester Wassertiefe immer gleich ist, gleichgültig in welche Richtung wir die Dose halten.

Außerdem beobachten wir, dass der Wasserdruck mit steigender Wassertiefe proportional zur Tiefe zunimmt.

Dies ist auch bei anderen Flüssigkeiten so. Der Grund dafür ist: Die oberen Schichten der Flüssigkeit drücken auf die unteren. Der Schweredruck p ist deshalb nicht nur proportional zur Tiefe h, sondern auch zur Dichte ρ der Flüssigkeit und zum Ortsfaktor g. Es gilt:

Der Schweredruck in einer Flüssigkeit beträgt
$$p = \rho \cdot g \cdot h.$$

Dabei geben die Symbole folgende Größen an:
p: Druck an einer bestimmten Stelle,
ρ: Dichte der Flüssigkeit,
h: Höhe bis zur Oberfläche der Flüssigkeit,
g: Ortsfaktor.

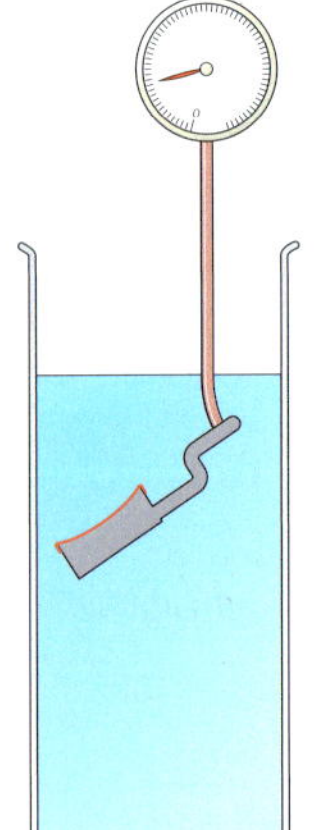
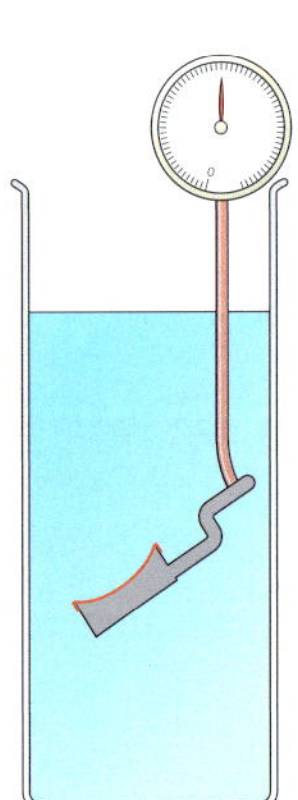
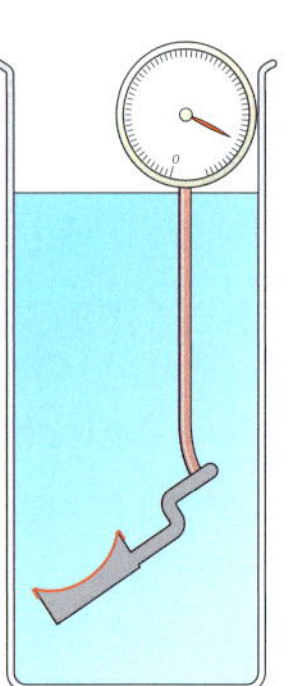

02 Messung des Schweredrucks in verschiedenen Wassertiefen

Da Wasser eine Dichte von etwa 1000 $\frac{\text{kg}}{\text{m}^3}$ hat, gilt für Wasser: Der Schweredruck des Wassers nimmt von der Oberfläche an pro 10 m Wassertiefe um etwa 100 000 Pascal oder 1 bar zu.

Erstaunlicherweise gilt dieser Zusammenhang nicht nur für zylinderförmige Gefäße, sondern für Gefäße beliebiger Form. Deshalb ändert sich der Druck für einen Taucher nicht, wenn er horizontal in eine Höhle taucht (▸ Bild 03).

03 Höhlentaucher

DER LUFTDRUCK · Auch der Luftdruck ist ein Schweredruck. Die oberen Luftschichten drücken auf die unteren Luftschichten. Der Luftdruck nimmt mit steigender Höhe immer langsamer ab. Der Grund dafür ist, dass Luft, anders als Wasser, leicht zusammengedrückt werden kann. Die Dichte der Luft nimmt deshalb mit steigender Höhe ab. Folglich sind die oberen Luftschichten leichter als die unteren und der Luftdruck nimmt weit oben nur langsam auf null ab.

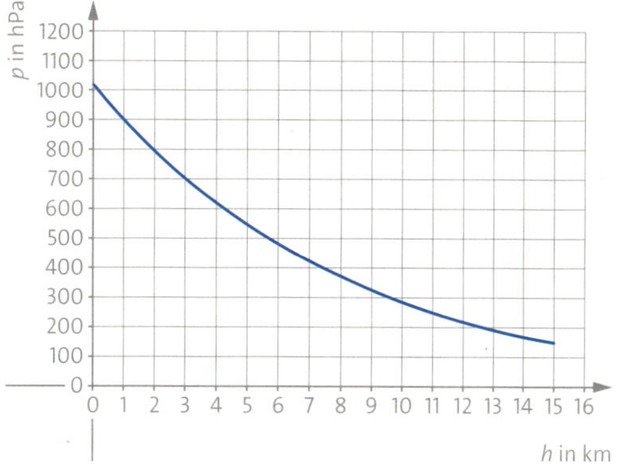

04 Abhängigkeit des Luftdrucks von der Höhe über dem Meeresspiegel

In guter Näherung kann man sagen: Wenn man von einer beliebigen Höhe aus um 5 500 m höher steigt, dann ist der Luftdruck nur noch halb so groß. Auf Meereshöhe beträgt er etwa 100 000 Pa. In 5 500 m Höhe beträgt er noch etwa 50 000 Pa und in 11 000 m Höhe sind es noch etwa 25 000 Pa usw. (▸ Bild 04).

Man bezeichnet diese Höhe von 5 500 m als **Halbwertshöhe.** Wenn du die Werte für den Luftdruck über der Höhe aufträgst, dann erhältst du eine Kurve wie im ▸ Bild 04. Der Luftdruck nimmt also exponentiell mit der Höhe ab. Es gilt in guter Näherung die Gleichung:

$$p = p_0 \cdot \left(\frac{1}{2}\right)^{\frac{h}{H}}.$$

Dabei ist H die Halbwertshöhe von 5500 m, h die Höhe, für die du den Luftdruck berechnen möchtest und p_0 der Luftdruck auf Meeresspiegelhöhe. Mit dieser Gleichung lässt sich der Druck z.B. auf der Zugspitze berechnen (▸ Bild 05).

Beispielrechnung:

Berechne den Luftdruck auf der Zugspitze.

Lösung:
Höhe der Zugspitze: $h = 2962$ m
Luftdruck auf Meeresspiegelhöhe: $p = 1013$ hPa
Halbwertshöhe: $H = 5500$ m
Gleichung für den Luftdruck:

$$p = p_0 \cdot \left(\frac{1}{2}\right)^{\frac{h}{H}}$$

Werte eingesetzt ergibt:

$$p = 1013\ \text{hPa} \cdot \left(\frac{1}{2}\right)^{\frac{2962\ \text{m}}{5500\ \text{m}}} = 1013\ \text{hPa} \cdot 0{,}69$$

$p \approx 697$ hPa

Der Luftdruck auf der Zugspitze beträgt etwa 700 hPa.

05 Berechnung des Luftdrucks auf der Zugspitze

1 Berechne den Luftdruck auf dem Mount Everest (h = 8 848 m) und dem Mont Blanc (h = 4 810 m).

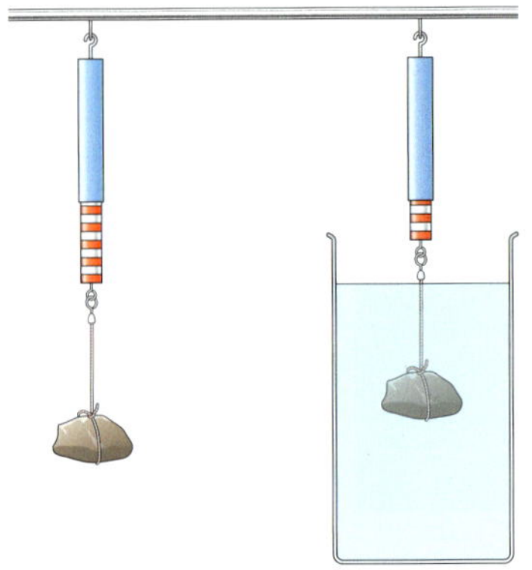

01 Im Wasser wiegt ein Stein weniger.

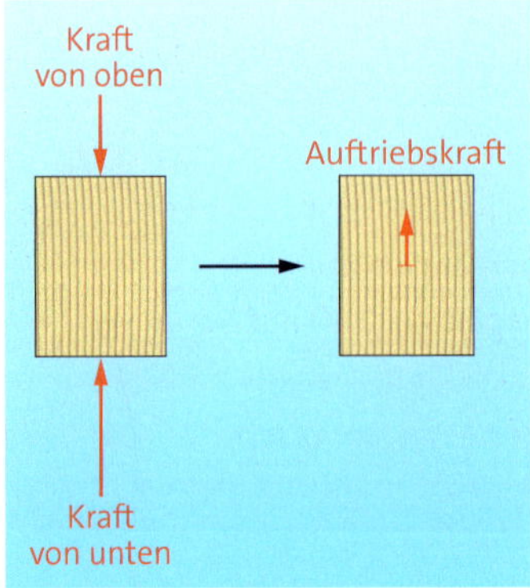

02 Die Kräfte aufgrund des Schweredrucks sind die Ursache für die Auftriebskraft.

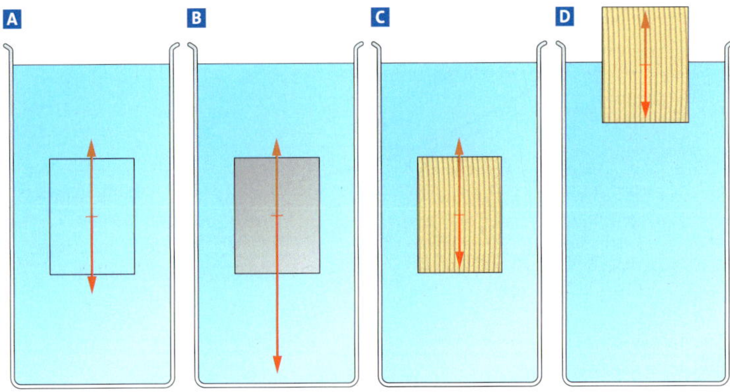

03 Körper aus **A** Wasser, **B** Metall und **C**, **D** Holz in Wasser. Die Schwerkraft ist jeweils rot eingezeichnet, die Auftriebskraft orange.

DER AUFTRIEB IN WASSER · Vielleicht hast du es auch schon einmal bemerkt: Ein Stein fühlt sich unter Wasser leichter an. Wir überprüfen diese Wahrnehmung mit einer Messung: Wir hängen einen Stein an einen Kraftmesser und lesen den Wert für die Schwerkraft ab. Dann tauchen wir den Stein ins Wasser und wiederholen die Messung (▸ Bild 01). Der Federkraftmesser zeigt nun tatsächlich eine geringere Kraft an. Der Grund dafür ist, dass jeder Körper in einer Flüssigkeit eine **Auftriebskraft** erfährt.

Den Auftrieb kann man mit dem unterschiedlichen Schweredruck in verschiedenen Tiefen erklären (▸ Bild 02, links). Die Kraft auf den Körper aufgrund des Drucks an der Unterseite ist größer als die Kraft aufgrund des Drucks an der Oberseite. Die Differenz der Kräfte ist unabhängig davon, woraus der Körper besteht. Sie wird Auftriebskraft genannt (▸ Bild 02, rechts). Auf einen Metallklotz wirkt also die gleiche Auftriebskraft wie auf einen Holzklotz der gleichen Form oder auf eine Flüssigkeitsmenge der gleichen Form (▸ Bild 03).

Die Flüssigkeitsmenge bleibt in Ruhe, deshalb gleichen sich die auf sie wirkenden Kräfte aus. Folglich ist die Auftriebskraft genauso groß wie die Schwerkraft auf die Flüssigkeitsmenge (▸ Bild 03 A). Die Auftriebskraft auf einen Körper ist unabhängig davon, woraus der Körper besteht. Deshalb ist sie für jeden Körper gleich der Schwerkraft auf die vom Körper verdrängte Flüssigkeit.
Für einen Körper, dessen Dichte größer als die der Flüssigkeit ist, überwiegt die Schwerkraft und der Körper sinkt (▸ Bild 03 B).

Ist die Dichte des Körpers kleiner als die der Flüssigkeit, so überwiegt die Auftriebskraft (▸ Bild 03 C). Der Körper bewegt sich nach oben und taucht zum Teil aus der Flüssigkeit auf. Die verdrängte Flüssigkeitsmenge ist nun so groß, dass die Schwerkraft auf die Flüssigkeitsmenge gleich der Schwerkraft auf den Körper ist (▸ Bild 03 D).

Auf jeden Körper in einer Flüssigkeit wirkt eine Auftriebskraft. Sie ist gleich der Schwerkraft auf die vom Körper verdrängte Flüssigkeitsmenge.

1 Ein Holzquader hat eine Masse von 400 g und ein Volumen von 0,5 dm^3.
a) Berechne die Schwerkraft, die die Erde auf den Holzquader ausübt.
b) Der Holzquader wird vollständig in Wasser eingetaucht. Berechne die Auftriebskraft auf den Holzquader.
c) Der Holzquader schwimmt auf dem Wasser. Berechne, bis zu welchem Anteil der Holzquader eintaucht.

Material A ▸ Luftdruck

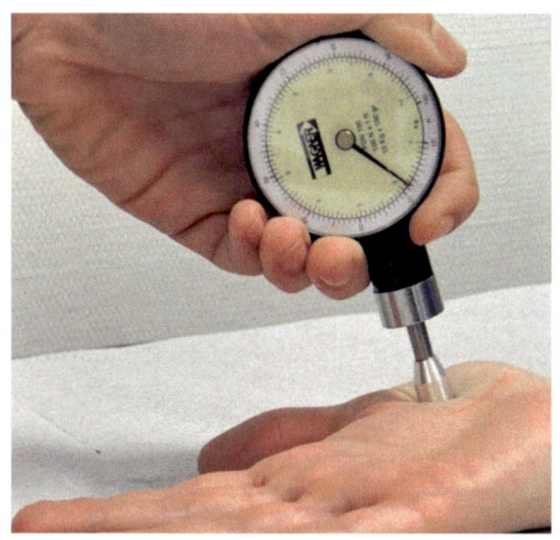

04 Die Kraft auf die Haut wird gemessen.

A1 Der Luftdruck beträgt ca. 100 000 Pa.

a) Berechne, mit welcher Kraft die Luft auf 1 cm^2 unserer Körperoberfläche einwirkt (▸ Bild 04).

b) Um die gleiche Kraft auf 1 cm^2 auszuüben, könnte man auch ein Massestück auf unser erstes Fingerglied legen. Gib an, welche Masse dieses Massestück haben müsste, um den gleichen Druck zu erzeugen.

A2 Auf 5 000 m Höhe ist der Luftdruck etwa halb so groß wie auf Meereshöhe. Begründe, warum der Luftdruck auf 10 000 m Höhe nicht null ist. Schätze ab, wie groß der Luftdruck auf dem Mount Everest (8848 m Höhe) ist.

A3 Wenn sich ein Konservenglas mit Schraubdeckel nicht öffnen lässt, hilft es oft, ein Loch in den Deckel zu stechen. Begründe.

Material B ▸ Schwimmen und Sinken

05 Eis schwimmt in Wasser.

B1 Von Eisbergen ist nur ein kleiner Teil oberhalb der Meeresoberfläche zu sehen. Eis hat eine Dichte von $0{,}92\,\frac{g}{cm^3}$, Meerwasser etwa $1{,}02\,\frac{g}{cm^3}$. Berechne den sichtbaren Volumenanteil eines Eisbergs.

B2 Fülle ein Glas zur Hälfte mit Wasser und gib mehrere Eiswürfel hinzu (▸ Bild 05). Markiere anschließend sorgfältig die Höhe des Wasserstands. Überlege, während das Eis schmilzt: Sinkt der Wasserstand, steigt er oder bleibt er gleich? Begründe!

Material C ▸ Schwebender Taucher

06 Ein Taucher schwebt im Wasser.

C1 Ein Taucher kann im Wasser schweben, ohne Arme und Beine zu bewegen.
Erläutere, welche Bedingung die Kräfte auf den Taucher erfüllen müssen, damit er schwebt.

C2 Durch seinen Taucheranzug verdrängt der Taucher zunächst zuviel Wasser und schwimmt trotz Pressluftflasche an der Oberfläche.
Erkläre, wieso ein Bleigürtel den Taucher sinken lässt. Gehe dabei auf die Wasserverdrängung und die Schwerkraft ein.

C3 Außerdem trägt der Taucher eine sogenannte Tarierweste, die er mit Luft aufblasen kann.
Erkläre, wieso der Taucher Luft in die Tarierweste blasen muss, damit er auch beim Abtauchen immer noch schwebt.

C4 Das Feintuning des Auftriebs funktioniert über die Atemluft. Nach dem Ausatmen sinkt man etwas nach unten, nach dem Einatmen steigt man etwas auf. Es ist ein schönes Gefühl, mit dem Atem die Bewegung zu steuern.
Erkläre, warum man beim Einatmen etwas aufsteigt.

C5 Ein Taucher ist im Süßwasserbecken in 5 m Tiefe genau „austariert".
Begründe, warum er im Salzwasser in 5 m Tiefe nicht austariert ist.
Beschreibe, wie sich die Wassertemperatur auf das Austarieren auswirkt.

01 Wie kann man Wasser möglichst effektiv erwärmen?

Energie und Temperatur

Es gibt verschiedene Möglichkeiten, Wasser zu erwärmen. Dabei ist es nicht so einfach zu beurteilen, welche der Möglichkeiten am wenigsten Energie benötigt.

Betrachten wir zum Beispiel den Topf auf dem Elektroherd: Außer dem Wasser müssen auch noch der Topf und die Herdplatte erwärmt werden. Wenn die Herdplatte zu groß ist, dann geht viel Energie statt in den Topf in die Umgebung. Wenn der Topf zu groß ist, wird viel Energie benötigt, um den Topf zu erhitzen.
Und beim Wasserkocher? Auch hier wird schließlich nicht nur das Wasser erwärmt.

Erinnere dich:
$P = \frac{\Delta E}{\Delta t}$,
$\Delta E = P \cdot \Delta t$

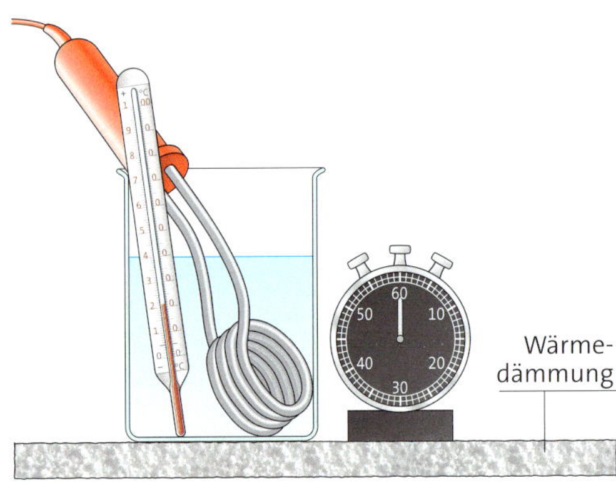

02 Wasser wird mit einem Tauchsieder erwärmt.

Es ist klar, dass immer ein bisschen Energie „verloren" geht. Aber wie viel Energie braucht man denn mindestens, um das Wasser auf eine bestimmte Temperatur zu bringen?

EINE MINDESTMENGE AN ENERGIE · Um diese Mindestmenge zu bestimmen, gehen wir weg von den Alltagsgeräten und führen den folgenden Versuch durch (▸ Bild 02). Dabei achten wir darauf, dass möglichst wenig Gefäßmaterial erwärmt werden muss. Außerdem soll möglichst wenig Energie in die Umgebung abgegeben werden. Wir füllen 1 kg Wasser in ein dünnwandiges, wärmegedämmtes Becherglas. Anschließend erwärmen wir das Wasser mit einem Tauchsieder, bis die Temperatur des Wassers um 10 K gestiegen ist. Mit einer Stoppuhr messen wir die dafür benötigte Zeit. Aus der Leistung des Tauchsieders und der gemessenen Zeit können wir die dem Wasser zugeführte Energie berechnen.

Wir führen die Messung für verschiedene Temperaturunterschiede ΔT durch. Das Ergebnis zeigt ▸ Bild 03. Dort ist die zugeführte Energie über der Temperaturänderung aufgetragen. Die Messwerte liegen auf einer Ursprungsgeraden.

Das heißt, dass die zugeführte Energie ΔE und die Temperaturerhöhung ΔT des Wassers proportional zueinander sind.

Aus dem Diagramm können wir die Energie bestimmen, die man benötigt, um 1 kg Wasser um 1 K zu erwärmen. Die Steigung $\frac{\Delta E}{\Delta T}$ der Geraden liefert uns dafür den Wert 4,2 kJ.

Um 1 kg Wasser um 1 K zu erwärmen, benötigt man 4,2 kJ Energie.

Wie sieht es bei einer größeren Wassermasse aus? Wir vermuten, dass man bei der doppelten Wassermasse auch doppelt so viel Energie zuführen muss, um denselben Temperaturunterschied zu erhalten. Mit einem Versuch können wir das leicht bestätigen. Wir halten fest: Die Energie ΔE und die Masse m des Wassers sind ebenfalls proportional zueinander.

Und wie viel Energie benötigt man nun, um z. B. 2 kg Wasser um 5 K zu erwärmen? Ein Blick auf die ▸ Tabelle 04 hilft weiter. Demnach benötigt man dafür die Energie

$$\Delta E = 4{,}2 \cdot 2 \cdot 5\ \text{kJ} = 42\ \text{kJ}.$$

Wir können jetzt allgemein formulieren: Um eine bestimmte Masse Wasser um eine bestimmte Temperatur zu erwärmen, benötigt man die Energie

$$\Delta E = 4{,}2\,\frac{\text{kJ}}{\text{kg} \cdot \text{K}} \cdot m \cdot \Delta T$$

mit der Proportionalitätskonstanten $c = 4{,}2\,\frac{\text{kJ}}{\text{kg} \cdot \text{K}}$.

DIE SPEZIFISCHE WÄRMEKAPAZITÄT · Wenn man den Versuch mit Spiritus anstatt mit Wasser durchführt, dann stellt man fest, dass man lediglich einen anderen Zahlenwert für die Proportionalitätskonstante c erhält. Die Gleichung für ΔE ändert sich jedoch nicht. Der Wert der Konstanten c ist spezifisch für den jeweiligen Stoff. Deshalb nennt man diese Konstante die spezifische Wärmekapazität des Stoffes. In ▸ Tabelle 5 sind einige Beispiele für c angegeben.

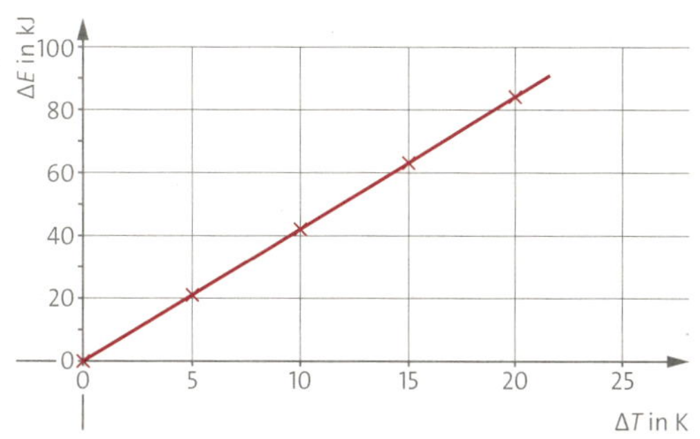

03 ΔE und ΔT sind proportional zueinander.

ΔT in K	m in kg	ΔE in kJ
1	1	4,2
5	1	$4{,}2 \cdot 5 = 21$
5	2	$4{,}2 \cdot 2 \cdot 5 = 42$
$\{\Delta T\}$	$\{m\}$	$4{,}2 \cdot \{m\} \cdot \{\Delta T\}$

04 ΔE und ΔT sind proportional zueinander.

Wir müssen hier die Masse und nicht das Volumen betrachten, weil das Volumen sich mit der Temperatur ändert.

Im Vergleich zu Wasser hat Spiritus eine viel kleinere Wärmekapazität. Das bedeutet, dass man bei Spiritus für dieselbe Temperaturerhöhung viel weniger Energie zuführen muss als bei der gleichen Masse an Wasser. Demzufolge kann Spiritus im Vergleich zu Wasser auch weniger Energie aufnehmen.
Wir fassen zusammen:

Um einen Körper der Masse m um die Temperaturdifferenz ΔT zu erwärmen, benötigt man die Energie
$\Delta E = c \cdot m \cdot \Delta T$.
c ist die spezifische Wärmekapazität des Stoffes, aus dem der Körper besteht.

Stoff	c in $\frac{\text{kJ}}{\text{kg} \cdot \text{K}}$
Wasser	4,2
Spiritus	2,4
Speiseöl	1,7
Luft	1,0
Aluminium	0,9
Mauerwerk	0,8

05 Spezifische Wärmekapazität für ausgewählte Stoffe

1 In einem Aluminiumtopf mit 0,2 kg Masse befindet sich 1 kg Wasser. Berechne die Energiemenge, die mindestens zugeführt werden muss, um Topf und Wasser von 20 °C auf 100 °C zu erwärmen.

2 100 g Milchschokolade enthalten 2245 kJ Energie. Berechne, wie viel Wasser bzw. Speiseöl (jeweils in kg) man mit dieser Energiemenge um 50 K erwärmen könnte.

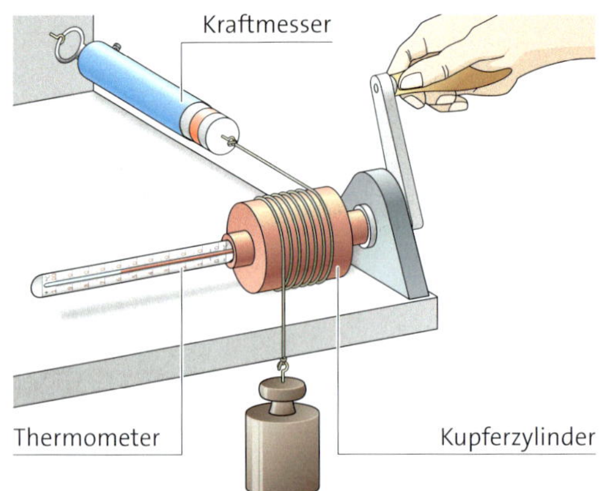

01 Temperaturerhöhung durch Reibung

ENERGIE WIRD MECHANISCH ZUGEFÜHRT · Gilt die Formel $\Delta E = c \cdot m \cdot \Delta T$ auch dann, wenn Energie mechanisch zugeführt wird? Mit einem Versuch wie im ▸ Bild 01 kann man die Frage beantworten. Wir beschreiben hier nur die Idee. Ein Kupferzylinder ist drehbar gelagert. Um ihn ist mehrmals eine Schnur geschlungen. Diese Schnur wird auf der einen Seite durch einen Federkraftmesser gehalten, am anderen Ende hängt ein Massestück. In dem Kupferzylinder steckt ein Thermometer, das die Temperatur des Zylinders anzeigt. Wenn man nun den Kupferzylinder mehrfach mit der Kurbel dreht, dann steigt seine Temperatur, weil die Schnur am Zylinder reibt. Mithilfe der Reibungskraft und der Zahl der Umdrehungen kann man die mechanisch zugeführte Energie berechnen. Diese vergleicht man mit der Energiezunahme, die man erhält, wenn man in die Formel $\Delta E = c \cdot m \cdot \Delta T$ die Werte für c und m für den Kupferzylinder und die gemessene Temperaturerhöhung einsetzt. Genaue Messungen haben gezeigt, dass beide Energiebeträge gleich groß sind.

Die Formel $\Delta E = c \cdot m \cdot \Delta T$ gilt allgemein, unabhängig davon, wie die Energie zugeführt wird.

BLICKPUNKT

Der Versuch von R. MAYER und J. P. JOULE

Bis Mitte des 19. Jahrhunderts war noch nicht klar, dass das, was wir heute thermische Energie nennen, überhaupt Energie ist. Eine Reihe experimenteller Beobachtungen führte zu der Vermutung, dass es möglich sein müsste, mechanische Energie in thermische Energie umzuwandeln. Um 1850 gelang R. MAYER und J. P. JOULE die experimentelle Bestätigung dieser Vermutung. Die Idee ihrer Versuche zeigt ▸ Bild 02. Zwei herabsinkende Eisenklötze treiben eine Art Wasserrad an. Dadurch wird dem Wasser Energie mechanisch zugeführt. MAYER und JOULE konnten tatsächlich eine Erhöhung der Temperatur des Wassers beobachten. Sie stellten fest, dass die Erhöhung der Temperatur proportional zur mechanisch zugeführten Energie ist.

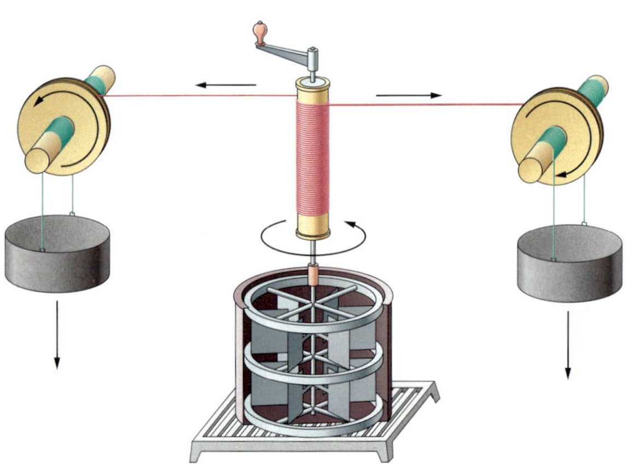

02 Versuch von MAYER und JOULE

JOULE ließ bei seinem Versuch die beiden Massestücke, von denen jedes ca. 13 kg wog, jeweils um eine Strecke von ca. 1,60 m herabsinken. Er wiederholte den Versuch 20-mal mit dem folgenden Ergebnis: „Damit sich 1,00 Pfund Wasser um 1 °F (Fahrenheit) erwärmt, musste eine Masse von 781,5 Pfund um 1,00 Fuß abgesenkt werden.“
(1 Pfund = 0,454 kg; 1 Fuß = 0,305 m; ein Temperaturunterschied von 1 °F entspricht $\frac{5}{9}$ K)

1 Berechne aus den Angaben von JOULE die spezifische Wärmekapazität von Wasser.

Material A ▸ Der Abseilachter

03 Abseilachter

Beim Klettern im Gebirge muss man sich oft abseilen. Zuvor wird das Seil durch einen sogenannten Abseilachter gefädelt (▸ Bild 03). Dieser ist mit Kletterer und Seil verbunden. Die Reibung des Seils im Abseilachter ist so groß, dass der Kletterer langsam und sicher nach unten gleitet.

A1 a) Ein Kletterer der Masse 70 kg seilt sich über eine 20 m hohe Felswand ab. Dadurch ändert sich seine Lageenergie $E = m \cdot g \cdot h$. Berechne den Unterschied der Lageenergie.

b) Der Abseilachter hat eine Masse von 90 g und besteht aus Aluminium. Vor dem Abseilen hat der Abseilachter eine Temperatur von 24 °C. Berechne die Temperatur, die der Abseilachter maximal annehmen kann. Nimm dazu an, dass die gesamte Energie aus a) zur Erwärmung des Abseilachters führt.

c) Erläutere, welche Rolle die Abseilgeschwindigkeit bei der Erwärmung des Abseilachters spielt.

d) Die Kletterseile bestehen hauptsächlich aus Kunststoff. Dieser Kunststoff schmilzt bei etwa 200 °C. Im praktischen Einsatz wird der Abseilachter aber nicht so heiß, wie in b) berechnet. Überlege dir mögliche Ursachen dafür.

Material B ▸ Was ist eine Kalorie?

Getränkepulver aus löslichem Bohnenkaffee, Kaffeeweißer und Zucker			
Nährwerte	pro 100 g	pro Tasse á 14 g und 150 ml Wasser	% Tageszufuhr*
Brennwerte	1714 kJ 407 kcal	240 kJ 57 kcal	3 %
Eiweiß	10,5 g	1,5 g	3 %
Kohlenhydrate -davon Zucker	65,0 g 51,4 g	9,1 g 7,2 g	4 % 8 %
Fett - davon gesättigte Fettsäuren	11,6 g 10,8 g	1,6 g 1,5 g	2 % 8 %
Ballaststoffe	4,1 g	0,6 g	2 %

04 Brennwertangaben

Auf Nahrungsmittelverpackungen findest du häufig noch die Angabe von Kalorien (▸ Bild 04). Damit wird der Energiegehalt der Nahrung angegeben. Das Wort „Kalorie" kann sich auf eine Kalorie (1 cal) oder auf eine Kilokalorie (1 kcal = 1000 cal) beziehen. Beides sind alte Energieeinheiten.

B1 a) Berechne aus den Angaben im ▸ Bild 04 den Umrechnungsfaktor von kcal in kJ.

b) Gib die Energie an, die man benötigt, um 1 g Wasser um 1 K zu erwärmen.

c) In einem alten Physikbuch steht: 1 Kalorie ist die Wärmemenge, die benötigt wird, um 1 g Wasser von 14,5 °C auf 15,5 °C zu erwärmen. Vergleiche diese Aussage mit den Ergebnissen aus B1 und B2a.

B2 a) Du hast einen Schokoriegel von 18 g mit dem Energiegehalt von 410 kJ gegessen. Berechne den Höhenunterschied, den du damit in den Bergen erwandern könntest.

b) Max sagt: „Dann brauche ich ja nur drei Riegel, um von Ehrwald (994 m) auf die Zugspitze (2962 m) zu klettern." Nimm Stellung.

B3 Um den Energiegehalt von Lebensmitteln zu bestimmen, verbrennt man diese im Labor in einem besonderen, isolierten Gefäß zu Asche. In dem Gefäß befindet sich Wasser, das dabei erwärmt wird. Die Temperaturerhöhung des Wassers wird gemessen.
Im Labor wurde auf diese Weise 1,5 g Zucker verbrannt. In dem Gefäß befinden sich 160 g Wasser. Der Temperaturverlauf wurde gemessen und in einem Diagramm dargestellt (▸ Bild 05).
Berechne den Energiegehalt von 1,5 g Zucker.

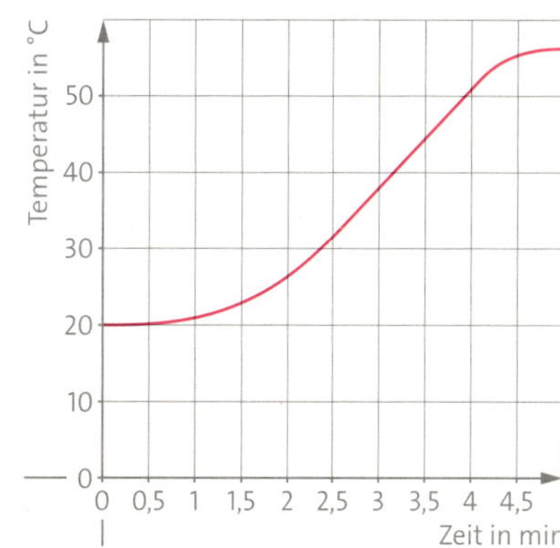

05 Temperaturverlauf beim Verbrennen von 1,5 g Zucker

01 Eis kühlt Getränke besonders gut.

Wechsel der Aggregatzustände

Kalte Getränke sind erfrischend. Zum Kühlen wird nur wenig Eis verwendet. Trotzdem erhalten wir einen großen Temperaturunterschied. Warum reichen so wenig Eiswürfel?

DAS SCHMELZEN MACHT DEN UNTERSCHIED · Die gleiche Menge Wasser würde das Getränk nicht so gut kühlen wie das Eis. Für einen Vergleich von „Kühlen mit Eis" und „Kühlen mit Wasser" brauchen wir Wasser und Eis von derselben Temperatur. Dies erreichen wir nur bei 0 °C. Bei tieferen Temperaturen wäre alles Wasser gefroren, bei höheren Temperaturen alles Eis geschmolzen. Wir geben eine größere Menge zerstoßenes Eis in Wasser und rühren einige Minuten um. Anschließend trennen wir das Wasser vom Eis und kontrollieren die Temperatur. Wasser und Eis haben jetzt dieselbe Temperatur von 0 °C. Wir nehmen nun zwei Gläser mit jeweils 100 g Wasser der Temperatur 45 °C. In das eine Glas geben wir 50 g des Wassers mit 0 °C dazu (▸ Bild 02 A) und in das andere Glas 50 g Eis von 0 °C (▸ Bild 02 B). Wir rühren um, bis das Eis in dem einen Becherglas ganz geschmolzen ist. Dann messen wir in beiden Gläsern die Temperatur des Wassers. Das Wasser im Glas, in das Eis gegeben wurde, hat jetzt die Temperatur 4 °C, das Wasser im anderen Glas jedoch 30 °C.

Obwohl wir genauso viel Eis von 0 °C wie Wasser von 0 °C zugegeben hatten, ist die Temperatur nach Zugabe von Eis viel niedriger. Dies kann nur am Schmelzen des Eises liegen.

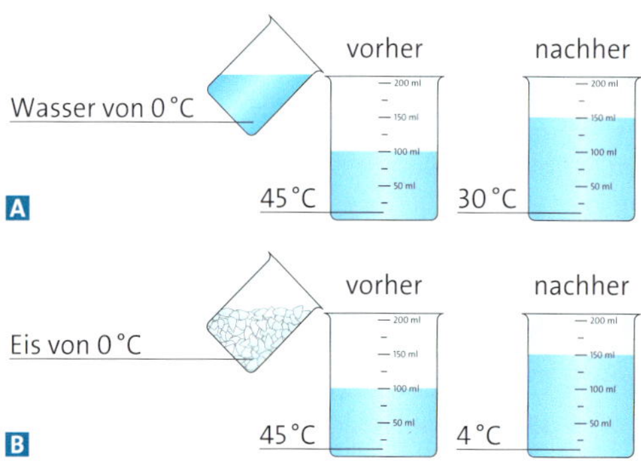

02 Eis kühlt stäker als Wasser.

DIE SCHMELZWÄRME · Zum Schmelzen des Eises ist offensichtlich Energie nötig. Diese Energie liefert das umgebende Wasser. Deshalb kann man Wasser mit Eis so gut kühlen.
Genaue Messungen haben ergeben, dass zum Schmelzen von 1 kg Eis eine Energie von 334 kJ nötig ist.

Um 1 kg Eis zu schmelzen, benötigt man eine Energie von 334 kJ.

Du kannst dir sicher gut vorstellen, dass man doppelt soviel Energie benötigt, um 2 kg Eis zu schmelzen. Das heißt, die zum Schmelzen nötige Energie ΔE ist proportional zur Masse m des Eises. Daraus folgt:

$\Delta E = s \cdot m.$

Wenn man einen anderen Stoff als Eis schmilzt, dann erhält man einen anderen Zahlenwert für die Proportionalitätskonstante s und die Schmelztemperatur. s ist stoffspezifisch und heißt deshalb **spezifische Schmelzwärme** des Stoffes. Sie gibt an, wie viel Energie man 1 kg dieses Stoffes zuführen muss, um ihn zu schmelzen. Wir fassen zusammen:

Um einen Körper der Masse m zu schmelzen, muss man ihm die Energie

$\Delta E = s \cdot m$

zuführen.

s ist die spezifische Schmelzwärme des Stoffes, aus dem der Körper besteht.

s hat die Einheit $1\,\frac{\text{kJ}}{\text{kg}}$.

SCHMELZVORGANG UND TEMPERATUR · Um den Schmelzvorgang genauer zu untersuchen, erwärmen wir Fixiersalz in einem Reagenzglas und messen gleichzeitig die Temperaturänderung des Salzes. Dazu stellen wir das Reagenzglas mit dem Fixiersalz und dem Thermometer in kochend heißes Wasser. Den Temperaturverlauf zeigt ▸ Bild 03. In diesem Bild erkennen wir drei Bereiche:

Im Bereich I wird Energie zugeführt, die Temperatur steigt an. Das heißt, die thermische Energie wird größer.

Im Bereich II schmilzt das Fixiersalz und die Temperatur bleibt trotz Energiezufuhr konstant. Wenn die Temperatur konstant bleibt, dann ändert sich auch die thermische Energie nicht.

Im Bereich III ist das Fixiersalz vollständig geschmolzen und die Temperatur steigt weiter an, das heißt, die thermische Energie wird wieder größer.

EINE „VERSCHWUNDENE" ENERGIE? · Wo bleibt die Energie im Bereich II? Die thermische Energie kann es nicht sein. Offenbar wird diese „verschwundene" Energie zum Schmelzen des Fixiersalzes benötigt. Beim Schmelzen wird der enge Zusammenhalt der Teilchen gelöst. Diesen Vorgang umfasst der Begriff der thermischen Energie nicht. Wir müssen also unseren Energiebegriff erweitern und verwenden einen neuen Begriff, die **innere Energie.** Dieser neue Energiebegriff umfasst jetzt auch die „verschwundene" Energie.

Die innere Energie ist die gesamte Energie, die in einem Körper steckt.

Die innere Energie umfasst nicht die Bewegungsenergie eines Körpers als Ganzes, nicht die Spannenergie und auch nicht die Lageenergie.

ERSTARREN · Den zum Schmelzen umgekehrten Vorgang, das Erstarren, können wir nun mithilfe des Teilchenmodells verstehen. Beim Erstarren lagern sich die Teilchen wieder aneinander an. Dabei wird innere Energie frei. Sie wird durch thermische Energieübertragung an die Umgebung abgegeben, sodass die Temperatur der Umgebung steigt.

1 **a)** Berechne die Energie, die man benötigt, um 100 g Eis zu schmelzen.
b) Berechne, auf welche Temperatur man 100 g Wasser von 0 °C mit der Energie aus a) erwärmen kann.

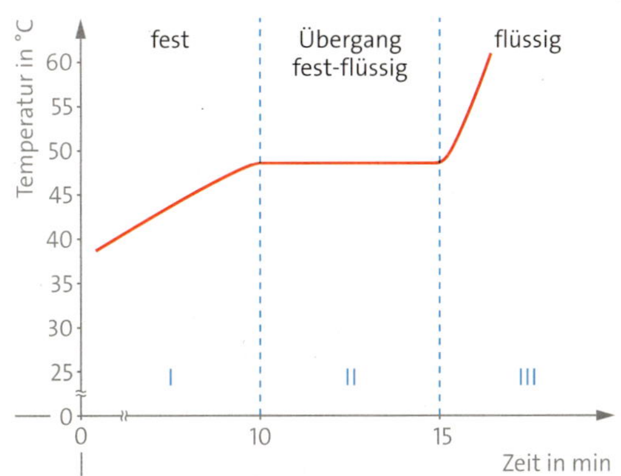

03 Temperaturverlauf beim Schmelzen von Fixiersalz

Temperatur in °C
140
120
100
80
60
40
20
0
Wasser verdampfen
Wasser erhitzen
0 5 10 15 20 Zeit in min

01 Dampfender Teekessel

02 Temperaturverlauf beim Sieden von Wasser

VERDAMPFEN · Das Wasser im Teekessel auf der heißen Herdplatte verdampft (▸ Bild 01). Dabei wechselt das Wasser seinen Aggregatzustand von flüssig zu gasförmig. Geschieht beim Verdampfen von Wasser etwas Ähnliches wie beim Schmelzen von Eis?

In einem Versuch überprüfen wir, ob trotz Energiezufuhr die Temperatur des Wassers auch beim Verdampfen konstant bleibt. Wir füllen Wasser in einen Glaskolben und erhitzen ihn mit einem Bunsenbrenner. Gleichzeitig zeichnen wir die Temperatur des Wassers und die des Dampfes auf (▸ Bild 03). Wir stellen fest, dass die Temperatur des Wassers so lange ansteigt, bis das Wasser zu sieden beginnt. Danach bleibt die Temperatur des siedenden Wassers trotz anhaltender Energiezufuhr konstant bei etwa 100 °C (▸ Bild 02). Und auch die Temperatur des Wasserdampfes beträgt konstant 100 °C.

$\Delta E = P \cdot \Delta t$

Die Temperatur bleibt trotz Energiezufuhr beim Verdampfen wie beim Schmelzen konstant.

Offensichtlich wird auch beim Verdampfen die zugeführte Energie zum Wechsel des Aggregatzustands benötigt.

DIE VERDAMPFUNGSWÄRME · Im folgenden Versuch bestimmen wir, wie viel Energie benötigt wird, um eine bestimmte Menge Wasser zu verdampfen (▸ Bild 04). Wir stellen ein Becherglas mit z.B. 200 g Wasser auf eine Waage. Mit einem Tauchsieder bringen wir das Wasser zum Sieden. Sobald das Wasser siedet, starten wir eine Stoppuhr. Gleichzeitig notieren wir die Massenanzeige der Waage. Nach einer gewissen Zeit lesen wir die Anzeige der Waage erneut ab und stoppen die Stoppuhr. Nun können wir die Masse des verdampften Wassers bestimmen. Mit der Leistung des Tauchsieders können wir die dem Wasser zugeführte Energie berechnen. Genaue Messungen liefern das folgende Ergebnis:

Um 1 kg Wasser zu verdampfen, benötigt man eine Energie von 2260 kJ.

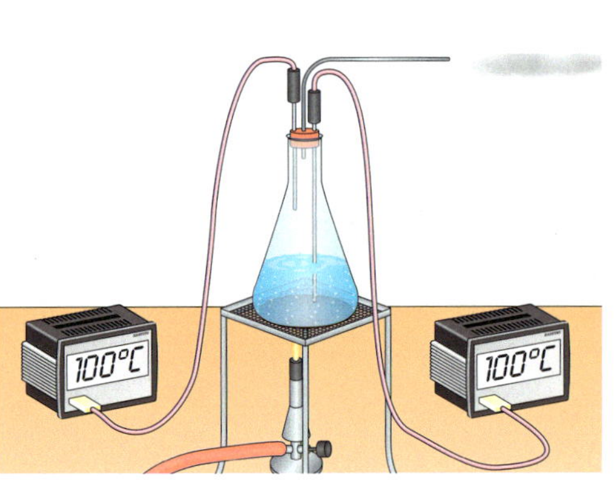

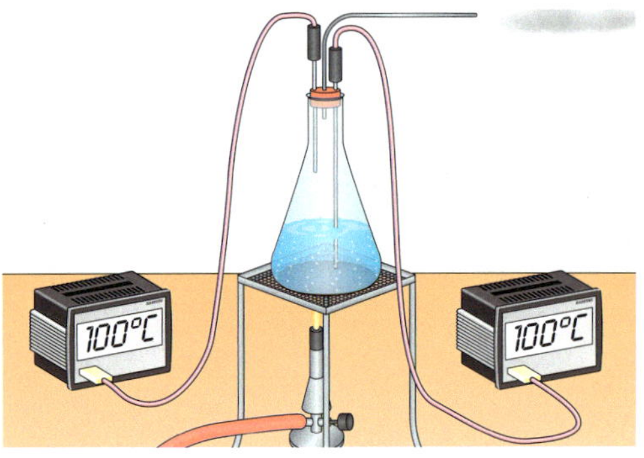

03 Der Temperaturverlauf beim Sieden von Wasser wird gemessen.

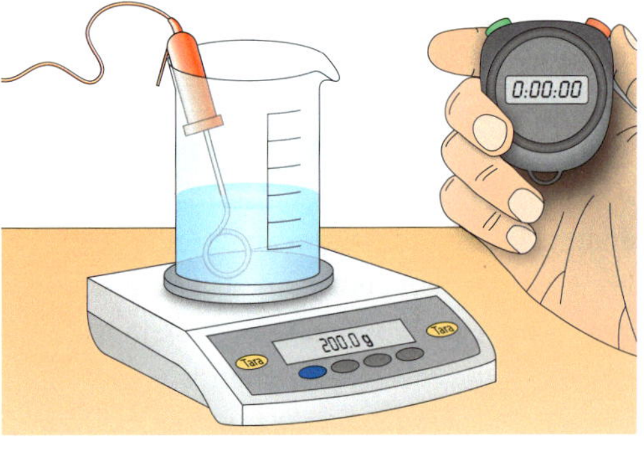

04 Bestimmung der spezifischen Verdampfungswärme von Wasser

Um 1 kg eines anderen Stoffes zu verdampfen, wird eine andere, aber für den Stoff spezifische Energiemenge notwendig. Die zum Verdampfen nötige Energie nennt man deshalb **spezifische Verdampfungswärme *r*** eines Stoffes. Sie gibt an, wie viel Energie man 1 kg dieses Stoffes zuführen muss, um ihn zu verdampfen.

Wie beim Schmelzen gilt auch hier, dass die Energie, die zum Verdampfen eines Körpers nötig ist, proportional zur Masse des Körpers ist. Die Proportionalitätskonstante ist die spezifische Verdampfungswärme.

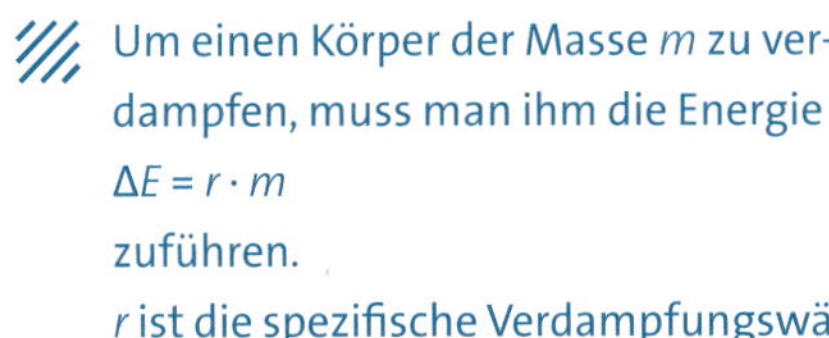

Um einen Körper der Masse m zu verdampfen, muss man ihm die Energie

$\Delta E = r \cdot m$

zuführen.

r ist die spezifische Verdampfungswärme des Stoffes, aus dem der Körper besteht.

r hat die Einheit $1\,\frac{\text{kJ}}{\text{kg}}$.

WAS GESCHIEHT BEIM VERDAMPFEN? · Wir betrachten eine Flüssigkeit wieder im Teilchenmodell. Bei einer Flüssigkeit liegen die Teilchen wie bei einem festen Körper eng beieinander. Allerdings sind sie gegeneinander verschiebbar. Wie beim Schmelzen muss man auch beim Verdampfen Energie zuführen, um den Zusammenhalt der Teilchen untereinander zu lösen. Im Vergleich zum Schmelzen ist zum Verdampfen deutlich mehr Energie nötig. Die zum Verdampfen zugeführte Energie ist als innere Energie im Wasserdampf gespeichert.

KONDENSIEREN · Wir haben gesehen, dass beim Erstarren innere Energie des Körpers frei wird und an die Umgebung abgegeben wird, ohne dass die Temperatur des Körpers dabei sinkt. Beim Übergang vom gasförmigen in den flüssigen Zustand ist das genauso. Wenn der Wasserdampf kondensiert, legen sich die Teilchen wieder aneinander. Dabei wird im Wasserdampf enthaltene innere Energie frei und durch thermische Energieübertragung an die Umgebung abgegeben. Beim Kondensieren wird sehr viel Energie frei. Deshalb ist es sehr schmerzhaft und gefährlich, wenn Wasserdampf auf der Haut kondensiert.

05 Cappuccino-Maschine

Man kann sich die Verdampfungswärme beim Kondensieren auch zunutze machen. Bei der Cappuccino-Maschine wird heißer Wasserdampf durch die kalte Milch geleitet (▸ Bild 05). Der Wasserdampf kondensiert zu Wasser und setzt dabei viel Energie frei, die die Milch ganz schnell erhitzt.

1 Berechne, wie viel Wasserdampf (in g) man in eine Tasse mit 150 g Milch von 5 °C einleiten muss, damit man trinkwarme Milch von 40 °C erhält.
Überlege dir zuerst, wie viel Energie man zur Erwärmung der Milch benötigt. Berechne dann, wie viel Wasserdampf dazu kondensieren muss. Verwende für die Wärmekapazität von Milch den Wert für Wasser.

2 Begründe, warum man beim Wasserkochen den Kochtopf mit einem Deckel verschließen sollte.

3 Zu 300 cm³ Orangensaft von 30 °C gibt man 50 g Eis von 0 °C. Berechne, auf welche Endtemperatur man den Saft im günstigsten Fall abkühlen könnte. Verwende für Orangensaft die Werte von Wasser.

BLICKPUNKT

Wasserdampf ist unsichtbar

01 Im Winter kann man den Atem häufig sehen.

Wasserdampf ist ein unsichtbares Gas, genauso wie Luft. Auch unser Atem enthält Wasserdampf. Wenn wir im Winter ausatmen, dann kondensiert der Wasserdampf in der kalten Luft sofort zu kleinen Wassertröpfchen. Was wir sehen, sind also die kleinen Wassertröpfchen und nicht der Wasserdampf! Im Sommer ist die Luft viel wärmer, der Wasserdampf kondensiert nicht. Deswegen sehen wir unseren Atem im Sommer nicht.

Ein Großteil des Wassers in den Wolken stammt aus dem Meer, Seen und Flüssen, obwohl diese Gewässer niemals die Siedetemperatur des Wassers erreichen. Dieses Verdampfen bei Temperaturen unter dem Siedepunkt nennt man **Verdunsten.** Der dabei entstehende Wasserdampf steigt mit der warmen Luft nach oben. Je weiter diese feuchte Luft aufsteigt, desto kälter wird sie. Wenn die Luft dann kalt genug ist, dann geschieht mit dem Wasserdampf dasselbe wie im Winter mit dem Wasserdampf im Atem: Der Wasserdampf kondensiert. Die Wolken bestehen also aus einer Unmenge winzig kleiner Wassertröpfchen, die sich zu größeren Tropfen zusammenschließen können.

Und warum kann man Wolken sehen, wenn sie doch aus Wassertropfen bestehen? Wolken sind deshalb undurchsichtig, weil das Licht an den kleinen Wassertröpfchen in der Luft gestreut wird. Dasselbe Phänomen können wir auch bei Milch beobachten. In der Milch sind viele kleine Fetttröpfchen im Wasser verteilt. An diesen Fetttröpfchen wird das Licht gestreut, die Milch ist undurchsichtig.

Schwitzen regelt die Temperatur

02 Beim Sport muss man meistens schwitzen.

Ist das Schwitzen nur lästig oder hat es auch einen Sinn? Wir brauchen eine konstante Körpertemperatur von etwa 37 °C, um leben zu können. An kühlen Tagen reicht die normale thermische Energieabgabe an die Umgebung aus, um die Körpertemperatur konstant zu halten.

Wenn wir uns anstrengen, dann wird es uns warm. Im Körper wird dabei ein Teil der durch die Nahrung aufgenommenen Energie in innere Energie umgewandelt. Wird es uns aber zu warm, dann beginnen wir zu schwitzen. Das Wasser im Schweiß verdunstet auf unserer Haut. Jedes Wasserteilchen, das die Schweißperle auf der Haut verlässt, nimmt dabei etwas Energie mit fort. Diese Energie fehlt der Schweißperle. Ihre Temperatur nimmt deswegen ab. Der Schweiß ist also etwas kühler als die darunter liegende Haut. Deswegen gibt die Haut einen Teil ihrer inneren Energie an den Schweiß ab. Dadurch nimmt letztlich auch die Temperatur der Haut ab.
Durch das Schwitzen kann der Körper also überschüssige innere Energie abgeben. Es ist wichtig, um die Körpertemperatur konstant zu halten.

1 Wenn ein leichter Wind geht, dann kühlt der Schweiß noch besser. Gib eine Begründung an.

2 Wir empfinden es als schwül, wenn viel Wasserdampf in der Luft vorhanden ist, ohne dass er zu Wassertröpfchen kondensiert. Überlege, warum du an solchen schwülen Tagen viel stärker schwitzen musst als an normalen Tagen mit derselben Lufttemperatur.

Material A ▸ Energiespeicher Handwärmer

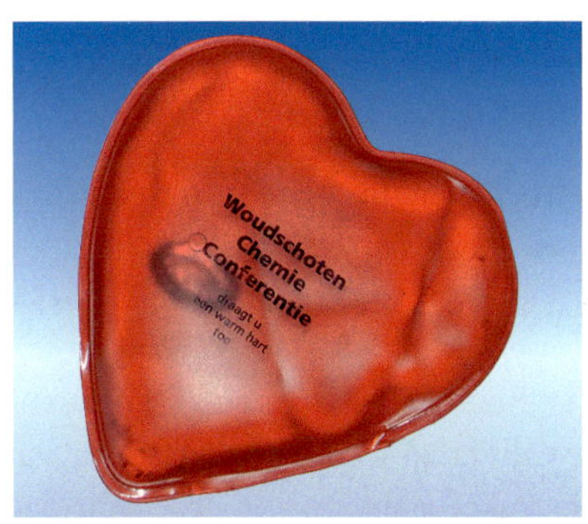

03 Handwärmer

Mit einem Handwärmer wie in ▸ Bild 03 kann man sich an kalten Tagen etwas Wärme verschaffen. In der Flüssigkeit befindet sich ein kleines Metallplättchen. Wenn dieses Plättchen geknickt wird, dann beginnt die Flüssigkeit fest zu werden und der Handwärmer wird warm. Um den Handwärmer wieder „aufzuladen“, legt man ihn so lange in heißes Wasser, bis die feste Substanz wieder vollständig flüssig geworden ist. Die feste Substanz im Handwärmer schmilzt bei etwa 60 °C. Wenn man den Handwärmer aus dem Topf nimmt und ihn abkühlen lässt, dann bleibt der Inhalt auch noch unter 20 °C flüssig.

A1 **a)** Überlege, woher die Energie stammt, die der Handwärmer abgibt.

b) Ähnlich wie beim Aufladen eines Akkus wird dem Handwärmer beim „Aufladen“ Energie zugeführt. Beschreibe, wo die zugeführte Energie geblieben ist.

c) Beschreibe, wie sich der Energieinhalt des Handwärmers nach dem Herausnehmen aus dem Topf ändert.

A2 Erläutere die Gemeinsamkeiten und Unterschiede von Wärmflasche und Handwärmer unter dem Gesichtspunkt der Energie.

Material B ▸ Abhängigkeit des Siedepunkts vom Druck

04 Restaurant Münchner Haus auf der Zugspitze

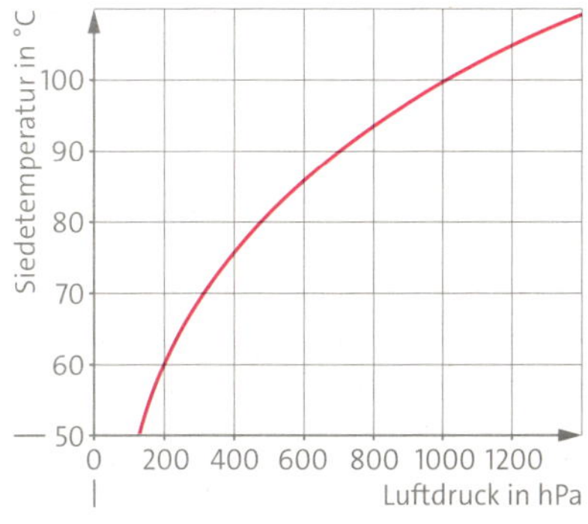

05 Druckabhängigkeit des Siedepunkts von Wasser

Wenn der Koch im Restaurant auf der Zugspitze (2962 m über dem Meeresspiegel) Eier hart kochen möchte, dann dauert es länger als im Tal. Die Temperatur des kochenden Wassers beträgt nämlich nur 90 °C statt 100 °C. Je niedriger die Temperatur ist, desto länger dauert die Garzeit.

B1 **a)** Beschreibe das Diagramm in ▸ Bild 05.

b) Erkläre mithilfe dieses Diagramms die niedrigere Siedetemperatur des Wassers auf der Zugspitze.

B2 In der Küche wird häufig ein Dampfdruckkochtopf zur Verkürzung der Garzeit eingesetzt. Hierbei wird der Topf mit dem Deckel luftdicht verschlossen. Weil der Wasserdampf nicht entweichen kann, erhöht sich der Druck im Inneren des Topfes bis zum 1,8-fachen des normalen Luftdrucks.

a) Schätze mithilfe des Diagramms in ▸ Bild 05 die Siedetemperatur des Wassers im Dampfdruckkochtopf ab.

b) Erkläre die Wirkungsweise eines Dampfdruckkochtopfes.

B3 Eine Spritze wird mit etwas Wasser gefüllt. Dabei wird darauf geachtet, dass sich keine Luft mehr in der Spritze befindet. Anschließend wird die Öffnung dicht verschlossen und die Spritze auseinander gezogen. Dabei beobachtet man die Entstehung von Blasen im Wasser. Erkläre die Beobachtung.

B4 In der Tiefsee gibt es in 3000 m Wassertiefe Vulkane, die bis zu 400 °C heißes Wasser ausstoßen. Erkläre, warum das ausgestoßene Wasser trotz der hohen Temperatur von 400 °C flüssig ist.

Teilchenmodell

Alle Stoffe bestehen aus kleinen Teilchen. Die Teilchen haben einen typischen Durchmesser von einem Millionstel Millimeter.

Aufgrund ihrer Temperatur führen die Teilchen andauernd eine unregelmäßige Bewegung aus, die **thermische Bewegung.** Je tiefer die Temperatur eines Körpers ist, desto weniger bewegen sich die Teilchen. Bei −273 °C kommt die thermische Bewegung zum Stillstand. Das ist der **absolute Temperaturnullpunkt.** Hier hat die **Kelvin-Skala** ihren Nullpunkt. Die Temperatur in Kelvin hat das Größensymbol *T* und die Einheit ein Kelvin (1 K).

Wenn du zum Temperaturbetrag in Grad Celsius 273 addierst, dann erhältst du den Temperaturbetrag in Kelvin. Für die Umrechnung der Skalen gilt:

X °C ≙ (X + 273) K

Ein Beispiel: 20 °C ≙ 293 K.

Druck

Gase können zusammengepresst werden. Der **Druck** gibt an, wie sehr das Gas zusammengepresst ist.

Flüssigkeiten können gepresst werden, ändern dabei aber ihr Volumen praktisch nicht. Der Druck gibt an, wie sehr die Flüssigkeit gepresst ist.

Der Druck wirkt in alle Richtungen gleich.

Der Druck wird mit **Manometern** gemessen. Er wird in der Einheit ein Pascal (1 Pa) angegeben. Das Größensymbol ist *p*.

Im Alltag werden häufiger die Einheiten Hektopascal (hPa), Kilopascal (kPa) oder Bar (bar) benutzt. Es gilt:
1 hPa = 100 Pa,
1 kPa = 1000 Pa,
1 bar = 1000 hPa = 100 kPa = 100 000 Pa.

In Vergleichen mit dem äußeren Luftdruck verwendet man häufig die Begriffe **Überdruck** (Druck größer als Luftdruck) und **Unterdruck** (Druck kleiner als Luftdruck).

In einem Gas oder in einer Flüssigkeit gilt für den Druck *p*:

$p = \frac{F}{A}$; $1\,\text{Pa} = 1\,\frac{\text{N}}{\text{m}^2}$.

Dabei ist *F* die Kraft, die das eingeschlossene Gas bzw. die eingeschlossene Flüssigkeit auf eine Fläche *A* ausübt.

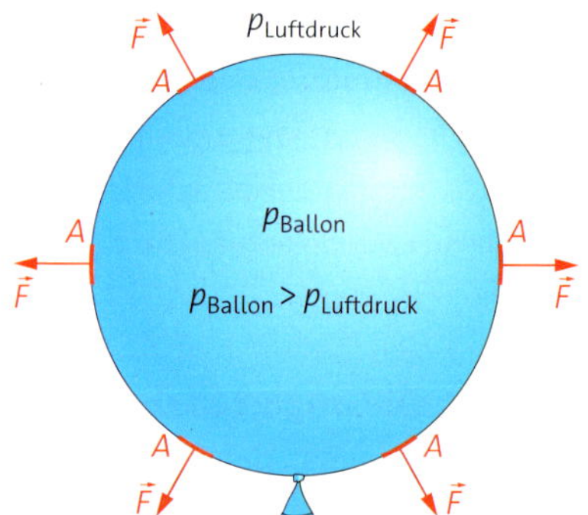

01 Mit Luft gefüllter Ballon

Schweredruck: Der durch die Schwerkraft verursachte Druck in einer Flüssigkeit wird Schweredruck genannt.
Der Schweredruck in einer Flüssigkeit nimmt mit der Tiefe zu gemäß:

$p = \rho \cdot g \cdot h$.

Dabei ist:
ρ die Dichte der Flüssigkeit,
h die Höhe bis zur Oberfläche der Flüssigkeit und
g der Ortsfaktor.

Der Schweredruck ist von der Form des Gefäßes unabhängig.

Auftrieb: Auf jeden Körper in einer Flüssigkeit wirkt eine Auftriebskraft. Sie ist unabhängig davon, woraus der Körper besteht. Die Auftriebskraft ist betragsmäßig gleich der Schwerkraft auf die vom Körper verdrängten Flüssigkeit.

Innere Energie

Spezifische Wärmekapazität: Um einen Körper mit einer Masse m und einer spezifischen Wärmekapazität c um eine Temperaturdifferenz ΔT zu erwärmen, benötigt man die Energie:

$\Delta E = c \cdot m \cdot \Delta T$.

Beispielsweise ist für Wasser $c = 4{,}2 \frac{\text{kJ}}{\text{kg} \cdot \text{K}}$.

Aggregatzustände: Stoffe können in verschiedenen Aggregatzuständen vorkommen: fest, flüssig und gasförmig.
In **Festkörpern** liegen die Teilchen eng beieinander und haben einen starken Zusammenhalt. In **Flüssigkeiten** liegen die Teilchen eng beieinander und sind gegeneinander verschiebbar. In **Gasen** befinden sich die Teilchen in großen Abständen voneinander ohne jeden Zusammenhalt. Zwischen den Teilchen ist leerer Raum.

Spezifische Schmelzwärme: Um einen Körper mit einer Masse m und einer spezifischen Schmelzwärme s zu schmelzen, muss man ihm folgende Energie zuführen:

$\Delta E = s \cdot m$.

Beispielsweise ist für Wasser $s = 334 \frac{\text{kJ}}{\text{kg}}$.

Spezifische Verdampfungswärme: Um einen Körper mit einer Masse m und einer spezifischen Verdampfungswärme r zu verdampfen, muss man ihm folgende Energie zuführen:

$\Delta E = r \cdot m$.

Beispielsweise ist für Wasser $r = 4{,}2 \frac{\text{kJ}}{\text{kg}}$.

Innere Energie: Beim Schmelzen und Verdampfen eines Körpers wird Energie zugeführt, ohne dass die Temperatur des Körpers steigt. Die Energie steckt im Körper. Die innere Energie ist die gesamte Energie, die auf Teilchenebene in dem Körper steckt.

Überprüfe dich selbst:

Kann ich ...

... das Teilchenmodell beschreiben und erläutern?

... die thermische Bewegung beschreiben und den Temperaturnullpunkt im Teilchenmodell erklären?

... den Begriffs des Drucks erläutern und Verfahren zur Druckmessung beschreiben?

... erläutern, wie der Schweredruck in einer Flüssigkeit zustande kommt?

... bei einem Gas oder einer Flüssigkeit mit Druck, Kraft und Fläche rechnen?

... die Funktionsweise einer hydraulischen Presse erläutern?

... erläutern, wie der Auftrieb eines Körpers in Flüssigkeiten oder Gasen zustande kommt?

... die Aggregatzustände beschreiben und im Teilchenmodell erklären?

... die Kelvin-Skala beschreiben und anwenden?

... die spezifische Wärmekapazität erläutern und mit ihr die thermische Energie berechnen?

... ein typisches Experiment zur Bestimmung der spezifischen Wärmekapazität beschreiben?

... die spezifische Schmelzwärme und Verdampfungswärme erläutern und mit diesen die Änderung der inneren Energie berechnen?

... die innere Energie erläutern und von der thermischen Energie abgrenzen?

Energieübertragung

In diesem Kapitel beschäftigst du dich mit

- der mechanischen Übertragung von Energie. Du lernst Formeln kennen, mit denen du die verschiedenen Energiebeiträge berechnen kannst.
- der thermischen Übertragung von Energie. Du lernst anhand zahlreicher Alltagsbeispiele drei Formen der thermischen Energieübertragung kennen. Darüber hinaus erfährst du etwas über den Energiehaushalt der Erde und den Treibhauseffekt. Du beschäftigst dich mit dem Einfluss des Menschen auf das globale Klima.
- der elektrischen Energieübertragung. Dabei erfährst du etwas über die Funktionsweise von Elektromotor und Generator. Du lernst dabei, wie elektrische Wechselspannung erzeugt wird. Du beschäftigst dich mit Transformatoren und deren technischen Anwendungen z.B. bei der elektrischen Energieübertragung.
- der Erhaltung von der Energie. Du lernst den Energieerhaltungssatz der Mechanik kennen und wendest ihn auf Alltagsbeispiele an.

Energie

Immer wenn wir etwas bewegen, heben, biegen, spannen, erleuchten, erwärmen, ausrufen, verdichten, schmelzen oder verdampfen, dann brauchen wir **Energie.**

Energieformen: Energie kommt in verschiedenen Formen vor. Wenn sich ein Körper in der Höhe befindet, dann hat er **Höhenenergie.** Wenn sich ein Körper bewegt, dann hat er **Bewegungsenergie.** Wenn ein Körper elastisch verformt ist, dann hat er **Spannenergie.** Je heißer ein Körper ist, desto mehr **thermische Energie** hat er.

Prinzip der Energieerhaltung: Energie kann weder vermindert noch vermehrt werden. Sie bleibt erhalten. Zur Veranschaulichung kann man energetische Vorgänge mit einem Kontomodell darstellen:

Energiekonten beim Schaukeln

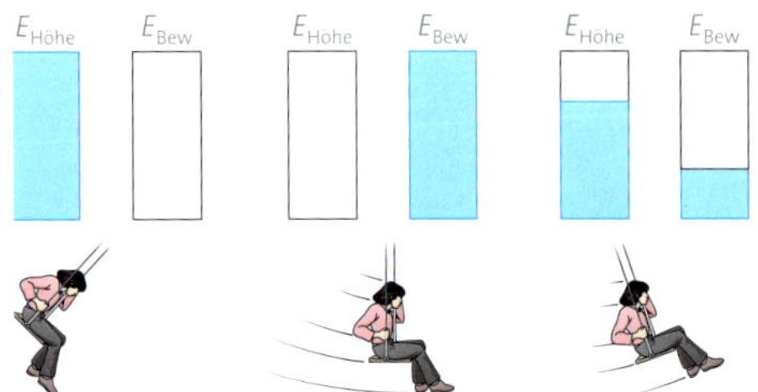

01 Beispiel für das Energiekontenmodell

Mechanische Energieübertragung

Wenn ein Körper verformt oder beschleunigt wird, dann wird eine **Kraft** auf den Körper ausgeübt.

Eigenschaften der Kraft: Eine Kraft $\vec{F}$ hat eine Richtung und einen Betrag. Die Einheit der Kraft ist ein Newton (1 N).
Den Betrag einer Kraft kann man mit einem Federkraftmesser messen.

Elastische Verformung: Wenn eine Schraubenfeder mit einer Federkonstanten D durch eine Kraft F um eine kleine Strecke s verformt wird, dann gilt:

$$F = D \cdot s.$$

HOOKE'sches Gesetz: So nennt man die Proportionalität von Kraft F und Längenänderung s. Die Proportionalität ist nur für elastische Verformungen gegeben.

Schwerkraft: Auf eine Masse m wirkt am Erdboden die Schwerkraft

$$F = m \cdot g.$$

Dabei ist $g = 9{,}8\,\frac{\mathrm{N}}{\mathrm{kg}}$ der **Ortsfaktor.**

Kraft und Energie: Wenn auf einen Körper eine konstante Kraft $\vec{F}$ ausgeübt wird und er sich dabei um eine zu $\vec{F}$ parallele Strecke Δs bewegt, dann nimmt er mechanisch die Energie ΔE auf mit:

$$\Delta E = F \cdot \Delta s.$$

Mechanische Leistung: Wenn ein Körper in einer Zeit Δt mechanisch eine Energie ΔE aufnimmt, dann nimmt er die Leistung P auf mit:

$$P = \frac{\Delta E}{\Delta t}.$$

Die Einheit ist ein Watt (1 W) mit $1\,\mathrm{W} = \frac{1\,\mathrm{J}}{1\,\mathrm{s}} = 1\,\frac{\mathrm{J}}{\mathrm{s}}$.

Elektrische Energieübertragung

Elektrische Stromstärke: Die elektrische Stromstärke I gibt an, wie viel Ladung pro Zeit an einer Stelle vorbeifließt. Die Einheit ist ein Ampere (1 A).

Elektrische Spannung: In einem Stromkreis mit überall gleicher Stromstärke ist die Spannung U der elektrischen Quelle ein Maß für die übertragbare Energie. Je größer die Spannung der elektrischen Quelle ist, desto mehr Energie kann von der Quelle zum Gerät übertragen werden.
Die Einheit ist ein Volt (1 V).

Elektrischer Widerstand: Der elektrische Widerstand R gibt an, wie stark ein Gegenstand, an dem eine Spannung U anliegt, den elektrischen Strom hemmt. Dabei gilt:

$$R = \frac{U}{I}.$$

Elektrische Leistung: Die elektrische Leistung bzw. die Energiestromstärke P gibt an, wie viel Energie pro Zeit übertragen wird. Es gilt:

$$P = \frac{\Delta E}{\Delta t}.$$

Im elektrischen Stromkreis ist die Leistung gegeben durch:

$$P = U \cdot I.$$

Energie

02 Trampolinspringer

1 ▸ Bild 02 zeigt einen Trampolinspringer. Nenne die auftretenden Energieformen und erstelle ein Energiekontenmodell.

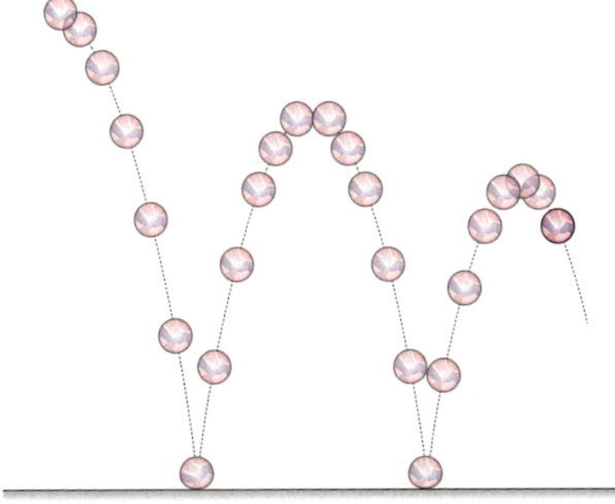

03 Hüpfender Gummiball

2 ▸ Bild 03 zeigt einen hüpfenden Gummiball. Nenne die auftretenden Energieformen und erstelle ein Energiekontenmodell. Begründe, dass hier Energie auch in thermische Energie umgewandelt wird.

Mechanische Energieübertragung

3 **a)** Hanna sitzt mit ihrer Masse von 60 kg auf einem dünnen Ast. Berechne die Kraft, die sie dabei auf den Ast ausübt.

b) Anschließend steigt Hanna in 2 min auf einen 20 m hohen Turm. Bestimme die mechanische Leistung, die Hannas Muskeln dabei übertragen.

4 Eine Schraubenfeder hängt mit einem Ende an der Decke. Am anderen Ende wird eine Masse von 2 kg angehängt. Dabei verlängert sich die Feder um 2 cm. Bestimme die Federkonstante.

5 Beim Umzug schiebt Frank einen Schrank mit einer Kraft von 200 N durch einen 10 m langen Flur. Bestimme die Energie, die er dabei auf den Schrank überträgt.

Elektrische Energieübertragung

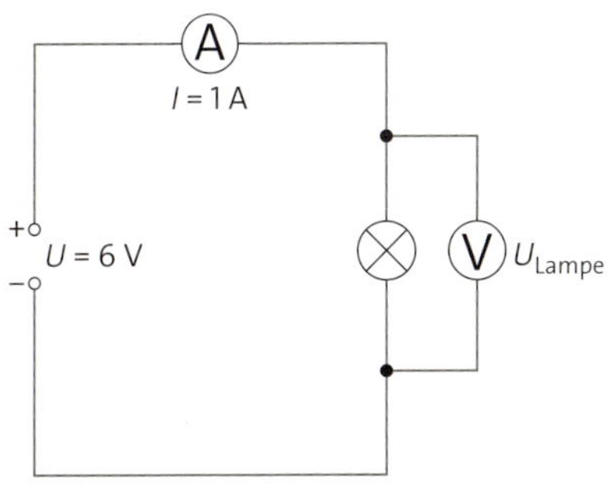

04 Elektrischer Stromkreis

6 ▸ Bild 04 zeigt einen Stromkreis mit einer Lampe.

a) Beschreibe den Fluss elektrischer Ladungen und die Übertragung elektrischer Energie.

b) Bestimme den elektrischen Widerstand der Lampe.

c) Bestimme die auf die Lampe übertragene elektrische Leistung.

d) Bestimme die Zeit, in der eine Energie von 1 kJ übertragen wird.

e) Bestimme die Zeit, in der eine Energie von 1 kWh übertragen wird.

7 In einem weiteren Versuch wird in dem im ▸ Bild 04 dargestellten Stromkreis die elektrische Quelle durch eine Quelle mit einer Spannung von 2 V ersetzt.

a) Bestimme die Stromstärke.

b) Bestimme die elektrische Energiestromstärke.

c) Bestimme die von der elektrischen Quelle übertragene elektrische Leistung.

8 In einem dritten Versuch wird in dem im ▸ Bild 04 dargestellten Stromkreis die Lampe durch eine andere Lampe mit dem elektrischen Widerstand 5 Ω ersetzt. Bestimme die elektrische Stromstärke und die elektrische Energiestromstärke.

9 Herr Brauns Wasserkocher hat eine Leistung von 2400 W. Um einen Liter kaltes Wasser zum Kochen zu bringen, dauert es 2 min 45 s.

a) Berechne die aufgenommene Energiemenge in J und in kWh.

b) Herr Braun möchte Energie „sparen" und überlegt sich, seinen Kocher durch einen mit einer Leistung von 1800 W zu ersetzen. Nimm Stellung dazu.

10 Auf dem Akku eines Smartphones stehen folgende Angaben: 1000 mAh; 3,7 V.

a) Kläre die Bedeutung dieser Angaben und bestimme die im Akku gespeichert Energiemenge.

b) Der Akku ist nach etwa 2,5 Stunden aufgeladen. Bestimme den Ladestrom.

c) Berechne die Energiestromstärke beim Aufladen.

01 Ein Kamel zieht Wasser aus einem Brunnen.

Höhen- und Bewegungsenergie

Das Kamel zieht 20 kg Wasser aus einem 50 m tiefen Brunnen. Dabei überträgt es Energie auf das Wasser. Ist der Energiebetrag wirklich so groß, dass man ein Kamel braucht?

Mechanische Energieformen sind Höhenenergie, Bewegungsenergie und Spannenergie.

ENERGIEÜBERTRAGUNG BEIM HEBEN · Wir wissen schon: Wenn 1 kg Wasser um 0,1 m angehoben wird, dann wird die Energie $\Delta E = 1\,\text{J}$ übertragen. Für andere Massen und Höhen können wir die Energie beispielsweise mit dem Dreisatz berechnen. Aus diesen Kenntnissen entwickeln wir nun eine Formel. Dazu überlegen wir uns: Wenn 20 kg Wasser um 0,1 m angehoben werden, dann wird die zwanzigfache Masse angehoben und somit die zwanzigfache Energie übertragen, also ist $\Delta E = 20\,\text{J}$.

Wenn 20 kg Wasser um 50 m angehoben werden, dann wird die 500fache Höhe erzielt und daher die 500fache Energie übertragen, also $\Delta E = 500 \cdot 20\,\text{J} = 10\,000\,\text{J}$.

Um das Kopfrechnen zu erleichtern, nimmt man für den genäherten Ortsfaktor den Wert $10\,\frac{\text{N}}{\text{kg}}$.

Die Beispiele legen nahe, dass eine Formel zur Energie die Masse und die Höhe als Faktoren enthält. Wenn wir als dritten Faktor $10\,\frac{\text{N}}{\text{kg}}$ wählen, dann erhalten wir das bekannte Ergebnis:

$$\Delta E = 20\,\text{kg} \cdot 50\,\text{m} \cdot 10\,\frac{\text{N}}{\text{kg}} = 10\,000\,\text{Nm} = 10\,000\,\text{J}.$$

Der Faktor $10\,\frac{\text{N}}{\text{kg}}$ erinnert sehr an den bekannten Ortsfaktor $g = 9{,}8\,\frac{\text{N}}{\text{kg}}$. In der Tat handelt es sich um den gerundeten Ortsfaktor. Aus diesen Überlegungen entwickeln wir die allgemeine Formel zur Höhenenergie:

Wenn ein Körper mit einer Masse m um eine Höhe Δh angehoben wird, dann gilt für die auf ihn übertragene Energie ΔE:
$\Delta E = m \cdot \Delta h \cdot g = m \cdot g \cdot \Delta h$.

Das Produkt $m \cdot g$ hat die Einheit 1 N. Die Einheit 1 J für die Energie ist daher gleich dem Produkt aus 1 m und 1 N:

$1\,\text{J} = 1\,\text{N} \cdot 1\,\text{m} = 1\,\text{Nm}$.

ENERGIEÜBERTRAGUNG BEIM ZIEHEN · Wir können auch Energie auf einen Körper übertragen, wenn wir diesen mit einer Kraft ziehen. Eine Formel dazu haben wir im vorherigen Band schon einmal durch Experimente begründet. Wir können die Formel aber auch durch Überlegung entwickeln:

Dazu betrachten wir wieder das Wasserschöpfen im ▸ Bild 01. Hierbei überträgt das Kamel die Energie $\Delta E = m \cdot g \cdot \Delta h$ auf den Eimer. Das Produkt $m \cdot g$ ist gleich der Schwerkraft F, die auf den Wassereimer wirkt. Das Kamel muss diese Kraft aufbringen. Um den Eimer um Δh anzuheben, muss das Kamel die Strecke $\Delta s = \Delta h$ weit gehen. Wir können für $\Delta E = m \cdot g \cdot \Delta h$ also auch schreiben:

$$\Delta E = F \cdot \Delta s.$$

Diese Formel gilt für alle Vorgänge, bei denen ein Körper mit einer konstanten Kraft F um eine Strecke Δs gezogen wird. Dabei nehmen wir an, dass die Kraft parallel zur Strecke gerichtet ist und die Reibung vernachlässigt werden kann. Allgemein gilt:

 Wenn ein Körper mit einer Kraft F um eine Strecke Δs verschoben wird, dann beträgt die auf den Körper übertragene Energie:
$\Delta E = F \cdot \Delta s$.
Die Kraft wird parallel zur Strecke ausgeübt.

ENERGIE UND GESCHWINDIGKEIT · Wenn sich ein Körper mit einer Geschwindigkeit v bewegt, dann hat er Bewegungsenergie. Können wir auch für die Bewegungsenergie eine Formel angeben, ähnlich wie für die Höhenenergie? Dazu betrachten wir den Wagen im ▸ Bild 02, der eine schräge Rampe hinunterfährt. Oben am Startpunkt hat der Wagen die Höhenenergie:

$$E_{Höhe} = m \cdot g \cdot h = 0{,}085\,\text{kg} \cdot 9{,}8\,\frac{\text{N}}{\text{kg}} \cdot 0{,}2\,\text{m} = 0{,}167\,\text{J}.$$

Unten liegt diese Energie praktisch vollständig als Bewegungsenergie vor. Wir erkennen im ▸ Bild 02, dass der Wagen unten in der Zeit $\Delta t = 0{,}1$ s die Strecke $\Delta s \approx 0{,}2$ m zurücklegt. Er hat also unten die Geschwindigkeit:

$$v \approx \frac{\Delta s}{\Delta t} = \frac{0{,}2\,\text{m}}{0{,}1\,\text{s}} = 2\,\frac{\text{m}}{\text{s}}.$$

Entsprechend erhalten wir die Geschwindigkeiten für die Zwischenpunkte. Aus den Messwerten für die Höhe h berechnen wir jeweils die Höhenenergie. Da die Summe aus Höhen- und Bewegungsenergie stets gleich ist, können wir damit jeweils die Bewegungsenergie ermitteln. Diese Werte zeigen ▸ Tabelle 03 und der Graph im ▸ Bild 04.

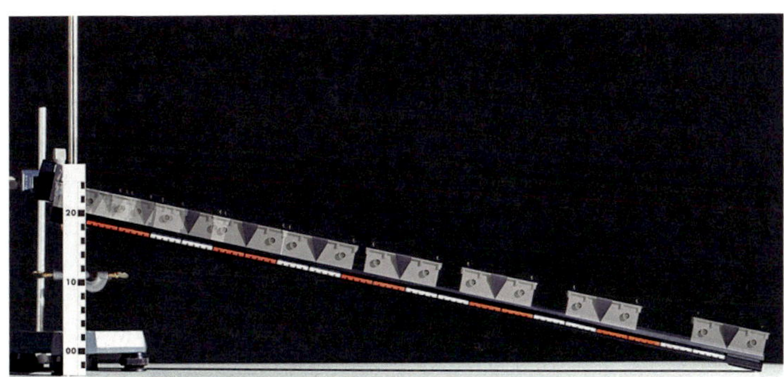

02 Messung der Geschwindigkeit und der Höhe beim Hinabrollen

Das Produkt $F \cdot \Delta s$ nennt man in der Physik auch **Arbeit.**

An dem Graphen erkennen wir, dass die Energie mit der Geschwindigkeit stärker als proportional zunimmt. Der Graph sieht einer Parabel ähnlich. Daher vermuten wir einen quadratischen Zusammenhang zwischen E_{Bew} und v. Zur Überprüfung dieser Vermutung erstellen wir mit einem GTR eine quadratische Ausgleichskurve. Dabei passt der GTR einen optimalen quadratischen Funktionsterm an die Messdaten an. ▸ Bild 04 bestätigt unsere Vermutung. Bei dem Funktionsterm sind der konstante Summand c = -0,0005 und der Faktor b = 0,005 vor dem linearen Term v klein. Daher können wir diese idealerweise gleich Null setzen. Somit liefert der GTR für E_{Bew}:

$$E_{Bew} = a \cdot v^2, \text{ mit } a = 0{,}044$$

Das heißt E_{Bew} ist proportional zu v^2, dabei ist die Masse m konstant.

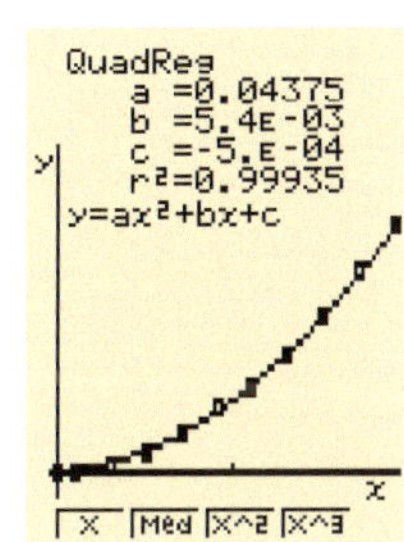

04 v-E_{Bew}-Diagramm mit quadratischer Ausgleichskurve

Wenn man einen Nullpunkt festlegt, dann kann man Δh durch h und ΔE durch E ersetzen.

t in s	h in m	s in m	v in $\frac{\text{m}}{\text{s}}$	$E_{Höhe}$ in J	E_{Bew} in J
0	0,200	0,00	0,00	0,167	0,000
0,1	0,200	0,01	0,10	0,167	0,000
0,2	0,195	0,04	0,30	0,162	0,004
0,3	0,185	0,09	0,50	0,154	0,013
...	...	...	...	...	...
0,9	0,035	0,81	1,70	0,029	0,138
1,0	0,00	1,00	1,90	0,000	0,167

03 v-E_{Bew}-Messwertetabelle

ENERGIE UND MASSE · Um einen schweren Einkaufswagen in Bewegung zu bringen, benötigt man viel Energie. Wir vermuten daher, dass die Bewegungsenergie eines Körpers auch von der Masse abhängt. Zur Untersuchung führen wir Versuche auf der Rampe mit Wagen unterschiedlicher Masse durch. Dabei stellt sich heraus, dass bei konstanter Geschwindigkeit die Bewegungsenergie proportional zur Masse ist:

$E_{Bew} \sim m$, mit v^2 ist konstant.

Damit haben wir zwei Proportionalitäten gefunden, $E_{Bew} \sim v^2$ bei konstanter Masse und $E_{Bew} \sim m$ bei konstanter Geschwindigkeit. Aus dieser **doppelten Proportionalität** kann man folgern:

$E_{Bew} \sim m \cdot v^2$.

VOM NATURGESETZ ZUR EINHEIT · Dieses Naturgesetz $E_{Bew} \sim v^2$ kann man als Gleichung mit noch unbekanntem Proportionalitätsfaktor k darstellen:

$E_{Bew} = \mathrm{k} \cdot m \cdot v^2$.

Die Einheit der Energie hat man gerade so festgelegt, dass der Proportionalitätsfaktor k eine Zahl ohne Einheit ist. Daher gilt:

$1\,\mathrm{J} = 1\,\mathrm{kg} \cdot \frac{\mathrm{m}^2}{\mathrm{s}^2}$

01 Einschlagkrater eines Meteoriten in Arizona

Um die Zahl k zu bestimmen, setzen wir unsere obigen Daten z.B. zu $v = 0{,}3\,\frac{\mathrm{m}}{\mathrm{s}}$ ein:

$0{,}004\,\mathrm{J} = \mathrm{k} \cdot 0{,}085\,\mathrm{kg} \cdot 0{,}09\,\frac{\mathrm{m}^2}{\mathrm{s}^2} \approx \mathrm{k} \cdot 0{,}008\,\mathrm{J}$.

Also ist k = 0,5. Folglich lautet die Gleichung für die Bewegungsenergie:

$E_{Bew} = \frac{1}{2} \cdot m \cdot v^2$.

Wir fassen zusammen:

Ein Körper mit der Masse m und der Geschwindigkeit v hat die Bewegungsenergie $E_{Bew} = \frac{1}{2} \cdot m \cdot v^2$.

ENERGIE ALS NATURGEWALT · Eine große Bewegungsenergie kann gewaltige Auswirkungen haben. Das zeigt beispielsweise der Barringer-Krater (▸ Bild 01). Er hat einen Durchmesser von 1200 m und entstand durch einen Meteoriten von nur 50 m Durchmesser. Der Meteorit hatte beim Einschlag eine Geschwindigkeit von ungefähr $72\,000\,\frac{\mathrm{km}}{\mathrm{h}}$. Das entspricht $20\,000\,\frac{\mathrm{m}}{\mathrm{s}}$. Mit seiner Masse von 300 000 t hatte er eine Bewegungsenergie von

$E_{Bew} = \frac{1}{2} \cdot 3 \cdot 10^8\,\mathrm{kg} \cdot \left(2 \cdot 10^4\,\frac{\mathrm{m}}{\mathrm{s}}\right)^2 = 6 \cdot 10^{16}\,\mathrm{J}$.

Zum Vergleich: Da 1 kg Dynamit bei der Explosion eine Energie von 3 MJ freisetzt, entspricht die Bewegungsenergie des Meteoriten der Energie von 20 Millionen Tonnen Dynamit.

1 Ein Auto mit der Masse 1500 kg fährt auf einen Bergpass und steigert dabei seine Höhe um 1000 m. Berechne die Zunahme der Höhenenergie.

2 Ein Auto mit der Masse 1500 kg beschleunigt von $0\,\frac{\mathrm{km}}{\mathrm{h}}$ auf $108\,\frac{\mathrm{km}}{\mathrm{h}}$ in 8 s. Berechne die Zunahme der Bewegungsenergie und die Leistung.

3 Ein Flugzeug mit der Masse 500 t steigt auf 10 000 m Höhe und nutzt dabei 10 MJ an Energie je Liter Kerosin. Berechne den Kerosinverbrauch.

METHODE

Doppelte Proportionalität

Wenn Wasser aus einem Brunnen gehoben wird, dann hängt die Höhenenergie $E_{\text{Höhe}}$ von der Masse m und von der Höhe h des Wassers ab. Wenn ein Wagen einen Berg hinabrollt, dann hängt die Bewegungsenergie E_{Bew} von der Masse m und vom Geschwindigkeitsquadrat v^2 ab. Ähnlich hängen in der Natur viele **physikalische Größen** von zwei **veränderlichen Größen** ab. In solchen Fällen findet man ein Naturgesetz in mehreren Schritten. Einige Schülerinnen und Schüler haben das Verfahren am Beispiel der Gleichung zur Höhenenergie aufgeschrieben (▸ Bild 02):

Wie hängt $E_{\text{Höhe}}$ von h ab?

$g \approx 10\,\frac{N}{kg}$

Masse konstant: $m = 1$ kg

h in m	1	2	3
$E_{\text{Höhe}}$ in J	10	20	30
$\frac{E_{\text{Höhe}}}{h}$ in $\frac{J}{m}$	10	10	10

Quotientengleichheit →
$E_{\text{Höhe}} \sim h$ für m konstant

Wie hängt $E_{\text{Höhe}}$ von m ab?
Höhe konstant: $h = 1$ m

m in kg	1	5	10
$E_{\text{Höhe}}$ in J	10	50	100
$\frac{E_{\text{Höhe}}}{m}$ in $\frac{J}{kg}$	10	10	10

Quotientengleichheit →
$E_{\text{Höhe}} \sim m$ für h konstant

Folgerung aus beiden Proportionalitäten:
$E_{\text{Höhe}} \sim m \cdot h$

02 Wovon hängt die Energie $E_{\text{Höhe}}$ ab?

Die Schülerinnen und Schüler wollten ausprobieren, ob die Folgerung auch wirklich stimmt. Dazu haben sie die Höhenenergie für die drei Massen und Höhen in die folgende gemeinsame ▸ Tabelle 03 geschrieben:.

$h\downarrow$ $m\rightarrow$	1 kg	5 kg	10 kg
1 m	10 J	50 J	100 J
2 m	20 J	100 J	200 J
3 m	30 J	150 J	300 J

03 Höhenenergie für drei Massen und Höhen

Um die Quotientengleichheit zu prüfen, werden die Quotienten $\frac{E_{\text{Höhe}}}{m \cdot h}$ mit der Einheit $\frac{J}{kg \cdot m}$ in eine solche Tabelle geschrieben (▸ Tabelle 04):

$h\downarrow$ $m\rightarrow$	1 kg	5 kg	10 kg
1 m	$\frac{10}{1}$	$\frac{50}{5}$	$\frac{100}{10}$
2 m	$\frac{20}{2}$	$\frac{100}{10}$	$\frac{200}{20}$
3 m	$\frac{30}{3}$	$\frac{150}{15}$	$\frac{300}{30}$

04 Die Quotienten $E_{\text{Höhe}}/(m \cdot h)$ sind stets gleich.

Die Quotienten in der Tabelle sind alle gleich $10\,\frac{J}{kg \cdot m}$. Das bestätigt die Folgerung, dass gilt:

$E_{\text{Höhe}} \sim m \cdot h$.

Allgemein gilt für eine Größe f, die von zwei Größen a und b abhängt:
Wenn $f \sim a$ bei konstantem b und $f \sim b$ bei konstantem a ist, dann ist $f \sim a \cdot b$.
Mit dem Proportionalitätsfaktor $k = \frac{f}{a \cdot b}$ gilt dann:

$f = k \cdot a \cdot b$.

BLICKPUNKT

Windenergieanlage

01 Windenergieanlage

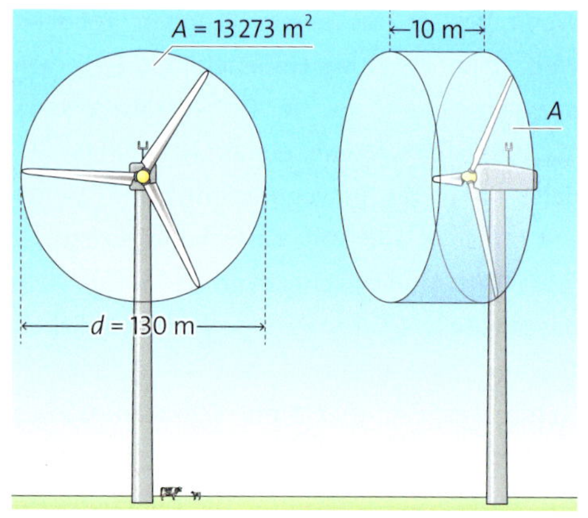

02 Auf das Windrad zuströmende Luft

Eine große Windenergieanlage wie im ▸ Bild 01 hat einen Rotordurchmesser von 130 m. Eine typische Windgeschwindigkeit ist 36 $\frac{km}{h}$. Kann man abschätzen, wie viel Energie vom Wind auf die Rotorblätter übertragen wird?

Dazu muss man wissen, welche Luftmasse je Sekunde auf die Rotorblätter trifft. Dann kann man aus der Masse und der Geschwindigkeit die Energie berechnen. Je Sekunde legt die Luft 10 m zurück und durchströmt dabei einen Zylinder, dessen Volumen das Produkt aus der vom Rotor überstrichenen Kreisfläche A und der zurückgelegten Strecke von 10 m ist (▸ Bild 02). Die Kreisfläche A ist:

$$A = \pi \cdot r^2 = \pi \cdot (0{,}5 \cdot 130\ m)^2 = 13\,273\ m^2$$

und das Volumen V des Zylinders ist:

$$V = A \cdot 10\ m = 132\,730\ m^3.$$

Die Masse der Luft in diesem Zylinder ist das Produkt aus der Dichte ρ der Luft und dem Volumen V. Mit $\rho = \frac{1{,}3\ kg}{m^3}$ ergibt sich:

$$m = V \cdot \rho \approx 173\,000\ kg.$$

Die Bewegungsenergie dieser Luft beträgt:

$$E_{kin} = \frac{1}{2} \cdot m \cdot v^2 = \frac{1}{2} \cdot 173\,000\ kg \cdot 100\ \frac{m^2}{s^2} = 8{,}65\ MJ.$$

Das Windrad kann diese Energie nicht vollständig nutzen, denn dann müsste es die Geschwindigkeit der Luft auf null absenken, also die Luft anhalten. Dann könnte aber keine Luft nachströmen.

Beim günstigsten Wirkungsgrad strömt $\frac{2}{3}$ der Luftmasse, also etwa 115 000 kg, durch das Windrad und wird auf $\frac{1}{3}$ der ursprünglichen Geschwindigkeit, also auf 3,3 $\frac{m}{s}$, abgebremst. Ein Drittel der Masse strömt vorbei. Die Bewegungsenergie der durchströmenden Luft beträgt also vor dem Windrad

$$E_{Bew} = \frac{2}{3} \cdot 8{,}65\ MJ = 5{,}8\ MJ.$$

Hinter dem Windrad hat die Luft die Energie

$$E_{Bew} = \frac{1}{2} \cdot m \cdot v^2 = \frac{1}{2} \cdot 115\,000\ kg \cdot \left(3{,}3\ \frac{m}{s}\right)^2 \approx 0{,}6\ MJ.$$

Das Windrad nimmt bei einer Windgeschwindigkeit von 36 $\frac{km}{h}$ also höchstens 5,8 MJ – 0,6 MJ = 5,2 MJ Energie pro Sekunde auf. Es gibt dabei höchstens die folgende Leistung ab:

$$P = \frac{E}{t} = \frac{E}{1\ s} = 5{,}2\ \frac{MJ}{s} = 5{,}2\ MW.$$

1 Die maximale elektrische Leistung des Windrads beträgt 7,5 MW. Berechne den maximal möglichen Wirkungsgrad.

VERSUCHE ▸ Mechanische Energieübertragung

V1 Bremskraft

03 Fahrrad mit Tachometer

Die Bremskraft hängt von verschiedenen Bedingungen ab. Das untersuchst du mit deinem Fahrrad.

Material:

Kreide, Fahrrad mit Tachometer, Metermaß, Personenwaage

Durchführung:

Vorsicht! Den Versuch solltest du auf einer völlig freien Straße und mit Fahrradhelm durchführen. Achte bei einer Vollbremsung unbedingt darauf, dass das Vorderrad nicht blockiert! Du könntest sonst stürzen.

a) Zeichne mit der Kreide eine Linie für den Bremsbeginn auf die Fahrbahn. Fahre mit dem Fahrrad und lies am Tachometer die Geschwindigkeit ab. Beginne an der Linie eine Vollbremsung mit Rücktritt- bzw. Hinterradbremse. Miss die Bremsstrecke.

b) Wiege das Fahrrad mit Fahrer und bestimme die Bewegungsenergie vor dem Bremsen.

c) Bestimme mit der Bewegungsenergie und dem Messwert für die Bremsstrecke die Bremskraft.

d) Beschleunige mit dem Fahrrad, bis du wieder die Geschwindigkeit wie in a) erreicht hast. Beginne ab der Linie eine Vollbremsung mit Vorder- und Hinterradbremse. Miss die nun benötigte Bremsstrecke und bestimme daraus die Bremskraft.

V2 Spannenergie

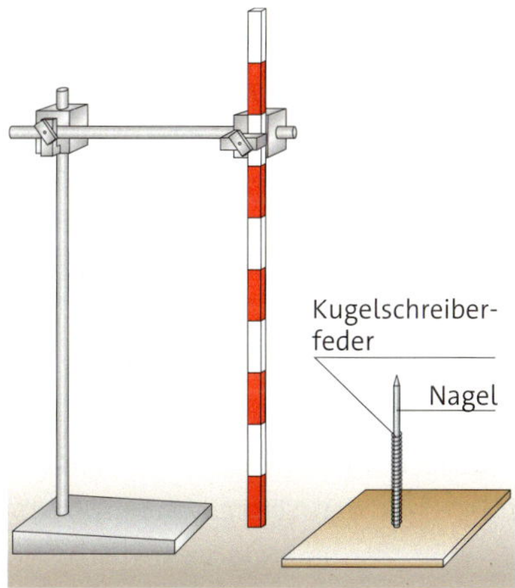

04 Kugelschreiberfeder über Nagel

Mit diesem Versuch untersuchst du, wie die Spannenergie von der Längenänderung der Feder abhängt.

Material:

Metermaß, Nagel, Brettchen, Hammer, Kugelschreiberfeder, Feinwaage, GTR

Durchführung:

a) Schlage einen Nagel durch ein dünnes Brettchen und stülpe eine Kugelschreiberfeder darüber. Stell das Metermaß senkrecht daneben (▸ Bild 04). Schiebe die Kugelschreiberfeder um eine Strecke s zusammen. Lass los, sodass die Feder nach oben springt. Lies die Sprunghöhe h am Metermaß ab.

b) Bestimme mit einer Feinwaage die Masse der Kugelschreiberfeder und berechne die Höhenenergie.

c) Begründe, dass die Spannenergie gleich der Höhenenergie ist.

d) Führe den Versuch mehrmals durch. Drück die Feder dabei verschieden stark zusammen. Trage im Koordinatensystem die Spannenergie über der Federverkürzung s auf.

e) Führe für die Messwerte eine quadratische Regression mit dem GTR durch.

Material A ▸ Kraft und Energie

05 Zahnradbahn am Pilatus, Schweiz

A1 Die Bahn in ▸ Bild 05 hat eine Masse von 8 000 kg. Bestimme die Kraft, mit der die Bahn gerade nach oben gezogen werden kann.

A2 **a)** Die durch das Windrad im ▸ Bild 02 strömende Luft gibt auf einer 10 m langen Strecke die Energie 5,2 MJ ab. Berechne die Kraft, die das Windrad dabei auf die Luft ausübt.

b) Die Luft übt auf das Windrad eine gleich große Kraft aus. Begründe.

c) Begründe an dem Beispiel folgende Regel: Wenn auf einen Körper mit einer Geschwindigkeit $\vec{v}$ eine Kraft $\vec{F}$ in zu $\vec{v}$ entgegengesetzter Richtung ausgeübt wird, dann gibt der Körper die Leistung $P = v \cdot F$ ab.

01 Bloß keine Energie abgeben!

Konvektion, Wärmeleitung und Strahlung

Im Winter musst du dich dick anziehen, damit deine Körpertemperatur nicht sinkt, im Sommer bist du froh über jede Abkühlung. In jedem Fall gibt dein Körper Energie an die Umgebung ab. Wie genau geschieht diese Energieübertragung?

VON WARM NACH KALT · Wenn du eine Tasse mit heißem Kakao in den Schnee stellst, dann kühlt sich der Kakao schnell ab. Dafür nimmt die Temperatur in der Umgebung der Tasse zu. Das erkennst du daran, dass der Schnee zu schmelzen beginnt. Es wird also Energie vom heißen Kakao auf den Schnee übertragen.

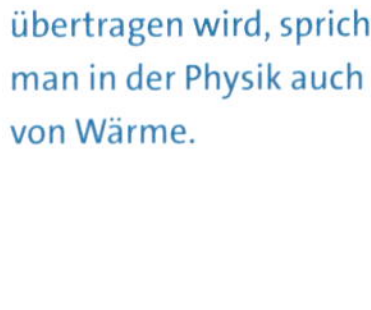

Wenn Energie thermisch übertragen wird, spricht man in der Physik auch von Wärme.

Das kannst du auch sonst beobachten: Wenn sich zwei Gegenstände unterschiedlicher Temperatur berühren, dann wird immer Energie vom warmen zum kalten Gegenstand übertragen. Da hier keine Kraft benötigt wird, sondern eine Temperaturdifferenz, spricht man von der **thermischen Übertragung von Energie.**

Energie wird von selbst thermisch von einem wärmeren zu einem kälteren Körper übertragen.

EINE DOSE ALS MODELL · Die thermische Übertragung von Energie spielt bei der Energieabgabe des menschlichen Körpers eine wesentliche Rolle. Das untersuchen wir nun genauer. Es ist schwierig, dies direkt beim menschlichen Körper zu tun, da hier die Abläufe sehr komplex sind. Daher betrachten wir ein vereinfachtes Modell-Experiment (▸ Bild 02):

Wir stülpen eine Blechdose über eine Glühlampe. Durch den elektrischen Strom nimmt die Lampe Energie auf. Die Lampe heizt die Dose auf. Dadurch erhöht sich die Temperatur der Dose. Nach einigen Minuten steigt sie nicht mehr weiter, sondern bleibt konstant über der Umgebungstemperatur – so wie deine Körpertemperatur.

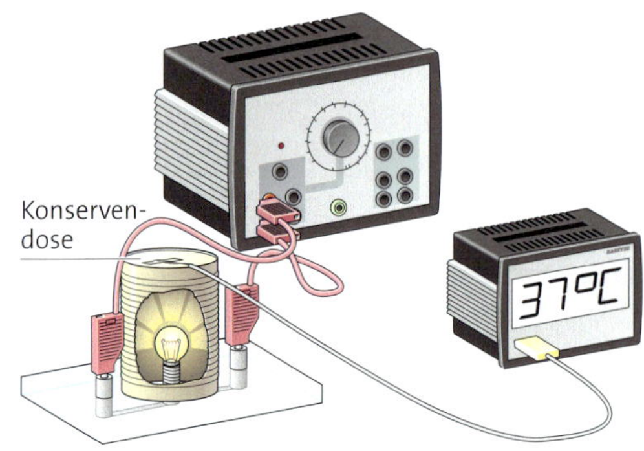

02 Eine Dose als einfaches Modell für den menschlichen Körper

03 Wind bringt Abkühlung!

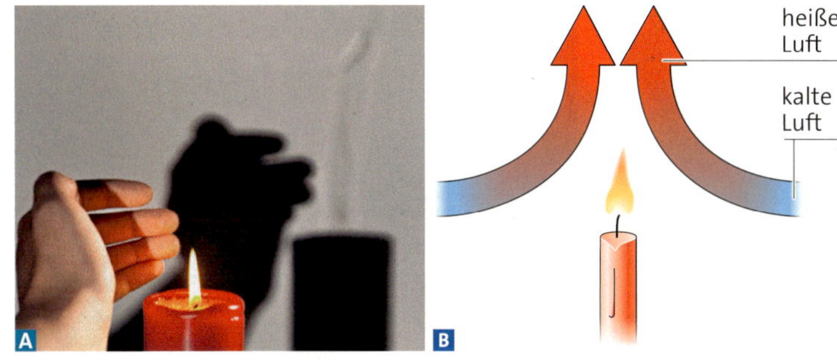

04 **A** So spürt man die Hitze kaum. **B** Selbsttätige Konvektion

KONVEKTION · Im Sommer empfindet man Wind oft angenehm, weil er Abkühlung bringt (▸ Bild 03). Wie funktioniert das?

Wir betrachten hierzu die Modell-Dose: Ohne Wind wird die Luft nahe der Dose etwas erwärmt, in einigem Abstand herrscht Raumtemperatur. Nun schalten wir einen Ventilator ein: Die Temperatur der Dose sinkt. Die Luft um die Dose hat nun fast Raumtemperatur. Auch im Wind hinter der Dose ist die Lufttemperatur kaum höher. Offensichtlich wird die Energie mit der erwärmten Luft einfach vom Wind mitgenommen und im ganzen Raum verteilt. Diese Art der thermischen Energieübertragung nennt man **Konvektion.** Sie gibt es nur, wenn eine Temperaturdifferenz vorliegt.

SELBSTTÄTIGE KONVEKTION · Mit dem Ventilator haben wir die Konvektion erzwungen. Häufig läuft sie aber von alleine ab. Wenn du deine Hand einer Kerzenflamme von der Seite näherst, dann spürst du die Hitze erst sehr nahe bei der Flamme (▸ Bild 04 A). Würdest du deine Hand in gleicher Entfernung über die Kerze halten, so würdest du dich verbrennen!

Man kann das folgendermaßen erklären (▸ Bild 04 B): Die Luft wird von der Flamme erhitzt. Dadurch dehnt sich die Luft aus und sie steigt auf. Da nun bei der Flamme ein Unterdruck herrscht, strömt von der Seite Luft nach. Dadurch wird die Energie selbsttätig von der Kerzenflamme wegtransportiert.

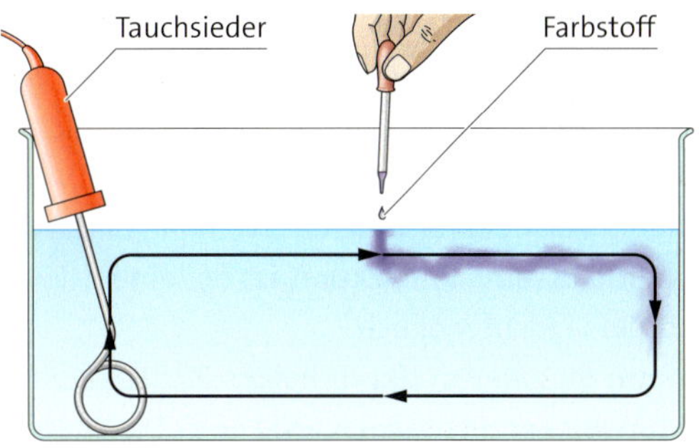

05 Selbsttätige Konvektion in Wasser

KONVEKTION IN FLÜSSIGKEITEN · Konvektion tritt auch bei Flüssigkeiten auf. Hier können wir z.B. die selbsttätige Konvektion leicht sichtbar machen (▸ Bild 05). Wir erhitzen dazu das Wasser in einem Becken mit einem Tauchsieder. Dabei tropfen wir etwas Farbstoff in das Wasser. Nach kurzer Zeit erkennt man, wie sich eine Strömung im Uhrzeigersinn ausgebildet hat. Nach einigen Minuten ist das Wasser gleichmäßig gefärbt. Die Temperatur des Wassers ist überall fast gleich, nur direkt über und um den Tauchsieder ist sie höher.

Bei der Konvektion führen strömende Gase und Flüssigkeiten die Energie mit sich. Konvektion kann erzwungen werden oder selbsttätig ablaufen.

1 Um die Körpertemperatur konstant zu halten, darf man im Winter wenig Energie an die Umgebung abgeben, im Sommer viel. Nenne hierfür verschiedene Möglichkeiten.

THERMISCHE ENERGIEÜBERTRAGUNG

01 Der Löffel ist heiß.

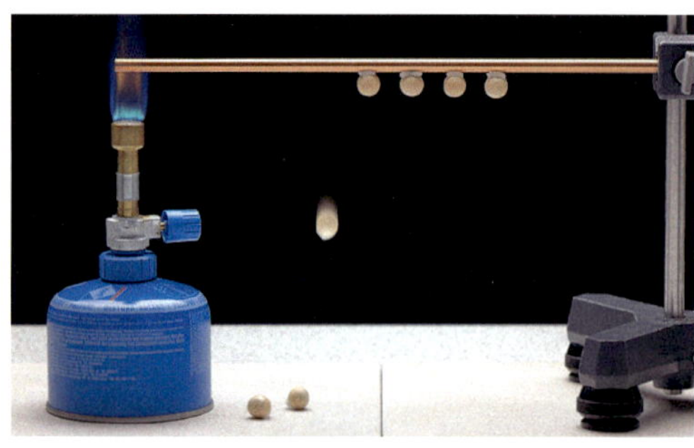

02 Wärmeleitung in einem Kupferstab

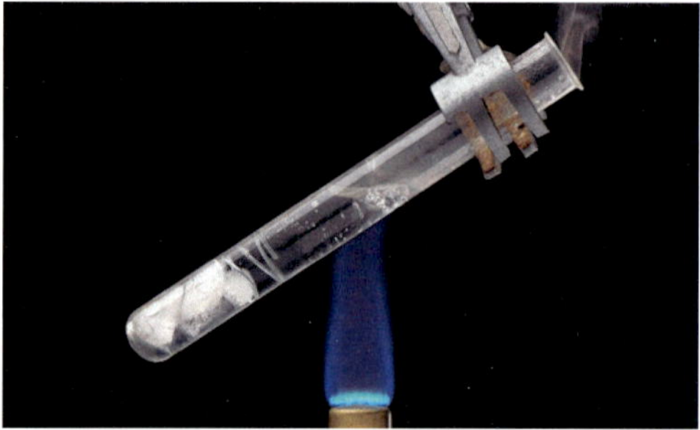

04 Wasser ist ein schlechter Wärmeleiter.

WÄRMELEITUNG · Die thermische Übertragung von Energie kann dir schmerzhaft bewusst werden, wenn du z.B. einen Metalllöffel anfasst, der im heißen Tee steht (▸ Bild 01). Mit einem Plastiklöffel wäre das nicht passiert. Wie kann das sein? Konvektion ist bei einem Festkörper ja nicht möglich.

Wenn du einen Löffel in heißes Wasser stellst, dann wird er nicht schlagartig heiß. Die Energie wandert vom heißen Wasser durch den Löffelstiel hoch. Diese Art der thermischen Energieübertragung nennt man **Wärmeleitung.** Das folgende Experiment verdeutlicht die Wärmeleitung in einem Kupferstab (▸ Bild 02):

An ihm sind mit Wachs Holzkugeln befestigt. Wenn der Stab am linken Ende erhitzt wird, dann fällt von links nach rechts eine Kugel nach der anderen ab. Durch die Temperaturerhöhung ist das Wachs geschmolzen. Es dauert relativ lange, bis auch die Kugel ganz rechts abfällt.

Wie gut Energie durch Wärmeleitung übertragen wird, hängt vom Stoff ab. Der Unterschied zwischen Metall und Plastik ist hier groß.

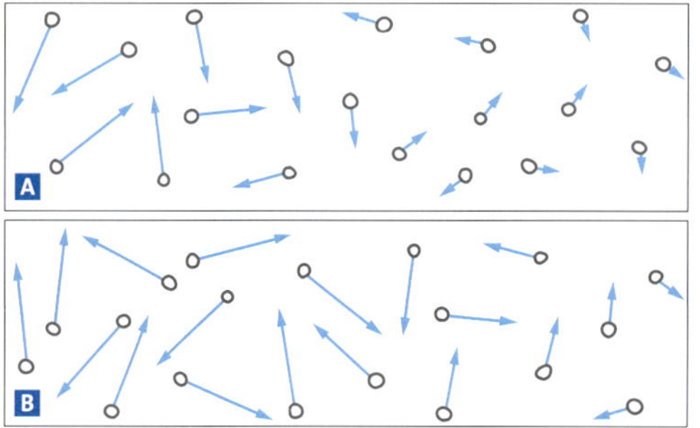

03 Wärmeleitung im Teilchenmodell

FLÜSSIGKEITEN UND GASE · In Flüssigkeiten und Gasen kann ebenfalls Energie durch Wärmeleitung übertragen werden. Allerdings ist sie hier wesentlich schlechter als bei Metallen. Wie schlecht die Wärmeleitung in Wasser ist, zeigen wir mit folgendem Versuch (▸ Bild 04):

Mit etwas Draht klemmen wir ein Stück Eis unten in einem Reagenzglas fest und füllen Wasser dazu. Obwohl wir das Wasser oben bis zum Sieden erhitzen, schmilzt das Eis nicht!

Der Mensch ist in der Regel von Luft umgeben. Da Luft ein sehr schlechter Wärmeleiter ist, spielt die Wärmeleitung bei der Energieabgabe des menschlichen Körpers praktisch keine Rolle.

Energie kann thermisch durch Wärmeleitung übertragen werden. Dabei wirkt eine Temperaturdifferenz als Antrieb. Metalle sind gute Wärmeleiter, Gase besonders schlechte.

WÄRMELEITUNG IM TEILCHENMODELL · Die Vorgänge bei der Wärmeleitung kann man im Teilchenmodell beschreiben. Wir tun dies hier für Luft (▸ Bild 03 A): Wenn die linke Seite heißer ist als der Rest, dann bewegen sich die Teilchen links heftiger. Diese Teilchen stoßen ihre langsameren Nachbarn an, sodass auch diese sich heftiger bewegen (▸ Bild 03B). Damit steigt auch in diesem Bereich die Temperatur. Auf diese Weise wird die Energie von links nach rechts weitergegeben. Bei anderen Gasen, Flüssigkeiten und Festkörpern läuft dies ähnlich ab.

ENERGIEABGABE DURCH STRAHLUNG · Im ▸ Bild 05 siehst du eine Rettungsdecke aus dünner Metallfolie. Nach einem Unfall deckt man damit Verletzte zu, um eine Unterkühlung zu vermeiden. Die Energieabgabe des Körpers wird effizient verhindert – mit einer dünnen Folie?

Offensichtlich gibt es neben Konvektion und Wärmeleitung eine weitere Möglichkeit der thermischen Energieübertragung. Das zeigt folgender Versuch (▸ Bild 06): Wir stellen die Modell-Dose unter eine Glasglocke und pumpen die Luft ab. Die Dose kann nun weder durch Konvektion noch durch Wärmeleitung Energie abgeben. Durch die Glühlampe bekommt sie ständig Energie geliefert. Ihre Temperatur müsste also wesentlich zunehmen. Wir beobachten aber, dass die Temperatur praktisch nicht zunimmt!

Die Dose gibt offenbar ständig Energie ab – und zwar ohne umgebende Materie! Bei der Dose geschieht das durch Infrarotstrahlung. Du weißt, dass man diese z.B. mit speziellen Kameras sichtbar machen kann (▸ Bild 07 B).

SICHTBARE UND UNSICHTBARE STRAHLUNG · Wenn ein Körper eine höhere Temperatur hat, kann er auch Energie durch sichtbares Licht und durch Ultraviolettstrahlung abgeben. Das kannst du für sichtbares Licht an einem Glühdraht gut beobachten (▸ Bild 07 A): Bei kleineren Stromstärken glüht er noch nicht, aber seine Temperatur ist gestiegen und du kannst spüren, wie er Energie thermisch an seine Umgebung abgibt. Wenn man die Stromstärke erhöht, dann beginnt der Draht zu glühen, d.h. er gibt Energie auch durch das sichtbare Licht ab.

Du hast gelernt, dass Licht, Infrarot- und Ultraviolettstrahlung im Spektrum direkt nebeneinander liegen. Wir nehmen sie unterschiedlich wahr, aber sie sind nicht grundsätzlich verschieden: Es handelt sich jeweils um sogenannte **elektromagnetische Strahlung.**

05 Die Rettungsdecke hilft!

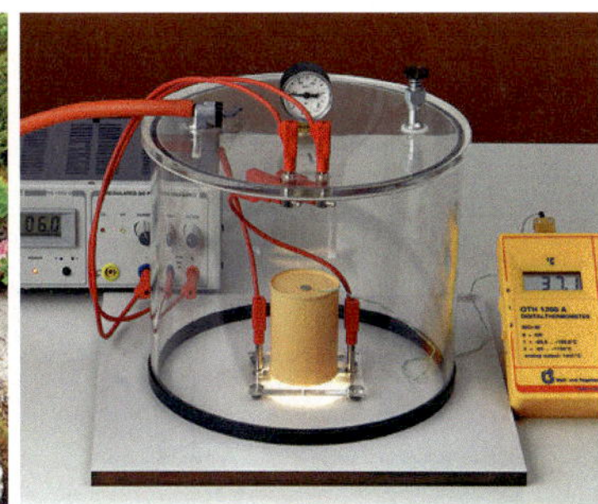

06 Die Dose gibt Energie ab.

Der Mensch gibt einen wesentlichen Anteil der Energie durch elektromagnetische Strahlung ab: Wenn du ruhig sitzt, dann sind es etwa 50 %!

Energie kann ohne Materie durch elektromagnetische Strahlung thermisch übertragen werden.

1 **a)** Erkläre, wie eine Rettungsdecke die Energieabgabe verhindert.
b) Wetterstationen messen Temperaturen immer nur im Schatten. Erläutere.

2 Wenn man barfuß über Steinfliesen läuft, scheinen diese kälter zu sein als z.B. Teppichboden. Erkläre.

3 **a)** Wasser ist ein schlechter Wärmeleiter. Trotzdem friert man in kaltem Wasser sehr schnell. Löse diesen scheinbaren Widerspruch auf.
b) Zur Wärmedämmung werden aufwendige Doppelglasfenster eingesetzt. Wäre es nicht leichter, einfach ein dickeres Fensterglas zu nehmen? Erläutere.

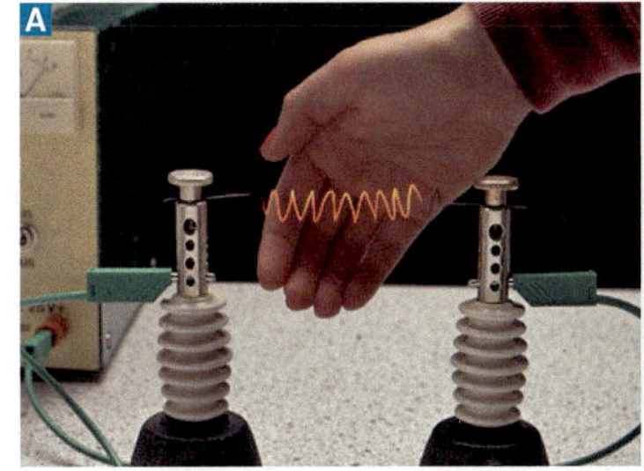

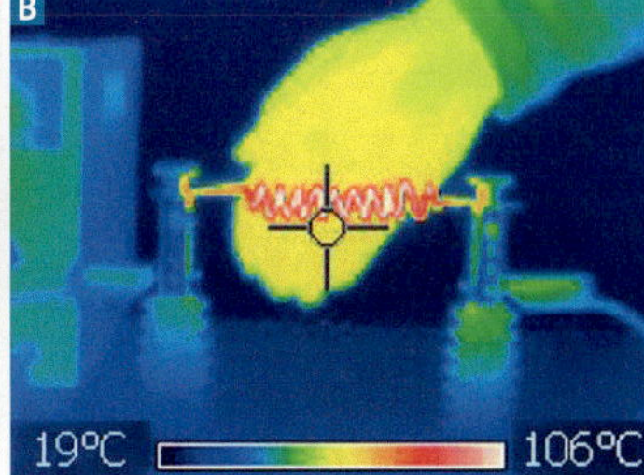

07 Energieabgabe durch **A** sichtbares Licht, **B** Infrarotstrahlung

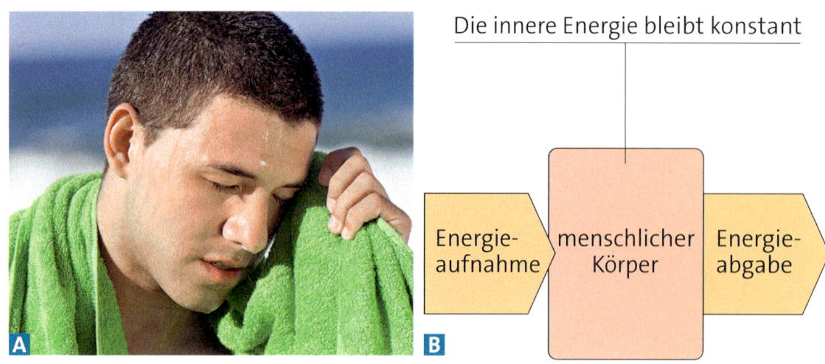

01 **A** Energieabgabe durch Schwitzen **B** Im Fließgleichgewicht

SCHWITZEN · Wenn es sehr heiß ist oder du dich beim Sport anstrengst, fängst du an zu schwitzen (▸ Bild 01 A). Warum schwitzt du überhaupt? Beim Schwitzen verdunstet der Schweiß auf der Hautoberfläche. Du hast gelernt, dass das Verdunsten viel Energie benötigt. Sie wird der inneren Energie deines Körpers entzogen, der dadurch effektiv gekühlt wird.

Das Verdunsten hat einen großen Vorteil gegenüber Konvektion, Wärmeleitung und Strahlung: Man kann auch Energie abgeben, wenn es keine Temperaturdifferenz gibt. Nur darf die Luftfeuchtigkeit nicht zu hoch sein, d.h. die Luft muss Feuchtigkeit aufnehmen können.

Durch Verdunsten von Flüssigkeiten kann ein Körper sehr effektiv Energie abgeben. Dafür ist keine Temperaturdifferenz nötig.

FLIESSGLEICHGEWICHT · Im Sommer wie im Winter: Deine Körpertemperatur bleibt fast immer bei 37 °C. Die innere Energie deines Körpers ist also praktisch konstant. Mit der Nahrung nimmst du immer wieder Energie auf. Müsste da die Körpertemperatur nicht ständig steigen?

Natürlich bekommt dein Körper nicht nur während des Essens Energie zur Verfügung gestellt. Durch den Stoffwechsel ist es so, dass deine Organe und Muskeln ständig Energie aufnehmen. Dadurch kann deine Körpertemperatur mit 37 °C auf einem Wert gehalten werden, der meistens über der Umgebungstemperatur liegt.

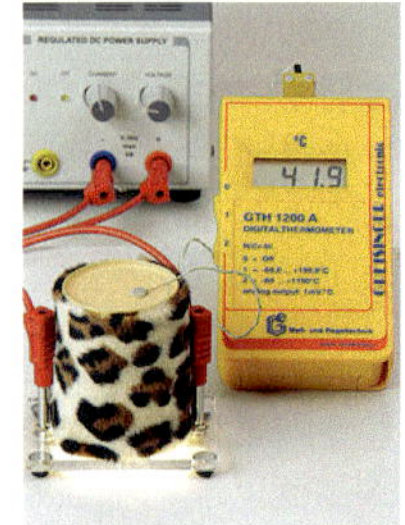

02 „Kleidung" für die Dose

Offensichtlich musst du die Energie auch wieder abgeben, sonst würde deine innere Energie und damit deine Körpertemperatur ständig steigen. Wenn sie über 42 °C hinaus steigt oder unter 32 °C sinkt, kann es zu unwiderruflichen Schäden bis hin zum Tod kommen! Energieaufnahme und Energieabgabe sind demzufolge im Gleichgewicht. Diesen Zustand des Körpers nennt man daher **Fließgleichgewicht** (▸ Bild 01 B).

Fließgleichgewichte gibt es häufig, z.B. bei einem beheizten Haus: Durch die Heizungsanlage wird Energie aufgenommen. Genauso viel Energie wird nach außen wieder abgegeben. Dadurch bleibt die Raumtemperatur konstant.

Wenn ein Körper immer genauso viel Energie abgibt, wie er aufnimmt, dann bleibt seine innere Energie konstant. Es herrscht ein Fließgleichgewicht.

BEI DER MODELL-DOSE · Wir untersuchen nun an der Modell-Dose, wie Energieaufnahme bzw. -abgabe und die innere Energie beim Fließgleichgewicht zusammenhängen.

Welchen Einfluss hat die Energieaufnahme? Dazu erhöhen wir die Eingangsleistung der Lampe. Nach einiger Zeit stellt sich eine höhere Temperatur ein. Im Fließgleichgewicht wird die innere Energie des Körpers also größer, wenn die Eingangsleistung größer ist.
Wie sieht es bei der Energieabgabe aus? Sie stellt sich entsprechend der Energieaufnahme ein. Die Energieübertragung an die Umgebung lässt sich aber hemmen: Beim menschlichen Körper geschieht dies vor allem durch die Kleidung. Wenn wir der Dose entsprechend ein Stück Stoff „anziehen", dann erreicht sie bei gleicher Eingangsleistung eine höhere Temperatur (▸ Bild 02).
Je schwieriger beim Fließgleichgewicht also die Energieabgabe an die Umgebung ist, desto höher ist die innere Energie des Körpers.

VERSUCHE ▸ Thermische Energieübertragung bei deiner Hand

V1 Kalt oder warm?

Material:

Wasser, Metallstück, Holzstück, Wolle, jeweils bei Raumtemperatur

Durchführung:

a) Untersuche, wie warm oder kalt sich die Materialien anfühlen, wenn du sie anfasst.

b) Beim Anfassen gibt deine Hand jeweils Energie ab. Erkläre, warum sich die Materialien unterschiedlich anfühlen. Gib an, welche Art der Energieübertragung jeweils wesentlich ist.

c) Wasser ist bei der Wärmeleitung schlechter als alle Metalle. Trotzdem fühlt es sich ähnlich kühl an. Erkläre.

V2 Die eingepackte Hand

Material:

Gefrierbeutel

Durchführung:

a) Stecke deine Hand in den Gefrierbeutel und warte kurz. Beobachte.

b) Erkläre deine Beobachtungen. Gib an, welche Art der Energieübertragung hier nachgewiesen wird.

c) In der Werbung wird Kleidung häufig als „atmungsaktiv und wasserdicht" bezeichnet. Erläutere.

d) Auf einer Website steht: „Zum Verdunsten von einem Liter Schweiß benötigt der Mensch 2,4 MJ." Stimmt das? Schätze durch eine Rechnung mit der spezifischen Verdampfungswärme ab.

V3 Die silberne Hand

Material:

Aluminiumfolie, zwei Eiswürfel gleicher Größe und Temperatur, Teller o. Ä. als Unterlage

Durchführung:

a) Wickle die Folie locker um deine Hand und warte kurz. Beobachte.

b) Erkläre deine Beobachtung. Gib die Art der Energieübertragung an.

c) Wickle einen der beiden Eiswürfel gut in Aluminiumfolie ein. Welcher Würfel wird schneller schmelzen? Stell zunächst eine begründete Vermutung auf, beobachte dann. Wird deine Vermutung bestätigt?

d) Was geschieht, wenn ein Eiswürfel in Wolle eingewickelt wird?

Material A ▸ Die Thermosflasche

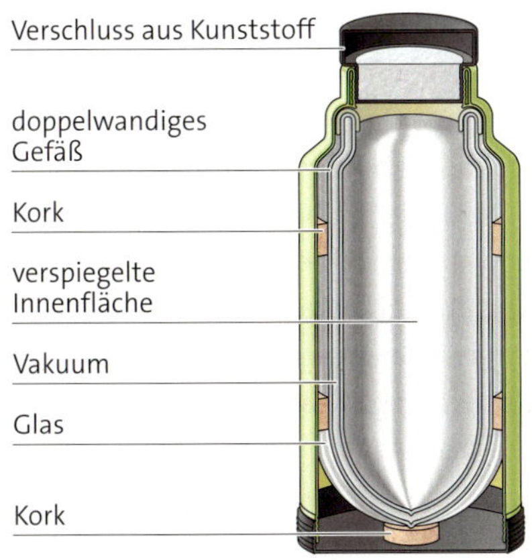

03 Aufbau einer Thermosflasche

A1 In einer Thermosflasche bleiben Tee oder Kaffee stundenlang heiß. Die Flasche ist so aufgebaut, dass Konvektion, Wärmeleitung und Strahlung möglichst effizient verhindert werden. Erläutere anhand von ▸ Bild 03, wie dies geschieht.

Material B ▸ Konvektion weltweit: Der Golfstrom

Durch den Golfstrom gibt es in Westeuropa ein mildes Klima. Aus der Nähe des Äquators bringt er warmes Wasser in den Nordatlantik. Von Meeresströmungen wird so weltweit durch Konvektion Energie umverteilt (▸ Bild 04).

B1 **a)** Vergleiche die mittlere Temperatur und die geografische Breite von New York, Berlin und Lissabon. Erkläre die Unterschiede.

b) Im Golfstrom bewegen sich in der Sekunde etwa $1{,}5 \cdot 10^8\ m^3$ Wasser. Er überträgt dadurch Energie mit einer Leistung von ca. $3 \cdot 10^{15}$ W nach Norden. Berechne, wie stark sich das Wasser im Golfstrom dabei abkühlt.

B2 **a)** Beschreibe mit ▸ Bild 04, was mit dem Wasser des Golfstroms geschieht, nachdem es den Nordatlantik erreicht hat.

b) Das Wasser der Tiefenströmungen hat eine größere Dichte als das in den Strömungen nahe der Wasseroberfläche. Erkläre.

c) Die Dichte von Meerwasser hängt vom Salzgehalt und der Temperatur des Wassers ab. Erläutere.

d) Das Wasser des Golfstroms ist relativ salzhaltig, gelangt aber erst bei Grönland in die Tiefe. Begründe.

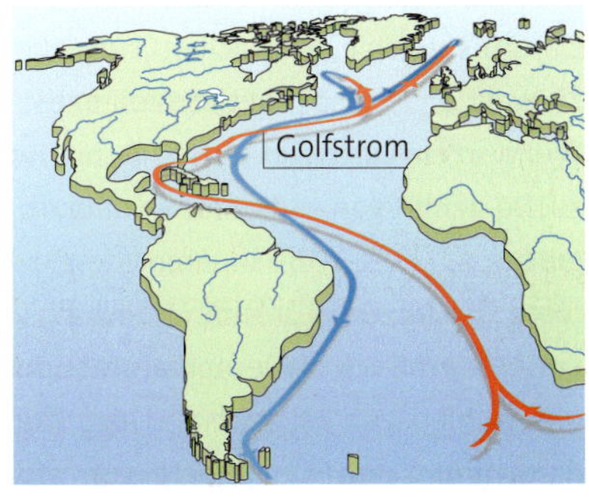

04 Der Golfstrom

BLICKPUNKT

Energietransporte in der Atmosphäre

01 Kilimandscharo

02 Inversionswetterlage

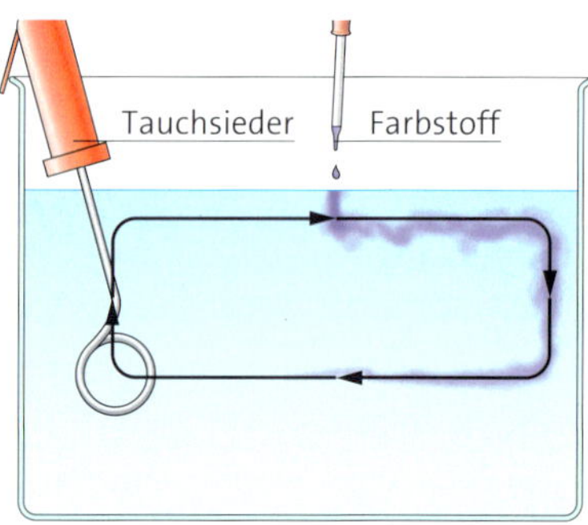

03 Modellversuch Inversionswetterlage

Nach oben wird es kalt? · Je höher man auf einen Berg steigt, desto kälter wird es. Du kennst das vielleicht aus eigener Erfahrung. Beim Kilimandscharo in Tansania ist der Unterschied extrem: Auf seinem Gipfel liegt Schnee, während unten in der Savanne tropische Temperaturen herrschen (▸ Bild 01). Aber ist es nicht so, dass warme Luft aufsteigt, weil sie eine geringere Dichte hat als kalte? Müsste es dann nicht mit zunehmender Höhe wärmer werden? Diesen scheinbaren Widerspruch klären wir im Folgenden.

Durch die Sonneneinstrahlung erwärmt sich zunächst der Erdboden. Dadurch erwärmt sich auch die bodennahe Luft und steigt auf. Es kommt zur selbsttätigen Konvektion. Warum kühlt sich diese erwärmte Luft nun beim Aufsteigen ab? Das kannst du verstehen, wenn du den Vorgang mithilfe der Energie beschreibst:
Da Luft ein schlechter Wärmeleiter und für den Großteil der elektromagnetischen Strahlung von der Sonne durchsichtig ist, kann die aufsteigende Luft thermisch fast keine Energie aufnehmen. Wenn bei einem Vorgang keine Energie thermisch übertragen wird, dann nennt man ihn **adiabatisch.** Das Aufsteigen eines solchen „Luftpakets" durch selbsttätige Konvektion ist also praktisch adiabatisch.
Wenn so ein Luftpaket aufsteigt, nimmt seine Höhenenergie zu. Da der Vorgang adiabatisch abläuft, kann die Höhenenergie nur auf Kosten der inneren Energie des Luftpakets zunehmen: Die Temperatur nimmt deshalb ab. Man kann berechnen, wie groß z. B. die Temperaturabnahme bei einem Höhenunterschied von 100 m ist: Steigt 1 kg Luft um 100 m auf, dann nimmt ihre Höhenenergie um etwa 1 kJ zu. Da Luft eine spezifische Wärmekapazität von etwa $1\,\frac{\text{kJ}}{\text{kg} \cdot \text{K}}$ hat, ergibt sich eine Temperaturabnahme von 1 K. Diese Temperaturabnahme von 1 K je 100 Höhenmeter wird **adiabatischer Temperaturgradient** genannt.

Oben warm, unten kalt? · Gerade im Winter gibt es auch Wetterlagen, bei denen es umgekehrt ist (▸ Bild 02): In Tälern ist es neblig und kalt, während es auf den Bergen sonnig und warm ist. Wie kommt es zu solch einer so genannten **Inversionswetterlage?**

Damit es zur „normalen" Temperaturverteilung kommt, muss die Luft direkt über dem Erdboden erwärmt werden. Im Winter kühlt der Boden nachts aus. Die selbsttätige Konvektion setzt daher nicht ein. Selbst wenn weiter oben liegende Luftschichten wärmer werden, bleibt die kalte Luft darunter, da sie eine größere Dichte hat. Die Temperaturschichtung ist bei Inversionswetterlagen sehr stabil. Erst wenn Wind einsetzt, entweicht die kalte Luft aus den Tälern und es gilt „nach oben wird es kalt".

Ein Modellversuch veranschaulicht die stabile Temperaturschichtung (▸ Bild 03): Man erhitzt Wasser mit einem Tauchsieder, aber taucht ihn nicht vollständig ein. Es kommt zur selbsttätigen Konvektion. Allerdings vermischt sich nur der obere Teil des Wassers. Farbstofftropfen machen diese Konvektionsströmung sichtbar. Nach einigen Minuten stellt man fest, dass der vom Farbstoff gefärbte obere Teil gleichmäßig erhitzt wurde. Die untere Wasserschicht ist praktisch so kalt geblieben wie zuvor.

04 Hurrikan

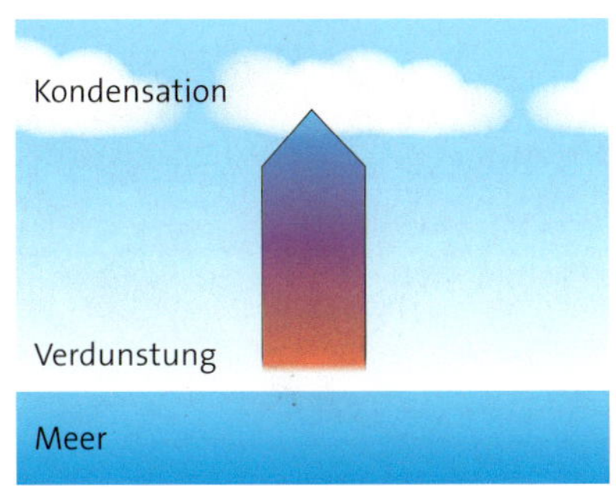

05 So entstehen Wolken.

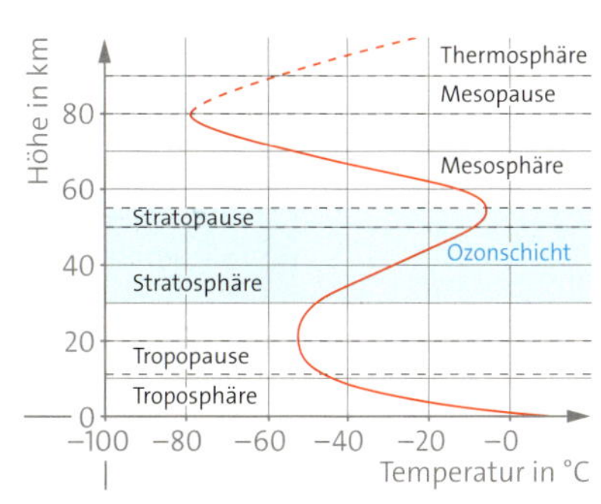

06 Temperaturverteilung

Hurrikane · Auf Satellitenbildern sehen Hurrikane sehr eindrucksvoll aus (▸ Bild 04). Du weißt, wie unglaublich viel zerstörerische Energie in diesen riesigen Wirbelstürmen steckt. Wie kommen Hurrikane zustande? Warum gibt es sie z. B. nie in Deutschland?

Damit ein Hurrikan entsteht, müssen sich zunächst über dem Meer viele große Wolken bilden (▸ Bild 05): Dabei verdunstet an der Meeresoberfläche Wasser. Die erwärmte, feuchte Luft steigt auf. Beim Aufsteigen kühlt die Luft so weit ab, dass der Wasserdampf zu kleinen Tröpfchen kondensiert, die man als Wolken sieht. Beim Kondensieren nimmt das Volumen des Wasserdampfs schlagartig ab. In der Wolke entsteht dadurch ein großer Unterdruck. Es kommt zu starken Aufwinden, die dafür sorgen, dass Wolken mehrere Kilometer hoch werden können. Unter der Wolke herrscht durch die Aufwinde ebenfalls ein Unterdruck und kalte Luft strömt mit großer Geschwindigkeit von außen nach.

Damit aus normalen Wolken, wie du sie auch kennst, Hurrikane werden, müssen noch zwei weitere Bedingungen erfüllt sein: Zum einen muss die Energie, die mit der aufsteigenden feuchten Luft nach oben transportiert wird, groß genug sein. Die Energie kommt aus dem Meerwasser. Dessen Temperatur muss daher genügend hoch sein, um ausreichend Energie zu liefern. In der Regel ist das der Fall, wenn die Wassertemperatur mindestens 26 °C beträgt.
Zum anderen werden die von außen nachströmenden Luftmassen durch den sogenannten **Coriolis-Effekt** so abgelenkt, dass sie gegen den Uhrzeigersinn zur Mitte des Hurrikans strömen und nicht direkt dorthin gelangen (▸ Bild 04). Hierdurch erreichen die Windgeschwindigkeiten in einem Hurrikan teilweise über 300 $\frac{\text{km}}{\text{h}}$!
Der Coriolis-Effekt ist eine Folge der Erdrotation: Durch sie werden alle Körper, die sich auf der Nordhalbkugel der Erde bewegen, nach rechts abgelenkt und auf der Südhalbkugel nach links. Der Effekt ist im Alltag praktisch nicht nachweisbar und wird erst bei den Bewegungen der riesigen Luftmassen wichtig.

1 Weise durch eine entsprechende Rechnung nach, dass der adiabatische Temperaturgradient den im Text angegebenen Wert hat.

2 Bei Inversionswetterlagen nimmt die Schadstoffbelastung in Städten stark zu. Erläutere.

3 ▸ Bild 06 zeigt die Temperaturverteilung in der Erdatmosphäre.
a) Beschreibe die Verteilung.
b) In welchem Bereich gilt der adiabatische Temperaturgradient?
c) Die Atmosphäre ist in Höhe der Ozonschicht und auf der Erdoberfläche etwa gleich warm. Die Luftschicht dazwischen ist kälter. Offensichtlich kommt es nicht zu einem Temperaturausgleich. Erläutere.

4 **a)** In Deutschland kann es keine Hurrikane geben. Erkläre.
b) Auf der Südhalbkugel gibt es auch Wirbelstürme, nicht aber auf dem Äquator. Begründe.

01 Leben mit Energie von der Sonne

Energie von der Sonne

Die Eidechse wärmt sich im Sonnenschein. Die Sonne wärmt auch die Erde als Ganzes. Ohne die Energie von der Sonne wäre Leben auf der Erde unmöglich. Wie viel Energie bekommt die Erde eigentlich von der Sonne?

Statt von „elektromagnetischer Strahlung" spricht man oft einfach von „Strahlung".

ERWÄRMUNG DURCH DIE SONNE · Die Energie kommt von der Sonne durch elektromagnetische Strahlung zur Erde. Etwa 50 % kommt mit dem sichtbaren Licht, etwa 40 % mit Infrarotstrahlung und der Rest mit Ultraviolett- und anderer elektromagnetischer Strahlung. Damit sich die Eidechse wärmen kann, muss die Strahlung genügend „stark" sein. Mit „stark" meint man hier, dass in einer bestimmten Zeitspanne möglichst viel Energie mit der Strahlung übertragen wird. Das bedeutet, dass die damit verbundene Leistung möglichst groß ist. Wir präzisieren daher die Frage von oben: Wie groß ist die Strahlungsleistung, mit der die Energie von der Sonne auf die Erde übertragen wird?

BESTIMMUNG DER STRAHLUNGSLEISTUNG · Diese Frage untersuchen wir mit einem Versuch. Dabei gehen wir von einer Alltagserfahrung aus: Wenn du einen Gegenstand aus dem Schatten ins direkte Sonnenlicht stellst, dann beginnt seine Temperatur zu steigen. Anschaulich ist klar: Je größer die Strahlungsleistung ist, desto schneller steigt die Temperatur. Aus diesem Temperaturanstieg können wir die Strahlungsleistung bestimmen.

Als Gegenstand verwenden wir einen Würfel aus Aluminium mit einer Kantenlänge von 4,0 cm (▸ Bild 03). Der Würfel ist auf einer Seite geschwärzt, damit er die Strahlung gut absorbiert, und auf den anderen Seiten gedämmt. Bei wolkenlosem Himmel stellen wir ihn so auf, dass das Sonnenlicht die geschwärzte Seite senkrecht trifft und messen die Temperatur ϑ

02 Solarkollektor

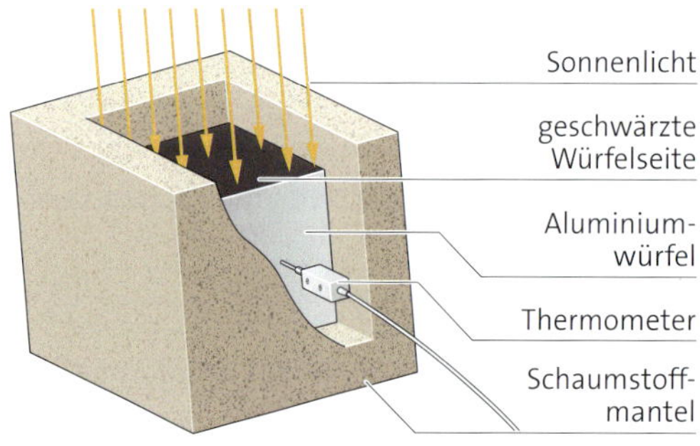

03 Messung der Strahlungsleistung

des Würfels in Abhängigkeit von der Zeit t. ▸ Tabelle 04 zeigt die Messwerte.

t in s	0	100	200	300	400
ϑ in °C	27,4	28,2	29,3	30,2	31,0

04 Messwerte

Die Dichte und die spezifische Wärmekapazität von Aluminium kennen wir. Somit können wir die Zunahme ΔE der inneren Energie des Würfels berechnen. Das Diagramm zeigt, dass ΔE und t zueinander proportional sind (▸ Bild 05). Die Steigung der Ausgleichsgeraden ergibt die Strahlungsleistung P. Sie beträgt hier 1,4 W.

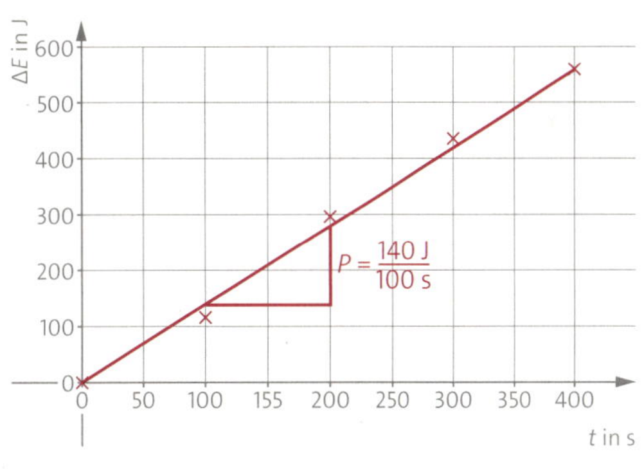

05 Zunahme der inneren Energie

DIE STRAHLUNGSINTENSITÄT · Die Fläche eines Solarkollektors wie im ▸ Bild 02 ist viel größer als die des Aluminium-Würfels. Deshalb absorbiert der Kollektor viel mehr Strahlung als der Würfel und nimmt folglich auch mehr Energie auf. Daher ist es sinnvoll, die Strahlungsleistung pro Fläche anzugeben. Diesen Quotienten nennt man **Strahlungsintensität *S***. Bei unserer Messung mit dem Würfel ergibt sich hierfür:

$$S = \frac{P}{A} = \frac{1{,}4\ \text{W}}{(0{,}04\ \text{m})^2} = 875\ \frac{\text{W}}{\text{m}^2}.$$

Die Gleichung für die Strahlungsintensität gilt nicht nur für die Sonnenstrahlung, sondern für jede elektromagnetische Strahlung, z.B. für die Strahlung einer Glühlampe.

Die Strahlungsintensität S gibt an, wie groß die Leistung P einer Strahlung ist, die senkrecht auf eine Fläche mit dem Inhalt A trifft: $S = \frac{P}{A}$.

DIE SOLARKONSTANTE · Oberhalb der Atmosphäre ist die Strahlungsintensität der Sonnenstrahlung noch größer als der von uns gemessene Wert, da die Atmosphäre einen Teil der Strahlung reflektiert und absorbiert. Die Strahlungsleistung beträgt dort 1370 $\frac{\text{W}}{\text{m}^2}$; diesen Wert nennt man die **Solarkonstante S_E**.

Die Strahlungsintensität der Sonnenstrahlung oberhalb der Erdatmosphäre beträgt 1370 $\frac{\text{W}}{\text{m}^2}$. Diesen Wert nennt man die Solarkonstante S_E.

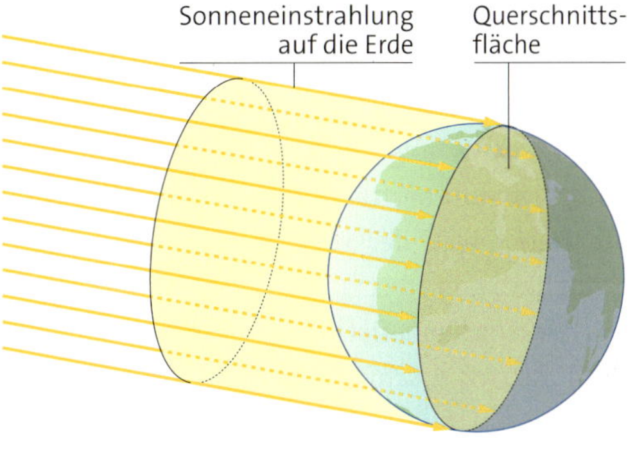

06 Entscheidend ist die Querschnittsfläche

Mit der Solarkonstante berechnen wir nun die gesamte Strahlungsleistung, die die Erde von der Sonne aufnimmt. Hierfür benötigen wir die von der Sonne bestrahlte Fläche. Dabei handelt es sich nicht um die gesamte Erdoberfläche, sondern nur um die Querschnittsfläche (▸ Bild 06). Mit dem mittleren Erdradius von 6370 km ergibt sich:

$$P = S_E \cdot A = 1{,}75 \cdot 10^{17}\ \text{W}.$$

1 Ein typisches Kohlekraftwerk hat eine Leistung von 875 MW. Wie viele solcher Kraftwerke würden benötigt, um die Leistung von $1{,}75 \cdot 10^{17}$ W zu erbringen?

2 Berechne aus den Werten in ▸ Tabelle 04 jeweils die Zunahme der inneren Energie des Würfels. Benutze die Tabellen im Anhang und auf Seite 23.

01 Hilft weiße Farbe gegen Hitze?

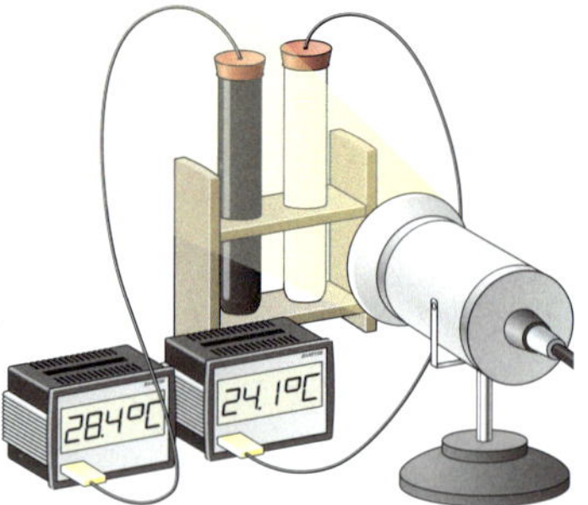

02 Absorption im Experiment

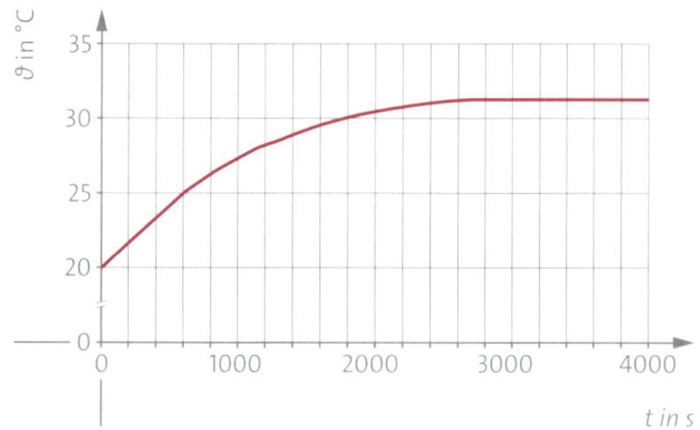

03 $\vartheta(t)$-Diagramm für das schwarze Reagenzglas

ABSORPTION VON STRAHLUNG · In heißeren Ländern sind die Häuser oft hell gestrichen (▸ Bild 01). Welchen Vorteil bietet das?

Wir führen hierzu einen Versuch durch (▸ Bild 02): Zwei gleiche Reagenzgläser werden mit Wasser gefüllt. Ein Glas wird schwarz und das andere weiß angestrichen. Wenn beide mit einer Lampe bestrahlt werden, dann steigt die Temperatur des schwarzen Reagenzglases schneller als die des weißen.
Die elektromagnetische Strahlung der Lampe wird also vom schwarzen Reagenzglas besser absorbiert als vom weißen. Die weiße Oberfläche streut einen Teil der Strahlung. Bei der Absorption wird Energie auf das Reagenzglas übertragen, bei der Streuung nicht. Das nutzt man bei den hell gestrichenen Häusern aus.

INFRAROTSTRAHLUNG · Vom sichtbaren Licht kennst du Absorption und Streuung. Aber gibt es das auch bei Infrarotstrahlung? Zur Klärung der Frage ersetzen wir bei dem Versuch die Lampe durch ein heißes Bügeleisen, das hier als Quelle für die Infrarotstrahlung dient. Auch hier zeigt sich ein Unterschied im Temperaturanstieg beim schwarzen und weißen Reagenzglas, nur schwächer. Die Infrarotstrahlung verhält sich hier ähnlich wie das sichtbare Licht.

Wenn wir zwischen das Bügeleisen und die Reagenzgläser eine Glasplatte halten, ändert sich das Ergebnis der Versuchs wesentlich: Die Temperatur steigt bei beiden Reagenzgläsern kaum noch! Offensichtlich ist die Glasplatte für das sichtbare Licht durchsichtig, nicht aber für die Infrarotstrahlung. Sie wird von der Glasplatte stark absorbiert: Die Temperatur der Platte steigt mit der Zeit.

Wenn Strahlung auf einen Körper trifft, dann hängt es von der Oberfläche ab, wie viel der Strahlung absorbiert und wie viel gestreut wird. Es gibt Stoffe, die Infrarotstrahlung absorbieren, aber für sichtbares Licht durchlässig sind.

IM FLIESSGLEICHGEWICHT · Wenn so ein Reagenzglas durch die Absorption von Strahlung ständig Energie aufnimmt, dann müsste es doch eigentlich immer heißer und heißer werden. Das entspricht offensichtlich nicht der Realität. ▸ Diagramm 03 zeigt, dass dies tatsächlich auch nicht so ist: Anfangs steigt die Temperatur fast linear an, aber nach einer gewissen Zeit stellt sich eine konstante Temperatur ein.
Den Grund hierfür kennst du schon: Das Reagenzglas gibt die Energie, die es durch die Strahlung aufgenommen hat, gleich wieder ab. Im Fließgleichgewicht steigt deswegen seine Temperatur nicht weiter.

1 Solarkollektoren sind in der Regel schwarz beschichtet. Erkläre.

2 Niklas sagt: „Je länger man die Temperatur beim Alu-Würfel misst, desto besser ist der Wert für die Solarkonstante." Äußere dich.

VERSUCHE ▸ Infrarotstrahlung und sichtbares Licht – ähnlich oder anders?

Material:

Lampe (möglichst hell), Bügeleisen, schwarzes und weißes Papier (etwa postkartengroß), Glasplatte, feuerfeste Unterlage

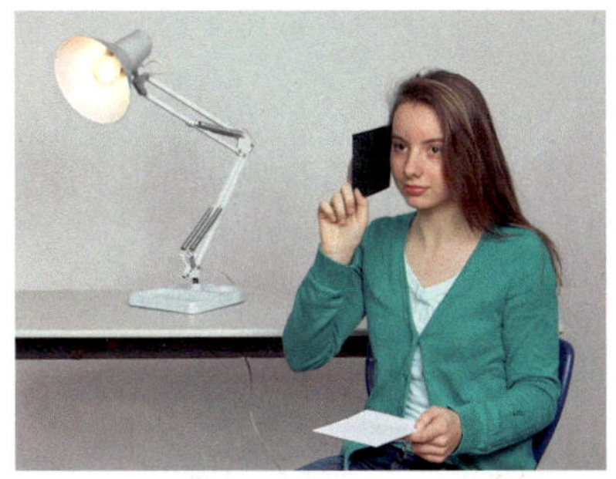

04

V1 Schwarz und weiß

Durchführung:

a) Halte das schwarze Papier etwa eine Minute lang ca. 10 cm vor die Lampe. Bringe die bestrahlte Seite dicht vor deine Wange (▸ Bild 04). Beschreibe, was du spürst.

b) Wiederhole den Versuch mit dem weißen Papier. Vergleiche mit a).

c) Halte die Glasplatte zwischen Lampe und Papier. Wiederhole a) und vergleiche.

d) Erkläre deine Beobachtungen. Verwende dabei folgende Begriffe: sichtbares Licht, Infrarotstrahlung, absorbieren, streuen, durchsichtig, Energie aufnehmen/abgeben.

V2 Das Infrarot-Bügeleisen

Durchführung:

Vorsicht beim Umgang mit dem heißen Bügeleisen! Verbrennungsgefahr!

Stell das Bügeleisen auf eine feuerfeste Unterlage, sodass die Bügelfläche senkrecht steht (▸ Bild 05).

a) Nähere deine Hand vorsichtig der Bügelfläche. Sie gibt Infrarotstrahlung ab. Gib an, ab welcher Entfernung du die Infrarotstrahlung spüren kannst.

b) Wiederhole V1 a) bis c). Beschreibe die Unterschiede zu V1.

c) Aufgrund deiner Versuchsergebnisse kannst du auf Unterschiede und Gemeinsamkeiten von Infrarotstrahlung und sichtbarem Licht schließen. Fasse diese zusammen.

05

Material A ▸ Wolken und Sonne

06 Die Erde global betrachtet

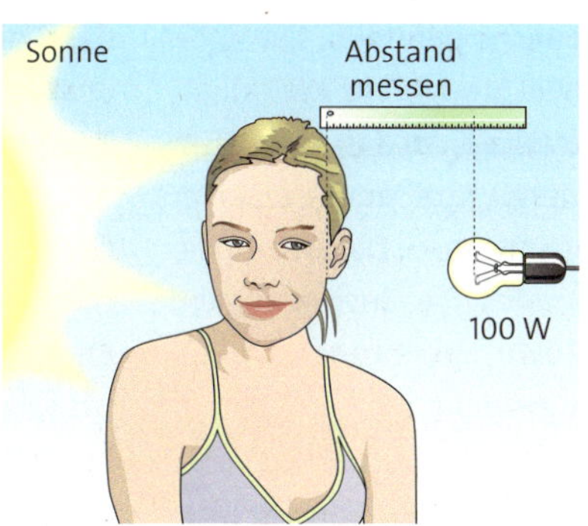

07 Wie stark scheint die Sonne?

A1 a) ▸ Bild 06 zeigt die Erde vom Weltall aus gesehen. Wolken, Ozeane, Wüsten und Gebiete mit Vegetation sehen verschieden hell aus. Wo wird mehr Energie von der Sonne aufgenommen, wo wird viel Strahlung reflektiert? Erkläre.

b) Man hört häufig: „Die Sonne ist am Äquator stärker als in Deutschland." Was ist damit gemeint?

c) Erkläre: Wenn es nachts bewölkt ist, kühlt es weniger ab, als wenn es klar ist. Erkläre, welche Wirkung Wolken tagsüber haben.

A2 In einem Experimentierbuch steht: „Wie stark scheint die Sonne? Finde es heraus: Lass die Sonne senkrecht auf eine Wange scheinen (▸ Bild 07). Nähere der anderen Wange eine Glühlampe mit bekannter Leistung, bis sich beide Wangen gleich warm anfühlen. Miss den Abstand zwischen Wange und Glühwendel." So kann man tatsächlich die Solarkonstante bestimmen! Erkläre. Führe die Messung durch.

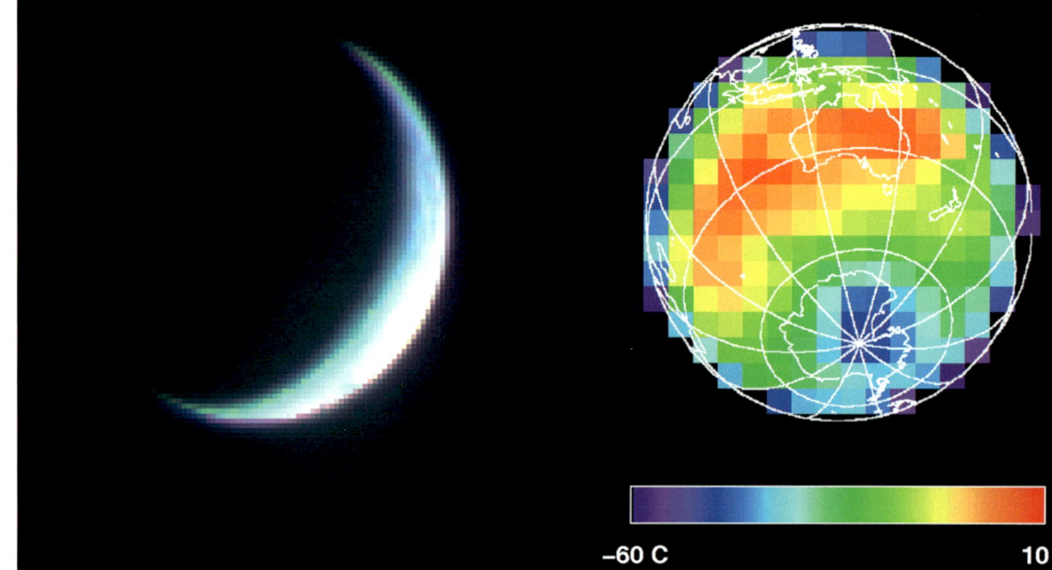

01 Fotos von der Nachtseite der Erde, links: sichtbares Licht, rechts: Infrarotstrahlung

Der Energiehaushalt der Erde

Ohne Energie von der Sonne gäbe es kein Leben auf der Erde. Aber wenn die Erde keine Energie abgäbe, dann stiege ihre innere Energie immer weiter! Auch dann wäre das Leben unmöglich: Nur bei passender Temperatur konnte es sich entwickeln. Wie kommt diese Temperatur zustande?

STRAHLUNGSGLEICHGEWICHT · Damit die Erde eine konstante Temperatur behält, muss sie sich im Fließgleichgewicht befinden. Die Erde gibt folglich genauso viel Energie ins Weltall ab, wie sie von der Sonne erhält. An den Weltraum kann die Erde die Energie nur durch elektromagnetische Strahlung abgeben. Da sowohl die Energieaufnahme als auch die Energieabgabe durch Strahlung geschieht, spricht man von einem **Strahlungsgleichgewicht.**

Wie gelingt es der Erde, immer die richtige Leistung bei der Energieabgabe zu erreichen? Hierfür ist die Temperatur entscheidend: Du hast gelernt, dass z.B. ein Draht umso mehr Energie abstrahlt, je heißer er ist (▸ Bild 02). Dieser Zusammenhang gilt auch bei der Erde. Je höher die Temperatur auf der Erde ist, desto größer ist die Leistung bei der Abstrahlung in den Weltraum.

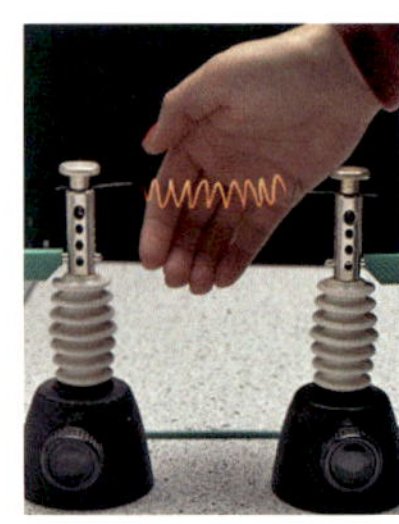

02 Die Glühwendel strahlt Energie ab.

LEISTUNG UND TEMPERATUR · Wir untersuchen nun den Zusammenhang zwischen Temperatur und abgegebener Leistung in einem Experiment. Dabei benutzen wir wie bei der thermischen Energieübertagung die Modell-Dose mit einer Glühlampe (▸ Bild 03 A). Wir messen die Temperatur der Dose in Abhängigkeit von der elektrischen Leistung.

▸ Tabelle 03 B zeigt die Messwerte. Du erkennst, dass die Leistung stark mit der Temperatur ansteigt: Sie verzehnfacht sich, während die Temperatur gerade um ein Drittel höher ist.

Genauere Untersuchungen zeigen, dass allgemein gilt: Wenn ein Körper durch Strahlung Energie abgibt, dann ist die abgegebene Leistung P proportional zur vierten Potenz der absoluten Temperatur T (kurz: $P \sim T^4$). Das bedeutet z.B., dass ein Temperaturanstieg um 19 % schon zu einer Verdopplung der Leistung führt!

Du weißt, dass bei der Energieaufnahme durch Strahlung die Fläche eine entscheidende Rolle spielt. Das ist auch bei der Energieabgabe der Fall. Deswegen muss man auch hier die Strahlungsintensität betrachten.

Für sie gilt das Gesetz von STEFAN und BOLTZMANN:

Je höher die Temperatur T eines Körpers ist, desto größer ist die abgestrahlte Leistung. Dabei gilt für die Strahlungsintensität :
$S = \sigma \cdot T^4$
mit $\sigma = 5{,}67 \cdot 10^{-8}\ \frac{\text{W}}{\text{m}^2 \cdot \text{K}^4}$.

DIE TEMPERATUR AUF DER ERDE · Im Prinzip kann man damit schon die mittlere Temperatur auf der Erde berechnen:
Die gesamte Strahlungsleistung, die die Erde von der Sonne erhält, beträgt $175 \cdot 10^{15}$ W. Allerdings nimmt die Erde davon nur 70 % auf. 30 % werden direkt in den Weltraum reflektiert. Im Strahlungsgleichgewicht muss die Leistung bei der Energieabgabe also $122 \cdot 10^{15}$ W betragen.

Anders als bei der Energieaufnahme gibt die Erde die Energie über ihre gesamte Oberfläche ab (▸ Bild 04). Damit ergibt sich für die Strahlungsintensität:

$$S = \frac{P}{A} = \frac{1{,}22 \cdot 10^{17}\ \text{W}}{4\,\pi \cdot (6{,}37 \cdot 10^6\ \text{m})^2} = 240\ \frac{\text{W}}{\text{m}^2}.$$

Mit dem Gesetz von STEFAN und BOLTZMANN berechnet man folgende Temperatur:

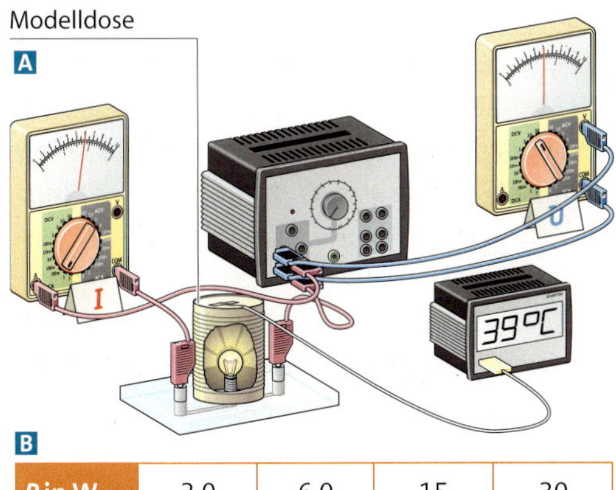

B

P in W	3,0	6,0	15	30
ϑ in °C	39	55	94	136
T in K	312	328	367	409

03 **A** Messung mit der Modell-Dose, **B** Messwerte

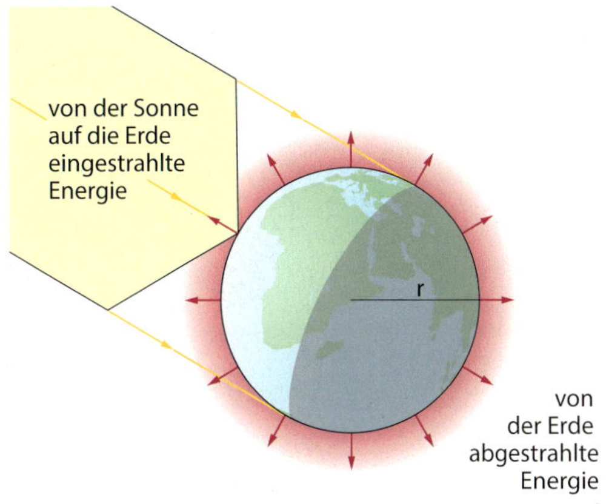

04 Energieabstrahlung der Erde

$$T = \sqrt[4]{\frac{S}{\sigma}} = \sqrt[4]{\frac{240\ \frac{\text{W}}{\text{m}^2}}{5{,}67 \cdot 10^{-8}\ \frac{\text{W}}{\text{m}^2 \cdot \text{K}^4}}} = 255\ \text{K} = -18\ °\text{C}.$$

Das Ergebnis entspricht nicht der mittleren Temperatur auf der Erde. Sie liegt bei 15 °C. Aber die mittlere Temperatur auf dem Mond liegt bei etwa –18 °C! Woher kommt dieser Unterschied?

Anders als der Mond besitzt die Erde eine Atmosphäre. Sie sorgt dafür, dass die Energieabgabe im Strahlungsgleichgewicht gehemmt wird. Das nennt man **Treibhauseffekt.** Erst dadurch ergibt sich die lebensfreundliche Temperatur auf der Erde.

Oberfläche einer Kugel:
$A = 4\,\pi\,r^2$

1 Im Experiment wird nur die aufgenommene Leistung gemessen, aber dann eine Aussage über die abgegebene Leistung gemacht.
Erkläre, warum dies möglich ist.

2 Berechne die Leistung, die die Erde bei einer Temperatur von 15 °C eigentlich abgeben müsste.

3 **a)** Berechne die Temperatur auf der Erde, wenn keine Reflexion vorhanden wäre.
b) Angenommen, der Anteil der reflektierten Strahlung wird kleiner (größer) als er zurzeit ist. Welche Auswirkungen hat dies auf die Temperatur der Erde? Erläutere.

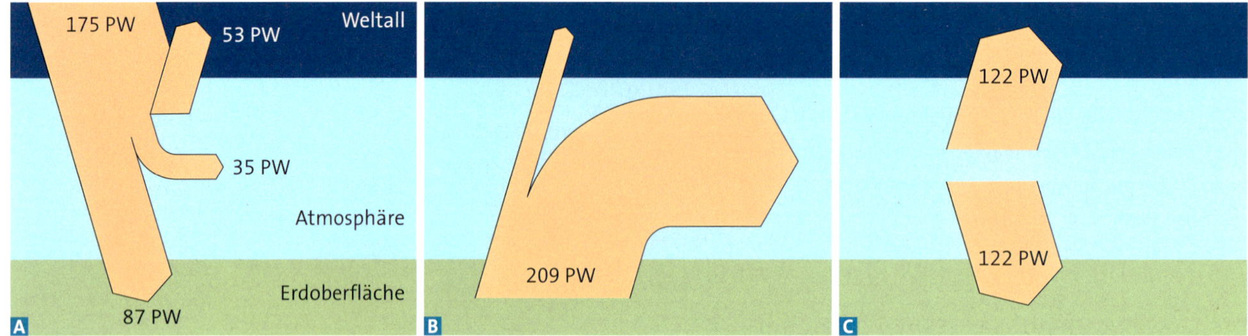

01 Energiehaushalt der Erde; 1 PW = 10^{15} W

EIN MODELL FÜR DAS TREIBHAUS · Wir untersuchen nun näher, wie die Atmosphäre durch den Treibhauseffekt die Temperatur auf der Erde beeinflusst. Wir verbessern hierfür das Modell des Energiehaushalts der Erde.

Wir betrachten zunächst die Strahlung von der Sonne (▸ Bild 01 A): 30% werden von der Atmosphäre und der Erdoberfläche reflektiert. 20 % werden von der Atmosphäre absorbiert. Nur 50 % der ursprünglichen Strahlung, also $87 \cdot 10^{15}$ W, kommen bis zur Erdoberfläche und werden absorbiert. Atmosphäre und Erdoberfläche nehmen zusammen $122 \cdot 10^{15}$ W auf.
▸ Bild 01 B stellt die Situation bei der Energieabgabe durch die Erdoberfläche dar: Nur wenig Strahlung gelangt direkt ins Weltall. Fast alles wird von der Atmosphäre absorbiert.

DER TREIBHAUSEFFEKT · ▸ Bild 01 A und 01 B zeigen: Die Atmosphäre nimmt Energie von der Sonne und von der Erdoberfläche auf. Diese Energie muss sie auch wieder abgeben (▸ Bild 01 C). Einen Teil davon strahlt sie in den Weltraum, den andern Teil aber gibt sie wieder an die Erdoberfläche ab. Die Erdoberfläche erhält also Energie von der Sonne und von der Atmosphäre. Diese Energie strahlt die Erdoberfläche wiederum zum großen Teil in die Atmosphäre zurück, sodass viel Energie ständig zwischen Erdoberfläche und Atmosphäre hin und her gereicht wird. Diese Energie sorgt dafür, dass es mit Atmosphäre wärmer ist als ohne. Man nennt diesen Effekt Treibhauseffekt.

Den Treibhauseffekt gibt es auch unter den Glasscheiben eines Gewächs- oder Treibhauses – daher der Name!

DIE VORHERSAGE DES MODELLS · Mit dem verbesserten Modell berechnen wir die mittlere Temperatur auf der Erde: Da Erdoberfläche und Atmosphäre zusammen $122 \cdot 10^{15}$ W aufnehmen, müssen sie die Energie wieder mit dieser Leistung an das Weltall abgeben.

Vereinfachend gehen wir nun davon aus, dass die gesamte von der Erdoberfläche ausgehende Strahlung von der Atmosphäre absorbiert wird. Die Abstrahlung an den Weltraum geschieht also komplett von der Atmosphäre aus (▸ Bild 01 C). Wir nehmen zudem an, dass die Atmosphäre mit der gleichen Leistung von $122 \cdot 10^{15}$ W zurück zur Erdoberfläche strahlt. Die Erdoberfläche nimmt also durch die Sonneneinstrahlung und über die Atmosphäre Energie mit folgender Leistung auf:

$$P_{ges} = 87 \cdot 10^{15}\ \text{W} + 122 \cdot 10^{15}\ \text{W} = 209 \cdot 10^{15}\ \text{W}.$$

Im Fließgleichgewicht entspricht dies gerade der abgegebenen Leistung. Damit ergibt sich für die mittlere Temperatur:

$$T = \sqrt[4]{\frac{P_{ges}}{A \cdot \sigma}} = 292\ \text{K} = 19\ °\text{C}.$$

Du siehst: Selbst dieses relativ einfache Modell liefert eine vernünftige Vorhersage für die mittlere Temperatur der Erdoberfläche.

Die Erde befindet sich im Strahlungsgleichgewicht. Die lebensfreundliche Temperatur auf der Erde ergibt sich durch den Treibhauseffekt der Atmosphäre.

VERSUCHE ▸ Ein Modell-Experiment für den Energiehaushalt der Erde

02

Du untersuchst den Energiehaushalt der Erde an einem Modell-Experiment. Die Energie wird dabei durch Wasser veranschaulicht.

Material:

zwei Joghurtbecher, Nagel, Waschbecken

Durchführung:

Stich mit dem Nagel kurz über dem Boden mehrere Löcher in den Becher. Halte bei den Versuchen den Becher unter den Wasserhahn (▸ Bild 02). Lass das Wasser jeweils so lange laufen, bis sich im Becher eine konstante Wasserhöhe einstellt. Stell das Wasser nur an, wenn du es brauchst!

V1 Temperatur und Leistung

a) Drehe den Wasserhahn unterschiedlich stark auf. Untersuche, wie sich dadurch die Wasserhöhe ändert.

b) Im Modell entspricht der Becher der Erde. Die Wassermenge im Becher entspricht der inneren Energie auf der Erde. Finde die Entsprechungen für die Temperatur auf der Erde und die von der Erde aufgenommene bzw. abgegebene Leistung.

V2 Gehemmter Abfluss

a) Drehe den Wasserhahn schwach auf. Halte nun einige der Löcher im Becher zu. Beobachte, was sich dadurch ändert.

b) Übertrage deine Beobachtungen auf den Energiehaushalt der Erde.

V3 Treibhauseffekt

a) Drehe den Wasserhahn schwach auf. Fange mit dem zweiten Becher einen Teil des Wassers aus dem ersten Becher auf und schütte es zurück in den ersten Becher. Wiederhole dies regelmäßig. Beobachte, was sich dadurch ändert.

b) Übertrage deine Beobachtungen auf den Energiehaushalt der Erde. Was entspricht hierbei dem zweiten Becher?

Material A ▸ Temperaturen auf der Sonne und den Planeten

A1 Die Sonne hat einen Radius von $6{,}96 \cdot 10^8$ m und eine Strahlungsleistung von $3{,}84 \cdot 10^{26}$ W. Berechne die Temperatur auf der Sonnenoberfläche mit dem Gesetz von STEFAN und BOLTZMANN.

A2 Man kennt inzwischen nicht nur die Planeten der Sonne, sondern auch viele, die um andere Sterne kreisen. Ob sich auf einem Planeten Leben entwickeln kann, hängt unter anderem davon ab, wie groß die Strahlungsleistung ist, die sie von dem entsprechenden Stern erhalten. Im Sonnensystem weiß man, dass sich daher nur auf Venus, Erde und Mars Leben entwickeln könnte.

a) Venus ist $108 \cdot 10^6$ km und Mars $228 \cdot 10^6$ km von der Sonne entfernt. Berechne die Solarkonstante für Venus bzw. Mars und damit jeweils die Temperatur auf diesen Planeten.

b) Aus Messungen von Raumsonden weiß man: Die Temperatur auf der Venus beträgt 464 °C und auf dem Mars –55 °C. Vergleiche mit deinen Ergebnissen aus a). Finde mögliche Gründe für die auftretenden Abweichungen.

A3 Die Solarkonstante schwankt regelmäßig etwa alle 11 Jahre zwischen $1366\,\frac{\text{W}}{\text{m}^2}$ und $1368\,\frac{\text{W}}{\text{m}^2}$.

a) Schätze durch eine Rechnung ab, wie stark die Temperatur auf der Erde dadurch schwankt.

b) Finde mögliche Gründe für die Schwankung der Solarkonstante. Informiere dich.

Material B ▸ Treibhauseffekt

B1 a) Im Modell (▸ Bild 01) absorbiert die Atmosphäre 20 % der Strahlung von der Sonne, aber 100 % der Strahlung von der Erde. Begründe diese Annahme physikalisch.

b) In Wirklichkeit wird die Strahlung von der Erde nicht vollständig, sondern zu 90 % von der Atmosphäre absorbiert. Erkläre, welche Auswirkung dies auf die Temperatur der Erde hat.

01 Was geschieht mit dem Lebensraum der Eisbären?

Der Einfluss des Menschen

Das Eis der Arktis schmilzt. Ist das eine Folge des Klimawandels? In Europa sind die Winter doch strenger geworden. Kann es da sein, dass die mittlere Temperatur auf der Erde um mehrere Kelvin steigen soll? Stimmt das überhaupt? Wenn ja: Muss man etwas dagegen tun? Wäre es nicht schön, wenn es bei uns ein bisschen wärmer wäre?

DAS EIS DER ARKTIS SCHMILZT! · ▸ Bild 02 zeigt die minimale Ausdehnung des arktischen Eises im Sommer 2012. Die Linie zeigt den Mittelwert von 1979 bis 2010. Der Rückgang ist deutlich erkennbar. Verglichen mit 1979 ist die Eisfläche nur noch halb so groß! Um diese Eismenge zu schmelzen, ist sehr viel Energie nötig. Schon hieran erkennt man, dass die innere Energie zugenommen hat und damit die Temperatur zumindest in der Arktis gestiegen ist.

02 Die Eisfläche der Arktis war 2012 so klein wie nie zuvor.

WO STECKT DIE ENERGIE? · Wie lässt sich nachweisen, dass die mittlere Temperatur auf der Erde steigt? Mit der Temperatur nimmt die innere Energie zu. Die größten Energiespeicher auf der Erdoberfläche sind die Ozeane. Deswegen misst man seit 1955 regelmäßig die Energieänderung der Ozeane bis in eine Tiefe von 700 m. ▸ Diagramm 03 zeigt diese Messwerte. Auch wenn die Messwerte streuen, siehst du: Die dort gespeicherte Energie hat eindeutig zugenommen. Die globale Erwärmung ist eine Tatsache.

DIE URSACHE DER ERWÄRMUNG · Könnte es sein, dass z. B. eine stärkere Sonneneinstrahlung diese Erwärmung verursacht? Man hat gemessen, dass die Sonneneinstrahlung in diesem Zeitraum bis auf kleine Schwankungen konstant geblieben ist. Sie verursacht also die Erwärmung nicht. In ähnlicher Weise konnte man andere natürliche Ursachen ausschließen, sodass man sich inzwischen sicher ist: Die Menschheit verursacht die globale Erwärmung durch die Umweltbelastung bei der Industrialisierung. Sie ist ein anthropogener – vom Menschen ausgehender – Effekt.

DER ANTHROPOGENE TREIBHAUSEFFEKT · Wie verursacht die Industrialisierung die Erwärmung (▸ Bild 04)? Bei der Verbrennung fossiler Brennstoffe entstehen sogenannte Treibhausgase, vor allem Kohlenstoffdioxid (CO_2). Diese Gase absorbieren Infrarotstrahlung sehr gut und verstärken daher den natürlichen Treibhauseffekt durch die Atmosphäre. Man spricht dabei vom **anthropogenen Treibhauseffekt.**

Durch Messungen an Eisbohrkernen hat man nachgewiesen, dass CO_2-Konzentration und Temperatur eng zusammenhängen. In ▸ Diagramm 06 siehst du, dass die beiden Messkurven seit einer halben Million Jahren praktisch parallel verlaufen. Es fällt zudem auf, dass die heutige CO_2-Konzentration mit Abstand die höchste ist! Weitere Untersuchungen haben gezeigt, dass dieser Anstieg eindeutig auf die Verbrennung fossiler Brennstoffe zurückzuführen ist.

WELCHE FOLGEN GIBT ES BISHER? · Die mittlere Erdtemperatur ist im 20. Jahrhundert vor allem durch anthropogene Effekte um etwa 0,6 K gestiegen. Das hört sich nach wenig an. Allerdings hat dies jetzt schon weitreichende Folgen: Durch das Abschmelzen des Festlandeises und durch die thermische Ausdehnung ist der Meeresspiegel um mehr als 15 cm gestiegen. Für Küstenländer und Inselstaaten wird dies existenzbedrohend. Da sich mehr Energie im Klimasystem befindet, kommt es vermehrt zu extremen Wettererscheinungen (▸ Bild 05): Zum Beispiel gibt es mehr und stärkere Wirbelstürme, zum Teil an Orten, wo es zuvor noch keine gab, wie vor Brasilien oder bei den Kanarischen Inseln.

Und bei uns? Die fünf Jahre mit den höchsten Durchschnittstemperaturen in Europa zwischen 1500 und 2010 waren: 2010, 2003, 2002, 2006 und 2007. Durch die Hitze sind 2003 in Europa über 20 000 Menschen gestorben!

In Niedersachsen werden seit 2007 die Seedeiche nach und nach um 50 cm erhöht.

04 Rauchende Schlote

05 Auswirkungen eines Hurrikans

Der anthropogene Treibhauseffekt wird vor allem durch Verbrennen fossiler Energieträger verursacht. Er führt schon jetzt zu einer globalen Erwärmung mit weitreichenden Folgen.

1 **a)** Das oberflächennahe Wasser der Ozeane kann wesentlich mehr Energie speichern als die gesamte Atmosphäre und die Oberfläche der Kontinente. Erkläre.
b) Die im ▸ Diagramm 03 dargestellte Größe nennt man „Ocean heat content". Erkläre diese Bezeichnung.

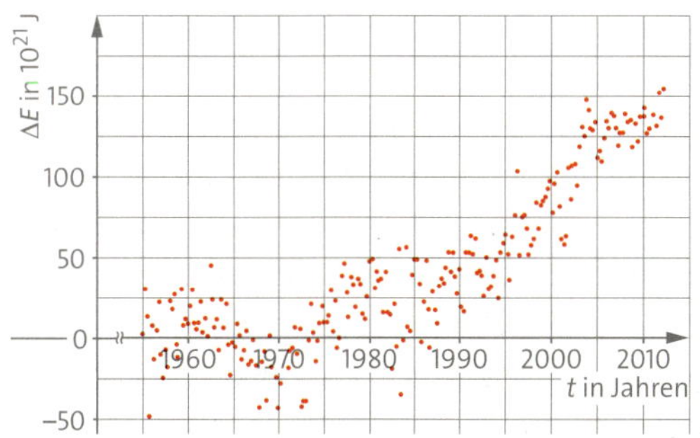

03 Änderung des „Ocean heat content" seit 1955

06 CO_2-Konzentration (blau) und Temperaturänderung (rot) in der Antarktis

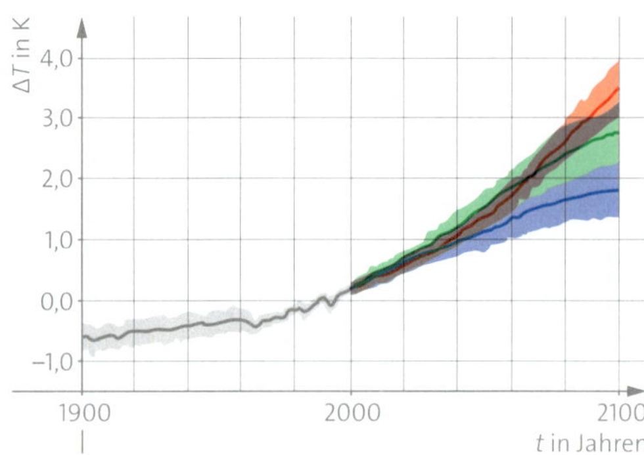

01 Entwicklung der durchschnittlichen Erdtemperatur bis 2100 für verschiedene Szenarien

Die Entwicklung der mittleren Erdtemperatur hängt wesentlich von der zukünftigen Abgabe von Treibhausgasen ab. Diese schätzt man u.a. aufgrund der möglichen wirtschaftlichen Entwicklungen ab und stellt dies in verschiedenen sogenannten Szenarien dar. ▸ Bild 01 zeigt zum einen die gemessene Änderung der mittleren Erdtemperatur bis 2000, zum anderen die wahrscheinliche Entwicklung bis 2100 aufgrund dieser Szenarien.

WIE GEHT ES WEITER? · Aufgrund der vorhandenen Daten und der bisher bekannten Zusammenhänge zwischen den Faktoren, die das Klima beeinflussen, versucht man die Entwicklung des Klimas zu modellieren. Die Berechnungen benötigen große Expertenteams aus verschiedenen Wissenschaftsbereichen und zudem äußerst leistungsfähige Computer. Als derzeit beste Modellierung gilt die des von der UNO eingerichteten IPCC (▸ Bild 01).

IPCC: Intergovernmental Panel on Climate Change

Du siehst, dass mit einer weiteren Steigerung um etwa 3 K zu rechnen ist. Verglichen mit der bisherigen Erwärmung um 0,6 K wird deutlich: Die heute beobachtbaren Folgen sind nur ein Vorgeschmack auf das, was kommen wird!

Zum Vergleich: Am Ende der letzten Eiszeit stieg die Temperatur um 5 K. Allerdings geschah dies über einen Zeitraum von 5000 Jahren. Bis 2100 sind es aber nicht einmal mehr 100 Jahre.

METHODE

Messwerte interpretieren

Komplexes Klima · Wovon hängt es ab, mit welcher Frequenz ein Fadenpendel schwingt? Von der Masse des Pendelkörpers? Von der Fadenlänge? Von der Amplitude? Das hast du vielleicht selbst durch Messungen untersucht und kannst die Fragen beantworten. Beim Klima der Erde ist die Situation wesentlich komplexer: Wenn sich die Temperatur auf der Erde ändert, kann das sehr viele verschiedene Ursachen haben. Anders als beim Pendel kann man diese Einflüsse zudem nicht getrennt untersuchen.
Man kann aber modellieren, welcher Beitrag sich aus den einzelnen Ursachen ergeben müsste. So hat man herausgefunden, dass die relativ regelmäßigen wiederkehrenden Temperaturänderungen in den letzten 400 000 Jahren durch Schwankungen in der Erdbahn zustande kommen. Aufgrund solcher Modelle weiß man inzwischen, dass die globale Erwärmung nicht allein durch natürliche Ursachen zu erklären ist.

Sicherheit trotz unsicherer Messungen? · Es ist leicht, die aktuelle Temperatur mit einem Thermometer zu messen – aber die Temperatur vor 400 000 Jahren? Man kennt sie aufgrund der Untersuchung von über 3 km tief reichenden Eisbohrkernen aus der Antarktis (▸ Bild 02). Aus deren Zusammensetzung in einer bestimmten Tiefe kann man die Temperatur relativ genau bestimmen.
So wie in diesem Fall ist man bei Klimadaten häufig auf indirekte Messungen angewiesen, die für sich genommen mehr oder weniger sicher sind. Dass es die globale Erwärmung gibt, weiß man nur durch Vergleich vieler verschiedener Messmethoden und unterschiedlicher Modelle.

02 Teil eines Eisbohrkerns aus der Antarktis

Material A ▸ Die globale Erwärmung und die Weltmeere

03 Anstieg des Meeresspiegels

A1 Aufgrund der Änderung des „Ocean heat content" kann man abschätzen, dass die mittlere Meerestemperatur seit 1955 um etwa 0,1 K bis 0,2 K zugenommen hat.

a) Die mittlere Temperatur auf dem Land hat im gleichen Zeitraum um etwa 0,5 K zugenommen. Ungenaue Messungen erklären den Unterschied nicht. Lena sagt: „In Physik hieß es, das hat etwas mit der Wärmekapazität und der Konvektion zu tun." Stell den Zusammenhang her.

b) Überprüfe die Abschätzung durch eine Rechnung.

A2 ▸ Diagramm 03 zeigt die Änderung des mittleren Meeresspiegels.

a) Beschreibe den Verlauf des Graphen.

b) Gib mögliche Gründe für den Anstieg des Meeresspiegels an.

c) Schätze anhand des Diagramms ab, wie stark der Meeresspiegel bis 2100 ansteigt.

d) Überlege dir, welche Folgen dieser Anstieg für Städte wie Hamburg oder Länder wie die Niederlande hat.

e) Informiere dich, in welchem Bereich die wissenschaftlichen Vorhersagen für den Anstieg des Meeresspiegels liegen.

A3 Der Klimawandel hat auch Folgen für die chemische Zusammensetzung, vor allem den Säuregehalt („acidity") der Meere. Der Text zu ▸ Bild 04 stammt aus dem Jahrbuch 2013 des Umweltprogramms der Vereinten Nationen, kurz UNEP.

a) Fasse die im Text genannten Ursachen für die veränderte chemische Zusammensetzung der Meere zusammen. Stell den Zusammenhang zum „sea butterfly" her.

b) Überlege, welche Folgen das Verschwinden dieser Tierart für andere Tiere und den Menschen hätte.

The ocean has become 30 per cent more acidic in the past two centuries. This is largely because some of the CO_2 emitted to the atmosphere by human activity dissolves in ocean waters, forming carbonic acid. In addition, changes in ocean chemistry due to melting sea ice lead to calcium carbonate being less available to animals that need it to build shells and external skeletons. The "sea butterfly" is about the size of a small pea and a major food source for animals ranging from krill to whales. When placed in seawater with an acidity and carbonate concentration at levels projected for the year 2100 the shell slowly dissolves.

04 „Sea butterfly – Flügelschnecke"

Material B ▸ Gletscher und das Eis in der Arktis und der Antarktis

05 Morteratsch-Gletscher **A** 1911, **B** 2011

B1 ▸ Bild 05 zeigt, dass Gebirgsgletscher genauso abschmelzen wie das Eis der Antarktis.

Das Abschmelzen der Gletscher trägt zum Anstieg des Meeresspiegels bei, aber der Rückgang des arktischen Meereises nicht, obwohl dort viel mehr Eis schmilzt. Erkläre.

B2 a) Um die globale Erwärmung möglichst deutlich aussehen zu lassen, eignet sich die Arktis sehr gut. Informiere dich über die Gründe.

b) Anders als die Eismenge in der Arktis nimmt die Eismenge in der Antarktis zu.
Manche Leute sagen: „Das spricht dafür, dass es keine globale Erwärmung gibt." Informiere dich und nimm Stellung.

01 Ein Elektroauto – heute noch eine Ausnahme, in Zukunft die Regel?

Elektromotor und Generator

Sauber, leise, effizient – sehen so die Autos der Zukunft aus? Elektroautos fahren abgasfrei und geräuscharm, haben eine große Beschleunigung und benötigen wenig Energie. Sie werden durch Elektromotoren angetrieben, doch Elektromotoren können nicht nur antreiben: Im Generatorbetrieb können sie beim Bremsen sogar Energie zurückholen!

EIN BAUTEIL – ZWEI FUNKTIONEN · Ein Elektromotor erhält Energie durch den elektrischen Strom und gibt sie auf mechanische Weise wieder ab. Beim Generator ist es genau umgekehrt. Man sagt kurz: Ein Motor wandelt elektrische in mechanische Energie um – ein Generator wandelt mechanische in elektrische Energie um.

Im ▸ Bild 02 A lassen wir einen Motor eine Last anheben. Anschließend bringen wir im Generatorbetrieb mit der angehobenen Last eine Glühlampe zum Leuchten (▸ Bild 02 B). Wir können dasselbe Gerät also in beiden Funktionen verwenden. Elektromotor und Generator sind offenbar prinzipiell gleich aufgebaut.

PRINZIP DES ELEKTROMOTORS · Wir beschäftigen uns zunächst mit einem sehr einfachen Motor (▸ Bild 03). Er besteht aus einem fest

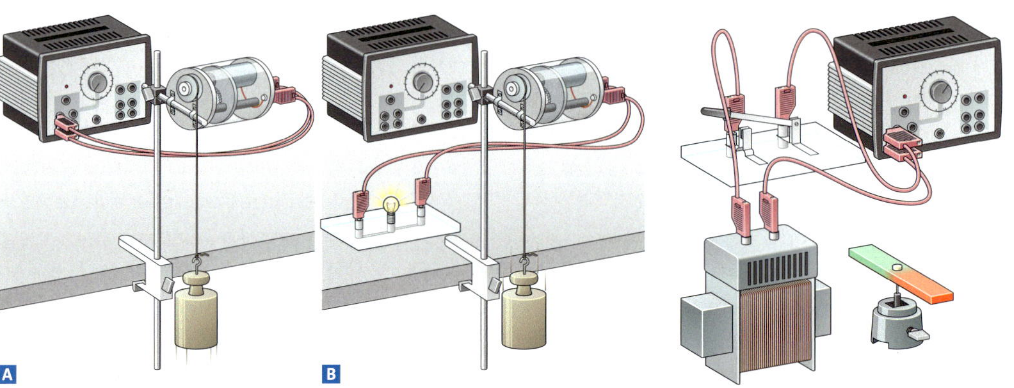

02 Anwendung als **A** Elektromotor und **B** Generator

03 Einfacher Elektromotor

aufgestellten Elektromagneten **(Stator),** der an- und ausgeschaltet werden kann, und einem drehbaren Stabmagneten **(Rotor).** Wenn man den Elektromagneten immer im richtigen Moment schaltet, dann gelingt es, den Stabmagneten in eine ständige Drehbewegung zu versetzen. Ursache sind die magnetischen Kräfte zwischen beiden Magneten.

DER MOTOR WIRD VERBESSERT · Es ist umständlich und schwierig, dauernd mit der Hand im richtigen Takt zu schalten. Deshalb konstruieren wir einen „automatischen Schalter" (▸ Bild 04 A). Er sorgt dafür, dass der Elektromagnet immer nur während einer Halbdrehung angeschaltet ist. Dadurch läuft der Motor selbstständig, nachdem wir ihn angeworfen haben.

STÄRKERE MOTOREN · Um stärkere Motoren zu bauen, benötigt man stärkere Magnetfelder. Also bräuchte man z. B. stärkere, also meistens auch größere Stabmagneten (Rotoren). Um kleine und starke Motoren zu bauen, vertauscht man die Rollen der Bauteile (▸ Bild 04 B): Als Stator wird jetzt ein Hufeisenmagnet verwendet, der Rotor besteht aus einem Elektromagneten. Sein Magnetfeld ist üblicherweise deutlich stärker als das eines Stabmagneten. Neu ist der **Kommutator.** Er besteht aus zwei metallischen Halbringen und zwei darauf schleifenden Kontakten. Er wirkt als Umschalter und kehrt die Richtung des elektrischen Stroms durch den Rotor immer zum richtigen Zeitpunkt um. Wie funktioniert der neue Motor genau?

Im ▸ Bild 05 A bewirkt die Anziehung zwischen den ungleichnamigen Magnetpolen eine Drehbewegung nach rechts. Kurze Zeit später hat der Rotor die Position wie im ▸ Bild 05 B. In dieser Stellung ist der Stromkreis unterbrochen, folglich wirken keine Kräfte auf den Rotor, er befindet sich im sogenannten **Totpunkt.** Der Rotor hat jedoch genügend Schwung, um sich weiter zu drehen. In der sich anschließenden Position ist der Stromkreis in umgekehrter Richtung geschlossen (▸ Bild 05 C). Dadurch sind beim Elektromagneten wie gewünscht Nord- und Südpol vertauscht und der Rotor dreht sich weiter.

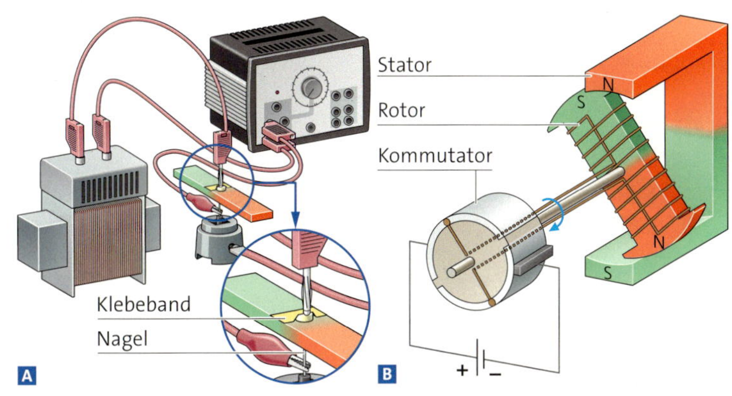

04 **A** Verbesserter Elektromotor und **B** Elektromotor mit Kommutator

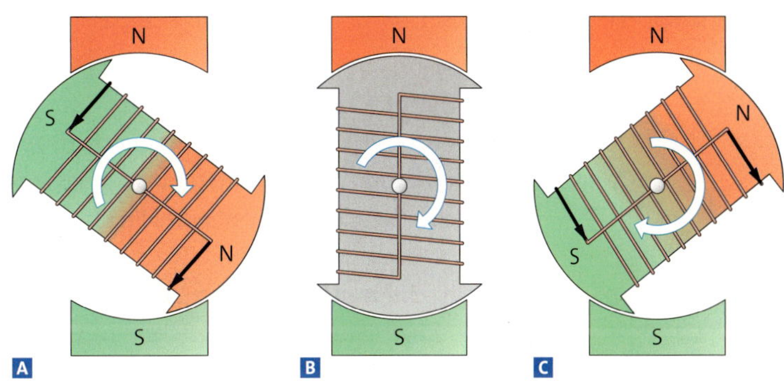

05 Elektromotor: Von **(A)** zu **(C)** wird die Stromrichtung umkehrt. Durch seinen Schwung dreht sich der Rotor über den Totpunkt **(B)** hinweg.

Beim Elektromotor dreht sich der Rotor aufgrund von magnetischen Kräften zwischen Rotor und feststehendem Stator.

VIELE AUSFÜHRUNGEN · Elektromotoren gibt es von winzig klein, etwa für CD-/DVD-Laufwerke, bis riesengroß, wie bei Motoren in Pumpspeicherkraftwerken. Die Leistung reicht von wenigen Milliwatt bis zu vielen Megawatt. Elektromotoren sind sehr effizient; sie erreichen Wirkungsgrade von bis zu 98 %.

1 Die Motoren im ▸ Bild 03–05 laufen nicht in jeder Stellung an. Erkläre.

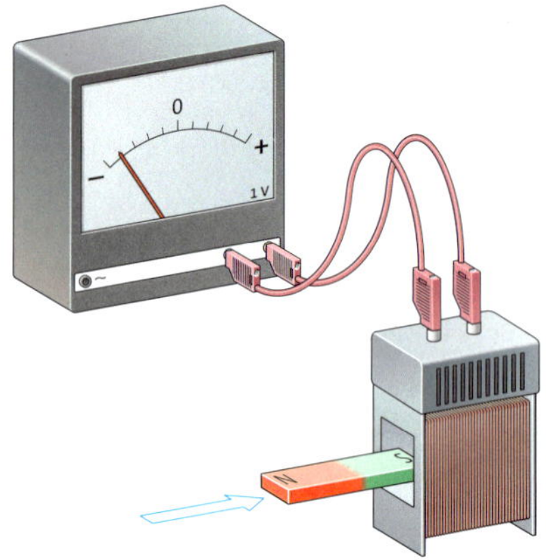

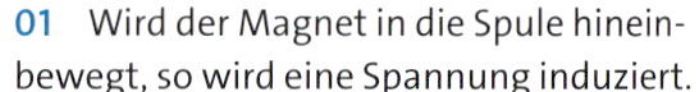

01 Wird der Magnet in die Spule hineinbewegt, so wird eine Spannung induziert.

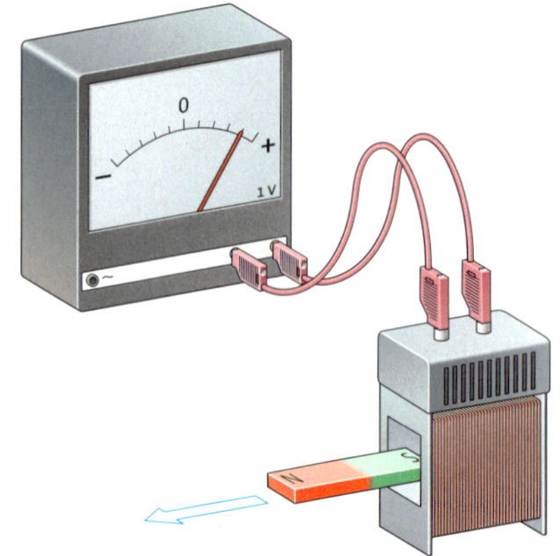

02 Wird der Magnet aus der Spule herausbewegt, so wird eine Spannung induziert.

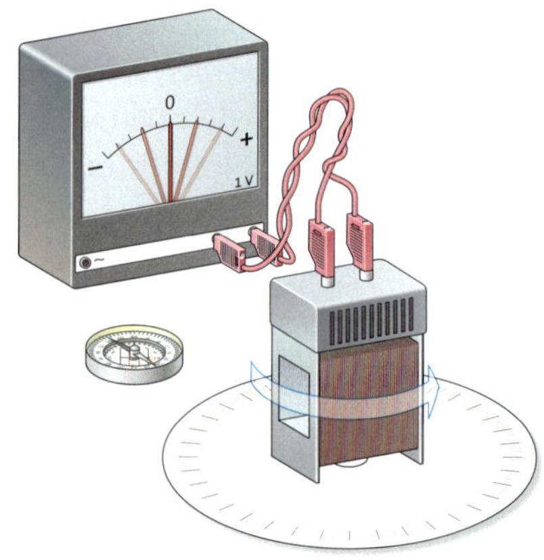

03 Eine Spule dreht sich im Magnetfeld der Erde. Es wird eine Spannung induziert.

INDUKTION DURCH BEWEGUNG · Im Generatorbetrieb wird der Rotor im Magnetfeld des Stators gedreht. Warum entsteht dadurch ein elektrischer Strom in der Spule des Elektromagneten?

Wir betrachten zunächst das Zusammenwirken zwischen einem Stabmagneten und einer Spule (▸ Bild 01–02). Wenn wir den Stabmagneten in die Spule hineinbewegen, dann zeigt das Messgerät eine Spannung an. Wenn wir den Magneten wieder herausziehen, dann zeigt das Messgerät ebenfalls eine Spannung an. Diesmal jedoch schlägt der Zeiger in die andere Richtung aus. Das Vorzeichen der Spannung hat sich also umgekehrt. In beiden Fällen sagt man, dass eine Spannung induziert wird. Solange der Magnet unbewegt in der Spule bleibt, wird keine Spannung induziert. Wenn wir den Magneten schneller bewegen, dann ist die induzierte Spannung größer. Es wird auch dann eine Spannung induziert, wenn man statt des Magneten die Spule bewegt. Das Vorzeichen der Spannung hängt wieder von der Bewegungsrichtung ab.

inducere (lat.): hineinführen, veranlassen

/// Wenn sich ein Magnet und eine Spule relativ zueinander bewegen, dann wird eine Spannung induziert. Das Vorzeichen der Spannung hängt von der Bewegungsrichtung ab. Je schneller die Bewegung ist, desto größer ist die Spannung.

PRINZIP DES GENERATORS · Bei unserem Generator wird eine Spule mit Eisenkern (Rotor) im Feld eines Hufeisenmagneten gedreht. Diesen Sachverhalt untersuchen wir mit dem einfachen Aufbau im ▸ Bild 03. Wir stellen eine Spule auf einen Drehteller. An die Enden der Spule schließen wir ein Spannungsmessgerät an. Als Magnetfeld nutzen wir das Magnetfeld der Erde.

Wenn wir die Spule gleichmäßig drehen, dann bewegt sich der Zeiger des Messgeräts abwechselnd nach rechts und links. Offensichtlich wird eine Spannung induziert, deren Polung sich gleichmäßig ändert. Man spricht deshalb auch von **Wechselspannung.**

/// Wenn eine Spule in einem Magnetfeld gedreht wird, dann wird eine Wechselspannung induziert.

Wenn sich eine solche Spule in einem geschlossenen Stromkreis befindet, dann arbeitet sie als elektrische Quelle. Die induzierte Spannung sorgt für einen elektrischen Strom im Stromkreis.

1 Ein Stabmagnet wird durch eine Spule hindurchgeschoben. Beschreibe, wie sich die Anzeige eines angeschlossenen Spannungsmessgeräts ändert.

VERSUCHE ▸ Ein selbstgebauter Motor

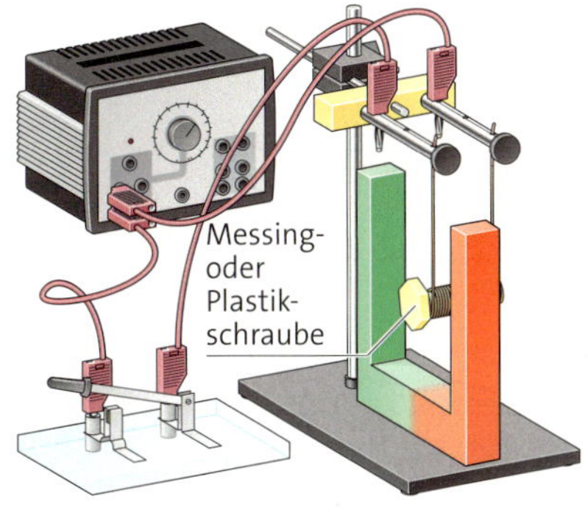

04 Schraubenmotor

Material:

Netzgerät, 3 Kabel, Schalter, 2 Krokodilklemmen, 3 m Kupferlackdraht, Schmirgelpapier, Messing- oder Plastikschraube, Hufeisenmagnet, Stativmaterial

Durchführung:

Schmirgle den Kupferlackdraht an den Enden ab. Wickle ihn um die Schraube, sodass du einen Elektromagneten erhältst. Baue anschließend den Motor wie im ▸ Bild 04 auf.

V1 Schließe und öffne den Schalter. Notiere deine Beobachtungen. Erkläre.

V2 Wie kannst du erreichen, dass sich die Spule im Kreis dreht? Probiere es aus. Notiere zum Schluss dein Vorgehen.

Material A ▸ Elektromotor

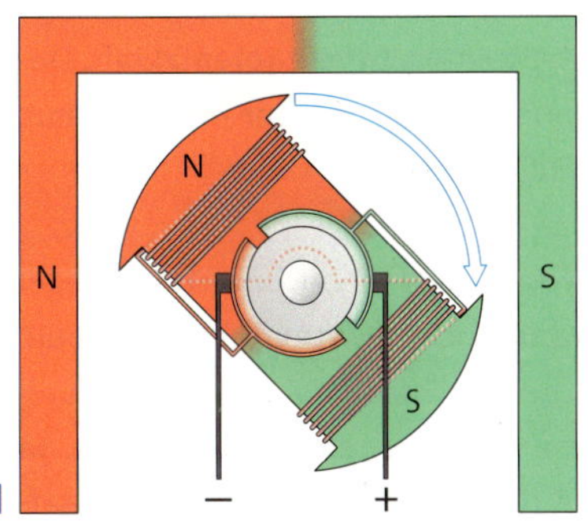

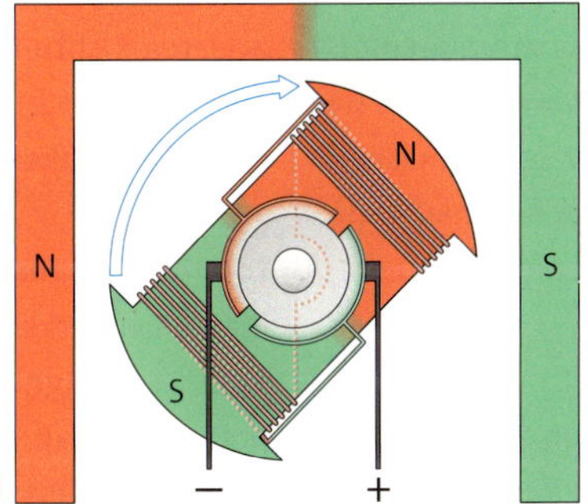

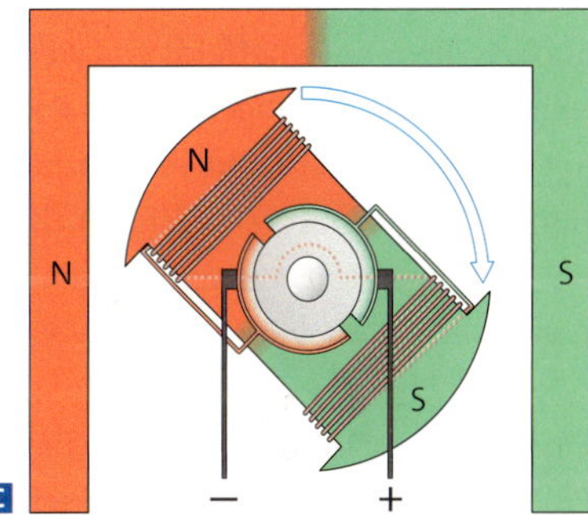

05 Drei Phasen eines Elektromotors

A1 Notiere die wichtigsten Bestandteile eines Elektromotors.

A2 Die Bilder ▸ Bilder 05A–C zeigen drei Momentaufnahmen eines sich drehenden Rotors. Erkläre, warum sich der Rotor in jeder der drei Stellungen weiterdreht.

A3 Überlege dir, wie man den Motor stärker machen könnte. Notiere deine Vorschläge.

Material B ▸ Generator

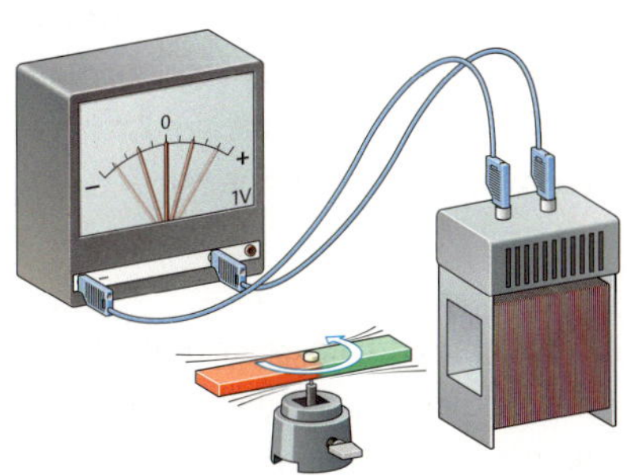

06 Einfacher Generator

▸ Bild 06 zeigt einen einfachen Generator.

B1 Beschreibe den Aufbau und erkläre, warum eine Spannung entsteht.

B2 Mit welchen Maßnahmen können höhere Spannungen erzeugt werden? Notiere deine Vorschläge.

B3 Der Generator soll energetisch betrachtet werden.
Notiere die auftretenden Energieformen und erstelle eine Energieübertragungskette.

B4 Das Spannungsmessgerät wird durch eine Glühlampe ersetzt. Erkläre, warum das Drehen des Stabmagneten jetzt schwerer fällt.

BLICKPUNKT

Die Lorentzkraft

01 Polarlichter

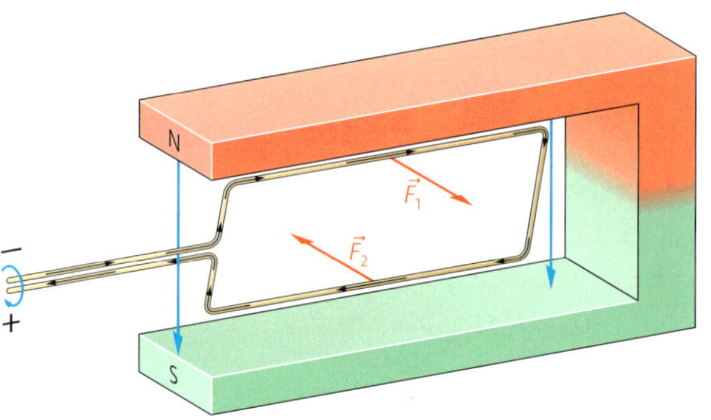

03 Drehbare Leiterschleife im Magnetfeld

Polarlichter · Der Sonnenwind transportiert u. a. viele Elektronen in Richtung Erde. Auf ihrem Weg geraten sie in den Einfluss des Erdmagnetfelds und werden auf schraubenförmige Bahnen gezwungen. In den Polarregionen treffen sie auf die Atmosphäre und verursachen dort Leuchterscheinungen, die Polarlichter (▸ Bild 01). Grund für die Ablenkung der geladenen Teilchen ist die sogenannte Lorentzkraft (benannt nach H. A. LORENTZ, 1853–1928).

Ein Versuch zur Lorentzkraft · Wir betrachten die Kräfte, die Elektronen in einem Magnetfeld erfahren, genauer (▸ Bild 02). Der Drahtbügel ist beweglich aufgehängt. In ihm bewegen sich Elektronen von rechts nach links. Das Magnetfeld zeigt von unten nach oben. Wenn der Stromkreis geschlossen wird, dann bewegt sich der Drahtbügel nach vorne. Wir schließen daraus, dass in diese Richtung eine Kraft auf die fließenden Elektronen wirkt. Wenn die Richtung des Magnetfelds und die Richtung des Elektronenstroms wie hier senkrecht zueinander stehen, dann wirkt eine Kraft auf die Elektronen, die senkrecht zu den beiden anderen Richtungen ist. Diese Kraft heißt **Lorentzkraft.** Damit man sich die Zusammenhänge leichter merken kann, gibt es die **Linke-Hand-Regel** (▸ Bild 02).

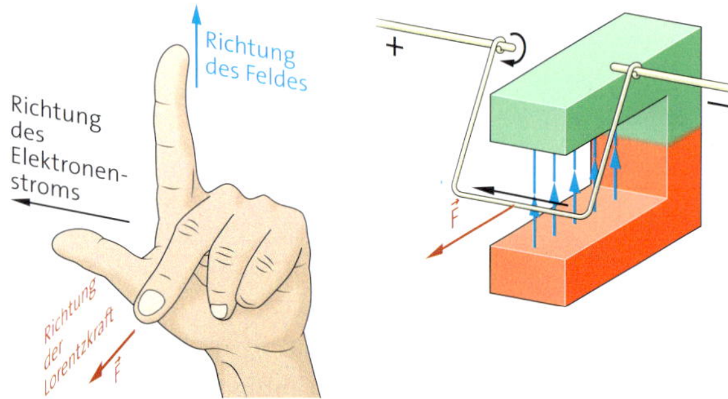

02 Versuch zur Lorentzkraft und Linke-Hand-Regel

Lorentzkraft und Elektromotor · Mit der Linke-Hand-Regel können wir erklären, warum sich eine stromführende Spule in einem Magnetfeld dreht (▸ Bild 03). Zur Vereinfachung betrachten wir nur eine Windung, eine Leiterschleife. In allen vier Drahtstücken treten Lorentzkräfte auf. Die Kräfte $\vec{F}_1$ und $\vec{F}_2$ sorgen für die Drehbewegung. Die beiden anderen Kräfte sind entgegengesetzt gerichtet und etwa gleich groß. Sie heben sich gegenseitig auf und verursachen keine Bewegung.

Lorentzkraft und Induktion · Im ▸ Bild 02 hat die Bewegung der Elektronen im Leiter zusammen mit dem Magnetfeld zu einer Kraftwirkung geführt. Wir können den Versuch aber auch umkehren: Statt einer elektrischen Quelle schließen wir ein Spannungsmessgerät an. Dann bewegen wir den Drahtbügel mit der Hand. Das Messgerät zeigt eine Spannung an! Wir folgern, dass die Kraftwirkung auf den Draht zu einer Bewegung der Elektronen und damit zu einer Induktionsspannung geführt hat.

1 Im ▸ Bild 03 wird die Stromrichtung umgekehrt. Skizziere die Leiterschleife, das Magnetfeld und zeichne die Lorentzkräfte mit Pfeilen ein.

BLICKPUNKT

Aspekte von Wechselspannung und Wechselstrom

Elektrische Spannungen im Körper · Im Innern von Tieren und Menschen werden Informationen (Reize) durch elektrische Impulse weitergegeben. Diese Impulse lassen sich von außen messen und in Form von Diagrammen darstellen. ▸ Bild 04 zeigt das Ergebnis einer Herzuntersuchung, ein sogenanntes Elektrokardiogramm (EKG). Dabei ist die zeitliche Entwicklung einer Spannung dargestellt. Das Ergebnis ist also ein *t*-*U*-Diagramm.

Verschiedene Spannungsarten · Du kannst im ▸ Bild 04 beim EKG drei typische Spannungsformen erkennen. Es gibt wellenförmige (1), geradlinige (2) und dreiecksförmige (3) Spannungen. Die ersten beiden spielen in der Physik eine wichtige Rolle.

Gleichspannung · Wenn sich die Spannung im Verlauf der Zeit nicht ändert, dann spricht man von Gleichspannung (▸ Bild 05 A). Batterien, Akkus oder Netzteile liefern Gleichspannungen. Die Elektronen werden von solchen Quellen immer in die gleiche Richtung getrieben. Es liegt also ein Gleichstrom vor (engl. Abkürzung DC von **d**irect **c**urrent).

Wechselspannung · Bei einer Wechselspannung (▸ Bild 05 B) werden die Elektronen immer abwechselnd in die eine oder die andere Richtung getrieben. Deshalb spricht man auch von Wechselstrom (engl. Abkürzung AC von **alter**nating **c**urrent). Die Netzspannung (230 V) ist eine Wechselspannung. Bei ihr ändert sich das Vorzeichen 100-mal pro Sekunde. Auch Mikrofone oder elektrische Gitarren können Wechselspannungen liefern.

Messgeräte · Wenn die elektrischen Größen Spannung *U* oder Stromstärke *I* gemessen werden sollen, dann ist es wichtig, beim Messgerät die richtige Größe einzustellen. Bei Messgeräten sind sie häufig mit V und A gekennzeichnet (▸ Bild 06). Außerdem muss die richtige Spannungsart bzw. Stromart eingestellt werden. Entweder wird DC bzw. „=" gewählt oder AC bzw. „~". Bei einigen Messgeräten gibt es sogar verschiedene Buchsen für die beiden Spannungs- und Stromarten.

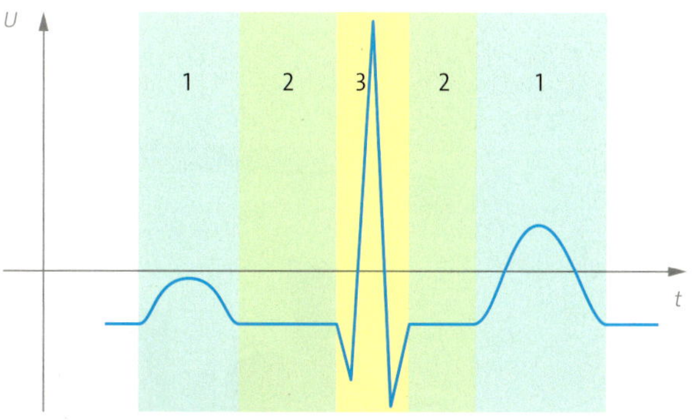

04 EKG eines gesunden Erwachsenen

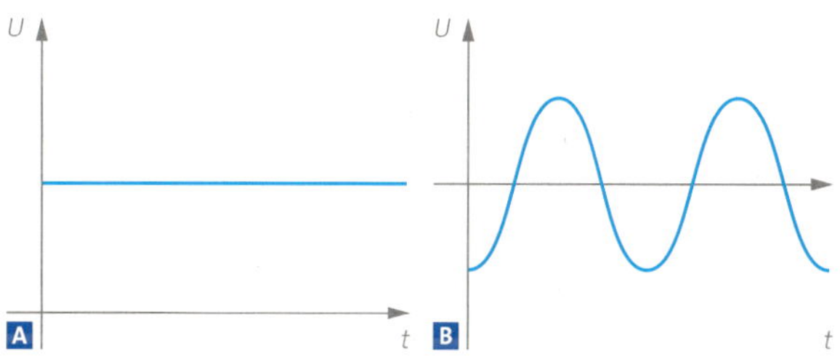

05 **A** Gleichspannung, **B** Wechselspannung

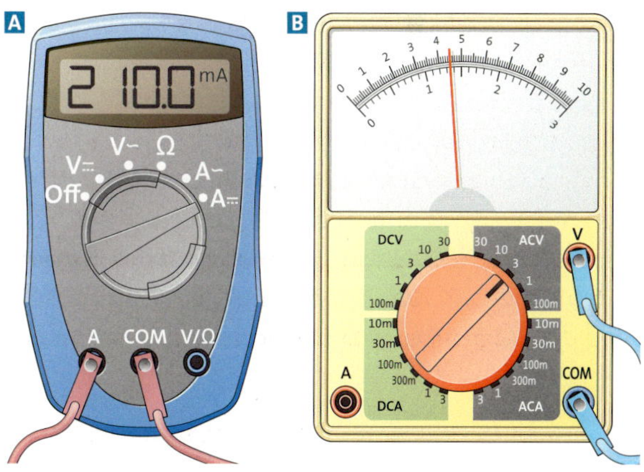

06 Messgeräte: **A** digital, **B** analog

2 Gib an, was die Geräte im ▸ Bild 06 messen.

3 Zeichne Diagramme wie im ▸ Bild 05 für folgende Vorgaben: Gleichspannung von 5,5 V; Wechselspannung von 10 V, die zweimal pro Sekunde die Richtung ändert.

01 Elektrische Zahnbürste

Der Transformator

Die zwei Zahnbürsten werden auf verschiedene Arten mit Energie versorgt. Für die linke Zahnbürste sind Batterien nötig. Der Motor benötigt offenbar eine Spannung von 3 V. Die andere Zahnbürste wird vermutlich die gleiche Spannung benötigen, sie wird aber an die Steckdose mit 230 V angeschlossen. Wie kann das funktionieren?

SPANNUNGSÜBERTRAGUNG · Um diese Frage zu beantworten, sehen wir in die Ladestation und die zugehörige Zahnbürste hinein (▸ Bild 02). Wir erkennen, dass sich in der Ladestation eine Spule befindet. Sie ist an die Steckdose mit 230 V Wechselspannung angeschlossen. In der Zahnbürste befindet sich ebenfalls eine Spule. Daran sind der Akku und der Motor mit Getriebe angeschlossen. Wenn wir annehmen, dass für den Akku eine Spannung von 3 V benötigt wird, dann müssen die beiden Spulen für die Übertragung der Spannung verantwortlich sein. Dies geschieht sogar ohne Berührung. Wie wird bei dieser Übertragung die Netzspannung verkleinert?

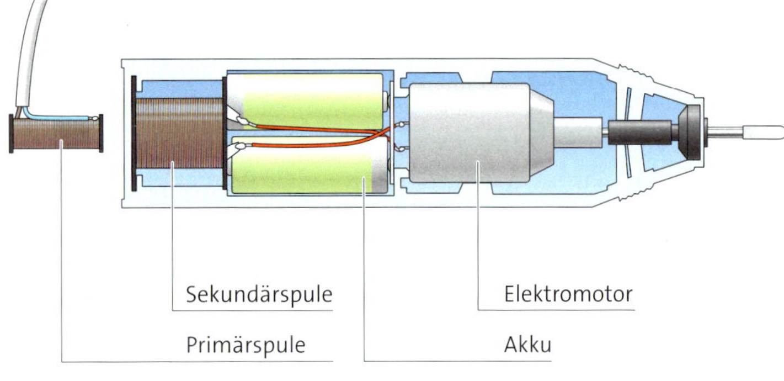

02 Aufbau der elektrischen Zahnbürste

SPANNUNGSVERÄNDERUNG · Zur Klärung dieser Frage könnten wir die Spule aus der Ladestation ausbauen und direkt an 230 V anschließen. Das ist aber zu gefährlich. Wir verwenden stattdessen die komplette Ladestation und die aus der Zahnbürste ausgebaute Spule (▸ Bild 03). Die Messung bestätigt, dass an der zweiten Spule nur noch 3 V anliegen. Können wir auch andere Spannungswerte erzielen?

VERSCHIEDENE SPULEN · Es liegt nahe zu vermuten, dass die Spannung an der zweiten Spule von der Anzahl ihrer Wicklungen, der Windungszahl, abhängt. Damit wir die Zusammenhänge besser untersuchen können, ersetzen wir die Ladestation durch eine Experimentierspule mit Netzgerät (▸ Bild 04). Auch die Spule aus der Zahnbürste wird ersetzt. Außerdem stecken wir beide Spulen auf einen gemeinsamen Eisenkern. Der Eisenkern ist wichtig, um starke Magnetfelder zu haben und um energetische Verluste gering zu halten. Eine solche Anordnung aus zwei Spulen mit einem Eisenkern nennt man **Transformator.** Die linke Spule, die an der Spannungsquelle U_1 angeschlossen ist, heißt **Primärspule.** Die zweite Spule heißt **Sekundärspule.** Uns interessiert die Spannung U_2 an der Sekundärspule. Wir experimentieren mit verschiedenen Spulenkombinationen.

Die Windungszahlen bezeichnen wir mit n_1 für die Primärspule und n_2 für die Sekundärspule. Aus den Messwerten im ▸ Bild 06 können wir z.B. ablesen, dass die **Sekundärspannung U_2** im Vergleich zur **Primärspannung U_1** vergrößert oder verkleinert werden kann. Außerdem erkennen wir eine Regelmäßigkeit: Die Quotienten $\frac{U_1}{U_2}$ und $\frac{n_1}{n_2}$ sind jeweils fast gleich. Also gilt:

$$\frac{U_1}{U_2} = \frac{n_1}{n_2}.$$

Mit einem Transformator kann man Wechselspannungen verändern.
Für die Spannungen und die Windungszahlen von Primärspule (U_1, n_1) und Sekundärspule (U_2, n_2) gilt im Idealfall:

$$\frac{U_1}{U_2} = \frac{n_1}{n_2}.$$

Transformatoren werden z.B. in Netzteilen von Laptops oder Spielzeugen eingesetzt. Wie man Transformatoren berechnet, zeigt ▸ Bild 07.

1 Erläutere, wie ein Transformator aufgebaut ist. Nenne Beispiele oder Geräte, in denen Transformatoren benutzt werden.

2 Bei einem Transformator mit den Windungszahlen $n_1 = 250$ und $n_2 = 1000$ beträgt die Spannung $U_1 = 230$ V. Berechne U_2.

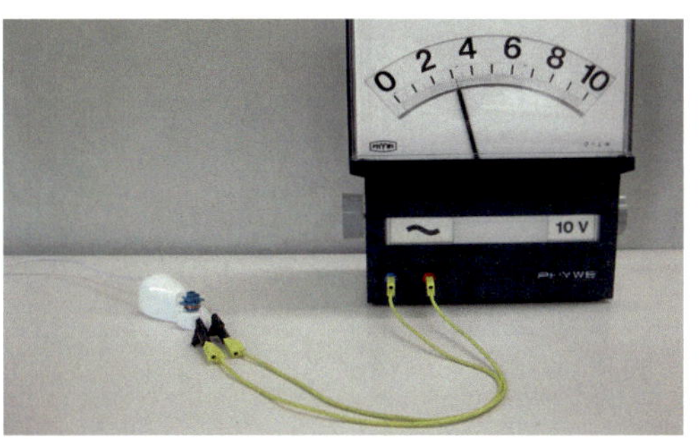

03 Ladestation und Spule aus der Zahnbürste

transformare (lat.): umformen, umgestalten

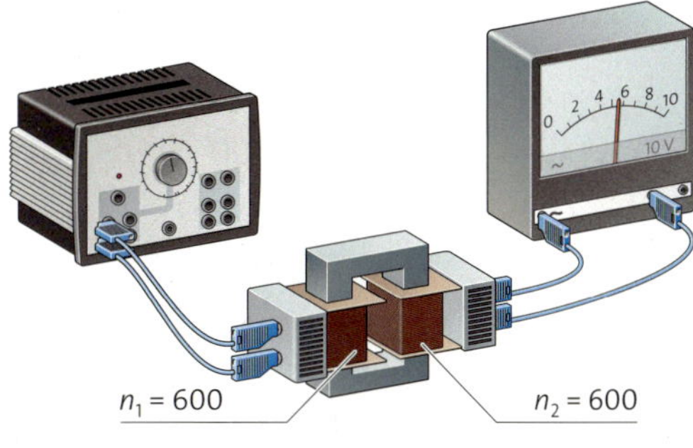

04 Aufbau eines Transformators

05 Schaltsymbol

n_1	n_2	U_1 in V	U_2 in V	$\frac{U_1}{U_2}$	$\frac{n_1}{n_2}$
400	400	6,0	5,6	1,07	1,00
400	800	6,0	11,5	0,52	0,50
400	1600	6,0	23,1	0,26	0,25
1600	400	6,0	1,4	4,29	4,00
800	800	6,0	5,6	1,07	1,00

06 Messwerte am Transformator

Beim Nachbau einer Zahnbürste wurden eine Primärspule mit $n_1 = 900$ Windungen und eine Sekundärspule mit $n_2 = 140$ Windungen benutzt. Berechne die Sekundärspannung U_2.

Lösung:

$$\frac{U_1}{U_2} = \frac{n_1}{n_2}$$

$$U_1 = U_2 \cdot \frac{n_1}{n_2}$$

$$U_1 \cdot \frac{n_2}{n_1} = U_2 \quad \text{bzw.} \quad U_2 = U_1 \cdot \frac{n_2}{n_1}$$

$$U_2 = 6\,\text{V} \cdot \frac{140}{900} = 0{,}93\,\text{V}$$

07 Beispielrechnung

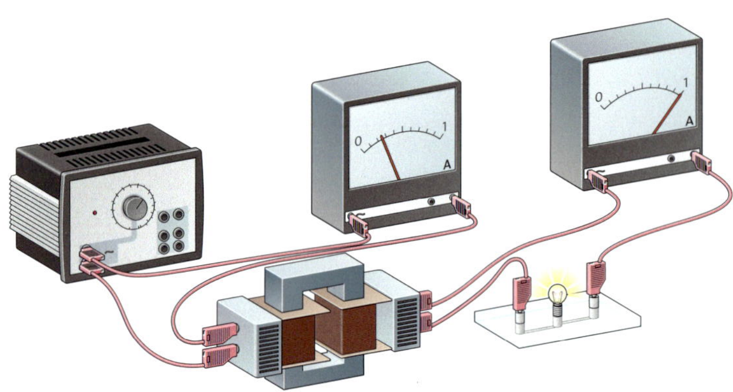

01 Primär- und Sekundärstromstärke beim belasteten Transformator

02 Induktionskochfeld

03 Die große Stromstärke erhitzt die Rinne – das Wasser siedet.

DER BELASTETE TRANSFORMATOR · Bisher haben wir nur die Spannungen und Windungszahlen betrachtet. Wenn wir nun an die Sekundärseite des Transformators ein Gerät anschließen, der Transformator also belastet wird, dann müssen wir auch die Ströme berücksichtigen.

Als Beispiel betrachten wir eine Lampe (2,5 V/1,0 A), die wir über einen Transformator an eine Wechselspannung von 10,0 V anschließen. Die Spannung muss also um einen Faktor vier verkleinert werden. Dies erreichen wir z.B. mit $n_1 = 1000$ und $n_2 = 250$. Wenn wir die **Primärstromstärke I_1** und die **Sekundärstromstärke I_2** messen, dann erhalten wir $I_1 = 0{,}25$ A und $I_2 = 1{,}0$ A (▸ Bild 01). Wir vergleichen diese Werte mit den Spannungen $U_1 = 10{,}0$ V und $U_2 = 2{,}5$ V und stellen fest: Das Verhältnis der Stromstärken ist genau umgekehrt im Vergleich zu den Spannungen! Offenbar gilt:

$$\frac{I_2}{I_1} = \frac{U_1}{U_2} = \frac{n_1}{n_2} \text{ bzw. } \frac{I_2}{I_1} = \frac{n_1}{n_2}.$$

Zur Erklärung betrachten wir den Transformator energetisch: Im Idealfall gibt die Sekundärspule genauso viel Energie ab, wie die Primärspule erhält. Das bedeutet, dass die Leistungen im Primär- und im Sekundärstromkreis gleich sind:

$$P_1 = P_2 \text{ bzw. } U_1 \cdot I_1 = U_2 \cdot I_2.$$

Wir dividieren durch U_2 und I_1. Daraus folgt:

$$\frac{U_1}{U_2} = \frac{I_2}{I_1}.$$

Wenn wir die bekannte Gesetzmäßigkeit für die Spannungen und die Windungszahlen einsetzen, ergibt sich:

$$\frac{n_1}{n_2} = \frac{I_2}{I_1}.$$

Die Rechnung bestätigt demnach den experimentell gefundenen Zusammenhang.

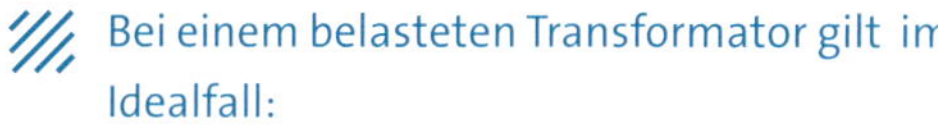

Bei einem belasteten Transformator gilt im Idealfall:

$$\frac{I_2}{I_1} = \frac{n_1}{n_2}.$$

INDUKTIVES KOCHEN · Beim induktiven Kochen (▸ Bild 02) gibt es keine heißen Kochstellen oder offene Gasflammen. Die Wärme entsteht vielmehr im Topfboden selbst. Dazu benötigt man dort eine große Stromstärke, die den Topfboden erhitzt.

Mithilfe des Modellversuchs im ▸ Bild 03 können wir uns die Vorgänge verdeutlichen. Im Kochfeld, der Primärseite, befindet sich eine Spule mit vielen Windungen. Der Topfboden, die Sekundärseite, stellt praktisch nur eine Windung dar. Durch diese Kombination von Windungszahlen erzielt man die große Stromstärke auf der Sekundärseite.

1 Beschreibe Unterschiede zwischen einem belasteten und einem unbelasteten Trafo.

Material A ▸ Energieübertragung

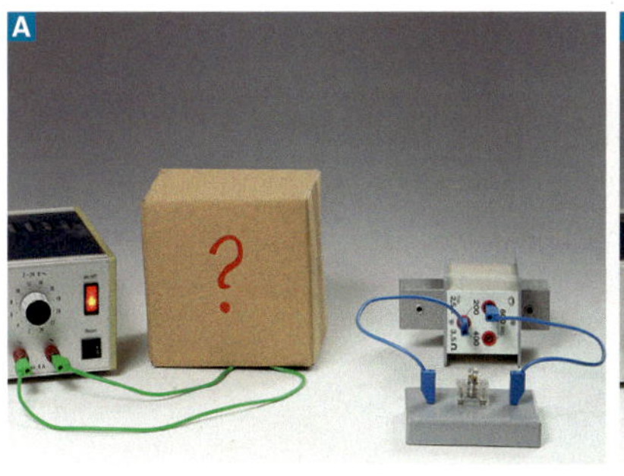

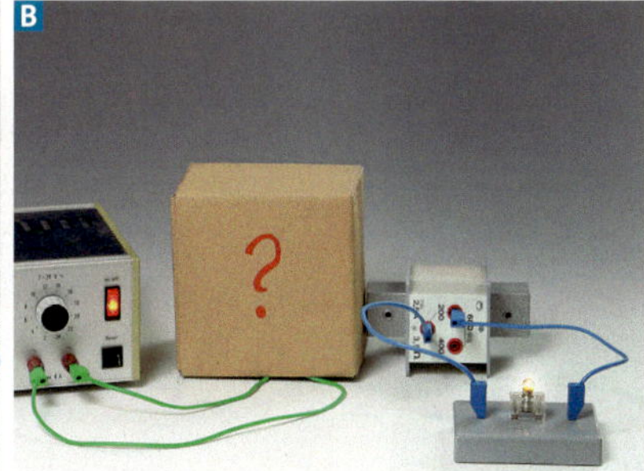

04 Was verbirgt sich unter dem Karton?

Im ▸ Bild 04 sind zwei Phasen eines Versuchs dargestellt.

A1 Beschreibe die Versuchsdurchführung und das Ergebnis.

A2 Erläutere, was sich unter dem Karton befinden muss.

Material B ▸ Transformatoren berechnen

B1 Ein Modelleisenbahn-Transformator soll eine Spannung von maximal 12 V liefern. Er wird an die Netzspannung (230 V) angeschlossen. Berechne die Windungszahl der Sekundärspule, wenn die Primärspule 1500 Windungen hat.

B2 Das Netzteil eines Notebooks soll die Netzspannung (230 V) auf 19 V herabsetzen. Es stehen ein Eisenkern und Spulen mit folgenden Windungszahlen zur Verfügung: 75, 150, 300, 600, 900, 1200, 3600, 7250. Gib mögliche Spulenkombinationen für einen geeigneten Transformator an.

B3 Bei einem Schweiß-Transformator darf die Stromstärke in der Primärspule mit 60 Windungen maximal 12 A betragen.
a) Berechne die Windungszahl der Sekundärspule, wenn die Sekundärstromstärke 100 A betragen soll.
b) Bestimme die übertragene Leistung, wenn das Gerät an 400 V angeschlossen wird.

Material C ▸ Der Hochspannungstransformator

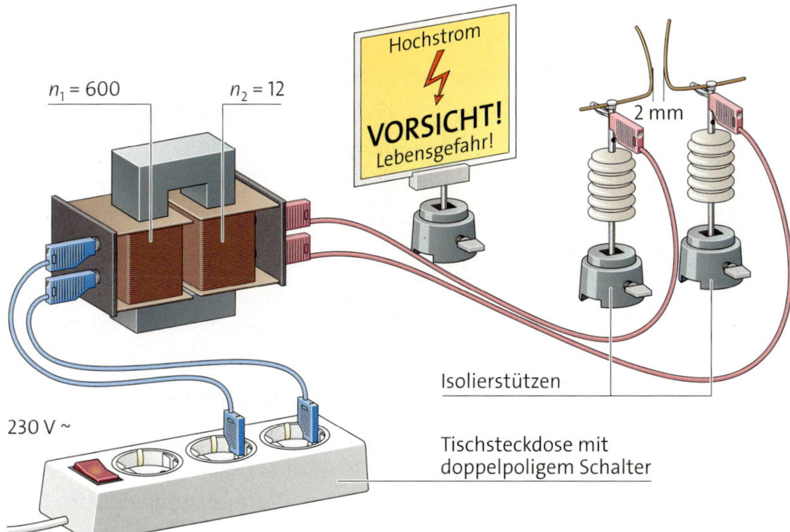

05 Achtung! Hier haben sich Fehler eingeschlichen.

C1 Im ▸ Bild 05 links haben sich mehrere Fehler eingeschlichen. Notiere die Fehler und korrigiere sie. Begründe deine Korrekturen.

C2 Beschreibe und erkläre den Ausgang des Versuchs, nachdem alle Fehler behoben worden sind.

C3 Berechne mit den Daten aus ▸ Bild 05 die zu erwartende Hochspannung.

C4 Beschreibe Maßnahmen, mit denen man die Spannung auf der Sekundärseite erhöhen kann.

BLICKPUNKT

Anwendungen von Transformatoren

01 Lichtbogen im Umspannwerk

Erzeugung von hohen Spannungen · Bei Schaltvorgängen in Umspannwerken oder auch beim Anschluss von Lokomotiven an Oberleitungen können sogenannte Lichtbögen entstehen (▸ Bild 01). Ursache dafür sind hohe Spannungen, bei denen sogar die Luft zu einem elektrischen Leiter wird.

Im Umspannwerk wird z. B. eine relativ geringe Spannung (Primärspannung) in eine hohe Spannung für die Überlandleitungen (Sekundärspannung) umgewandelt. Das erreicht man durch eine kleine Windungszahl bei der Primärspule und eine große Windungszahl bei der Sekundärspule. Im Nachbau des Umspannwerkes sind diese Verhältnisse berücksichtigt worden (▸ Bild 02). Am Lichtbogen erkennt man, dass auf der Sekundärseite hohe Spannungen vorliegen.

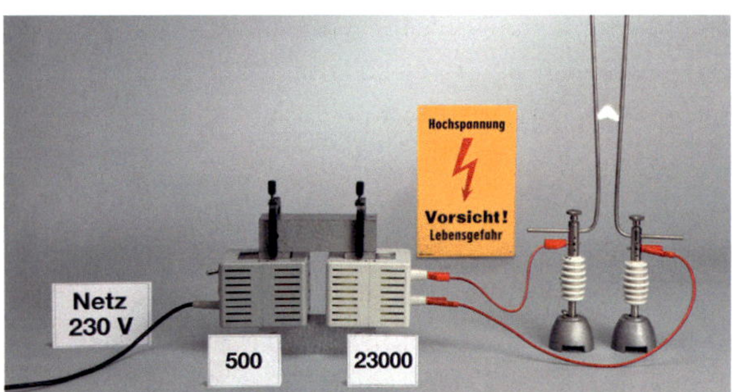

02 Nachbau des Umspannwerkes (Hochspannungstransformator)

1 Bestimme, welche Spannung zwischen den Hörnerelektroden (rechts im ▸ Bild 02) anliegt.

03 Elektrisches Schweißen

Erzeugung von hohen Strömen · Das elektrische Schweißen ist ein wichtiges Verfahren, um Metalle miteinander zu verbinden (▸ Bild 03). Wesentlich ist dabei, dass durch starke elektrische Ströme hohe Temperaturen entstehen. Dadurch werden die Metalle flüssig und können verschmelzen. Nach dem Erkalten besteht eine feste Verbindung.

Das wichtigste Bauteil in einem solchen Schweißgerät ist ebenfalls ein Transformator. Er besteht neben dem Eisenkern aus einer Primärspule mit großer Wicklungszahl und einer Sekundärspule mit kleiner Wicklungszahl. Im Nachbau des Schweißgeräts wird dies deutlich (▸ Bild 04). Am Glühen des Nagels kann man erkennen, dass auf der Sekundärseite ein sehr starker Strom geflossen sein muss.

04 Nachbau des Schweißgeräts (Hochstromtransformator)

2 Beim Hochstromtransformator müssen die Windungen auf der Sekundärseite sehr dick sein. Erkläre.

BLICKPUNKT

Unterschiede zwischen Gleich- und Wechselspannung im Alltag

05 Verschiedene Spannungsarten werden benötigt.

06 Gefahren durch Strahlung?

Verschiedene Geräte – verschiedene Spannungsarten · Im Alltag begegnen dir Geräte, die mit zwei verschiedenen Spannungsarten betrieben werden (▸ Bild 05). Gleichspannung benötigt man z. B. für batteriebetriebene Wecker oder Taschenlampen, Wechselspannung für einen Mixer oder das Handy-Netzteil. Bei dem Netzteil kommen sogar beide Spannungsarten vor: Es wird an eine Wechselspannung, der Netzspannung, angeschlossen. Das Handy selbst wird aber mit Gleichspannung versorgt.

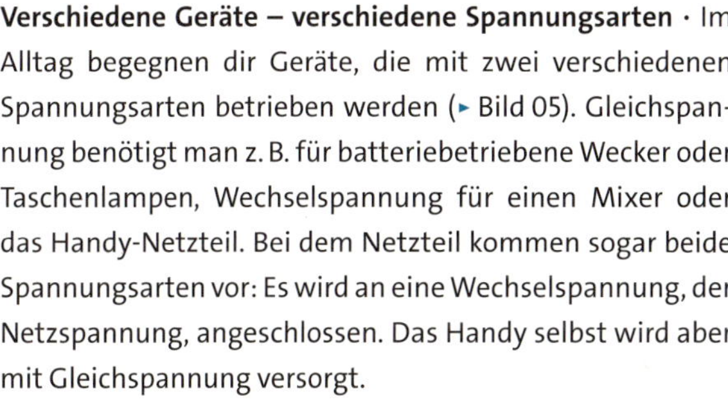

Warum gibt es verschiedene Spannungsarten? · Viele Elektrogeräte benötigen kleine Gleichspannungen, weil wesentliche Bauteile (z. B. Dioden) nur damit funktionieren. Außerdem müssen viele Geräte transportabel sein und benötigen deshalb Batterien oder Akkus. Diese liefern aber nur Gleichspannungen.

Wechselspannungen können durch Generatoren in Kraftwerken leicht erzeugt werden. Passende Motoren, die mit Wechselspannung funktionieren, sind einfach zu konstruieren und herzustellen. Wechselspannungen können darüber hinaus durch Transformatoren einfach an die jeweiligen technischen Bedürfnisse angepasst werden.

Verschieden große Gefahren · Fast alle menschlichen Organe funktionieren aufgrund elektrischer Impulse. Das Herz ist auf besonders regelmäßige Impulse angewiesen. Wenn man nun einen unter Spannung stehenden Gegenstand anfasst, dann kann ein elektrischer Strom durch den Körper fließen, der eine viel größere Stromstärke hat als die körpereigenen elektrischen Ströme. Es kann zu Verkrampfungen oder zu noch schlimmeren Folgen kommen. Wenn sich das Herz oder der Kopf im Stromkreis befinden, dann sind die Auswirkungen besonders folgenschwer. Man hat festgestellt, dass Wechselströme für das Herz gefährlicher sind als Gleichströme: Die sich ständig verändernde Stromrichtung bei Kontakt mit einer Wechselspannung bringt das Herz aus seinem natürlichen Rhythmus. Neben der Spannungsart sind für die Gefährdung vor allem die Stromstärke und die Dauer der Einwirkung entscheidend.

Gefahren durch Strahlung · Im Gegensatz zu Gleichspannungsquellen geben Wechselspannungsquellen sogenannte elektromagnetische Strahlung ab. Auch wenn Handys, Smartphones, WLAN-Geräte oder Radios mit Gleichspannung betrieben werden, ihre Sende- und Empfangseinheiten arbeiten jedoch mit hochfrequenten Wechselspannungen. Somit geben sie elektromagnetische Strahlung ab. Unser Körper nimmt einen Teil dieser Strahlung auf. Dadurch kann es zur Erwärmung von bestimmten Körperstellen, z. B. des Kopfes, kommen. Bei zu starker Erwärmung kann dies zu gesundheitlichen Problemen oder sogar zu Schädigungen des Körpers führen. Deshalb ist es wichtig, dass du deine Strahlenbelastung möglichst gering hältst. Telefoniere mit dem Handy also nur kurz und möglichst nur dann, wenn der Empfang gut ist (▸ Bild 06). Bei schlechtem Empfang erhöht dein Handy die Sendeleistung.

01 Im Umspannwerk wird die Spannung transformiert.

Transport elektrischer Energie

Um elektrische Energie mithilfe von Wechselspannung zu übertragen, ist offenbar viel Aufwand nötig. Es werden außer Kabeln große Transformatoren benötigt. Warum verzichtet man nicht darauf und verwendet im gesamten Netz 230 V?

Berechnung der Leistung: $P = U \cdot I$

ENERGIEÜBERTRAGUNG MIT 230 V · Um diese Frage zu beantworten, bauen wir das Energieverteilungsnetz nach und zwar zunächst einmal ohne Transformatoren (▸ Bild 02). Das Netzgerät steht für ein Kraftwerk. Die Kabel mit einem großen Widerstand von insgesamt 100 Ω stellen die Überlandleitungen dar. Die Glühlampe (6 V/5 A) stellt eine Lampe in einem Haus dar.

Damit die Lampe normal hell leuchtet, müssen ihr 30 W elektrische Leistung zugeführt werden. Aus Sicherheitsgründen experimentieren wir mit 50 V. Das Netzgerät liefert genug Leistung: $P = U \cdot I = 50\ \text{V} \cdot 0{,}60\ \text{A} = 30\ \text{W}$.

Die Lampe bleibt aber dunkel. Bei ihr kommt offensichtlich zu wenig Leistung an: $P = U \cdot I = 0{,}70\ \text{V} \cdot 0{,}60\ \text{A} = 0{,}42\ \text{W}$.
Der Rest – fast 99 %! – muss in den Kabeln verloren gehen.
Um 30 W zu übertragen, könnte man auch eine Hochspannung von 1000 V und eine Stromstärke von 0,03 A verwenden. Werden durch Hochspannungen die Verluste vermieden?

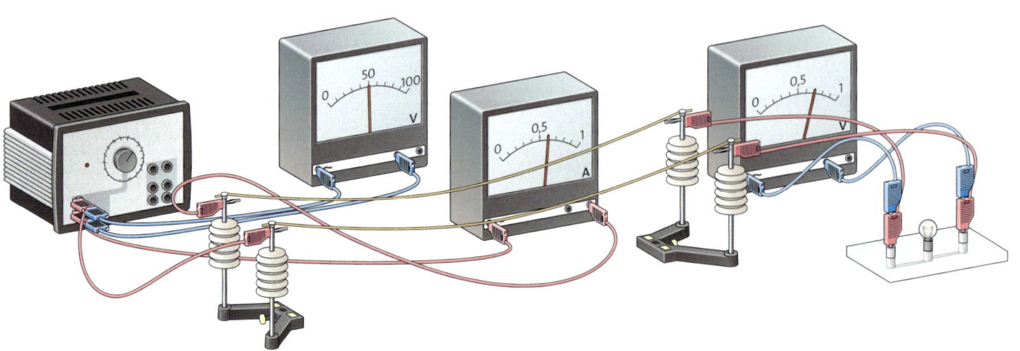

02 Modellversuch ohne Transformatoren

ENERGIEÜBERTRAGUNG MIT HOCHSPANNUNG · Wir bauen zwischen das Netzgerät und die Glühlampe zwei gleiche Transformatoren ein, um eine Hochspannung einzusetzen (▸ Bild 04). Dadurch entstehen drei Stromkreise. Jetzt leuchtet die Lampe im dritten Stromkreis. Offensichtlich sind die Verluste nun kleiner!

BETRACHTUNG DER VERLUSTE · Bevor wir die Leistungswerte berechnen, sammeln wir weitere Beobachtungen (▸ Bild 03). Am Netzgerät sind nur noch 10 V eingestellt und trotzdem liegen an der Lampe 9 V an, mehr als vorher! Im mittleren „Überland-Stromkreis" herrscht eine sehr hohe Spannung (1600 V), die Stromstärke hingegen ist sehr klein (0,03 A). Für die Leistungswerte in den drei Stromkreisen gilt:

$P_1 = U_1 \cdot I_1 = 10\ \text{V} \cdot 5{,}5\ \text{A} = 55\ \text{W},$
$P_2 = U_2 \cdot I_2 = 1600\ \text{V} \cdot 0{,}030\ \text{A} = 48\ \text{W},$
$P_3 = U_3 \cdot I_3 = 9{,}00\ \text{V} \cdot 4{,}50\ \text{A} = 40{,}5\ \text{W}.$

Auf dem Weg vom Netzgerät zur Glühlampe tritt eine Verlustleistung von insgesamt 14,5 W auf. Das sind 26,4 %. Vorher waren es fast 99 %. Die Verlustleistung ist kleiner, obwohl die gleichen Überlandleitungen benutzt worden sind und außerdem die Transformatoren als weitere Energiewandler eingebaut wurden.

Wenn man für den Energietransport Transformatoren benutzt, dann entstehen drei Stromkreise. Im mittleren Stromkreis besteht Hochspannung. Die Verluste sind viel kleiner als bei einer direkten Verbindung.

DIE ROLLE DER KABEL · Ursache für die Verlustleistung P_K in den Kabeln ist die Wärmeentwicklung aufgrund ihres ohmschen Widerstands R_K. Aus den beiden Gesetzmäßigkeiten $P_K = U_K \cdot I_K$ und $U_K = R_K \cdot I_K$ folgt:

$$P_K = U_K \cdot I_K = R_K \cdot I_K \cdot I_K = R_K \cdot I_K^2.$$

Die Verlustleistung in den Kabeln steigt also quadratisch mit der Stromstärke: Eine doppelt so große Stromstärke I_K führt zu einer viermal so großen Verlustleistung P_K. Es ist also sinnvoll, in den Überlandleitungen für eine geringe Stromstärke zu sorgen. Um dabei eine große Leistung zu übertragen, braucht man eine hohe Spannung. Diese liefern Transformatoren.

DIE ROLLE DER TRANSFORMATOREN · Durch die Transformatoren wird Energie entwertet. Das erkennt man z.B. an den Leistungswerten vor und nach dem ersten Transformator ($P_1 = 55$ W und $P_2 = 48$ W). Wie kommt das?
In Transformatoren wird die Richtung des Magnetfelds aufgrund der Wechselspannung dauernd umgekehrt. Dadurch wird das Eisen der Kerne ständig ummagnetisiert, was zu Leistungsverlusten führt. Diese sind relativ gering.

Achtung! Die Versuche in ▸ Bild 02 und ▸ Bild 04 darfst du nicht selber durchführen!

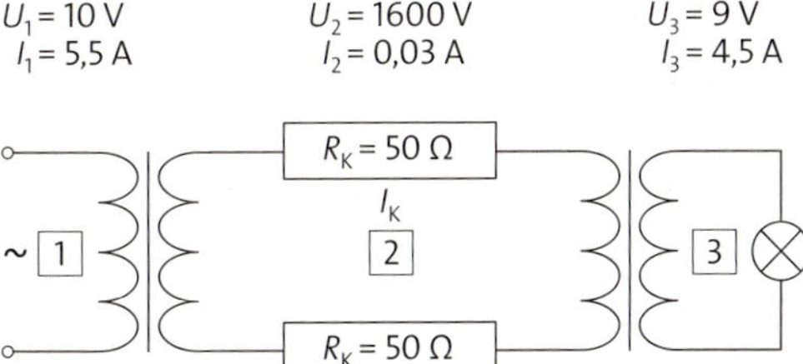

03 Schaltskizze

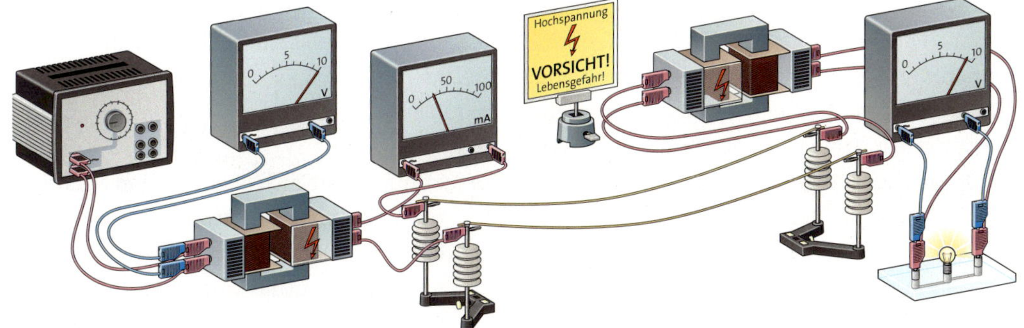

04 Modellversuch mit Transformatoren

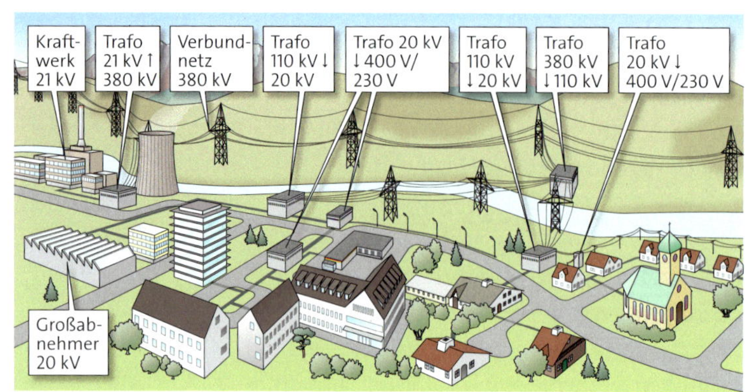

01 Spannungen bei der Energieübertragung

02 Baltic Cable

DAS VERTEILUNGSNETZ · Die elektrische Energie muss zu den verschiedenen Abnehmern transportiert werden. Das geschieht mithilfe des sogenannten Verteilungsnetzes (▸ Bild 01). Wesentlicher Bestandteil dieses Netzes sind Transformatoren.

Am Kraftwerk wird die Spannung zunächst hochtransformiert. Nach dem Transport der Energie durch Hochspannungsleitungen wird die Spannung wieder heruntertransformiert. Du erkennst im ▸ Bild 01, dass es verschiedene Spannungsniveaus gibt: 380 kV, 110 kV, 20 kV und 400 V/230 V. Das liegt daran, dass die angeschlossenen Stromabnehmer unterschiedliche Leistungen benötigen. Außerdem spielt die zu überbrückende Entfernung eine Rolle. Für große Distanzen verwendet man die Höchstspannung von 380 kV. Dann sind die Leitungsverluste besonders gering.

DAS EUROPÄISCHE VERBUNDNETZ · Das Verteilungsnetz endet nicht an den Landesgrenzen. Es gibt vielmehr ein europäisches Netz. Dadurch können der Ausfall oder die Abschaltung von Kraftwerken ausgeglichen werden. Außerdem ist es möglich, Schwankungen in der Produktion elektrischer Energie auszugleichen.
Beispielsweise steht an der Nordseeküste bei starkem Wind zu viel Energie zur Verfügung. Diese kann mithilfe des Netzes sinnvoll verteilt werden.

HOCHSPANNUNGS-GLEICHSTROM-ÜBERTRAGUNG (HGÜ) · Neben die übliche Verteilung von elektrischer Energie mithilfe von Wechselstromleitungen treten in letzter Zeit auch Gleichstromleitungen. Bekanntestes Beispiel ist das Baltic Cable, das zwischen Lübeck und dem schwedischen Trelleborg verlegt worden ist (▸ Bild 02). Es besteht nur aus einem isolierten Leiter auf dem Meeresboden. Als zweiter Leiter dient das Meerwasser. Bei Spannungen von 450 kV treten Ströme von bis zu 1300 A auf! Trotz dieser großen Ströme ist die Verlustleistung P_K relativ gering, weil der Leiterwiderstand klein ist. Welche Vorteile und welche Nachteile haben Gleichstromleitungen?

Bei Wechselstromleitungen treten nicht nur Verluste durch Wärme auf. Diese sind auch in Gleichstromleitungen vorhanden. Es gibt zusätzliche Verluste durch das ständige Umpolen. Letzteres entfällt bei Gleichstrom. Allerdings müssen die Gleichstromleitungen mit großem technischem Aufwand in das Wechselstromnetz eingebunden werden. Deshalb lohnen sich Gleichstromleitungen erst ab einer Länge von ca. 100 km.

1 **a)** Informiere dich über Vor- und Nachteile von Wechselstrom-Erdkabeln.
b) Lohnt es sich, Offshore-Windparks mittels HGÜ an das Verteilungsnetz anzubinden? Recherchiere im Internet.

Material A ▸ Energieübertragung mit Hochspannung

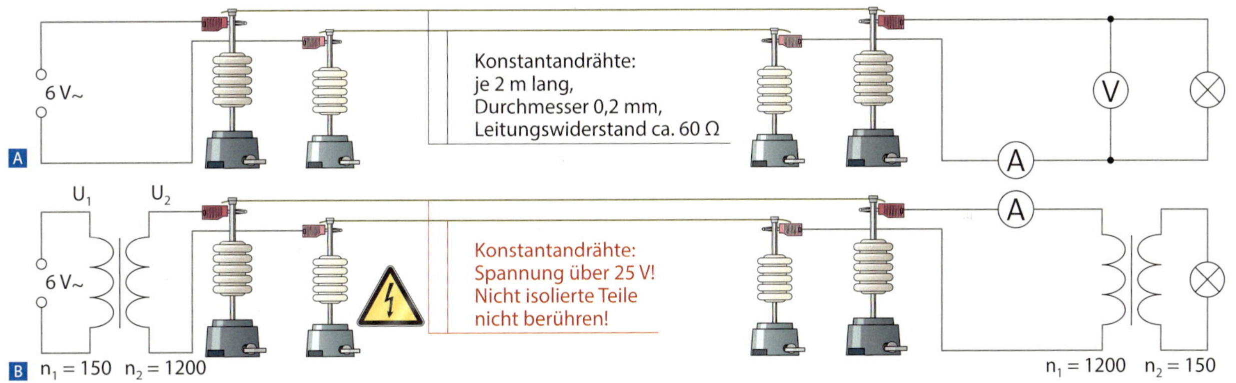

03 Energietransport **A** ohne, **B** mit Transformatoren

▸ Bild 03 zeigt zwei modellhafte Aufbauten, mit denen elektrische Energie übertragen werden kann. Die Lampe hat einen Widerstand von 12 Ω.

A1 a) Beschreibe die Unterschiede in den Aufbauten von ▸ Bild 03 A und B.

b) Erkläre, warum die Lampe in ▸ Bild 03 B leuchtet, im ▸ Bild 03 A aber nicht.

A2 Berechne für ▸ Bild 03 A die Gesamtstromstärke. Bestimme die Leistungsumsätze in den Konstantandrähten und in der Lampe. Vergleiche.

A3 Ordne die folgenden Begriffe entsprechenden Orten im zweiten Aufbau zu (▸ Bild 03 B): Hochspannungsleitungen, Umspannwerk, elektrische Haushaltsgeräte, Kraftwerk, Vogel.

A4 a) Im mittleren Stromkreis von ▸ Bild 03 B besteht eine Spannung von etwas weniger als 48 V. Begründe.

b) Im mittleren Stromkreis wird eine Stromstärke von 0,09 A gemessen. Berechne die Verlustleistung durch die Kabel. Ermittle auch, welche Leistung übertragen wird.

Material B ▸ Energieflussdiagramme

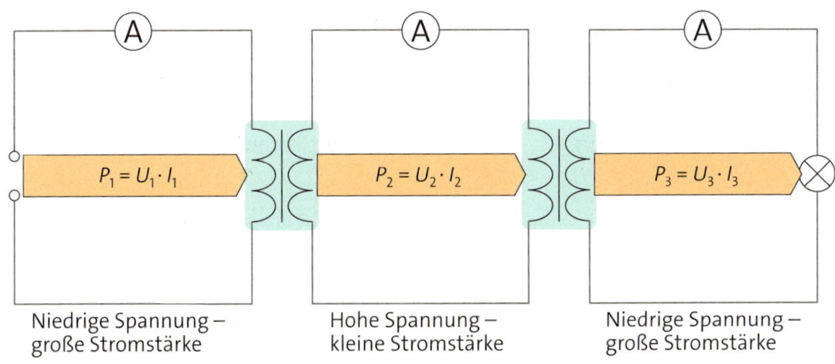

04 Energieflussdiagramm

B1 Für die Energieübertragung mit zwei Transformatoren wurde eine Grafik wie im ▸ Bild 04 angefertigt. Erstelle dazu ein Energieflussdiagramm, in dem die Verluste berücksichtigt sind.

B2 Erstelle ein Energieflussdiagramm für die Übertragung ohne Transformatoren (siehe Material A, ▸ Bild 03 A). Erläutere unter Verwendung beider Diagramme Vor- und Nachteile der beiden Übertragungsarten.

Material C ▸ Verteilungsnetz

C1 Pro Einwohner benötigt man im Durchschnitt eine Leistung von 1,0 kW. Berechne, wie groß die mittlere Stromstärke in einer 380 kV-Leitung ist, die eine Stadt von 30 000 Einwohnern versorgt.

C2 Informiere dich über den sogenannten Stromkrieg: T. A. EDISON gegen G. WESTINGHOUSE und N. TESLA.
Schreibe einen kurzen Zeitungsbericht. Erläutere dabei, warum sich Wechselstrom damals durchgesetzt hat.

01 Viererbob beim Start

Mechanische Energieformen

Beim Start bringen die Sportler die 300 kg des Bobs in nur 2 s auf eine Geschwindigkeit von 15 $\frac{m}{s}$. Mit welcher Kraft wird der Bob dabei beschleunigt?

Die Bewegungsenergie E_{Bew} wird auch als kinetische Energie E_{kin} bezeichnet.

BEWEGUNGSENERGIE UND KRAFT · Wenn die Athleten den Bob mit der konstanten Beschleunigung a beschleunigen, führen sie dem Bob folgende Bewegungsenergie zu:

$$E_{Bew} = \frac{1}{2} \cdot m \cdot v^2.$$

Mit dieser Formel können wir herausfinden, mit welcher Kraft die Athleten den Bob beschleunigen. Das geht folgendermaßen:
Die Sportler üben beim Beschleunigen eine Kraft F längs einer Beschleunigungsstrecke Δs auf den Bob aus. Dabei übertragen sie die Energie $\Delta E = F \cdot \Delta s$ auf den Bob. Also ist:

$$F \cdot \Delta s = \frac{1}{2} \cdot m \cdot v^2.$$

Wir lösen nach der gesuchten Kraft auf, indem wir auf beiden Seiten der Gleichung durch die Strecke dividieren, und erhalten:

$$F = m \cdot \frac{v^2}{2 \cdot \Delta s}.$$

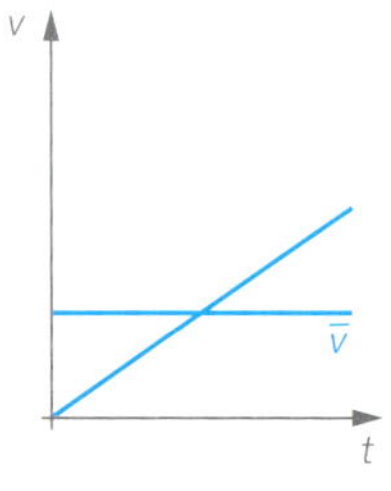

02 Mittlere Geschwindigkeit

Wir bestimmen die Beschleunigungsstrecke s, indem wir die Dauer t der Beschleunigung mit einer Geschwindigkeit multiplizieren – aber mit welcher? Die Geschwindigkeit nimmt ja von null bis v gleichmäßig zu, sie hat also den Mittelwert $\overline{v} = \frac{1}{2} \cdot v$ (▸ Bild 02). Mit dieser mittleren Geschwindigkeit multiplizieren wir die Dauer t und erhalten so für die Strecke Δs:

$$\Delta s = \frac{1}{2} \cdot v \cdot t.$$

Diesen Term setzen wir in die Gleichung für F ein, kürzen gleiche Faktoren und erhalten:

$$F = m \cdot \frac{v^2}{2 \cdot \frac{1}{2} \cdot v \cdot t} = \frac{m \cdot v}{t}.$$

Der Quotient $\frac{v}{t}$ ist gleich der Beschleunigung a. Für die gesuchte Kraft gilt also:

$$F = m \cdot a.$$

Wenn ein Körper der Masse m mit einer Beschleunigung a beschleunigt wird, dann wird auf ihn die Kraft $F = m \cdot a$ ausgeübt.

Die Kraft F auf den Bob ist also:

$$F = \frac{300\ \text{kg} \cdot 15\ \frac{\text{m}}{\text{s}}}{2\ \text{s}} = \frac{2250\ \text{kg} \cdot \text{m}}{\text{s}^2} = 2250\ \text{N}.$$

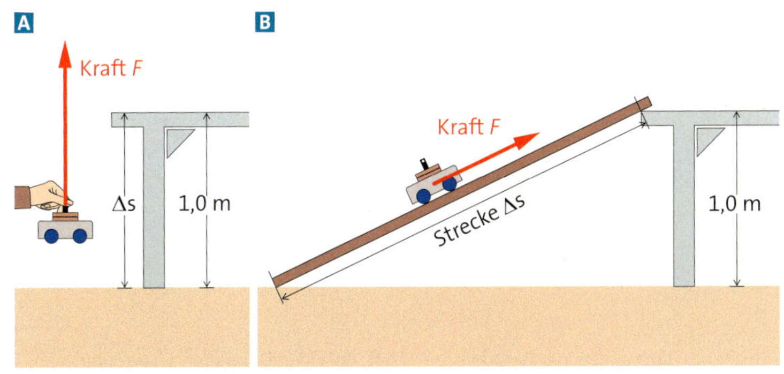

03 Die zum Anheben benötigte Energie ist in **A** und **B** gleich groß.

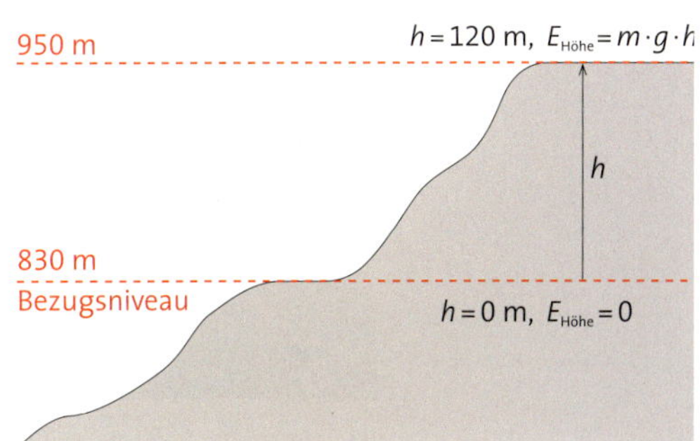

04 Höhenenergie: immer relativ zum Bezugsniveau

DIE HÖHENENERGIE · Um den Bob auf den Berg zu transportieren, wird Energie benötigt. Die zugeführte Energie ist anschließend als Höhenenergie gespeichert.

Wir untersuchen, wie viel Energie zum Anheben benötigt wird. Dazu ersetzen wir den Bob modellhaft durch einen Wagen. Um den Wagen auf einen Tisch zu heben, gibt es mehrere Möglichkeiten: Wir können den Wagen senkrecht hochheben (▸ Bild 03 A). Dazu müssen wir mit einer Kraft am Körper ziehen, die betragsmäßig gleich der Schwerkraft $F = m \cdot g$ ist. Die dabei zurückgelegte Strecke Δs ist gleich dem Höhenunterschied Δh, um den der Wagen angehoben wird. Damit können wir die zugeführte Energie wie folgt berechnen:

$\Delta E = F \cdot \Delta s = m \cdot g \cdot \Delta h.$

Wir können den Wagen aber auch über eine schräge Rampe hochziehen (▸ Bild 03 B). Dann ist die Strecke Δs zwar größer, aber die Kraft F ist kleiner. Das Produkt $F \cdot \Delta s$ bleibt gleich. Die zum Anheben eines Körpers benötigte Energie hängt folglich nur von der Masse, dem Ortsfaktor und dem Höhenunterschied ab. Am Ortsfaktor erkennst du, dass die Energie zum Anheben vom Himmelskörper abhängt, auf dem man sich befindet. Auf dem Mond wird ein Körper nicht so stark angezogen wie auf der Erde.

Auf welchem Weg der Wagen angehoben wurde, ist unwichtig. Die zugeführte Energie ist nun als Höhenenergie im System aus Himmelskörper und Körper gespeichert.

DAS BEZUGSNIVEAU · Wenn der Bob in 950 m Höhe über dem Meeresspiegel startet und auf 830 m herabfährt, dann hat der Bob auf 830 m immer noch Höhenenergie. Für die Energieumwandlung bei der Fahrt ist allerdings nur der Anteil der Höhenenergie von Bedeutung, der beim Herabfahren über den Höhenunterschied von 120 m in Bewegungsenergie umgewandelt wird.
Deshalb ist es sinnvoll, die Höhenenergie relativ zu einem geeigneten Bezugsniveau anzugeben. Für den Bob legen wir das Bezugsniveau auf 830 m. Die Höhe wird relativ zu diesem Bezugsniveau gemessen und damit die Höhenenergie berechnet (▸ Bild 04).

Die Höhenenergie eines Körpers hängt nur von seiner Masse m, dem Ortsfaktor g und von der Höhe h über dem Bezugsniveau ab. Es gilt:
$E_{Höhe} = m \cdot g \cdot h.$

Die Höhenenergie $E_{Höhe}$ wird auch als potenzielle Energie E_{pot} bezeichnet.

1 Bei der Bobbahn in Altenberg überwindet ein Viererbob mit einer Masse von 630 kg eine Höhe von 122 Metern. Bei der Zieleinfahrt wird eine Geschwindigkeit von 130 $\frac{km}{h}$ gemessen. Bestimme die Höhenenergie beim Start. Berechne die maximale Bewegungsenergie des Bobs bei der Zieleinfahrt. Diskutiere dein Ergebnis.

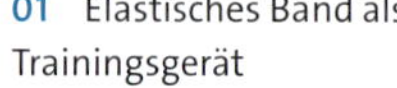

01 Elastisches Band als Trainingsgerät

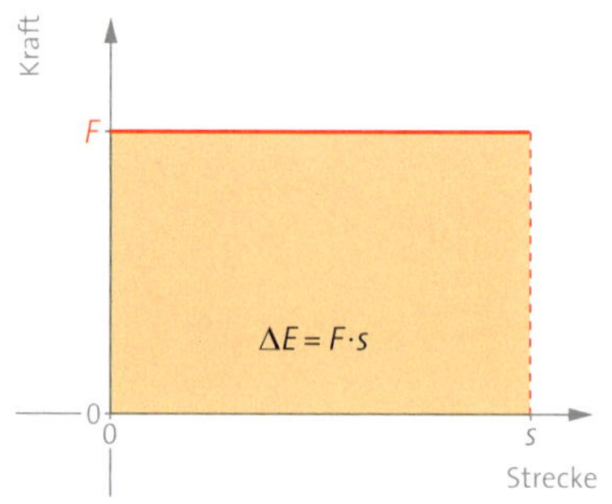

03 Energie als Fläche unter der Geraden bei konstanter Kraft

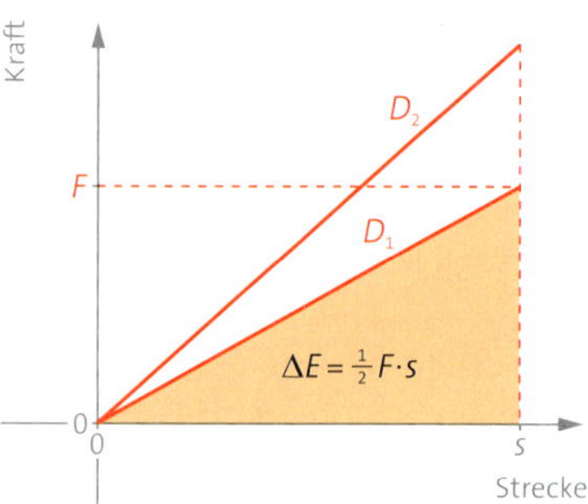

04 Bei einer Stahlfeder: Spannenergie als Fläche unter der Geraden

DIE SPANNENERGIE · Mit einem elastischen Gummiband können die Muskeln trainiert werden (▸ Bild 01). Die dabei zugeführte Energie ist anschließend im Gummiband gespeichert. Diese Energie nennt man **Spannenergie.**

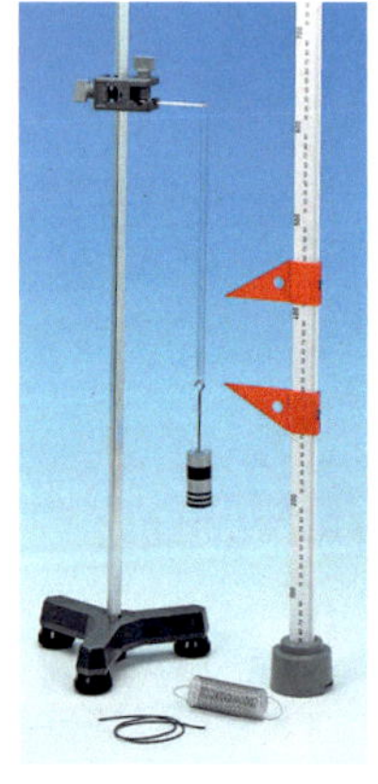

02 Versuch zur Messung der Dehnung einer Stahlfeder

Wie viel Spannenergie im Gummiband gespeichert ist, lässt sich nicht leicht bestimmen, weil der Zusammenhang zwischen der Kraft und der Strecke, um die das Band gedehnt wird, kompliziert ist. Aber für eine Stahlfeder wie in ▸ Bild 02 ist dieser Zusammenhang einfacher zu bestimmen.

Wir dehnen eine Stahlfeder um eine Strecke s und messen die dafür notwendige Kraft. Wenn wir die Kraft als Funktion der Strecke in ein s-F-Diagramm eintragen, dann erhalten wir eine Ursprungsgerade (▸ Bild 04). Kraft und Strecke sind also proportional zueinander. Verwenden wir eine weichere Feder, dann ist die Steigung der Geraden kleiner. Die Proportionalitätskonstante hängt von der Feder ab. Sie wird als **Federkonstante *D*** bezeichnet. Beim Dehnen der Stahlfeder gilt für die Kraft das HOOKE'sche Gesetz:

$$F = D \cdot s.$$

EINE FLÄCHENBETRACHTUNG HILFT WEITER · Wenn die Kraft konstant ist wie beim Anheben eines Körpers, dann kann man die übertragene Energie als Produkt aus Kraft F und Strecke Δs berechnen. Beim Spannen einer Feder ist die Kraft aber nicht konstant. Die übertragene Energie kann deswegen nicht so einfach berechnet werden. Darum benötigen wir einen anderen Zugang:

▸ Bild 03 zeigt für eine konstante Kraft das s-F-Diagramm. Die übertragene Energie entspricht der Fläche unterhalb der Geraden im s-F-Diagramm. Auch wenn beim Spannen einer Feder die Kraft nicht konstant ist, kann man die übertragene Energie als Fläche unter der Geraden bestimmen (▸ Bild 04). Man erhält

$$\Delta E = \frac{1}{2} F \cdot s.$$

Diese Energie ist in der Feder als Spannenergie E_{Spann} gespeichert. Für die Kraft können wir nach dem HOOKE'schen Gesetz $F = D \cdot s$ einsetzen und erhalten für die Spannenergie:

$$E_{\text{Spann}} = \frac{1}{2} D \cdot s \cdot s = \frac{1}{2} D \cdot s^2.$$

Die Spannenergie einer Feder hängt nur von der Strecke s ab, um die sie verformt wird, sowie von der Form und vom Material der Feder, was durch die Federkonstante D berücksichtigt wird. Es gilt:
$E_{\text{Spann}} = \frac{1}{2} D \cdot s^2$

1 Eine Feder hat die Federkonstante $100\,\frac{\text{N}}{\text{m}}$. Die Feder wird um 5,0 cm gedehnt. Bestimme die maximale Kraft, die dabei ausgeübt wird. Berechne die gespeicherte Spannenergie.

VERSUCH ▸ Wir messen Energie

V1 Höhenenergie im Treppenhaus

Material:
Maßband, Personenwaage

Durchführung:
a) Bestimme deine Höhenenergie für verschiedene Standorte im Schulgebäude. Lege zuerst ein sinnvolles Bezugsniveau fest. Stelle fest, an welchem Standort du die größte Höhenenergie hast.
b) Bestimme deine Höhenenergie relativ zum Meeresspiegel (NN).

V2 Bewegungsenergie beim Fadenpendel

Material:
Stativmaterial, Schnur, Pendelkörper, Lichtschranke, Waage, Messwerterfassungssystem

Durchführung:
Befestige die Schnur mit dem Pendelkörper an einer waagerechten Stativstange. Positioniere die Lichtschranke so, dass der Pendelkörper im tiefsten Punkt die Lichtschranke passiert (▸ Bild 05 A).

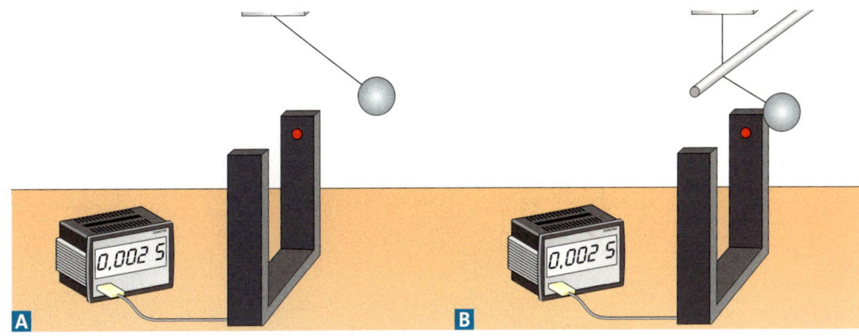

05 A Geschwindigkeitsmessung beim Pendel, **B** mit zusätzlicher Stange

a) Lass das Fadenpendel in unterschiedlichen Höhen starten. Bestimme jeweils die Geschwindigkeit im tiefsten Punkt. Trage die Höhe und die Geschwindigkeit in eine Tabelle ein.
Berechne jeweils die Höhenenergie und die Bewegungsenergie.
Vergleiche die Werte und diskutiere dein Ergebnis.
b) Verändere den Versuchsaufbau wie in ▸ Bild 05B. Miss, welche Höhe das Pendel auf der rechten Seite erreicht. Erkläre.

V3 Spannenergie

Material:
Stativstange, Kraftmesser, Lineal, Gummiband

Durchführung:
a) Befestige das Gummiband an einer Stativstange. Ziehe mit dem Kraftmesser am Gummiband nach unten. Miss die Kraft für verschiedene Ausdehnungen und trage die Werte in eine Tabelle ein.
b) Stell deine Daten in einem Diagramm dar.
c) Schätze für eine Ausdehnung von 5 cm die Spannenergie als Fläche unter der Kurve ab.

Material A ▸ Energieformen beim Sport

06 Beim Stabhochsprung

A1 Ein Sportler (Masse 85 kg) überspringt beim Stabhochsprung eine Höhe von 6 m (▸ Bild 06).
a) Gib an, welche Energieformen hierbei auftreten.
b) Berechne die maximale Höhenenergie des Springers.
c) Schätze ab, welche Geschwindigkeit der Stabhochspringer beim Anlauf ungefähr erreichen kann.
Bestimme seine Bewegungsenergie. Vergleiche deine berechneten Werte und diskutiere sie.

A2 Ein Fußball (Masse 450 g) wird mit einer Geschwindigkeit von 120 $\frac{km}{h}$ geschossen. Ein Spieler nimmt den Ball mit dem Kopf an und erzielt ein Tor.
Berechne die Energie, die dabei für die Verformung des Balls umgewandelt wird.

01 Beim Bungeesprung

Der Energieerhaltungssatz

Nur ganz Mutige wagen den Sprung in die Tiefe. Sie stürzen mit einem Seil an den Füßen hinab, bis das Seil gestrafft wird und diese Bewegung allmählich abbremst. Damit niemand zu Schaden kommt, darf das Seil nicht zu lang sein. Woher wissen die Veranstalter, wie lang das Bungeeseil sein muss?

ENERGIE WIRD UMGEWANDELT · Die Veranstalter wissen, dass Energie erhalten bleibt. Sie wissen auch, dass die Springerin beim Bungeesprung zunächst Höhenenergie hat. Beim Fallen hat sie Höhen- und Bewegungsenergie und sobald sich das Seil spannt, wird ein Teil der Energie in Spannenergie umgewandelt. Mit diesen Kenntnissen sind sie in der Lage, die Länge des Seils zu berechnen.

Wir schätzen die notwendige Länge eines Bungeeseils einmal ab. Dazu betrachten wir ein System, das aus der Springerin, der Aufhängung des Seils und dem Seil besteht. Die Luftreibung und die Reibung an der Seilaufhängung können wir als sehr gering annehmen. Die Umwandlung in thermische Energie ist somit vernachlässigbar.

Weil keine Energie durch Reibung dieses System verlassen kann, handelt es sich um ein energetisch **abgeschlossenes System.** In diesem Fall sollte die Energie E_{ges} während des Sprungs im System konstant bleiben. Man berücksichtigt nur die mechanischen Energieformen.

In einem abgeschlossenen System bleibt bei reibungsfreien Vorgängen die Summe der mechanischen Energien erhalten. Die Gesamtenergie E_{ges} ist konstant und es gilt: $E_{ges} = E_{Höhe} + E_{Bew} + E_{Spann}$.

Mit diesem Erhaltungssatz kann man viele Fragestellungen in der Mechanik einfach lösen, ohne etwas über die Kräfte zu wissen, die zu einem bestimmten Zeitpunkt wirken. Er hilft uns auch bei der Berechnung der Länge des Bungeeseils.

WIE LANG DARF DAS SEIL SEIN? · Zunächst muss man sich überlegen, welche Energieformen beim Bungeesprung auftreten und welche Größen bekannt sind. Dafür müssen wir einige vereinfachende Annahmen machen. Ein Bungeeseil enthält eine große Anzahl an elastischen Gummifäden. Zur Vereinfachung nehmen wir an, dass sich dieses Seil entsprechend dem HOOKE'schen Gesetz verhält. Ein typischer Wert für die „Federkonstante" D eines Bungeeseils ist $40{,}0\,\frac{\mathrm{N}}{\mathrm{m}}$. Als weitere Vereinfachung vernachlässigen wir die Masse des Gummiseils und die Luftreibung beim Fall. Unter diesen Voraussetzungen kann man beim Bungeesprung mit dem Energieerhaltungssatz rechnen.

Beispielhaft nehmen wir einmal die folgenden Werte an: Die maximale Fallstrecke entspricht der Höhe $h = 80{,}0\ \mathrm{m}$ einer Brücke über einem Fluss. Die Springerin ist 1,70 m groß und ihre Masse ist 65,0 kg.

Im Zustand I, vor dem Absprung, steht sie auf dem Startpodest (▸ Bild 02). Das Seil ist an den Füßen befestigt. In diesem Zustand ist die Geschwindigkeit null und das Seil ist entspannt. Damit sind die Bewegungs- und die Spannenergie null. Die Gesamtenergie im System entspricht somit der Höhenenergie:

$$E_{\mathrm{ges}} = E_{\mathrm{Höhe}} = m \cdot g \cdot h$$
$$E_{\mathrm{ges}} = 65{,}0\ \mathrm{kg} \cdot 9{,}8\,\frac{\mathrm{m}}{\mathrm{s}^2} \cdot 80{,}0\ \mathrm{m} = 51{,}0\ \mathrm{kJ}.$$

Im Zustand II ist die Springerin so weit herabgefallen, dass das Seil gerade noch entspannt ist. In diesem Zustand ist gerade die Höhe $h - l$ erreicht. l gibt die gesuchte Seillänge an.

Im Zustand III ist die gesamte Energie in Spannenergie umgewandelt worden. Damit können wir für den Zustand III die Ausdehnung s des Seils aus dem Energieerhaltungssatz bestimmen:

$$E_{\mathrm{ges}} = E_{\mathrm{Spann}},\ \text{also}$$
$$E_{\mathrm{ges}} = \frac{1}{2} \cdot D \cdot s^2.$$

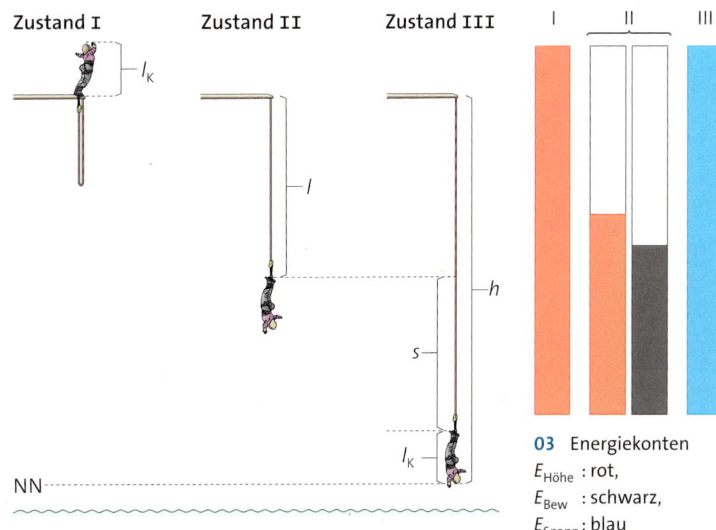

02 Besondere Zustände beim Bungeesprung

03 Energiekonten
$E_{\mathrm{Höhe}}$: rot,
E_{Bew} : schwarz,
E_{Spann} : blau

Lösen wir diese Gleichung nach s auf, dann erhalten wir:

$$s = \sqrt{\frac{2\,E_{\mathrm{ges}}}{D}} = \sqrt{\frac{2 \cdot 51\,000\ \mathrm{J}}{40{,}0\,\frac{\mathrm{N}}{\mathrm{m}}}} = 50{,}5\ \mathrm{m}.$$

Die Höhe $h = 80{,}0\ \mathrm{m}$ setzt sich zusammen aus der Seillänge l, der Körpergröße $l_K = 1{,}7\ \mathrm{m}$ und der maximalen Ausdehnung des Seils $s = 50{,}5\ \mathrm{m}$:

$$h = s + l + l_K.$$

Daraus können wir nun die erlaubte Seillänge l berechnen:

$$l = h - s - l_K = 80{,}0\ \mathrm{m} - 50{,}5\ \mathrm{m} - 1{,}7\ \mathrm{m} = 27{,}8\ \mathrm{m}.$$

Natürlich kann man auf diese Weise nur eine Abschätzung vornehmen. Da durch Reibung ein Teil der Energie in thermische Energie umgewandelt wird, wird weniger Energie in Spannenergie umgewandelt und die maximale Ausdehnung des Seils wird geringer ausfallen.

1 Ein 1,8 m großer Mann ($m = 80\ \mathrm{kg}$) möchte von einer 120 m hohen Brücke einen Bungeesprung wagen. Zur Sicherheit soll er 10 m über dem Boden den tiefsten Punkt erreichen. Das Seil hat eine Federkonstante von $40\,\frac{\mathrm{N}}{\mathrm{m}}$. Bestimme die notwendige Seillänge.

METHODE

Die Methode der Bilanzierung

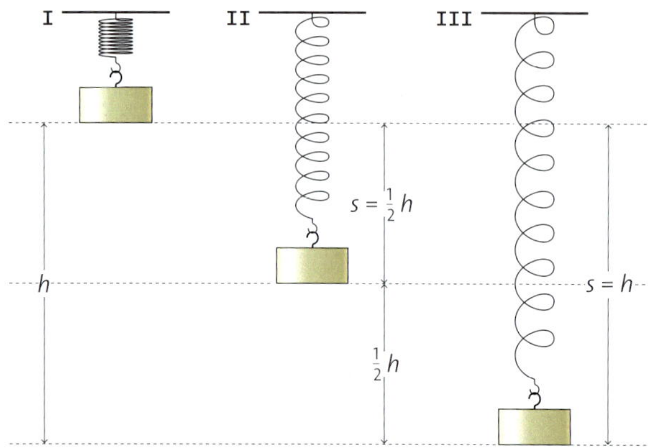

01 Ausgewählte Zustände

Energiebilanz · Für den Bungeesprung haben wir für verschiedene Zustände die Summe aller auftretenden Energieformen gebildet. Nach dem Energieerhaltungssatz bleibt diese Summe in einem abgeschlossenen System erhalten. Wir haben somit eine Bilanz der Energien aufgestellt. Verändert sich der Betrag einer Energieform beim Übergang von einem Zustand in einen anderen Zustand, so müssen sich die Beträge der übrigen Energieformen entsprechend ändern, sodass die Summe vor und nach dem Übergang gleich ist.
Diese Methode kennst du bereits vom Energiekontenmodell. Du kannst sie einsetzen, um mit wenigen Informationen über ein System weitere Größen zu berechnen. Allerdings handelt es sich um Näherungen, wenn man vereinfachende Annahmen macht, wie z. B. die Reibungsfreiheit. Das Vorgehen ist dabei immer ähnlich.

Aufstellen der Energiebilanz · Betrachten wir als Beispiel ein Federpendel mit der Pendelmasse 0,10 kg. Zuerst wird eine Bilanz aller auftretenden Energieformen aufgestellt. Für ein reibungsfrei befestigtes Federpendel lautet die Bilanz:

$$E_{ges} = E_{Höhe} + E_{Spann} + E_{Bew}.$$

Bestimmung der Gesamtenergie · Als nächstes betrachten wir einen Zustand, bei dem nur eine Energieform auftritt, deren Betrag wir aus gemessenen Größen berechnen können. Bei der Auswahl hilft uns eine Skizze. Im ▸ Bild 01 sind drei Zustände dargestellt. In Zustand I ist die Feder entspannt. In Zustand III ist die Feder maximal ausgedehnt, sodass die Spannenergie E_{Spann} maximal ist. Diese Position legen wir als Nullniveau fest. Die Höhe h im Zustand I betrage 0,1 m. Die Spannenergie und die Bewegungsenergie sind in diesem Zustand null. Für die Gesamtenergie gilt damit:

$$E_{ges} = E_{Höhe} = 0{,}10\ \text{kg} \cdot 9{,}8\ \frac{\text{N}}{\text{kg}} \cdot 0{,}10\ \text{m} = 0{,}10\ \text{Nm}.$$

Bestimmung weiterer Größen · Nach dem Loslassen wird die Höhenenergie in Bewegungs- und Spannenergie umgewandelt. Im Zustand III ist die gesamte Höhenenergie in Spannenergie umgewandelt worden. Aus der Energiebilanz kann man die Federkonstante bestimmen:

$$E_{ges} = E_{Spann} = \frac{1}{2} \cdot D \cdot s^2, \text{folglich}$$
$$D = \frac{2\,E_{ges}}{s^2} = \frac{2 \cdot 0{,}10\ \text{Nm}}{(0{,}10\ \text{m})^2} = 20\ \frac{\text{N}}{\text{m}}.$$

Betrachten wir den Zustand II (▸ Bild 01). Hier befindet sich das Pendel in der Höhe $\frac{1}{2}h$. Die Feder ist um $s = \frac{1}{2}h$ ausgelenkt. Für diesen Zustand können wir die Geschwindigkeit des Pendels aus der Energiebilanz bestimmen. Für die Gesamtenergie in diesem Zustand gilt:

$$E_{ges} = E_{Höhe} + E_{Spann} + E_{Bew}$$
$$= \frac{1}{2} \cdot m \cdot g \cdot h + \frac{1}{2} \cdot D \cdot \left(\frac{1}{2}h\right)^2 + \frac{1}{2} \cdot m \cdot v^2.$$

Wir lösen nach v auf:

$$v = \sqrt{\frac{2 \cdot \left(E_{ges} - \frac{1}{2} m \cdot g \cdot h - \frac{1}{8} D \cdot h^2\right)}{m}}$$
$$v = \sqrt{\frac{2 \cdot \left(0{,}10\ \text{Nm} - \frac{1}{2} \cdot 0{,}10\ \text{kg} \cdot 9{,}8\ \frac{\text{N}}{\text{kg}} \cdot 0{,}1\ \text{m} - \frac{1}{8} \cdot 20\ \frac{\text{N}}{\text{m}} \cdot (0{,}10\ \text{m})^2\right)}{0{,}10\ \text{kg}}}.$$
$$v = 0{,}70\ \frac{\text{m}}{\text{s}}.$$

1 Ein Ball wird mit einer Geschwindigkeit von $10\ \frac{\text{m}}{\text{s}}$ senkrecht nach oben geworfen. Stell eine Energiebilanz auf. Bestimme die Höhe, die der Ball maximal erreichen kann. Begründe, warum das Ergebnis unabhängig von der Masse des Balls ist.

VERSUCH ▸ Energieerhaltung

Material:

Basketball, Tennisball, Fußball, Tischtennisball, Meterstab, Messwerterfassungssystem

Durchführung:

Wird ein Ball aus 1,5 m Höhe fallen gelassen, dann erreicht er nach dem Aufprall auf den Boden diese Ausgangshöhe nicht mehr. Ein Teil der Energie wird in innere Energie umgewandelt.

V1 Überlege dir, wie du die Energieumwandlung in innere Energie beim Basketball mithilfe eines Meterstabs oder eines Messwerterfassungssystems abschätzen kannst.

Führe entsprechende Versuche durch und berechne die Energie, die bei einem Aufprall in innere Energie umgewandelt wird.

V2 Vergleiche die Energieumwandlung bei verschiedenen Bällen. Diskutiere deine Ergebnisse.

Material A ▸ Energieerhaltung beim Federpendel

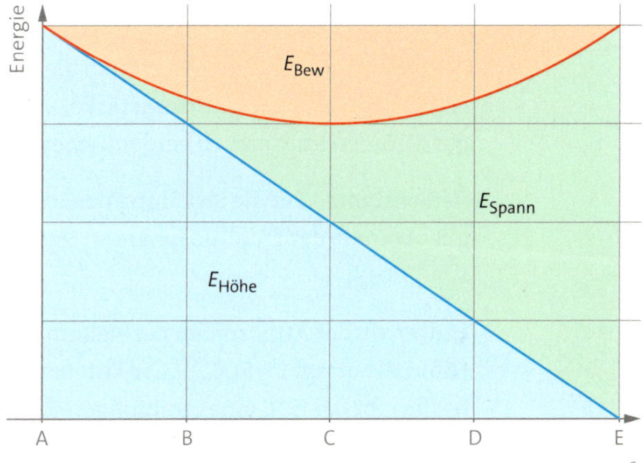

02 Mechanische Energieformen beim Federpendel

Im ▸ Diagramm 02 sind die Anteile der mechanischen Energieformen an der Gesamtenergie beim Federpendel in Abhängigkeit von der Ausdehnung der Feder dargestellt. Bei der Auslenkung C z. B. hat die Höhenenergie einen Anteil von 50 %, die Bewegungsenergie und die Spannenergie haben jeweils einen Anteil von 25 % an der Gesamtenergie.

A1 **a)** Skizziere die Zustände eines Federpendels, die jeweils zu den Auslenkungen A bis E gehören.
b) Gib die Anteile der Energieformen für die jeweiligen Auslenkungen A, B, D und E an.

A2 Erstelle ein entsprechendes Diagramm für die Bewegung eines Federpendels, dessen Feder im oberen Umkehrpunkt nicht vollständig entspannt ist.

Material B ▸ Auf dem Jahrmarkt

03 Überschlag mit Schiffschaukel

B1 Die Schiffschaukel im ▸ Bild 03 hat einen Radius von 5 m. Der Fahrer macht gerade einen Überschlag (▸ Bild 03). Er hat eine Masse von 75 kg.
a) Stell für den Hochpunkt eine Energiebilanz auf.
b) Berechne die Geschwindigkeit, die der Mann im Tiefpunkt mindestens haben muss, damit er ohne weitere Anstrengung bis in den Hochpunkt steigt.
c) Ein kleiner Junge hat eine Masse von 50 kg und macht ebenfalls den Überschlag. Berechne, welche Geschwindigkeit der Junge im Tiefpunkt mindestens haben muss, damit er ohne weitere Anstrengung bis in den Hochpunkt steigt.
d) Vergleiche die Ergebnisse aus b) und c). Beschreibe die Besonderheit und erkläre diese.

Mechanische Energieübertragung

Höhenenergie: Wenn ein Körper mit einer Masse m um eine Höhe Δh angehoben wird, dann wird auf ihn Energie übertragen. Sie ist gegeben durch:

$\Delta E = m \cdot g \cdot \Delta h.$

Die Einheit ist ein Joule (1 J) und wird hier wie folgt ermittelt:

$1\,\mathrm{J} = 1\,\mathrm{kg} \cdot 1\,\frac{\mathrm{N}}{\mathrm{kg}} \cdot 1\,\mathrm{m} = 1\,\mathrm{Nm}.$

Energieübertragung beim Verschieben: Wenn ein Körper mit einer Kraft F um eine Strecke Δs verschoben wird, dann wird auf den Körper Energie übertragen gemäß:

$\Delta E = F \cdot \Delta s.$

Die Einheit wird hier wie folgt ermittelt:

$1\,\mathrm{J} = 1\,\mathrm{N} \cdot 1\,\mathrm{m} = 1\,\mathrm{Nm}.$

Bewegungsenergie: Ein Körper mit einer Masse m und einer Geschwindigkeit v hat die Bewegungsenergie:

$E_{\mathrm{Bew}} = \frac{1}{2} \cdot m \cdot v^2.$

Die Einheit wird hier wie folgt ermittelt:

$1\,\mathrm{J} = 1\,\mathrm{kg} \cdot \left(1\,\frac{\mathrm{m}}{\mathrm{s}}\right)^2 = 1\,\mathrm{kg} \cdot \frac{\mathrm{m}^2}{\mathrm{s}^2}.$

Übertragene Leistung: Wenn auf einen Körper während einer Zeit Δt eine Energie ΔE übertragen wird, dann wird auf diesen eine Leistung P übertragen. Es gilt:

$P = \frac{\Delta E}{\Delta t}.$

Die Einheit ist ein Watt (1 W) mit:

$1\,\mathrm{W} = \frac{1\,\mathrm{J}}{1\,\mathrm{s}} = 1\,\frac{\mathrm{J}}{\mathrm{s}}.$

Thermische Energieübertragung

Thermische Energie kann auf drei Arten von allein vom heißen zum kalten Körper übertragen werden:

Konvektion: Strömende Gase oder Flüssigkeiten führen Energie mit sich.

Wärmeleitung: Wenn zwei Körper unterschiedlicher Temperatur durch einen Wärmeleiter miteinander verbunden sind, dann wird thermische Energie übertragen.

Thermische Strahlung: Jeder Körper gibt aufgrund seiner Temperatur thermische Strahlung ab. Bei glühenden Körpern ist diese sogar sichtbar.

Strahlungsintensität: Wenn eine Strahlung mit der Leistung P senkrecht auf eine Fläche A trifft, dann beträgt die Strahlungsintensität

$S = \frac{P}{A}.$

Die Einheit ist $1\,\frac{\mathrm{W}}{\mathrm{m}^2}$. Hier nennt man die Leistung P auch **Energiestromstärke,** um das Strömen im Raum zu verdeutlichen.

Solarkonstante: Für die Strahlung der Sonne gilt oberhalb der Erdatmosphäre $S_{\mathrm{E}} = 1370\,\frac{\mathrm{W}}{\mathrm{m}^2}.$

Unterhalb der Atmosphäre bei blauem Himmel beträgt $S \approx 900\,\frac{\mathrm{W}}{\mathrm{m}^2}$. Die Erdoberfläche gibt bei 19 °C eine Strahlungsintensität von $S \approx 400\,\frac{\mathrm{W}}{\mathrm{m}^2}$ ab.

Elektrische Energieübertragung

Elektromotor und Generator: Elektromotor und Generator sind im Prinzip gleich aufgebaut. Ein Elektromotor wandelt elektrische Energie in mechanische Energie um. Beim Generator ist es umgekehrt.

Der Transformator: Ein Transformator besteht aus einer Primärspule und einer Sekundärspule, die durch einen Eisenkern miteinander verbunden sind. Mit einem Transformator wird elektrische Energie ohne große Verluste übertragen.

Gleichspannung und Wechselspannung: Bei einer Gleichspannung werden die Elektronen andauernd in eine Richtung bewegt. Bei einer Wechselspannung wird ihre

Bewegungsrichtung ständig geändert. Je nach elektrischem Gerät benötigt man eine Gleich- oder eine Wechselspannung.

Transport elektrischer Energie: Bei der Energieübertragung durch elektrischen Strom mithilfe von Kabeln tritt wegen der Widerstände der Kabel eine Verlustleistung auf. Um die Verlustleistung gering zu halten, wird die Energie bei hoher Spannung und geringer Stromstärke übertragen. Zur Spannungswandlung benötigt man Transformatoren. Mithilfe eines Verteilungsnetzes, das mit verschiedenen Spannungsniveaus arbeitet, wird die elek trische Energie verteilt..

Erhaltungssätze

Kraft und Bewegungsenergie: Wenn einem Körper mit einer Masse m durch eine konstante Kraft F die Bewegungsenergie $E_{\text{Bew}} = \frac{1}{2} \cdot m \cdot v^2$ zugeführt wird, dann gilt für die Beschleunigung a:

$F = m \cdot a.$

Bezugspunkt und Höhenenergie: Wenn ein Körper mit einer Masse m relativ zu einem Bezugspunkt eine Höhe h hat, dann beträgt seine Höhenenergie:

$E_{\text{Höhe}} = m \cdot g \cdot h.$

Spannenergie: Wenn eine Feder mit einer Federkonstanten D um eine Strecke s verformt wird, dann hat sie die Spannenergie:

$E_{\text{Spann}} = \frac{1}{2} \cdot D \cdot s^2.$

Der Energieerhaltungssatz: Wenn ein System keine Energie abgibt oder aufnimmt, dann ist es energetisch abgeschlossen. In einem reibungsfreien abgeschlossenen System ist die Summe der mechanischen Energien konstant:

$E_{\text{Höhe}} + E_{\text{Bew}} + E_{\text{Spann}}$ ist konstant.

Überprüfe dich selbst:

Kann ich ...

... beschreiben, welche physikalischen Größen bei der Übertragung von mechanischer und elektrischer Energie entscheidend sind?

... die drei mechanischen Energieformen erläutern und die zugehörigen drei Gleichungen anwenden?

... erläutern, wie die mechanische Energie eines Körpers zunimmt, wenn er durch eine Kraft verschoben wird und kann ich den zugehörigen Energiebetrag berechnen?

... die drei Arten thermischer Energieübertragung erläutern?

... die Strahlungsintensität erläutern und typische Größenordnungen angeben?

... die Leistung und die Energiestromstärke erläutern sowie typische Größenordnungen angeben?

... die Energiestromstärke und die übertragene Energie in elektrischen Systemen berechnen?

... beschreiben, wie ein Elektromotor, ein Generator und ein Transformator Energie umwandeln?

... Unterschiede zwischen Wechselspannung und Gleichspannung an Beispielen erklären?

... die Bedeutung des Transformators für die Energieübertragung mit Hochspannung im Verteilungsnetz erläutern?

... den Energieerhaltungssatz erläutern und anwenden?

... den Zusammenhang zwischen Masse, Kraft und Beschleunigung erläutern und anwenden?

Atom- und Kernphysik

In diesem Kapitel beschäftigst du dich mit

- dem Aufbau und der Struktur von Atomen. Dabei lernst du verschiedene Bausteine wie Elektronen, Protonen und Neutronen kennen. Du erfährst, was einen Atomkern zusammenhält.
- verschiedenen Arten ionisierender Strahlung. Du lernst etwas über die Entstehung und die Eigenschaften dieser Strahlungsarten. Du erfährst, welche Auswirkungen ionisierende Strahlung auf den menschlichen Organismus haben kann und wie man sich vor ihr schützt. Dabei beschäftigst du dich auch mit dem Nachweis ionisierender Strahlung.
- der Energie aus Atomkernen. Du beschäftigst dich mit technischen Nutzungsmöglichkeiten der Kernenergie und möglichen Gefährdungen des Menschen.

01 Das Atomium in Brüssel (Höhe 102 Meter, gebaut zur Weltausstellung 1958)

Der Aufbau des Atoms

Unsere Welt ist aus Atomen aufgebaut, aber wir können Atome nicht sehen, weil sie sehr klein sind. Das Atomium in Brüssel ist ein riesiges Modell und zeigt neun verbundene Eisenatome. Was weiß man über Atome?

Atom von átomos (griech.): unteilbar

Moleküle bestehen aus zwei oder mehreren Atomen, die chemisch miteinander verbunden sind.

MATERIE IST AUS ATOMEN AUFGEBAUT · Alle Lebewesen und alle Materialien und Gegenstände unserer Welt bestehen aus Atomen und Molekülen. Jedes chemische Element besteht dabei aus einer anderen Atomsorte. Atome sind sehr klein. Die Größe eines Atoms beträgt etwa 0,000 000 0001 m, also 0,1 Millionstel Millimeter. 10 Millionen Atome nebeneinandergelegt würden eine Strecke von etwa 1 mm Länge ergeben. Früher ging man davon aus, dass Atome unteilbar wären. Viele Experimente in den letzten Jahrhunderten lieferten aber neue Erkenntnisse. Aus Versuchen zur Elektrizität weißt du, dass alle Stoffe sowohl negative als auch positive elektrische Ladung enthalten. Atome müssen also etwas mit elektrischer Ladung zu tun haben. Dazu betrachten wir ein Experiment von THOMAS A. EDISON von 1883.

GLÜHELEKTRISCHER EFFEKT · In einem evakuierten Glaskolben befinden sich ein Glühdraht (Kathode) und eine Metallplatte (Anode), (▸ Bild 02, Edison-Röhre). Wir verbinden die Anode mit einem Elektroskop (▸ Bild 04). Das Elektroskop laden wir positiv auf. Sobald ein elektrischer Strom durch den Glühdraht fließt und dieser dadurch hell leuchtet, geht der Ausschlag des Elektroskops zurück. Wenn wir das Elektroskop negativ aufladen, dann bleibt der Ausschlag auch bei glühendem Draht bestehen.

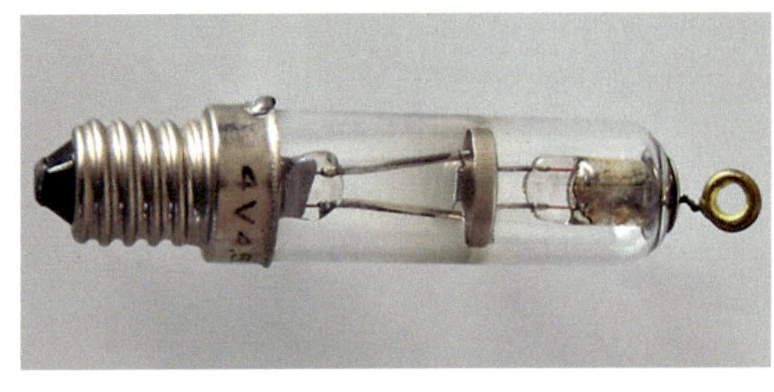

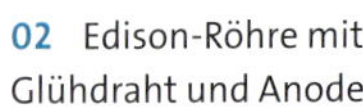

02 Edison-Röhre mit Glühdraht und Anode

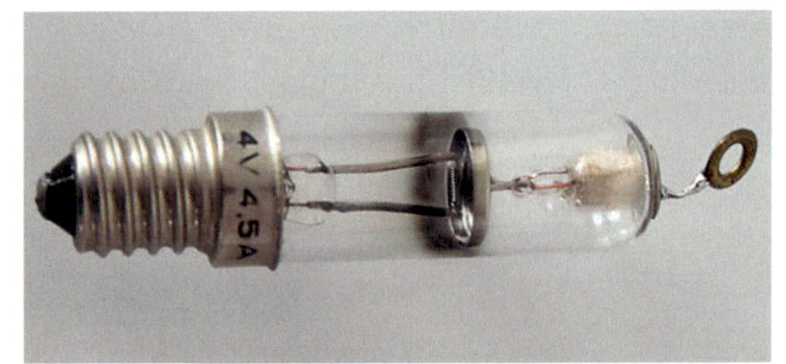

03 Durchgebrannte Edison-Röhre

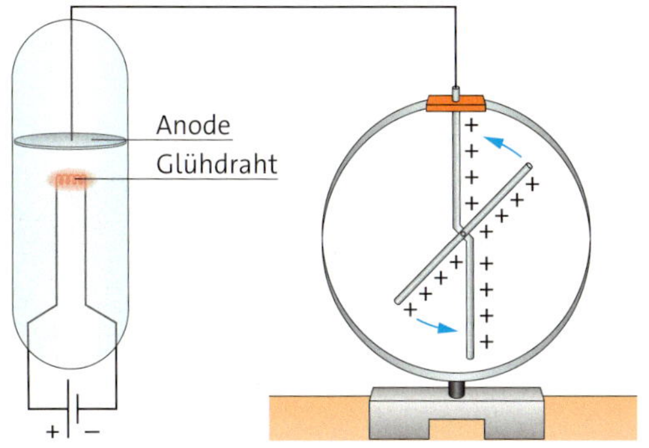

04 Versuch zum glühelektrischen Effekt

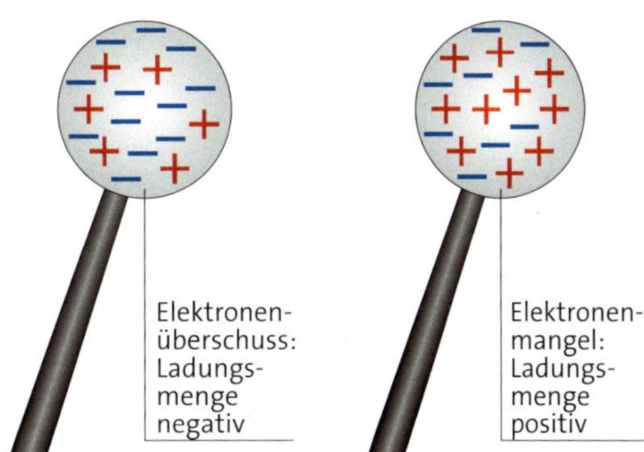

05 Elektronenüberschuss und Elektronenmangel

Diese Beobachtungen legen folgende Vorstellung nahe: Ein glühendes Metall gibt negativ geladene Teilchen ab. Diese negativ geladenen Teilchen nennt man **Elektronen.** Die Elektronen sind nicht sehr fest gebunden und werden durch das Glühen aus dem Draht gelöst. Dies nennt man den **glühelektrischen Effekt.**

Ein glühendes Metall gibt Elektronen ab.
Elektronen sind negativ geladen.

POSITIVE TEILCHEN · Beim glühelektrischen Effekt verlassen negativ geladene Elektronen den metallischen Glühdraht. Metalle sind normalerweise elektrisch neutral. Folglich muss ein Metall auch positiv geladene Teilchen enthalten. Man hat dies durch folgenden Versuch bestätigen können: Das Elektroskop im ▸ Bild 04 wird negativ geladen. Anschließend wird die Stromstärke im Glühdraht immer weiter erhöht. Schließlich wird auch das negative geladene Elektroskop entladen. Gleichzeitig bildet sich im Innern des Glaskolbens eine metallische Schicht und der Glühdraht „brennt durch" (▸ Bild 03). Der Glühdraht ist offensichtlich so heiß geworden, dass der Draht verdampft ist. Die dabei herausgelösten positiven Teilchen haben das negativ geladene Elektroskop neutralisiert.

Die positiv geladenen Teilchen sind folglich viel fester an das Metall gebunden als die Elektronen. Sie können nicht aus dem Metall entfernt werden, ohne das Metall selbst zu zerstören.

LADUNG IM ATOM · Aus weiteren Experimenten weiß man, dass alle Stoffe sowohl positiv als auch negativ geladene Teilchen enthalten. Man schloss daraus, dass jedes Atom selbst positiv und negativ geladene Teilchen enthalten muss. Normalerweise ist ein Atom elektrisch neutral. Die Ladungsmengen der positiv und der negativ geladenen Teilchen heben sich also gegenseitig auf. Damit erhalten wir eine erste Vorstellung vom Aufbau der Atome.

Jedes Atom ist aus positiv und negativ geladenen Teilchen aufgebaut.
Nach außen ist das Atom elektrisch neutral.

GELADENE KÖRPER IM ELEKTRONENBILD · Du weißt, dass Körper negativ und positiv geladen sein können. Mit den Elektronen kann man das folgendermaßen beschreiben: Wenn ein Körper einen Überschuss an Elektronen hat, dann ist er negativ geladen. Hat er einen Mangel an Elektronen, so ist er positiv geladen (▸ Bild 05).

1 Im Versuch im ▸ Bild 04 wird das Elektroskop negativ geladen. Jemand vermutet, dass die Ladung auf dem Elektroskop beim Glühen der Drahtwendel zunehmen sollte. Dies geschieht jedoch nicht. Erkläre.

2 Manchmal ist bei einer „durchgebrannten" Glühlampe ein metallischer dunkler Belag am Glas sichtbar. Erkläre, wie dieser entstanden ist.

01 THOMSONs Vorstellung vom Atom

03 RUTHERFORDs Überlegungen zum Atom

VORSTELLUNGEN ZUM ATOM · Eine Frage ist weiterhin nicht geklärt: Wie sind die positiv geladenen Teilchen und die Elektronen im Atom verteilt? JOSEPH JOHN THOMSON entwickelte im Jahr 1903 folgende Vorstellung: Die Elektronen sind in einer positiv geladenen Substanz gleichmäßig verteilt, etwa so, wie die Rosinen in einem Kuchen (▸ Bild 01).

α-Teilchen werden im Kapitel Ionisierende Strahlung genauer behandelt.

Sechs Jahre später, 1909, machte ERNEST RUTHERFORD eine erstaunliche Entdeckung. In einer luftleer gepumpten Kammer ließ er positiv geladene α-Teilchen auf eine etwa 1000 Atomlagen dicke Goldfolie treffen (▸ Bild 02). Mit einem Mikroskop beobachtete er die Lichtblitze, die beim Auftreffen der α-Teilchen auf einem Leuchtschirm entstehen.

RUTHERFORD beobachtete, dass fast alle Teilchen geradlinig durch die Folie hindurch gingen. Völlig überraschend war aber, dass einige Teilchen stark abgelenkt wurden. Es wurden Teilchen sogar in die ursprüngliche Richtung zurückgestoßen (▸ Bild 02). Diese Beobachtungen lassen folgende Schlussfolgerungen zu:
Ein einzelnes Atom kann nicht gleichmäßig mit einer Substanz ausgefüllt sein. Der Großteil eines Atoms muss praktisch leer sein und nahezu die gesamte Atommasse muss in einem nur kleinen Bereich konzentriert sein. Ein positiv geladenes α-Teilchen wird nur dann von seiner Flugbahn in die ursprüngliche Richtung zurück gestoßen, wenn es auf andere positiv geladene Teilchen mit relativ viel Masse trifft. Weil Elektronen negativ geladen und im Vergleich zu α-Teilchen viel zu leicht sind, lässt sich schlussfolgern, dass die konzentrierte Masse im Atom die positive Ladung enthält (▸ Bild 03).

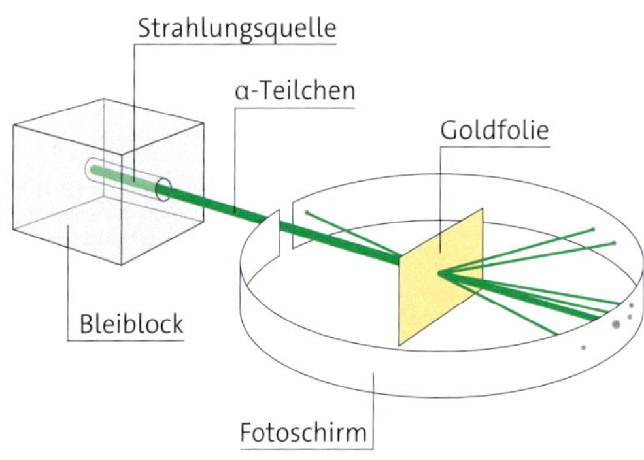

02 RUTHERFORD'scher Streuversuch

„... es war beinahe so unglaublich, als wenn man mit einer 38 cm-Granate auf ein Stück Seidenpapier schießt, die Granate zurückkommt und einen selber trifft."

E. RUTHERFORD über das Goldfolienexperiment

DAS KERN-HÜLLE-MODELL · Nach RUTHERFORDs Vorstellungen besteht ein Atom aus einem kleinen positiv geladenen Atomkern und einer darum befindlichen negativ geladenen Atomhülle aus Elektronen **(RUTHERFORD'sches Atommodell).** Messungen ergaben, dass der Durchmesser eines Atoms mit etwa $1 \cdot 10^{-10}$ m fast 10 000-mal größer ist als der des positiv geladenen Atomkerns. Der Atomkern enthält fast die gesamte Masse des Atoms.

Atome bestehen aus einem kleinen positiv geladenen Atomkern und einer negativ geladenen Atomhülle. Die Atomhülle setzt sich aus Elektronen zusammen.

Material A ▸ Atommodelle

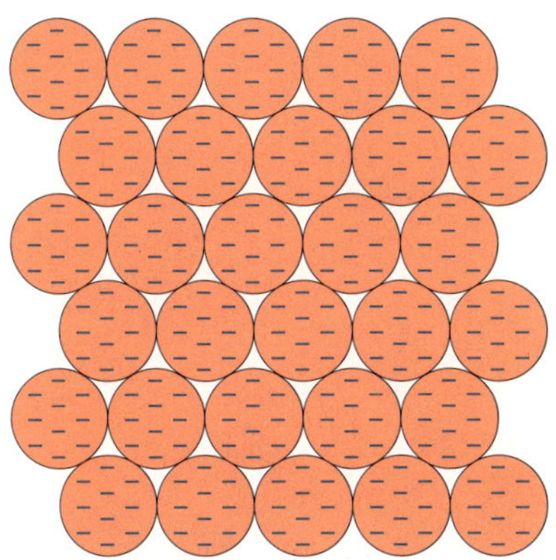

04 Atome im THOMSON'schen Atommodell

A1 Im Atommodell von THOMSON sind die Atome ganz ausgefüllt. ▸ Bild 04 zeigt einen nach diesem Modell skizzierten Ausschnitt der Goldfolie.

a) Beschreibe, welches Ergebnis man erwarten würde, wenn auf diese Folie α-Teilchen geschossen werden. Übertrage die Skizze in dein Heft und ergänze mögliche Teilchenbahnen. Begründe.

b) RUTHERFORD beobachtete bei seinen Versuchen, dass fast alle α-Teilchen, die auf die Goldfolie geschossen wurden, die Folie durchdrangen. Erkläre diese Beobachtung mithilfe des RUTHERFORD'schen Atommodells. Skizziere dazu den Aufbau der Goldfolie nach dem Kern-Hülle-Modell und zeichne einige Teilchenbahnen ein.

c) Überlege, was mit einem positiven α-Teilchen geschieht, das sich direkt auf den Atomkern zubewegt.
Skizziere eine solche Teilchenbahn. Skizziere auch Bahnen von α-Teilchen, die sich nahe am Kern vorbei bewegen.

d) Auch das RUTHERFORD'sche Atommodell kann nicht alles erklären. Welche Widersprüche kannst du aufzeigen?

A2 **a)** Nimm an, das ganze Atom habe die Größe eines Fußballs (Durchmesser 20 cm). Gib an, wie groß der Atomkern dann wäre.

b) Stell dir vor, man würde den Atomkern auf die Größe eines Tischtennisballs (Durchmesser 2 cm) vergrößern. Gib an, wie groß dann das gesamte Atom wäre.

A3 Suche im Internet und in anderen Quellen nach Darstellungen für Atome.

a) Vergleiche sie mit dem RUTHERFORD'schen Atommodell.

b) Erarbeite Gemeinsamkeiten und Unterschiede der Modelle und bewerte diese.

A4 Der Begriff „Teilchen" wird für viele kleine und kleinste Objekte verwendet. Erstelle eine Liste mit möglichen Bedeutungen des Begriffs in der Physik.

Material B ▸ Lichtelektrischer Effekt

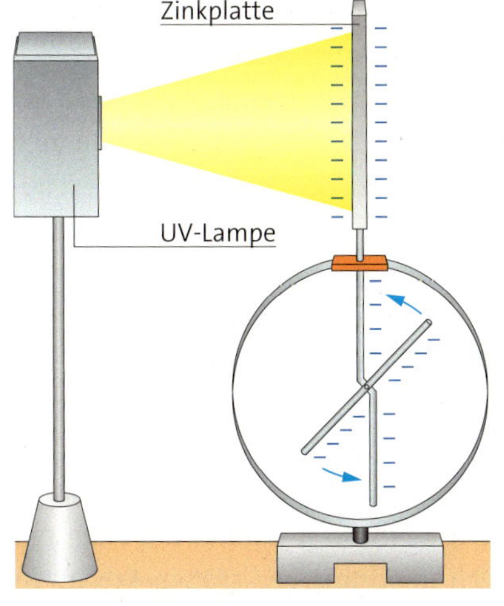

05 Versuch zum lichtelektrischer Effekt

B1 Eine elektrisch negativ geladene Zinkplatte wird mit einem Elektroskop verbunden. Der Zeiger des Elektroskops schlägt aus. Wenn man die Zinkplatte mit ultraviolettem Licht bestrahlt, dann wird das Elektroskop entladen. Der Zeigerausschlag geht zurück. Wenn die Zinkplatte positiv geladen ist, dann bleibt die Ladung auch bei Bestrahlung mit UV-Licht auf der Platte.

a) Nenne mehrere mögliche Erklärungen für die Entladung des Elektroskops.

b) Beschreibe, wie ein Versuch zur Überprüfung deiner Vermutungen aussehen könnte.

c) Die Versuchsergebnisse können wie beim glühelektrischen Effekt gedeutet werden. Elektronen sind im Metall nicht fest gebunden und können durch Licht herausgelöst werden. Diesen Vorgang nennt man den **lichtelektrischer Effekt.** Erkläre damit die Entladung des Elektroskops.

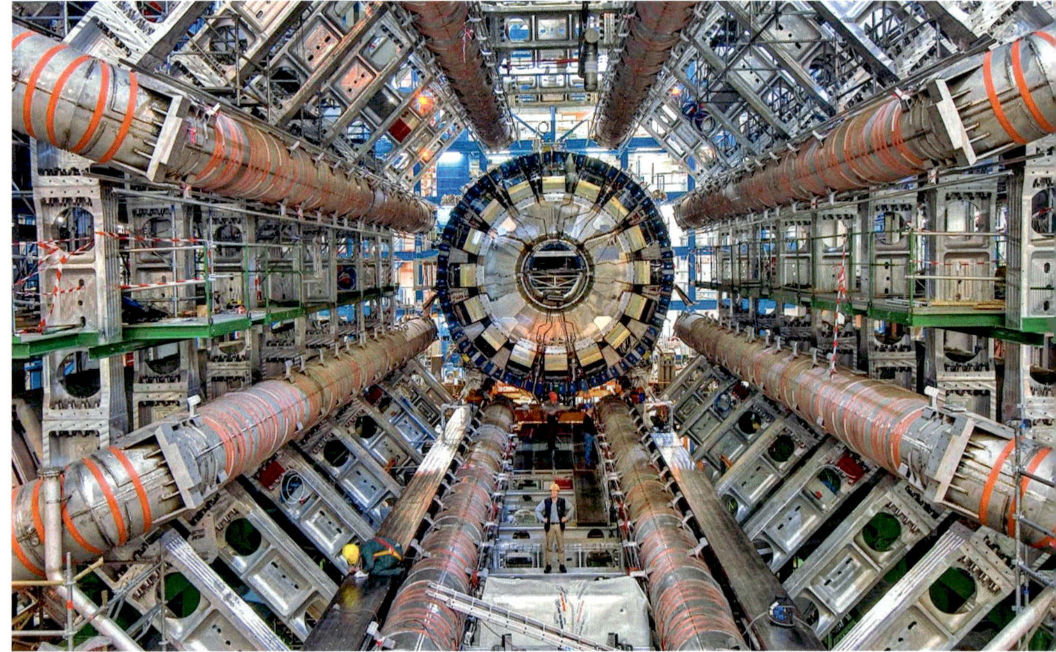

01 Am CERN in Genf (Schweiz) wird mit gewaltigen Geräten der Aufbau der Materie erforscht.

Der Atomkern hat eine Struktur

Mit riesigen Apparaten in unterirdischen Labors erforschen Teilchenphysiker, woraus die Atomkerne von Atomen bestehen und ob es noch andere kleinste Teilchen im Universum gibt.

EIN „BLICK“ IN DEN ATOMKERN · Atome bestehen aus einem positiv geladenen Atomkern und einer negativ geladenen Atomhülle. Die Atomhülle wird gebildet aus Elektronen. Der Atomkern enthält praktisch die gesamte Masse des Atoms. Sein Durchmesser ist rund 10 000-mal kleiner als der gesamte Atomdurchmesser. Atomkerne sind so klein, dass sie sich nicht direkt beobachten lassen. Um zu untersuchen, woraus der Atomkern besteht, lässt man Atomkerne bei sehr hohen Geschwindigkeiten aufeinanderprallen, sodass die Atomkerne beim Zusammenstoß auseinanderbrechen oder zerplatzen. Dies geschieht in riesigen, meist mehreren Kilometer langen Teilchenbeschleunigern (▸ Bild 02). Mit speziellen Detektoren wie im ▸ Bild 01 kann man nach solchen Zusammenstößen tatsächlich Bruchstücke der Atomkerne feststellen. Der Atomkern besteht also aus noch kleineren Teilchen. Die einzelnen Bestandteile im Atomkern werden durch Kernkräfte fest zusammengehalten.

02 Rohr des Large Hadron Coliders (LHC) am CERN, in Genf (Schweiz)

Der weltweit größte Teilchenbeschleuniger ist zur Zeit der Large Hadron Collider (LHC) am Forschungszentrum CERN in Genf in der Schweiz. Allein das Rohr, in dem die Teilchen auf Geschwindigkeiten nahe der Lichtgeschwindigkeit gebracht werden, ist über 27 km lang und befindet sich in Form eines großen Kreises in einem Tunnel.

EINE VORSTELLUNG VOM ATOMKERN · Atomkerne bestehen aus zwei noch kleineren Bausteinen, den **Protonen** und **Neutronen** (▸ Bild 03). Beide haben in etwa die gleiche Masse. Protonen sind elektrisch geladene Teilchen. Ihre Ladungsmenge ist genauso groß wie die der Elektronen, aber sie ist positiv. Neutronen sind ungeladene, also elektrisch neutrale Teilchen.

Atomkerne bestehen aus elektrisch positiv geladenen Protonen und elektrisch neutralen Neutronen.

Atome eines chemischen Elements haben eine ganz bestimmte Anzahl von Protonen im Atomkern. Diese Anzahl heißt **Ordnungszahl *Z*** des Elements im Periodensystem der Elemente (▸ Bild 04). Ein Atom hat genauso viele Protonen im Kern, wie es Elektronen in der Atomhülle hat. Es ist insgesamt elektrisch neutral.

Um Atomkerne zu beschreiben, gibt es eine physikalische Symbolschreibweise. Vor dem Symbol des chemischen Elements steht oben die Summe aus Protonenanzahl und Neutronenanzahl. Diese Summe heißt **Massenzahl *A*.** Unter der Massenzahl wird die Ordnungszahl *Z* angegeben. Für die beiden Kerne aus ▸ Bild 03 lauten die Symbolschreibweisen ${}^{4}_{2}\mathrm{He}$ und ${}^{12}_{6}\mathrm{C}$.

Die Symbolschreibweise für Atomkerne ist: ${}^{\text{Massenzahl}}_{\text{Ordnungszahl}}\text{Elementsymbol}$, kurz: ${}^{A}_{Z}\mathrm{X}$.

WAS HÄLT DEN ATOMKERN ZUSAMMEN? · Eigentlich müssten die Protonen im Kern „auseinanderfliegen", denn Körper mit gleicher elektrischer Ladung stoßen sich ab. Es muss also eine anziehende Kraft geben, die größer ist als die elektrische Kraft. Diese Kraft nennt man **Kernkraft**. Sie ist deutlich stärker als die abstoßende elektrische Kraft.
Die Kernkraft hat aber nur eine geringe Reichweite von etwa $1 \cdot 10^{-15}$ m. Ihre anziehende Wirkung erstreckt sich nur auf benachbarte Protonen und Neutronen. Atomkerne müssen sich

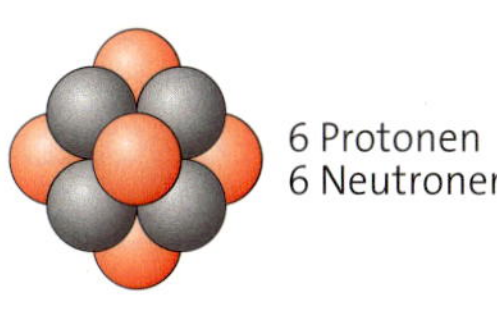

03 Modellvorstellung der Atomkerne von He und C

$m_{\text{Proton}} = 1{,}6726 \cdot 10^{-27}$ kg
$m_{\text{Neutron}} = 1{,}6749 \cdot 10^{-27}$ kg
$m_{\text{Elektron}} = 9{,}1093 \cdot 10^{-31}$ kg

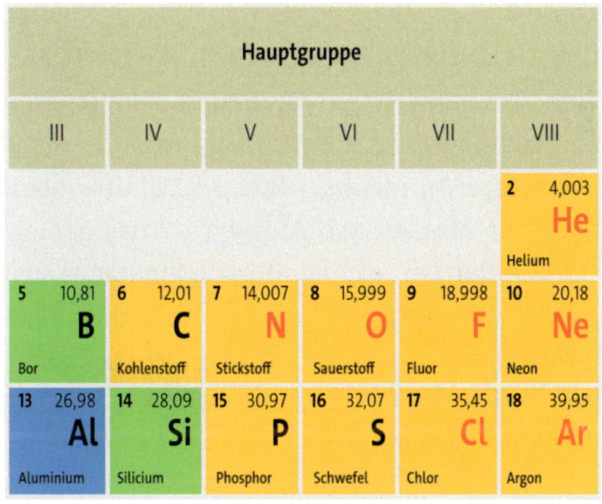

Hauptgruppe					
III	IV	V	VI	VII	VIII
					2 4,003 **He** Helium
5 10,81 **B** Bor	6 12,01 **C** Kohlenstoff	7 14,007 **N** Stickstoff	8 15,999 **O** Sauerstoff	9 18,998 **F** Fluor	10 20,18 **Ne** Neon
13 26,98 **Al** Aluminium	14 28,09 **Si** Silicium	15 30,97 **P** Phosphor	16 32,07 **S** Schwefel	17 35,45 **Cl** Chlor	18 39,95 **Ar** Argon

04 Ausschnitt aus dem Periodensystem der Elemente

bis auf diesen Abstand annähern, damit sie zu einem Kern verschmelzen können. Bei extrem hohen Temperaturen und extrem großem Druck, wie sie z. B. in der Sonne herrschen, kann es passieren, dass sich die Kerne von zwei verschiedenen Atomen so nahe kommen, dass sie verschmelzen und auf diese Weise neue Elemente bilden. Diesen Vorgang bezeichnet man als **Kernfusion.**

Zwischen den Kernbestandteilen im Atomkern wirkt die Kernkraft. Sie wirkt nur zwischen benachbarten Teilchen und ist viel größer als die abstoßende elektrische Kraft.

1 **a)** Gib für die folgenden Atomkerne jeweils an, wie viele Protonen und Neutronen sie enthalten: ${}^{1}_{1}\mathrm{X}$, ${}^{60}_{27}\mathrm{X}$, ${}^{137}_{55}\mathrm{X}$, ${}^{238}_{92}\mathrm{X}$.
b) Gib an, um welche Elemente es sich handelt.

01 Bei der Arbeit mit einem Massenspektrometer

GLEICH UND DOCH NICHT GLEICH – ISOTOPE · Eine der genauesten Methoden, um Massen zu bestimmen, ist die Messung mithilfe eines Massenspektrometers (▸ Bild 01). Damit können sogar die Massen von Atomen präzise gemessen werden. Bei solchen Messungen hat es sich gezeigt, dass die Massen von Atomen desselben Elements nicht alle die gleichen Werte haben. Wie kommt das?

Hätten z.B. alle Kohlenstoffkerne gleich viele Protonen und Neutronen – nämlich jeweils sechs, dann wäre der Wert für die Atommasse immer gleich. Dies kann man auch für die meisten aller Kohlenstoffatome feststellen. Aber in der Natur gibt es auch Kohlenstoffkerne mit mehr oder weniger als sechs Neutronen. Man nennt die Atome eines Elements, die sich nur in der Anzahl ihrer Neutronen unterscheiden, **Isotope des Elements.** Von allen chemischen Elementen sind heute mehrere Isotope bekannt.

Isotope des Elements Kohlenstoff:
C-12, C-13, C-14
(C-14 ist nicht stabil)

Einige stabile Nuklide:
O-16, O-17, C-12, N-15

Isotope lassen sich chemisch nicht voneinander unterscheiden. Deshalb sind die Isotope eines Elements im Periodensystem der Elemente zusammengefasst.

Wenn es auf die Kernstruktur ankommt, dann benötigt man eine andere Darstellung. Eine sogenannte **Nuklidkarte** stellt alle in ihrem Aufbau verschiedenen Atomkerne systematisch dar. Einen Atomkern mit einer bestimmten Protonen- und Neutronenzahl bezeichnet man als ein **Nuklid.** Während das Periodensystem alle zurzeit bekannten 118 Elemente enthält, findet man in der Nuklidkarte über 2000 verschiedene Atomkerne.

Einen Atomkern mit einer bestimmten Protonen- und Neutronenanzahl bezeichnet man als Nuklid.
Nuklide mit gleicher Protonenanzahl aber unterschiedlichen Neutronenanzahlen heißen Isotope eines Elements.

▸ Bild 02 zeigt einen Ausschnitt der Nuklidkarte. Darin ist Kohlenstoff mit zwei verschiedenen Nukliden enthalten. Die Bezeichnung „C-12" bedeutet, dass dieses Isotop die Massenzahl 12 hat. Weil die Atomkerne des Kohlenstoffs immer sechs Protonen enthalten, muss die Neutronenanzahl von C-12 also sechs betragen. Ein schwereres Kohlenstoff-Isotop ist $^{13}_{6}C$. Dessen Kern enthält wiederum sechs Protonen, aber sieben Neutronen. Man bezeichnet ihn auch mit C-13.

Ordnungszahl									
8	O 15,9994						O 16 99,762	O 17 0,038	O 18 0,200
7	N 14,00674					N 14 99,634	N 15 0,366		
6	C 12,011				C 12 98,9	C 13 1,1			
5	B 10,811			B 10 19,9	B 11 80,1				

Zahl der Neutronen

02 Ausschnitt aus der Nuklidkarte (Darstellung nur der stabilen Nuklide)

1 **a)** Gib die Elemente an, die in der Nuklidkarte im ▸ Bild 02 angeführt sind.
b) Gib die Symbolschreibweise in der Form $^{A}_{Z}X$ für folgende Isotope an: O-16, O-18, N-15, C-12 und B-11.

2 Bestimme aus der Liste unten Nuklide mit ...
a) der gleichen Ordnungszahl,
b) der gleichen Massenzahl,
c) der gleichen Anzahl an Neutronen.
$^{12}_{6}C$, $^{14}_{7}N$, $^{13}_{6}C$, $^{16}_{8}O$, $^{15}_{7}N$, $^{18}_{8}O$, $^{14}_{6}C$

VERSUCHE ▸ Modellversuch zum Aufbau eines Atomkerns

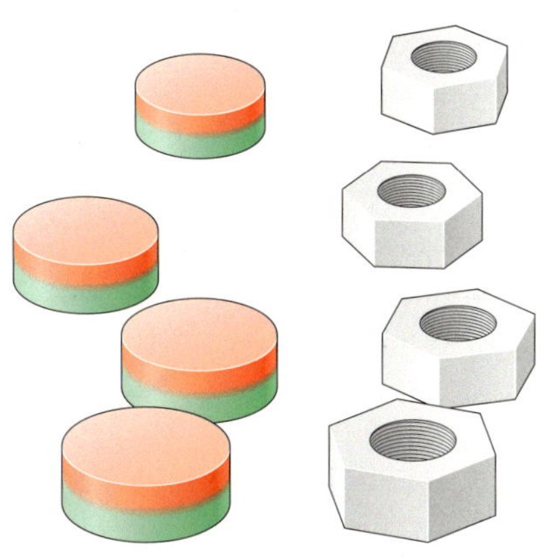
03 Material für ein Atomkernmodell

Material:

Einige scheibenförmige Magnete, Stahlmuttern (etwa so groß wie die Magnete)

Durchführung:

V1 **a)** Bringe die Magnete jeweils mit dem gleichen Pol nach oben auf einer ebenen Oberfläche möglichst nahe zueinander. Beschreibe deine Beobachtung.

b) Nutze jetzt die Stahlmuttern, um die Magnete näher zueinander zu bringen. Vergleiche mit der Beobachtung aus a).

c) Überlege: Welche Teile im Modellversuch übernehmen die Rolle der Protonen, welche die der Neutronen in einem Atomkern?

d) Bewerte den Modellversuch: Was kann mit ihm gut, was kann schlecht oder gar nicht erklärt werden?

Material A ▸ Systematische Darstellung zum Aufbau der Atome

A1 **a)** Übertrage und ergänze die Tabelle (keine Ionen). Nutze das Periodensystem der Elemente (PSE).

b) Notiere, welche Informationen über den Aufbau von Atomkernen das PSE nicht gibt.

Name der Atomsorte	Symbol des Nuklids	Massenzahl des Nuklids	Anzahl der Protonen	Anzahl der Neutronen	Anzahl der Elektronen
	$^{16}_{8}O$				
Natrium				12	
				14	13
		30			14
Quecksilber		200			
			80	124	
	$^{238}_{92}U$				
		241	94		

Material B ▸ Wasserstoff ist nicht gleich Wasserstoff

B1 Wasserstoff kommt in drei Nukliden vor (▸ Bild 04):
a) normaler Wasserstoff,
b) schwerer Wasserstoff (Deuterium),
c) überschwerer Wasserstoff (Tritium).
Gib jeweils die Symbolschreibweise an.
Zeichne den Ausschnitt der Nuklidkarte, der die drei Wasserstoffsorten enthält.

a)

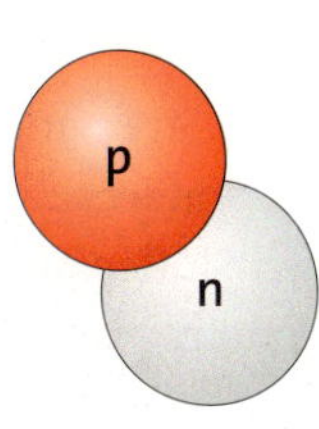

b)

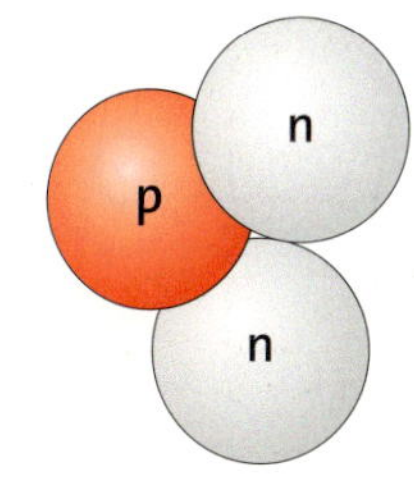

c)

04 Drei Nuklide des Wasserstoffs

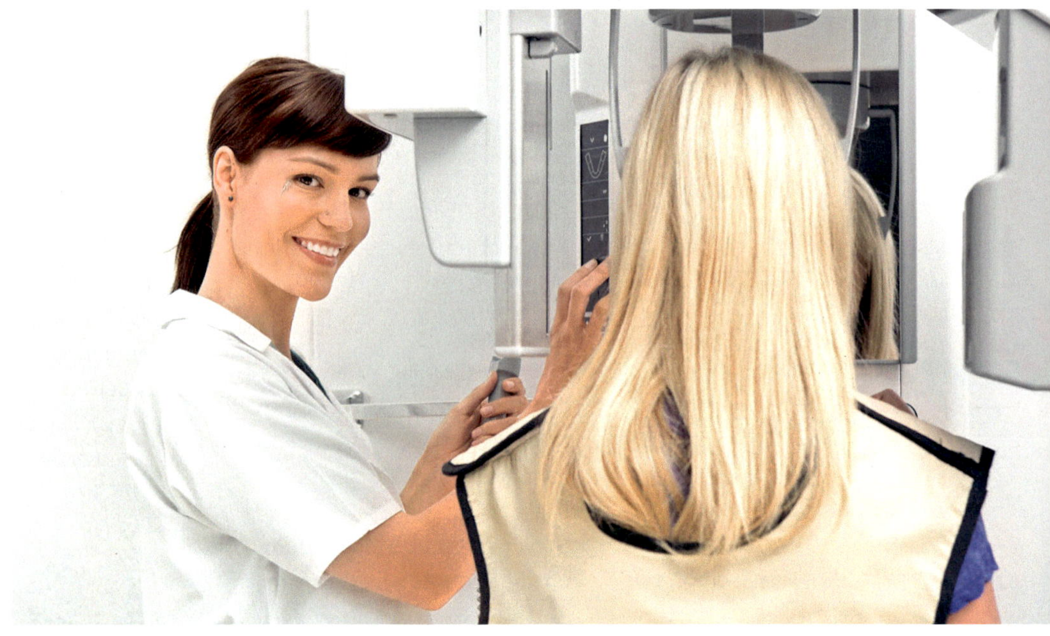

01 Röntgenaufnahme beim Zahnarzt

Ionisierende Strahlung

In der Zahnarztpraxis wird eine Röntgenaufnahme von den Zähnen gemacht. Die Röntgenassistentin legt der Patientin eine dicke Bleischürze um und verlässt den Raum, während die Röntgenaufnahme gemacht wird. Weshalb sind diese Schutzmaßnahmen nötig?

EINE UNSICHTBARE STRAHLUNG · In den „Wunderjahren der Physik" 1895 und 1896 wurden zwei neue Strahlungen entdeckt. Die erste, zu Beginn noch X-Strahlung genannt, ist uns heute bekannt als **Röntgenstrahlung.** Mit dem Namen wird ihr Entdecker, WILHELM CONRAD RÖNTGEN, geehrt. Röntgenstrahlung lässt sich auf der Erde mit technischen Geräten künstlich erzeugen. Sie entsteht aber auch durch natürliche Prozesse z. B. in Sternen.

Die zweite Strahlung wurde von HENRI BECQUEREL entdeckt. Sie wird von einigen natürlichen Stoffen ausgesendet. Stoffe, die solch eine Strahlung aussenden, nennt man **radioaktiv.**

Röntgenstrahlung und die von BECQUEREL entdeckte Strahlung können wir mit unseren Sinnen nicht wahrnehmen. Dennoch können beide Strahlungsarten Organe schädigen. So musste BECQUEREL nach seiner Entdeckung und der Arbeit mit radioaktiven Stoffen bald Verbrennungsmerkmale auf seiner Haut feststellen.

Heute kennt man den Zusammenhang zwischen der von BECQUEREL entdeckten Strahlung und möglichen Erkrankungen gut. Wir kennen Möglichkeiten, wie das Risiko solcher Schäden gering gehalten werden kann (▸ Bild 02).

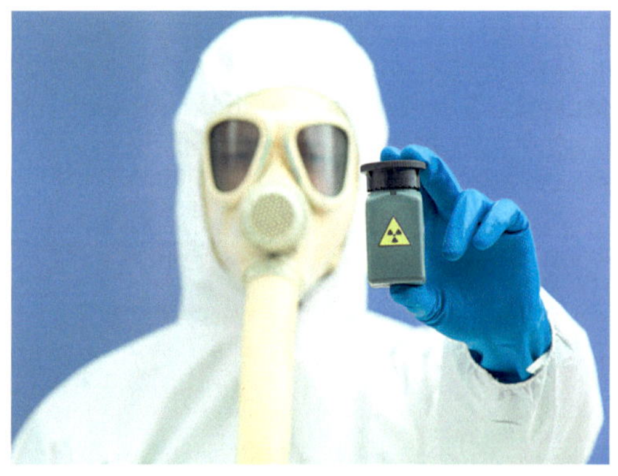

02 Radioaktive Stoffe werden in speziellen Behältern gelagert und mit Warnhinweisen versehen.

03 Ionisation von Luft durch einen radioaktiven Stoff

04 „Spuren" in der Nebelkammer

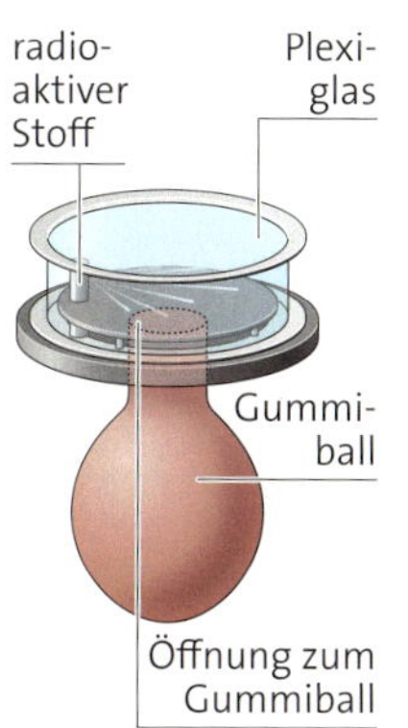

05 Aufbau einer Nebelkammer

Der Begriff „Ión" kommt aus dem Griechischen und bedeutet so viel wie „wandernd/gehend".

IONISATION · Atome sind elektrisch neutral, das heißt, sie haben gleich viel positiv geladene Protonen im Kern wie negativ geladene Elektronen in der Atomhülle. Durch äußere Einflüsse lassen sich jedoch Elektronen aus dem Atom herauslösen. Aus dem elektrisch neutralen Atom wird dann ein positiv geladenes **Ion.** Dieser Vorgang heißt **Ionisation.** Durch Abtrennen von Elektronen entstehen positive, durch Anlagern von Elektronen entstehen negative Ionen.

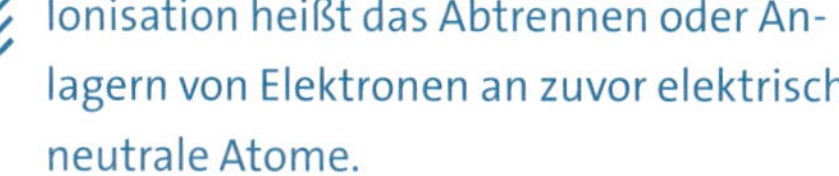
Ionisation heißt das Abtrennen oder Anlagern von Elektronen an zuvor elektrisch neutrale Atome.

Ionisation erfolgt auf verschiedene Weisen. Bringen wir eine brennende Kerze zwischen zwei elektrisch geladene Metallplatten, so beobachten wir an einem angeschlossenen Elektroskop eine Entladung. Zwischen den Metallplatten befindet sich Luft – normalerweise ein schlechter elektrischer Leiter. In der heißen Kerzenflamme entstehen Ionen und Elektronen. Sie gelangen zwischen die Metallplatten, machen die Luft dort leitfähig und das Elektroskop entlädt sich.

Eine andere Art der Ionisation von Luft zeigt das Experiment im ▸ Bild 03: Ein Draht wird wenige Millimeter über eine Metallplatte gespannt. Draht und Metallplatte sind mit den Anschlüssen eines Hochspannungsnetzgeräts verbunden. Bringt man einen radioaktiven Stoff in die Nähe des Drahtes, dann werden Atome aus der Luft ionisiert. Die Luft wird dadurch leitfähig und es sind Funken zu erkennen. In einer **Nebelkammer** kann man die Ausbreitung ionisierender Strahlung sichtbar machen (▸ Bild 04 und ▸ Bild 05). Wenn Strahlung eines radioaktiven Stoffes in eine mit Alkoholdampf gefüllte Kammer gelangt, werden einige Moleküle des Dampfes ionisiert. An den entstandenen Ionen kondensiert der Dampf und es bilden sich feine Tröpfchen, die als Nebelspuren sichtbar sind.

IONISATION DURCH STRAHLUNG IST GEFÄHRLICH! · Die Strahlung radioaktiver Stoffe ionisiert auch Moleküle in unserem Körper. Daraus können sich chemische und biologische Veränderungen in den Körperzellen, in den Organen und in der Erbinformation ergeben. Die ionisierende Wirkung der Strahlung macht radioaktive Stoffe so gefährlich.

Die Strahlung radioaktiver Stoffe kann Atome oder Moleküle ionisieren. Dies kann bei Lebewesen zu biologischen Veränderungen und Schäden der Organe führen.

1 **a)** Fertige eine Skizze des Versuchs im ▸ Bild 03 an. Nimm an, dass die elektrische Ladung des Drahts positiv ist.
b) Beschreibe, was nach der Ionisation von Stickstoffmolekülen in der Luft geschieht.

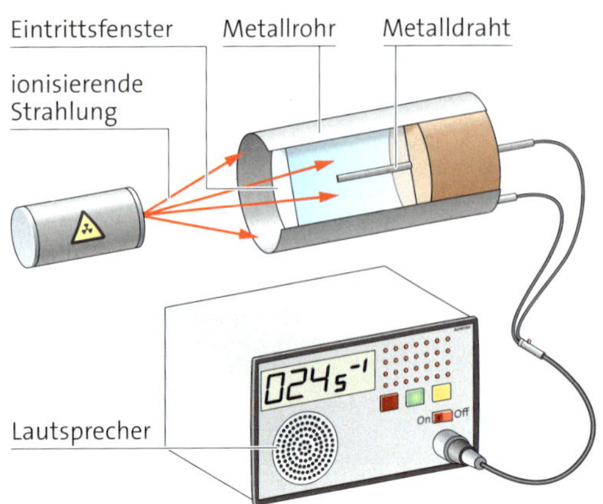

01 Aufbau eines Geiger-Müller-Zählrohrs

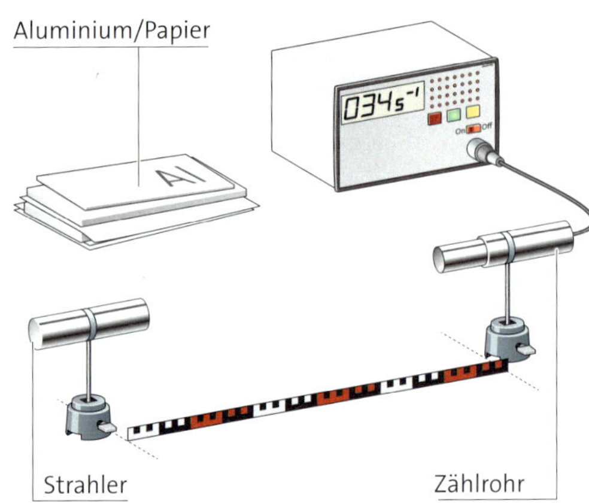

02 Wie weit reicht die ionisierende Strahlung?

MESSEN MIT ZÄHLROHREN · Zählrohre nutzen die ionisierende Wirkung von Strahlung. Sie sind mit einem Gas von geringem Druck gefüllt. Durch ein hauchdünnes Eintrittsfenster gelangt die Strahlung eines radioaktiven Stoffes in das Rohr hinein und ionisiert dort Gasatome (▸ Bild 01).

Ähnlich wie bei dem Experiment mit dem Draht und der Metallplatte wird zwischen dem Metallrohr und dem Draht im Inneren des Zählrohrs eine Hochspannung angelegt. Die im Gas entstehenden Elektronen und Ionen werden durch elektrische Kräfte so stark beschleunigt, dass sie selbst weitere Gasatome ionisieren. Du kannst dir den Vorgang wie eine „elektrische Lawine" vorstellen, durch die es zu einer starken Entladung kommt.

Durch die Entladung ändert sich die Spannung am Zählrohr kurzzeitig, sodass ein angeschlossener Lautsprecher diese Veränderung als „Knack" hörbar macht. Gleichzeitig werden die Spannungsänderungen von einem Digitalzähler registriert. Die Anzahl der Spannungsänderungen pro Zeiteinheit heißt **Zählrate.**

Zählrohre nutzen die ionisierende Wirkung von Strahlung in Gasen.
Die Zahl der registrierten Signale pro Zeiteinheit heißt Zählrate.

In unserer Umgebung gibt es immer ionisierende Strahlung. Das können wir daran erkennen, dass ein Zählrohr auch dann Signale registriert, wenn sich gar kein radioaktives Präparat in seiner Nähe befindet. Die Anzahl dieser Signale pro Zeiteinheit heißt **Nullrate.** Für Messungen an radioaktiven Präparaten muss man zunächst die Nullrate bestimmen und sie dann von der ermittelten Zählrate abziehen.

In unserer Umwelt gibt es ionisierende Strahlung. Diese Strahlung wird von einem Zählrohr als Nullrate registriert.

ZÄHLRATE UND ABSTAND · Mithilfe von Zählrohren lässt sich die Strahlung radioaktiver Stoffe genauer untersuchen. Dabei können wir von folgendem Zusammenhang ausgehen: Je größer die Zählrate ist, desto stärker ist die ionisierende Strahlung.

In einem ersten Experiment wird die Reichweite der ionisierenden Strahlung eines radioaktiven Stoffes, z.B. von Co-60, bestimmt (▸ Bild 02). Dafür muss zunächst die Nullrate ermittelt werden. Dann wird die Zählrate für verschiedene Abstände ermittelt. Man erhält das Ergebnis:

Je kleiner der Abstand zwischen Zählrohr und Präparat ist, desto größer ist die Zählrate.

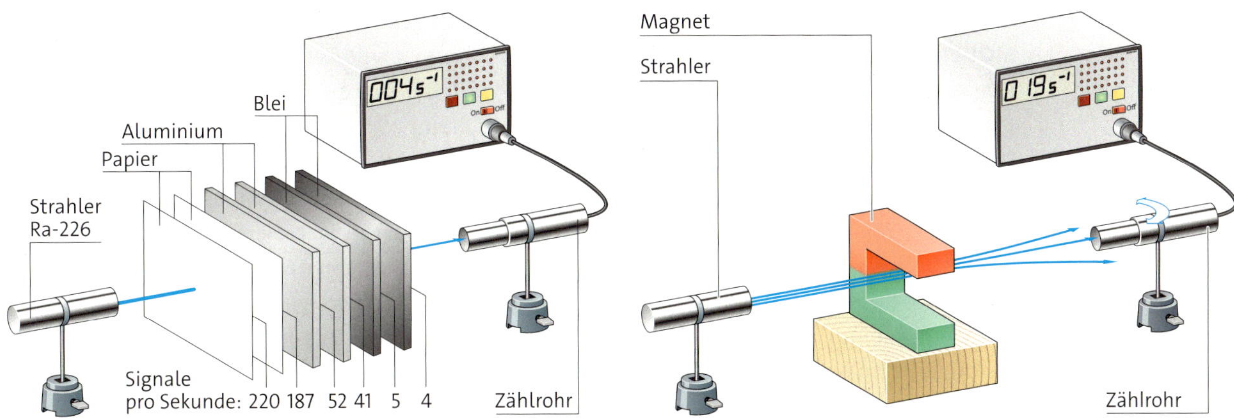

03 Durchdringungsvermögen der Strahlung von Ra-226

04 Ablenkung von ionisierender Strahlung im Magnetfeld

ABSCHIRMUNG VON STRAHLUNG · In einer zweiten Experimentierreihe wird untersucht, ob und wie gut verschiedene Materialien mit unterschiedlichen Schichtdicken die Strahlung von Ra-226 abschirmen. Dafür werden Platten aus verschiedenen Metallen, Kunststoffen oder auch Papier zwischen das Zählrohr und den radioaktiven Stoff gebracht. ▸ Bild 03 zeigt die Versuchsergebnisse für den Ra-226-Strahler: Bringt man ein Blatt Papier zwischen Zählrohr und Strahler, dann nimmt die Zählrate deutlich ab. Weitere Papierlagen verringern die Zählrate nur noch wenig. Bringt man eine 2 mm dicke Aluminiumplatte in den Strahlengang, dann nimmt die Zählrate erneut stark ab. Bei weiteren Aluminiumplatten geht die Zählrate wieder nur wenig zurück. Noch bessere Abschirmung gelingt mit 2 mm dicken Bleiplatten.

Ionisierende Strahlung kann verschiedene Materialien durchdringen. Dabei kann sie unterschiedlich gut abgeschwächt werden.

IONISIERENDE STRAHLUNG IM MAGNETFELD · Das Abschirmungsexperiment deutet darauf hin, dass es verschiedene Arten von ionisierender Strahlung gibt. In einem dritten Experiment wird deshalb untersucht, ob sich ionisierende Strahlung in einem Magnetfeld ablenken lässt. Dafür wird zwischen Zählrohr und Strahler ein Magnetfeld gebracht (▸ Bild 04). Das bewegliche Zählrohr kann Strahlung aus verschiedenen Richtungen registrieren. Dabei zeigt sich, dass die Strahlung einiger radioaktiver Stoffe im Magnetfeld abgelenkt wird. Es gibt aber auch ionisierende Strahlung, die man durch Magnetfelder nicht ablenken kann. In Magnetfeldern werden bewegte elektrisch geladene Körper abgelenkt. Man kann somit vermuten, dass es Strahlungsarten gibt, die elektrische Ladung tragen. Ionisierende Strahlung, die sich in Magnetfeldern nicht ablenken lässt, trägt keine elektrische Ladung.

Aus den Ergebnissen aller Experimente können wir schließen, dass es verschiedene Arten ionisierender Strahlung gibt. Dazu gehören **Alphastrahlung** (α-Strahlung), **Betastrahlung** (β-Strahlung) und **Gammastrahlung** (γ-Strahlung).

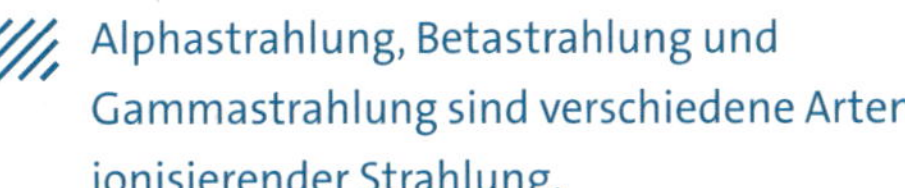
Alphastrahlung, Betastrahlung und Gammastrahlung sind verschiedene Arten ionisierender Strahlung.

1 Die Messung eines Strahlers mit dem Zählrohr ergibt 120 Signale in 30 s. Die Nullrate beträgt 200 Signale in 10 min. Gib die von dem Strahler erzeugte Zählrate an.

2 In welche Richtung müsste das Zählrohr aus ▸ Bild 04 verschoben werden bei Strahlung, die elektrisch positiv bzw. negativ geladen ist? Skizziere.

Ursache für die Ablenkung von geladenen Teilchen in Magnetfeldern ist die **Lorentzkraft.**

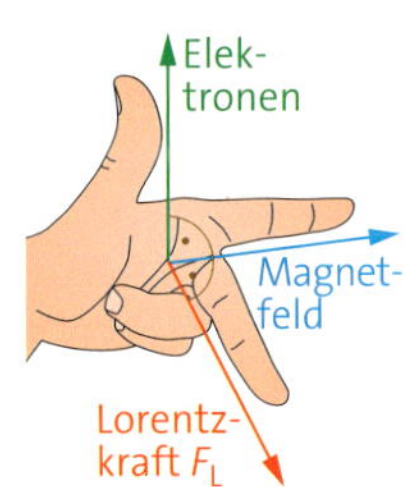

05 „Linke-Hand-Regel“

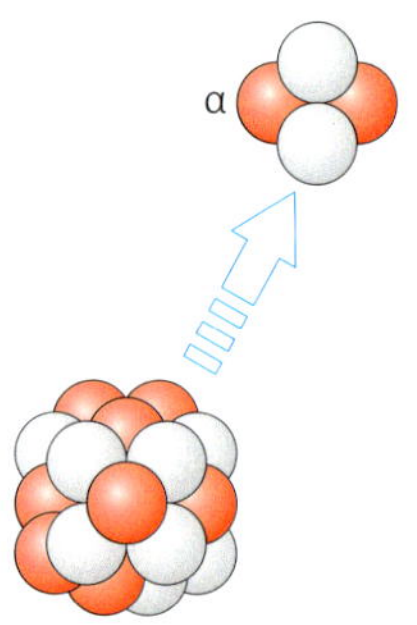

01 Alphastrahler

02 Betastrahler

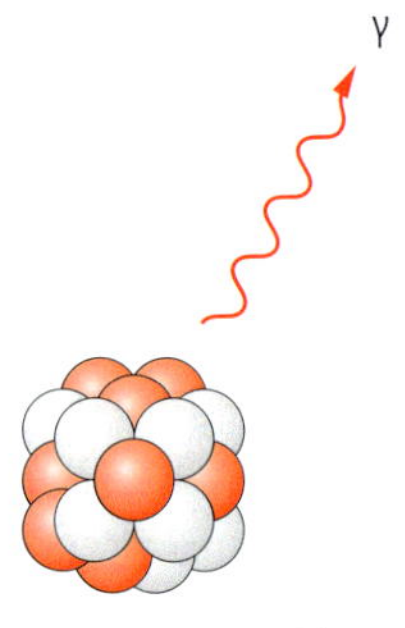

03 Gammastrahler

ALPHA-, BETA- UND GAMMASTRAHLUNG IM MODELL · Als **Alphastrahlung** wird das Aussenden von Heliumkernen bezeichnet (▸ Bild 01). Das physikalische Symbol für Heliumkerne $^{4}_{2}\mathrm{He}$ kennst du bereits. In Symbolschreibweise kann die Kernumwandlung eines Alphastrahlers, z. B. Ra-226, so beschrieben werden:

$$^{226}_{88}\mathrm{Ra} \rightarrow {}^{222}_{86}\mathrm{Rn} + {}^{4}_{2}\mathrm{He}.$$

Aus dem Radium ist ein neues Element, das Radon, entstanden. Der Heliumkern wird abgestrahlt.

Du kannst erkennen, dass die Protonen- und Neutronenzahl insgesamt beim Alphazerfall erhalten bleibt. Heliumkerne sind elektrisch positiv geladen. Damit kannst du dir auch erklären, warum diese Strahlung in elektrischen und magnetischen Feldern abgelenkt wird. Alphastrahlung hat ein sehr geringes Durchdringungsvermögen. Bereits mit einem Blatt Papier kann sie vollständig abgeschirmt werden.

Alphastrahlung nennt man das Aussenden von Heliumkernen. Alphastrahlung wird im elektrischen und magnetischen Feld abgelenkt. Sie hat ein sehr geringes Durchdringungsvermögen.

Als **Betastrahlung** wird das Aussenden von Elektronen aus einem Atomkern bezeichnet (▸ Bild 02). Dieser Vorgang unterscheidet sich vom Herauslösen der Elektronen aus der Atomhülle. Wie kann aber ein positiv geladener Kern Elektronen aussenden? Im Atomkern eines Betastrahlers wird ein Neutron in ein Proton und ein Elektron umgewandelt. Das Elektron wird abgestrahlt, das Proton bleibt im Kern:

$$^{1}_{0}\mathrm{n} \rightarrow {}^{1}_{1}\mathrm{p} + {}^{0}_{-1}\mathrm{e}.$$

Ein Beispiel ist das Cäsiumnuklid Cs-137:

$$^{137}_{55}\mathrm{Cs} \rightarrow {}^{137}_{56}\mathrm{Ba} + {}^{0}_{-1}\mathrm{e}.$$

An der Gleichung erkennst du, dass sich auch Betastrahler in neue Elemente umwandeln. In dem Beispiel entsteht aus Cäsium das Element Barium sowie Betastrahlung. Auch beim Betazerfall bleibt die Ladungsmenge insgesamt erhalten.

Betastrahlung nennt man das Aussenden von Elektronen. Sie wird im elektrischen und magnetischen Feld abgelenkt.
Ihr Durchdringungsvermögen ist deutlich größer als das der Alphastrahlung.

Mit der Alpha- und Betastrahlung werden bei der Umwandlung von Atomkernen Teilchen abgestrahlt. Im Unterschied dazu ist die **Gammastrahlung** keine Teilchenstrahlung (▸ Bild 03). Deshalb ändern sich auch nicht die Ordnungszahl und die Massenzahl, wie das folgende Beispiel zeigt:

$$^{222}_{86}\mathrm{Ra} \rightarrow {}^{222}_{86}\mathrm{Ra} + \gamma.$$

Gammastrahlung ist wie das Licht eine elektromagnetische Strahlung. Sie entsteht in Atomkernen und kann Atome ionisieren. Gammastrahlung tritt häufig gemeinsam mit Alpha- oder Betastrahlung auf. In den Experimenten zur Strahlung in magnetischen und elektrischen Feldern zeigt sich, dass Gammastrahlung sich nicht ablenken lässt. Das kannst du nun verstehen, da Gammastrahlung nicht aus elektrisch geladenen Teilchen besteht.

Gammastrahlung hat ein wesentlich höheres Durchdringungsvermögen als Alpha- oder Betastrahlung. Selbst meterdicke Wände aus Beton und sogar Blei werden von Gammastrahlung durchdrungen.

Gammastrahlung ist eine elektromagnetische Strahlung. In elektrischen und magnetischen Feldern wird sie nicht abgelenkt. Gammastrahlung hat ein hohes Durchdringungsvermögen.

1 Erläutere Unterschiede und Gemeinsamkeiten der drei Strahlungsarten.

VERSUCHE ▸ Natürliche Radioaktivität in Gebäuden

V1 Messung der Radioaktivität

Mit diesem einfachen Versuch kannst du die natürliche Radioaktivität erkunden.

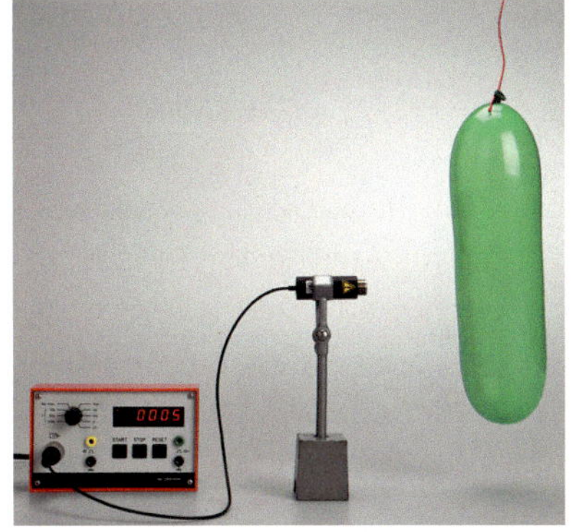

04 Versuch zur Umweltradioaktivität

Material:

Luftballon, Bindfaden, Wolltuch oder Folie für Tageslichtprojektor, Zählrohr, Stoppuhr

Durchführung:

a) Bestimme zu Beginn des Versuches mit dem Zählrohr die Nullrate (30 s).

b) Reibe den aufgeblasenen Luftballon mit dem Wolltuch oder der Folie. Er ist jetzt elektrisch geladen. Hänge ihn an der Raumdecke auf. Achte darauf, dass der Ballon sich nicht entladen kann und lass ihn für ca. 30 min dort hängen.

c) Nimm den Ballon ab, lass die Luft heraus und bringe die leere Ballonhaut sofort direkt vor das Eintrittsfenster des Zählrohrs. Bestimme die Zählrate (30 s).

d) Wiederhole die Messung der Zählrate unmittelbar danach. Halte aber jetzt ein Blatt Papier zwischen Zählrohr und Ballonhaut.

e) Wiederhole die Messungen c) und d) nach 10 min.

f) Zieh von allen Messwerten jeweils die Nullrate ab. Stell die Ergebnisse übersichtlich in einer Tabelle dar.

g) Interpretiere deine Ergebnisse. Stell eine Vermutung über die Strahlenart auf. Erkläre, warum es wichtig ist, zur Messung aus dem Ballon die Luft wieder herauszulassen.

Material A ▸ Radioaktivität und Medizin – Diagnose mit „Szintigrafien"

Nuklearmedizin ist die Anwendung von Radioaktivität zur Diagnose und zur Therapie. Für die Untersuchung der Funktion von Organen werden z. B. sogenannte Szintigrafien angefertigt. Dem Patienten wird dafür eine geringe Menge einer radioaktiven Substanz verabreicht. Eine spezielle Kamera kann dann von außen die Strahlung dieser Substanz registrieren. ▸ Bild 05 zeigt eine Szintigrafie des Herzens.

A1 a) Gib eine Vermutung an, welche Strahlenart für eine Szintigrafie in Frage kommt. Begründe deine Vermutung.

b) Bewerte die Nachteile solcher Untersuchungen.

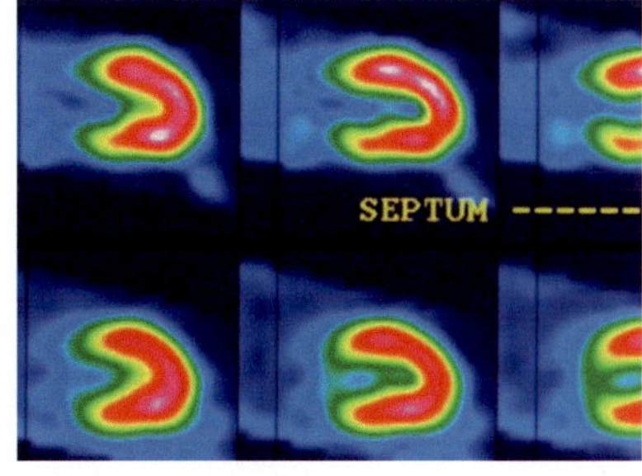

05 Herz-Szintigrafie

Material B ▸ Strahlung im elektrischen Feld

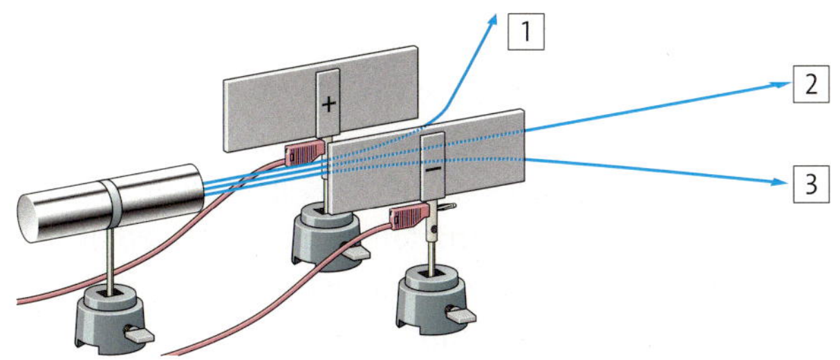

06 Ablenkung von Strahlung im elektrischen Feld

B1 Mischstrahler senden gleichzeitig Alpha-, Beta- und Gammastrahlung aus. ▸ Bild 06 zeigt die Wege der Strahlung eines Mischstrahlers im elektrischen Feld. Ordne den Strahlungsarten den zugehörigen Weg zu. Begründe deine Entscheidung.

01 Urgeschichtliche Höhlenmalerei in Altamira (Spanien)

Radioaktiver Zerfall

Im spanischen Altamira wurden in Höhlen spektakuläre Malereien gefunden. Archäologen haben das Alter der über 900 Malereien auf 10 000 bis 14 000 Jahre bestimmt! Wie können die Wissenschaftler darauf kommen?

DIE C-14-METHODE · Die Farben der Höhlenmalereien sind aus Tierknochen und Pflanzenteilen hergestellt worden. Sie bestehen aus Kohlenstoff, der zu einem bestimmten Anteil das Nuklid C-14 enthält. C-14 ist ein Betastrahler und wandelt sich in das stabile Nuklid N-14 um. Dadurch ändert sich mit der Zeit das Verhältnis von C-14 zu C-12. Jedoch beginnt dieser Prozess erst nach dem Absterben des Organismus. Solange Pflanzen und Tiere leben, ändert sich das Verhältnis nicht, weil ihr Stoffwechsel ständig für „Nachschub“ an C-14 sorgt.

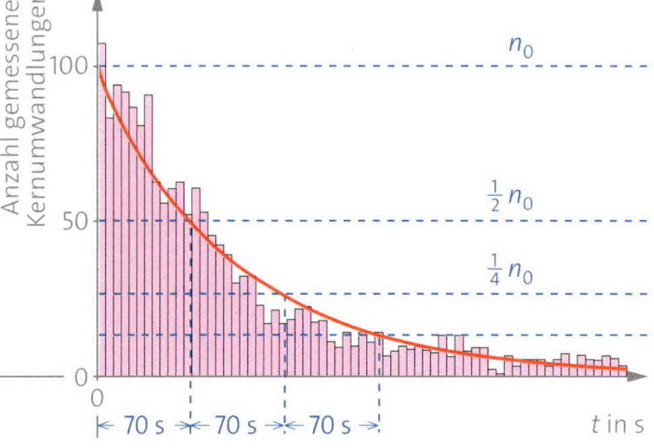

02 Abnahme der Zählrate von Protactinium-234

Wissenschaftler können das Verhältnis von C-14 zu C-12 sehr genau messen. Wie können sie aber aus der Menge des vorhandenen C-14 auf das Alter einer Probe schließen? Experimente mit einer Dauer von mehreren Tausend Jahren können sie kaum durchführen. Dafür liefern Experimente mit anderen radioaktiven Stoffen Hinweise. Ein solcher Stoff ist Protactinium. Weil die Menge des radioaktiven Nuklids Pa-234 nicht direkt messbar ist, misst man mit einem Zählrohr die Zahl der Zerfälle in Abhängigkeit von der Zeit. Diese Zahl ist ein Maß für die vorhandene Menge an Pa-234.

DIE HALBWERTSZEIT · ▸ Bild 02 zeigt, dass die Zahl der registrierten Zerfälle und damit die Menge von Protactinium-234 mit der Zeit immer mehr abnimmt. Eine genaue Auswertung zeigt, dass nach einer Zeitspanne von etwa 70 s die Zählrate und damit auch die Menge an

Protactinium-234 auf die Hälfte, nach etwa 140 s auf ein Viertel und nach 210 s auf ein Achtel abgenommen hat.

Auch für andere radioaktive Nuklide kann man beobachten, dass immer nach derselben Zeitspanne die Anzahl der vorhandenen Kerne um die Hälfte abgenommen hat. Bei dem für die Altersbestimmung wichtigen Nuklid C-14 ist nach 5730 Jahren die Hälfte „weg". Nach weiteren 5730 Jahren ist von der verbliebenen Hälfte wieder die Hälfte „weg" (▸ Bild 03). Was ist mit den „verschwundenen" Atomkernen geschehen?. Die Kerne des Nuklids C-14 sind zerfallen und haben sich in das Nuklid N-14 umgewandelt. Dabei wurde Betastrahlung ausgesendet.

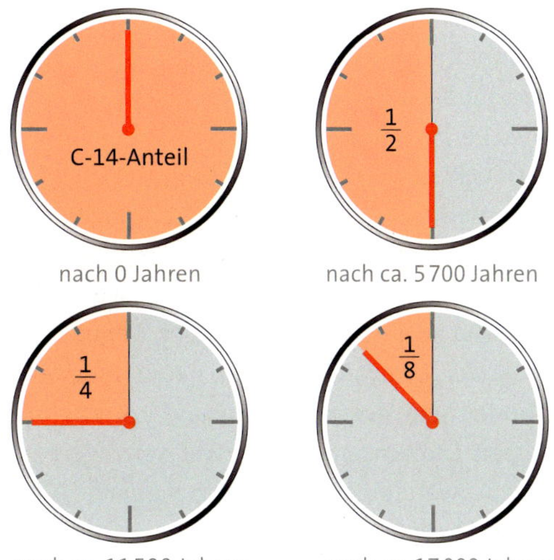

03 Der „C-14-Kuchen": Anteil des Nuklids C-14 am vorhandenen Kohlenstoff in Abhängigkeit von der Zeit

Nuklid	Halbwertszeit
B-12	20 ms
Rn-220	55,6 s
C-14	5730 a
Pu-239	24110 a
K-40	$1{,}277 \cdot 10^9$ a

04 Halbwertszeiten einiger radioaktiver Stoffe

Man nennt die Zeitspanne, in der die Hälfte eines radioaktiven Stoffes zerfallen ist, die **Halbwertszeit $T_{1/2}$**. Sie ist eine charakteristische Größe – jedes radioaktive Nuklid hat eine andere Halbwertszeit. Halbwertszeiten können von Sekundenbruchteilen bis zu Hunderten von Milliarden Jahren reichen (▸ Tabelle 04).

Die Halbwertszeit $T_{1/2}$ ist die Zeitspanne, in der sich die Hälfte der Kerne eines radioaktiven Nuklids umgewandelt hat. Sie ist eine charakteristische Größe radioaktiver Nuklide.

Die Halbwertszeit sagt nur etwas über eine große Anzahl von Kernen aus. Die Umwandlung einzelner Kerne geschieht immer zufällig. Niemand kann sie voraussagen oder durch Änderung physikalischer Größen wie Temperatur oder Druck beeinflussen.

AKTIVITÄT · Du hast gelernt, dass die Zählrate die von einem Zählrohr pro Zeiteinheit registrierte Anzahl von Signalen ist. Jedes Signal entspricht dabei dem radioaktiven Zerfall eines Kerns. Allerdings gelangt die ionisierende Strahlung des Stoffes nicht nur in das Fenster des Zählrohrs. Die Strahlung wird in alle Richtungen ausgesendet. Die Anzahl aller radioaktiven Kernumwandlungen eines Stoffes pro Zeiteinheit wird **Aktivität** genannt. Finden in einer Stoffmenge z.B. 100 radioaktive Zerfälle in einer Sekunde statt, dann beträgt die Aktivität 100 s^{-1}. Die Einheit 1 s^{-1} wird als **1 Becquerel (1 Bq)** bezeichnet. Die Aktivität eines Stoffes hängt von seiner Menge ab. Wenn man die Menge, also die Anzahl der Kerne verdoppelt, dann zerfallen pro Sekunde doppelt so viele Kerne. Die Aktivität ist also proportional zur Menge des radioaktiven Stoffes. Dies haben wir beim Experiment zum Zerfall von Protactinium-234 ausgenutzt.

Das Becquerel ist eine SI-Einheit und trägt diesen Namen zu Ehren von ANTOINE HENRI BECQUEREL, einem der Entdecker der Radioaktivität.

Die Aktivität gibt die Anzahl der radioaktiven Zerfälle einer Stoffmenge pro Zeiteinheit an.
Die Einheit ist 1 Bq = 1 s^{-1}.

1 **a)** Bestimme, nach wie viel Halbwertszeiten über 99% eines radioaktiven Stoffes zerfallen sind.
b) Bestimme, wann dieser Zeitpunkt bei C-14 erreicht ist.

ZERFALLSREIHEN · Viele radioaktive Nuklide kommen in der Natur vor – sie umgeben uns ständig. Sie wandeln sich um, indem sie Alpha- oder Betateilchen aussenden. Oft entsteht dabei auch noch Gammastrahlung. Das im Gas Radon enthaltene Nuklid Rn-220 wandelt sich z. B. um, indem es Alphateilchen aussendet. Du weißt, dass ein Alphateilchen aus zwei Protonen und zwei Neutronen besteht. Somit muss nach der Umwandlung ein neuer Stoff entstanden sein, dessen Massenzahl um vier und dessen Ordnungszahl um zwei verringert ist. Die Umwandlung kann durch folgende Gleichung beschrieben werden:

$${}^{220}_{86}\text{Rn} \rightarrow {}^{216}_{84}\text{Po} + {}^{4}_{2}\text{He}$$

Das entstehende Poloniumnuklid Po-216 ist selbst radioaktiv und wandelt sich auch um. Auf diese Weise sind natürliche radioaktive Nuklide in Zerfallsreihen eingebunden. An ihrem Ende steht dann jeweils ein stabiles Nuklid, das sich nicht mehr weiter umwandelt.

In der Natur kommen drei solcher Zerfallsreihen vor. Ein Beispiel, die Thorium-Reihe, ist in ▸ Bild 01 dargestellt. Sie nimmt ihren Ausgangspunkt beim Nuklid Th-232 und bricht beim Bleinuklid Pb-208 ab. Dieses Nuklid ist stabil, es zerfällt also nicht weiter.
Die beiden weiteren natürlichen Zerfallsreihen beginnen beim Urannuklid U-238 (Uran-Radium-Reihe) und beim Urannuklid U-235 (Uran-Actinium-Reihe).

Eine Zerfallsreihe ist eine Folge von Umwandlungen radioaktiver Kerne, die bei einem stabilen Nuklid endet. In der Natur kommen drei Zerfallsreihen vor.

1 ${}^{238}_{92}\text{U}$ ist ein Alphastrahler. Welches Nuklid folgt damit in der Uran-Actinium-Reihe? Gib die Umwandlungsgleichung an.

2 Die Uran-Radium-Reihe endet bei dem stabilen Nuklid ${}^{206}_{82}\text{Pb}$, das gleich zwei Vorgängernuklide hat – einen Alphastrahler und einen Betastrahler. Gib die beiden Vorgängernuklide in der Zerfallsreihe an.

3 Gib eine Vermutung über die Halbwertszeiten der Ausgangsnuklide der Zerfallsreihen an. Begründe deine Vermutung.

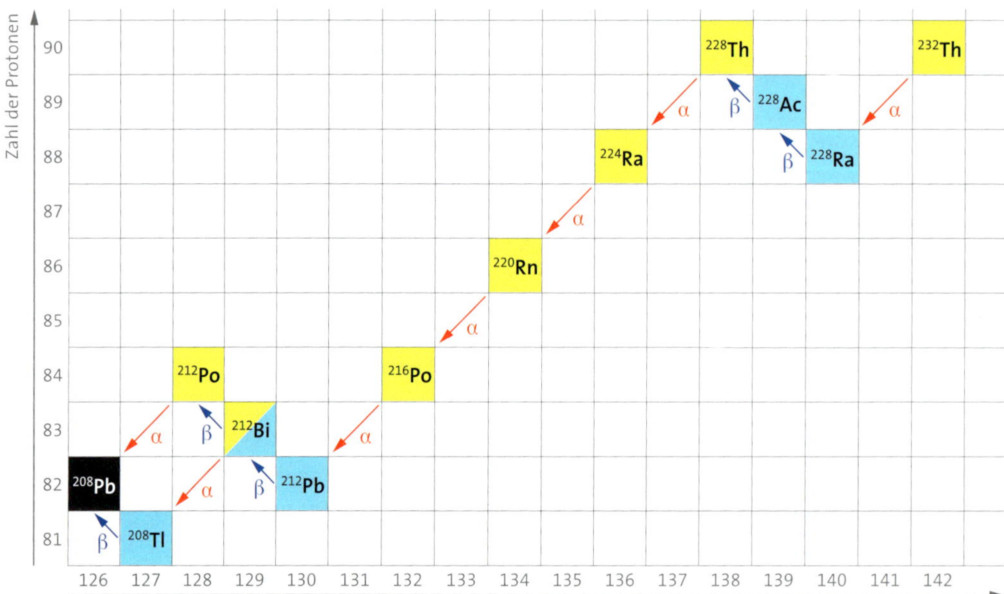

01 Thorium-Zerfallsreihe

VERSUCH ▸ Modellversuch „Reißnagelzerfall"

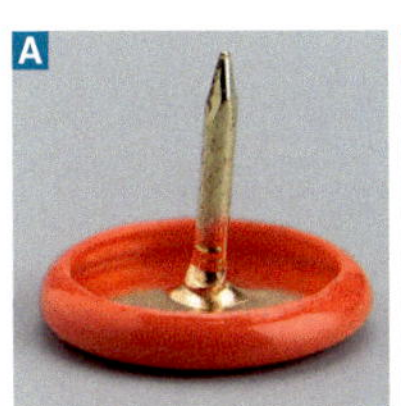
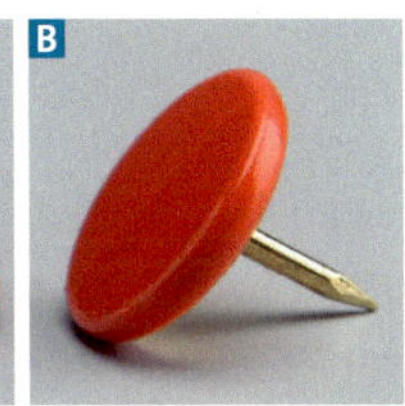

02 A „nicht zerfallen", B „zerfallen"

Material:

100 Reißnägel oder mehr
Hinweis: kleine Reißnagelpackungen enthalten 100 bis 120 Stück.

Durchführung:

Zunächst vereinbaren wir: Reißnägel, die auf dem Rücken liegen, gelten als „nicht zerfallen", gekippte Reißnägel gelten als „zerfallen" (▸ Bild 02 A, B)

a) Lege die Reißnägel in einen Behälter, schüttle sie und entleere den Behälter auf einer freien Fläche. Sortiere alle „zerfallenen" Reißnägel aus und notiere ihre Anzahl. Wiederhole jeweils mit den verbliebenen Reißnägeln den Versuch so oft, bis alle Reißnägel zerfallen sind.

b) Notiere deine „Messwerte" in ▸ Tabelle 04 und stelle das Ergebnis in einem Säulendiagramm dar.

c) Gib an, welche Vorgänge oder Größen im Modellexperiment der Halbwertszeit und der Aktivität bei einem radioaktiven Zerfall entsprechen. Was entspricht einer Zeiteinheit?

d) Bestimme die „Halbwertszeit" deines Reißnagelzerfalls.

e) Die Vereinbarung über „zerfallene" Reißnägel wird gerade umgekehrt getroffen. Ermittle, wie sich die Halbwertszeit in deinem Versuch ändert.

03 „Zerfallene" Reißnägel scheiden aus!

Anzahl der Würfe	0	1	2	3	4	5	6	...
Anzahl „zerfallener" Reißnägel	0							
Anzahl „nicht zerfallener" Reißnägel	100							

04 „Messwerte"-Tabelle

Material A ▸ Np-237-Reihe

Seit dem Entstehen der Erde vor etwa 4,6 Milliarden Jahren existieren drei natürliche Zerfallsreihen. Theoretisch sollte es noch eine vierte Zerfallsreihe geben. Sie müsste mit dem Nuklid Np-237 beginnen. Jedoch kommt diese Zerfallsreihe in der Natur nicht vor.

A1 a) Gib mithilfe der Nuklidkarte die vollständige Zerfallsreihe ausgehend von Np-237 an.
Hinweis: Das letzte Nuklid dieser Reihe ist das stabile Bi-209.
b) Begründe, dass die Np-237-Zerfallsreihe in der Natur nicht existiert.
Hinweis: Beachte die Halbwertszeiten der Zerfallsprodukte.

Material B ▸ Eine Gleichung für den Zerfall

B1 Ra-226 zerfällt mit einer Halbwertszeit von 1600 Jahren.
a) Bestimme, nach wie vielen Jahren noch ein Achtel der ursprünglichen Menge Ra-226 vorhanden ist.
b) Berechne, welcher Anteil nach 80 000 Jahren noch vorhanden ist.

B2 Wenn du die Anzahl der Kerne einer radioaktiven Stoffprobe für einen bestimmten Zeitpunkt und auch die Halbwertszeit kennst, dann kannst du die Anzahl der Kerne für jeden beliebigen Zeitpunkt *t* sogar genau berechnen.
Wir bezeichnen die Anzahl der Kerne, die zu einem Zeitpunkt *t* vorhanden sind, mit $N(t)$. Für den Startpunkt $t = 0$ s nennen wir die Anzahl N_0. Die Halbwertszeit $T_{1/2}$ kennst du schon. $N(t)$ ist dann:

$$N(t) = N_0 \cdot \left(\frac{1}{2}\right)^{\frac{t}{T_{1/2}}}.$$

Diese Gleichung wird **Zerfallsgesetz** genannt.

Das Alter der Höhlenmalereien in Altamira in Spanien wurde mit der C-14-Methode auf 10 000 Jahre bestimmt. Berechne mit dem Zerfallsgesetz, welcher Anteil des ursprünglich vorhandenen C-14 nach 10 000 Jahren noch vorhanden ist. ($T_{1/2}$ von C-14: 5730 a)

BLICKPUNKT

Das Geiger-Müller-Zählrohr

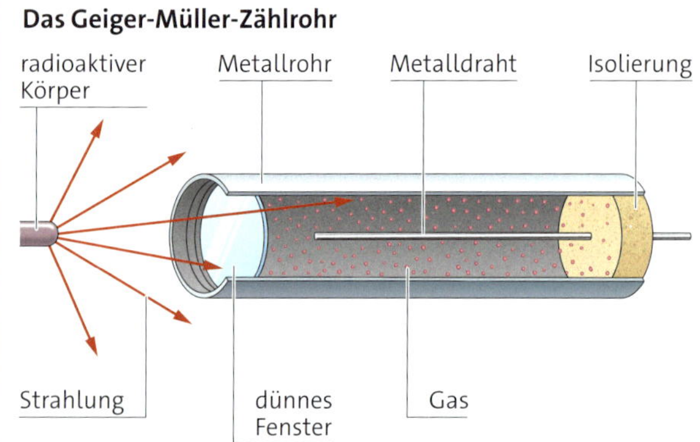

01 Aufbau eines Geiger-Müller-Zählrohrs

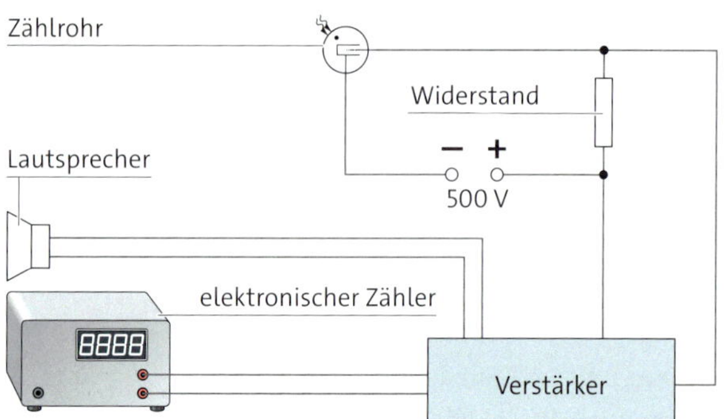

02 Schaltskizze zum Geiger-Müller-Zählrohr

Aufbau eines Geiger-Müller-Zählrohres · Das Zählrohr ist ein Metallrohr, in dem sich in der Mitte ein Draht befindet (▸ Bild 01). Dieser Draht ist vom Rohr elektrisch isoliert. Zwischen Metallrohr und Draht liegt eine hohe Spannung von 200 V bis 600 V an, wobei der Draht positiv und das Metallrohr negativ geladen ist. Man nennt das Metallrohr **Kathode** und den Draht **Anode.**

Das Geiger-Müller-Zählrohr ist mit Edelgas gefüllt. Vorne am Rohr befindet sich ein dünnes Fenster. Das Fenster hält das Gas im Zählrohr, lässt aber die verschiedenen Strahlungsarten hindurch.

Funktionsweise des Geiger-Müller-Zählrohres · Die Strahlung gelangt durch das Fenster in das Zählrohr und ionisiert Gasatome. Dabei entstehen Elektron-Ion-Paare. Die frei gewordenen Elektronen werden von der Anode angezogen, während die positiven Ionen von der Kathode angezogen werden. So gelangen die positiven Ionen zum Metallrohr. Die Elektronen werden auf dem Weg zur Anode stark beschleunigt. Dabei stoßen sie mit anderen Gasatomen zusammen und geben einen Teil ihrer Bewegungsenergie an die Atome ab, sodass neue Elektron-Ion-Paare entstehen. Auf diese Weise entsteht eine **Elektronenlawine,** die sich zur Anode bewegt. Durch das Zählrohr und den in Reihe geschalteten Widerstand fließt also kurzzeitig ein Strom. Dieser Strom verursacht einen kurzzeitigen Spannungsabfall, der verstärkt und anschließend vom Zähler registriert wird (▸ Bild 02).

Zusätzlich zum Zähler oder statt des Zählers kann man einen Lautsprecher anschließen, der den kurzzeitigen Spannungsabfall – man sagt auch Spannungsimpuls – hörbar macht (▸ Bild 02).

Totzeit des Geiger-Müller-Zählrohres · Während die Elektronen zum Metalldraht gelangen, bewegen sich die positiven Ionen zum Metallrohr. Da die Elektronen aber eine viel kleinere Masse haben als die Ionen, gelangen sie schneller zum Draht als die Ionen zum Metallrohr. Wenn sich aber zu viele positive Ionen im Gas befinden, können die Elektronen nicht mehr bis zum Draht durchdringen. Erst wenn alle positiven Ionen am Metallrohr angekommen sind, können die Elektronen wieder zum Metalldraht gelangen. Den Zeitraum, in dem keine weiteren ionisierten Atome registriert werden können, nennt man **Totzeit.** Ein typischer Wert für die Totzeit ist 100 µs. Die angezeigte Zählrate ist ein qualitativer Nachweis von Strahlung. Um quantitative Messungen möglich zu machen, müsste man die Totzeit und die Nullrate berücksichtigen. Mit dem Zählrohr sind alle drei Strahlungsarten nachweisbar.

1 Begründe geometrisch die Aussage: Bei zweifacher Entfernung beträgt die Zählrate $\frac{1}{4}$ ihres ursprünglichen Werts.

2 Beschreibe die Vor- und Nachteile von Nebelkammer und Geiger-Müller-Zählrohr.

METHODE

Arbeiten mit der Nuklidkarte

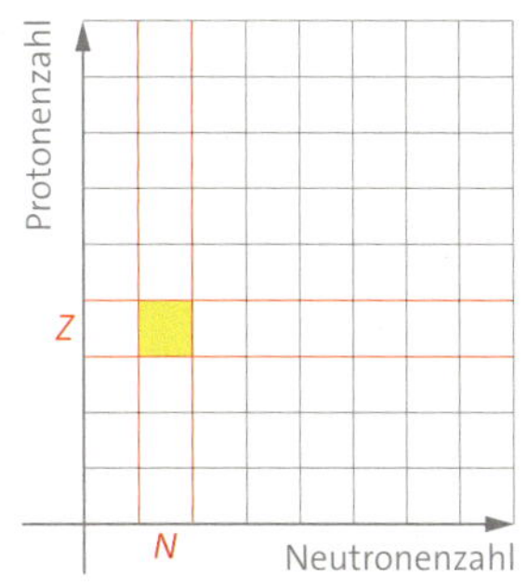

03 Aufbau der Nuklidkarte

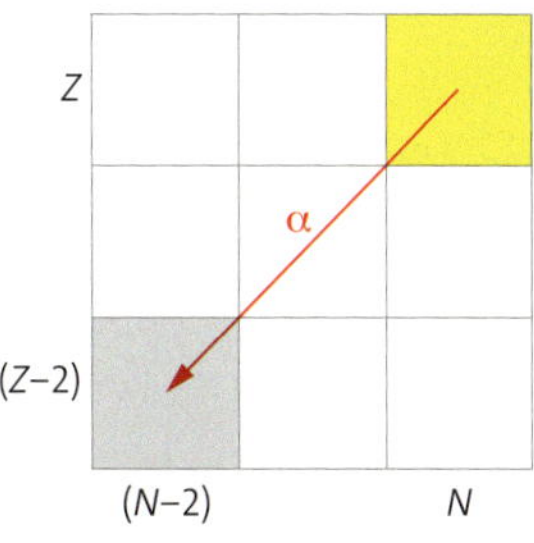

04 Alphazerfall

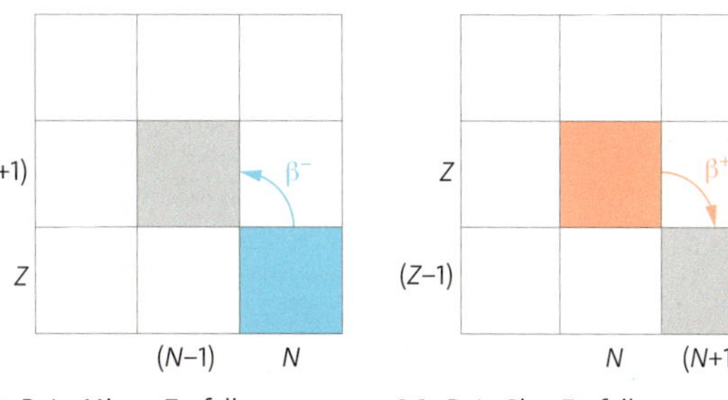

05 Beta-Minus-Zerfall

06 Beta-Plus-Zerfall

Die Nuklidkarte ist systematisch aufgebaut. Du kannst sie dir wie eine große Tabelle vorstellen (▸ Bild 03): In den Zeilen stehen alle Nuklide mit der gleichen Protonenanzahl. Diese Zahl der Kernladungen entspricht somit auch der Ordnungszahl *Z*. Du findest also alle Nuklide, die zu demselben Element gehören, in einer Zeile der Nuklidkarte. In den Spalten der Nuklidkarte stehen alle Nuklide mit der gleichen Anzahl von Neutronen. Mithilfe der Nuklidkarte kannst du Kernumwandlungen und ganze **Zerfallsreihen** voraussagen. Die Farbgebung in der Nuklidkarte enthält die Information über die Zerfallsart für ein bestimmtes Nuklid.

Gelb bedeutet **Alphazerfall.** Bei dem neu entstehenden Nuklid werden die Neutronenzahl *N* und die Protonenzahl *Z* jeweils um zwei verringert (▸ Bild 04).

Blau bedeutet **Beta-Minus-Zerfall.** Ein Elektron wird ausgesendet. Weil sich dabei aus einem Neutron ein Proton und ein Elektron bilden, verringert sich *N* um 1 und *Z* erhöht sich um 1 (▸ Bild 05).

Rot bedeutet **Beta-Plus-Zerfall.** Dabei wird ein sogenanntes Positron ausgesendet oder ein Elektron eingefangen. Positronen haben fast alle Eigenschaften von Elektronen, sind jedoch elektrisch positiv geladen. Wenn ein Elektron und ein Positron zusammentreffen, dann zerstrahlen sie. Dabei entsteht Gammastrahlung. Beim Beta-Plus-Zerfall verringert sich *Z* um 1 und *N* vergrößert sich um 1 (▸ Bild 06). Schwarz markierte Nuklide sind stabil. Sie wandeln sich von selbst nicht weiter um.

Einen Ausschnitt aus der Nuklidkarte findest du im Anhang des Buches.

3 ▸ Bild 07 zeigt die Entstehung des radioaktiven Nuklids Rn-222. Radon trägt wesentlich zur natürlichen Radioaktivität auf der Erde bei. Übertrage die Zerfallsreihe und vervollständige sie mithilfe der Nuklidkarte. Gib jeweils die Zerfallsart (α- bzw. β-Strahlung) an.

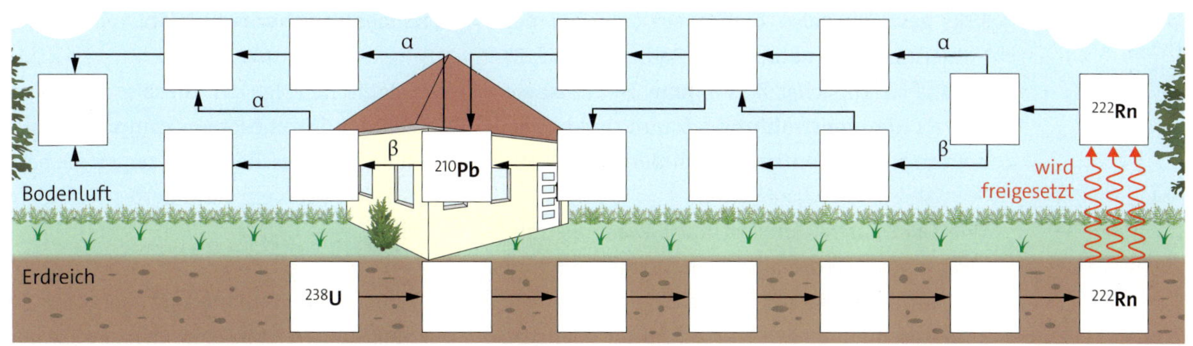

07 Entstehung des bodennahen radioaktiven Radons aus der U-238-Zerfallsreihe

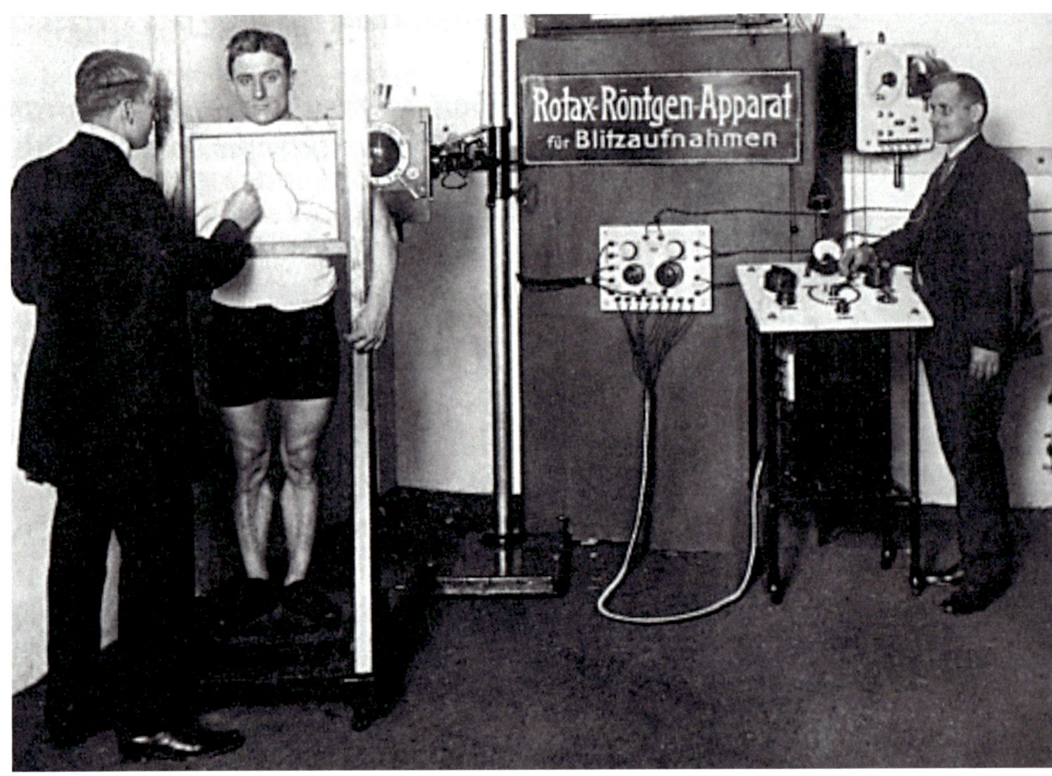

01 Eine Untersuchung mit Röntgenstrahlung vor über 100 Jahren.

Strahlenschäden und Strahlenschutz

Früher wusste man noch nichts von den schädlichen Folgen der Bestrahlung mit Röntgenstrahlung. Deshalb ging man sehr sorglos damit um. Heute wissen wir mehr.

WIRKUNG IONISIERENDER STRAHLUNG · Die ionisierende Wirkung von Alpha-, Beta- und Gammastrahlung hast du bereits kennen gelernt. Auf eine andere ionisierende Strahlung ist WILHELM CONRAD RÖNTGEN im Jahr 1895 gestoßen, also bereits ein Jahr vor der Entdeckung der natürlichen Radioaktivität. Er nannte sie zunächst X-Strahlung. Heute ist sie uns als **Röntgenstrahlung** bekannt und begegnet uns z.B. bei Röntgenaufnahmen beim Arzt.

Wie Gammastrahlung ist auch Röntgenstrahlung eine elektromagnetische Strahlung und durchdringt Stoffe unterschiedlich gut. Man erkannte schnell diesen Nutzen für die Medizin. Jedoch dauerte es Jahrzehnte, bis man auch eine Gefahr für die Gesundheit durch unkontrollierte und sorglose Röntgenbestrahlung des Körpers erkannte.
Heute weiß man, dass ionisierende Strahlung Moleküle in unserem Körper zerstören kann. Als Folge der Ionisation kommt es zu chemischen Reaktionen im bestrahlten Körperteil. So werden im Wassermolekül (H_2O) die Hüllen der Atome verändert und dadurch die chemischen Bindungen umgebaut. Es entsteht Wasserstoffperoxid (H_2O_2), ein Zellgift, das bereits in geringer Konzentration schädlich ist.

Als biologische Folge der Ionisation kann es zu Brüchen der Chromosomen kommen. Weil das Erbgut dadurch geschädigt ist, zeigen die betroffenen Zellen dann ein verändertes biologisches Verhalten.

Alpha-, Beta-, Gamma- und Röntgenstrahlung ionisieren Moleküle im menschlichen Körper. Dabei kann die Erbinformation in den Chromosomen beschädigt werden.

WIE GELANGT DIE STRAHLUNG IN DEN KÖRPER? · Hier müssen wir zwischen den Strahlenarten unterscheiden. Von der Alphastrahlung hast du gelernt, dass sie bereits durch ein Blatt Papier abgeschirmt werden kann. Somit kann sie erst recht schon durch die äußere Hautschicht aufgehalten werden. Alphastrahler werden aber dann gefährlich, wenn sie über die Atmung oder mit der Nahrung in unseren Körper gelangen.

Betastrahlung wie auch Gamma- und Röntgenstrahlung kann Kleidung und Haut durchdringen. Sie gelangt also direkt von außen in den Körper. Damit z.B. bei einer Röntgenuntersuchung nur die für die Diagnose notwendige Körperregion durchstrahlt wird, muss der restliche Körper mit einem gut abschirmenden Material geschützt werden. Hierzu verwendet man eine Bleischürze.

Der Mensch ist ständig ionisierender Strahlung ausgesetzt, z.B. durch kosmische Strahlung aus dem Weltraum. Außerdem gibt es natürliche Strahlungsquellen, z.B. durch radioaktive Substanzen in der Luft, im Boden oder in Baumaterialien wie Ziegelsteinen. Über die Nahrungskette und mit der Atmung gelangen radioaktive Substanzen in unseren Körper. Die Wege der Strahlung in unseren Körper zeigt ▸ Bild 02.

STRAHLENSCHÄDEN · Das Leben auf der Erde entwickelte sich von Beginn an unter den Bedingungen natürlicher Radioaktivität. Deshalb kann unser Organismus geschädigte Zellen erkennen und sogar reparieren. Wird dieses natürliche Reparatursystem überfordert, dann kommt es zu Strahlenschäden.

Das Ausmaß und die Art der Schädigung hängen von mehreren Faktoren ab. Grundsätzlich gilt: Je stärker die Strahlung und je größer die Dauer der Bestrahlung sind, desto schwerwiegender sind die Strahlenschäden. Es kommt auch darauf an, welche Organe oder Gewebearten bestrahlt werden. Eine Einteilung der Organempfindlichkeiten findest du in ▸ Bild 03. Schließlich ist die biologische Wirkung abhängig von der Art der Strahlung.

Die biologische Wirkung von ionisierender Strahlung hängt von der Intensität, der Dauer und der Art der Strahlung sowie von der Empfindlichkeit des bestrahlten Organs ab.

Die Wahrscheinlichkeit des Auftretens von Strahlenschäden und ihr Ausmaß hängen von individuellen Faktoren wie dem Immunsystem ab. Zu den **Frühschäden** am bestrahlten Körper gehören Veränderungen des Blutbildes und Entzündungen. Solche Frühschäden können geheilt werden. Bei **Spätschäden** am bestrahlten Körper können Krankheitssymptome wie Leukämie oder Krebs erst nach Jahren auftreten.
Die Schädigung des Erbguts durch ionisierende Strahlung kann zu **genetischen Schäden** führen. Das bedeutet, dass sich die Veränderungen an den Keimzellen erst bei nachfolgenden Generationen auswirken.

Früh- und Spätschäden am bestrahlten Körper treten beim einzelnen Individuum auf. Bei genetischen Strahlenschäden wirken sich die biologischen Veränderungen erst bei den Nachkommen aus.

Strahlenempfindlichkeit **hoch**

Fortpflanzungsorgane

rotes Knochenmark, Dickdarm, Lunge, Magen

Blase, Brust, Leber, Speiseröhre, Schilddrüse

Knochenoberfläche, Muskeln

Strahlenempfindlichkeit **niedrig**

03 Strahlenempfindlichkeit von Organen und Gewebearten

02 Wege ionisierender Strahlung in den Körper

01 Einfaches Dosimeter für den Personenschutz

DIE ENERGIEDOSIS · Um das Risiko für **Strahlenschäden** beurteilen zu können, benötigen wir eine Größe, die die Wirkung von Strahlung im Körper beschreibt. Die Energiedosis gibt allgemein an, wie viel Energie ein Kilogramm eines Stoffes durch Strahlung aufnimmt. Die Einheit der Energiedosis ist $1\,\frac{\text{J}}{\text{kg}}$. Mit Dosimetern kann man die Energiedosis einer Strahlung messen (▸ Bild 01).

Bei lebenden Zellen ist es von Bedeutung, durch welche Art von Strahlung die Energie aufgenommen wird. Untersucht man nämlich die Strahlenschäden in der Lunge nach dem Einatmen einer radioaktiven Substanz, dann zeigen sich bei Alphastrahlung viel schwerwiegendere Strahlenschäden als bei Betastrahlung. Um die unterschiedliche Wirkung verschiedener Strahlungsarten zu berücksichtigen, ordnet man jeder Strahlungsart einen Qualitätsfaktor zu (▸ Tabelle 03). Das Produkt aus Energiedosis und Qualitätsfaktor heißt **Äquivalentdosis.** Ihre Einheit ist ein **Sievert ($1\,\text{Sv} = 1\,\frac{\text{J}}{\text{kg}}$).**

02 Symbol zur Warnung vor radioaktiven Stoffen und ionisierender Strahlung

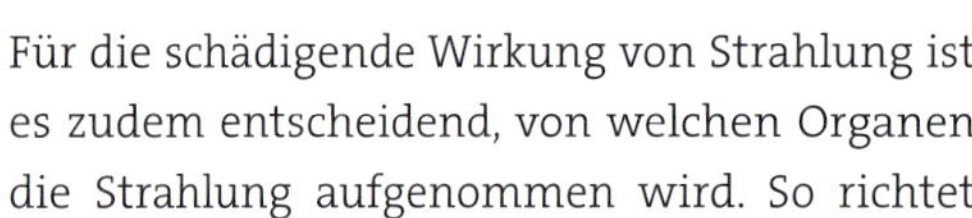

Für die schädigende Wirkung von Strahlung ist es zudem entscheidend, von welchen Organen die Strahlung aufgenommen wird. So richtet Strahlung im Lungengewebe deutlich mehr Schäden an als z. B. auf der Hautoberfläche.

Experten gehen davon aus, dass eine Strahlenbelastung von 2,4 mSv pro Jahr beim Menschen kein erhöhtes Risiko für eine Strahlenkrankheit darstellt. Empfängt ein Mensch jedoch innerhalb kurzer Zeit eine Dosis von über 4 Sv, also ungefähr das 1700-Fache von 2,4 mSv, dann ist die Wahrscheinlichkeit einer Erkrankung mit Todesfolge sehr groß.

Die Äquivalentdosis gibt Auskunft über biologische Strahlenwirkungen.
Die Einheit ist ein Sievert (1 Sv).

Art der Strahlung	Qualitätsfaktor
Gammastrahlung	1
Betastrahlung	1
Protonenstrahlung	10
Alphastrahlung	20

Beispiel:
Für eine Energiedosis von $1\,\frac{\text{mJ}}{\text{kg}}$, die allein durch Alphastrahlung bewirkt wird, entspricht die Äquivalentdosis 20 mSv.

03 Einige Qualitätsfaktoren

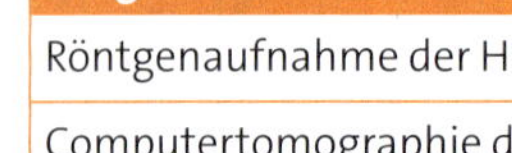

Tätigkeit	Strahlenbelastung
Röntgenaufnahme der Halswirbelsäule	ca. 0,2 mSv
Computertomographie des Bauchraums	ca. 1,4 mSv
Flugreise von Frankfurt nach San Francisco	ca. 0,07 mSv
Rauchen einer Zigarette (Lunge)	ca. 0,014 mSv
Jährliche effektive Dosis aufgrund naürlicher Strahlungsquellen	ca. 2,4 mSv

04 Strahlenbelastung bei verschiedenen Tätigkeiten

SCHUTZ VOR STRAHLUNG · Für ein möglichst geringes gesundheitliches Risiko durch ionisierende Strahlung müssen bestimmte Regeln eingehalten werden. Sie lauten:

1. Die Aktivität des benutzten Stoffs soll so gering wie möglich gehalten werden.
2. Die Zeit, in der Menschen ionisierender Strahlung ausgesetzt sind, ist auf das absolut notwendige Minimum zu begrenzen.
3. Der Abstand zwischen Mensch und Strahlenquelle soll so groß wie möglich sein.
4. Die Strahlung soll so gut wie möglich abgeschirmt werden.
5. Die Aufnahme radioaktiver Substanzen in den Körper soll möglichst vermieden werden.

Diese Regeln lassen sich als **„5-A-Regel" des Strahlenschutzes** kurz zusammenfassen:

Aktivität verringern; **A**ufenthaltsdauer verringern; **A**bstand vergrößern; **A**bschirmung erhöhen; **A**ufnahme vermeiden.

1 Recherchiere im Internet den maximal erlaubten Wert der beruflich bedingten Strahlenbelastung pro Jahr.
Beurteile anhand von ▸ Tabelle 04 die Strahlenbelastung für eine Person, die beruflich zweimal im Monat von Frankfurt nach San Francisco und zurück reist.

Material A ▸ Künstliche (zivilisatorische) und natürliche Radioaktivität

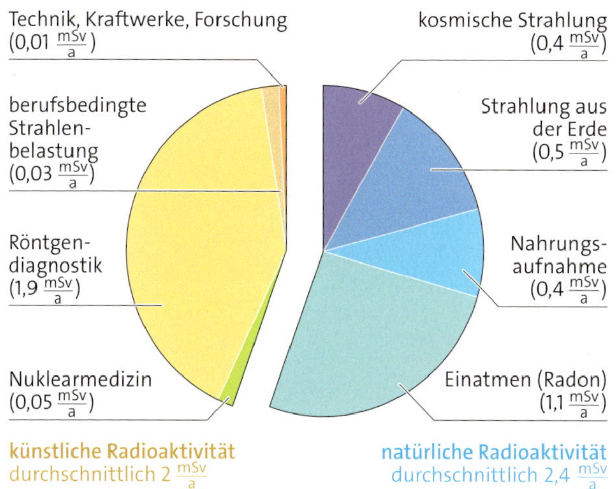

04 Durchschnittliche jährliche Äquivalentdosis

Das Diagramm zeigt die Werte für die Äquivalentdosis aufgrund der natürlichen und künstlichen Radioaktivität. Dabei handelt es sich um Durchschnittswerte, die individuell stark schwanken können. Die tatsächliche Strahlenbelastung eines Menschen hängt von verschiedenen Faktoren ab wie Wohnort, Beruf und Lebensweise.

A1 Für Flüge in normaler Reisehöhe (12 km) wird aufgrund der kosmischen Strahlung eine zusätzliche Belastung von 0,005 $\frac{mSv}{h}$ angenommen. Bestimme daraus für einen Flug von Frankfurt nach New York – Flugdauer ca. 8 Stunden – den Anteil an der durchschnittlichen jährlichen Gesamtstrahlung.

A2 Berechne, nach wie vielen Flugstunden das Bordpersonal die durchschnittliche berufsbedingte Strahlenbelastung erreicht hat.

Material B ▸ Auch der Stoffwechsel spielt eine Rolle – Die biologische Halbwertszeit

Für eine Bewertung des Risikos von Schäden durch Radioaktivität aus Umwelt und Technik oder durch medizinische Anwendungen ist die Halbwertszeit eine wichtige Größe. Sie macht eine Aussage darüber, wie schnell die Strahlung einer radioaktiven Substanz abklingt.

Für radiologische Untersuchungen (z. B. Szintigrafien) wird dem Patienten eine radioaktive Substanz verabreicht. Dann befindet sich die Strahlenquelle im Körper. Nun kommt es auch darauf an, wie schnell sie biologisch abgebaut bzw. ausgeschieden wird. Man spricht hierbei von der **biologischen Halbwertszeit T_{biol}**. Aus dieser wird dann mit der physikalischen Halbwertszeit T_{phys} zusammen eine neue Größe berechnet, in der sowohl der biologische als auch der physikalische Effekt berücksichtigt wird: die **effektive Halbwertszeit T_{eff}**.
Du kannst sie so berechnen:

$$T_{eff} = \frac{T_{phys} \cdot T_{biol}}{T_{phys} + T_{biol}}$$

Nuklid	Symbol	Strahlung	T_{phys}	T_{biol}	T_{eff}
Tritium	$^{3}_{1}H$	β	12,3 a	12 d	12 d
Phosphor-32	$^{32}_{15}P$	β	14,2 d	3 a	14 d
Kalium-40	$^{40}_{19}K$	β, γ	$1{,}3 \cdot 10^9$ a	58 d	
Strontium-89	$^{89}_{38}Sr$	β, γ	50,5 d	49 a	
Technetium-99m	$^{99}_{43}Tc$	β, γ	6 h	6–24 h	
Iod-131	$^{131}_{53}I$	β, γ	8 d	80 d	
Caesium-137	$^{137}_{55}Cs$	β, γ	30,2 a	110 d	
Radium-226	$^{226}_{88}Ra$	α, γ	1600 a	45 a	

05 Halbwertszeiten

Gelangt z. B. Tritium (H-3) in unseren Körper, dann ist einerseits die große physikalische Halbwertszeit sehr ungünstig. Andererseits wird Tritium im Körper recht schnell abgebaut. Anders ist es z. B. bei dem Nuklid Phosphor-32, das auch in der Medizin verwendet wird. Hier verläuft der biologische Abbauprozess langsam. Dafür ist die physikalische Halbwertszeit relativ klein.

B1 Übertrage die Tabelle und berechne die fehlenden Werte der effektiven Halbwertszeit.

B2 Für die radiologische Untersuchung der Schilddrüse wurde den Patienten früher Iod-131 verabreicht. Heute wird dafür das Nuklid Technetium-99m verwendet. Gib einen Vorteil der Verwendung von Tc-99m an.

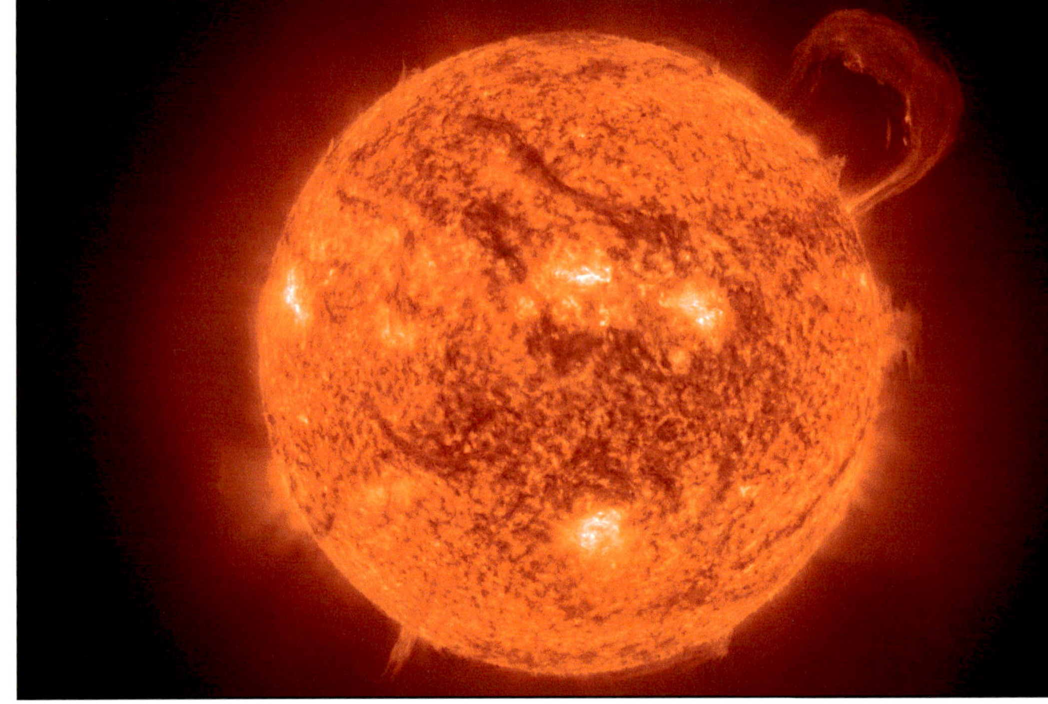

01 Die Sonne – eine nahezu unerschöpfliche Energiequelle

Kernenergie

Die Kernbausteine wie Protonen und Neutronen nennt man auch Nukleonen.

Fast unerschöpflich ist der Energievorrat der Sonne. Ihr Inneres „brennt" durch Kernverschmelzung. Billiger „Brennstoff" und keine Abgase – wäre das nicht auch die Lösung aller Energieprobleme auf der Erde?

KERNENERGIE UND MASSE · In der Sonne verschmelzen leichte Kerne zu schwereren Kernen, z. B. Wasserstoff zu Helium. Eine Rechnung für solch einen Prozess zeigt dabei etwas Erstaunliches: Ein $^{4}_{2}$He-Kern besteht aus zwei Protonen und zwei Neutronen. Addiert man alle einzelnen Massen (▸ Tabelle 02), so erhält man $6{,}6950 \cdot 10^{-27}$ kg – das ist mehr als die Masse des Heliumkerns! Beim Verschmelzen der Bestandteile ist offenbar Masse verloren gegangen. Aber wo ist sie geblieben? Messungen zeigen auch für andere Kernmassen solche Abweichungen. Physiker sprechen hierbei vom **Massendefekt.**

Massen einzelner Nukleonen und Atomkerne in kg
Proton ($^{1}_{1}$p) $m_p = 1{,}6726 \cdot 10^{-27}$
Neutron ($^{1}_{0}$n) $m_n = 1{,}6749 \cdot 10^{-27}$
Heliumkern ($^{4}_{2}$He) $m_{He} = 6{,}6447 \cdot 10^{-27}$
Kohlenstoffkern ($^{12}_{6}$C) $m_C = 19{,}9210 \cdot 10^{-27}$

02

Vom Massendefekt hängt die Energie ab, die bei Kernumwandlungen „übrig" bleibt und die z. B. von der Sonne ständig abgestrahlt wird. Genau genommen kommt die Energie aus dem Zusammenschmelzen der **Nukleonen.** Man nennt sie Kernenergie.

Für den Zusammenhang zwischen dem Massendefekt und der abgegebenen Energie kann man ALBERT EINSTEINs berühmte Gleichung anwenden:

$E = m \cdot c^2$ mit c: Lichtgeschwindigkeit.

In Atomkernen ist Energie gespeichert. Bei Kernumwandlungen ändern sich Masse und Energie des Kerns.

03 Skulptur des Berliner „Walk of Ideas"

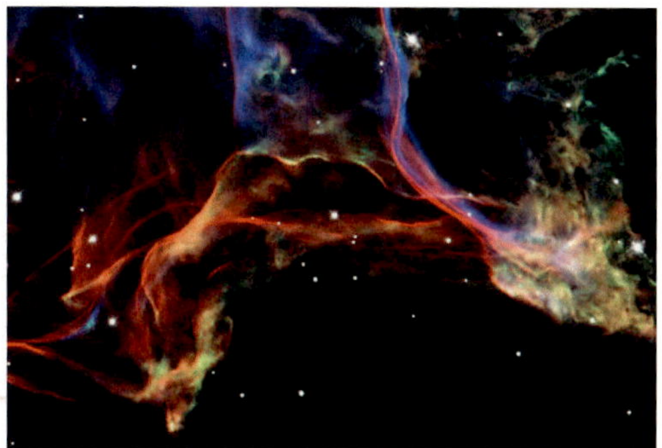

04 Der Schleier-Nebel – Überreste einer Supernova

KERNFUSION IN STERNEN · Das Verschmelzen von Kernen zu einem neuen Kern bezeichnet man als **Kernfusion.** Kernfusion läuft als natürlicher Prozess in allen Sternen von selbst ab.

Im Laufe seines „Lebens" entsteht in einem Stern wie unserer Sonne zunächst aus Wasserstoff Helium. Später werden aus den Heliumkernen weitere Kerne gebildet. So entstehen z.B. der Kohlenstoff, Baustein aller Lebewesen auf der Erde, sowie die schweren Kerne bis zum $^{56}_{26}Fe$ und $^{56}_{28}Ni$. Am Ende ihrer Entwicklung können Sterne aufgrund der Schwerkraft in sich zusammenfallen. Dadurch kommt es zu einer extremen Explosion, bei der die äußere Hülle des Sterns abgestoßen wird. Solche Explosionen heißen **Supernovae.** ▸ Bild 04 zeigt die heute sichtbaren Überreste einer solchen Supernova, die vor über 5000 Jahren stattgefunden hat. Auch die für solche heftigen Explosionen notwendige Energie stammt aus der Kernfusion.

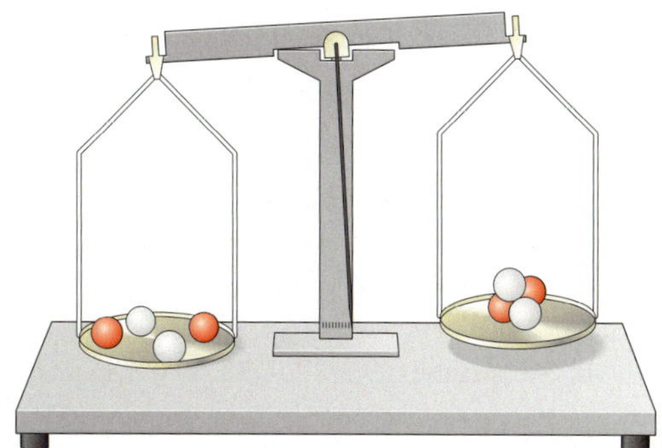

05 Kernfusion „auf der Waage"

06 ITER – eine Forschungsanlage zur Kernfusion

KERNFUSION IM LABOR · Wissenschaftler versuchen es den Sternen nachzumachen. In aufwendigen Experimenten untersuchen sie die Kernfusion von Wasserstoff zu Helium zur Energiegewinnung (▸ Bild 06). Ein großes Problem dabei ist, dass man zunächst sehr viel Energie aufwenden muss. Atomkerne sind elektrisch positiv geladen. Um sie zu verschmelzen, müssen die Kerne nahe zusammengebracht werden. Dabei muss man die elektrische Abstoßung zwischen ihnen überwinden. Erst dann kann man die Kernenergie aus dem Massendefekt nutzen (▸ Bild 07).
In Sternen herrschen extreme Bedingungen, die die Fusion in Gang halten. Auf der Erde lässt sich die kontrollierte Fusion zur Energiegewinnung bis jetzt noch nicht realisieren.

Bei einer Kernfusion verschmelzen Atomkerne zu einem schwereren Kern. Dabei wird Energie abgegeben.

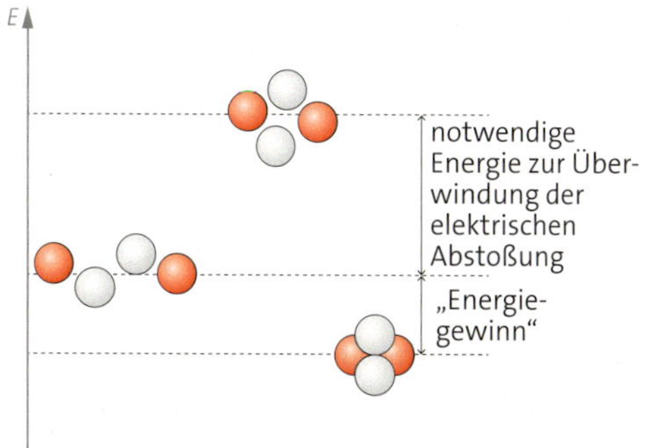

07 Massen- und Energiebilanz bei der Kernfusion

ENERGIE AUS ATOMKERNEN

01 Modellvorstellung zur Kernenergie

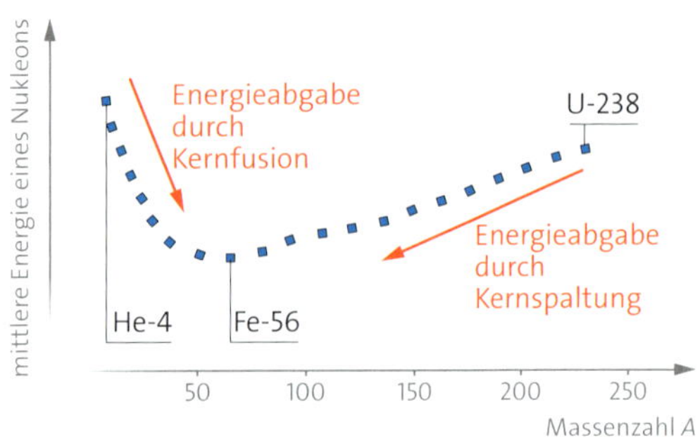

03 Energieabgabe durch Kernreaktionen

KERNSPALTUNG · Du hast gelernt, dass in Atomkernen Energie gespeichert ist. Eine Modellvorstellung hilft dir, diese Kernenergie zu verstehen (▸ Bild 01): Zwei Magnete sind auf Wagen befestigt. Um die gleichnamigen Pole einander zu nähern, muss man zunächst ihre Abstoßung überwinden. Sind sie sich nahe genug, dann werden die Magnete durch ein Klebeband zusammengehalten. Jetzt ist Energie in dem System aus zwei Magneten gespeichert. Führt man nun eine geringe Energie zu, z.B. durch Zerschneiden des Klebebands, dann wird mehr Energie abgegeben als zugeführt wurde. Die Magnete bewegen sich auseinander.

Im Atomkern besteht zwischen Protonen, zwischen Neutronen sowie zwischen Protonen und Neutronen eine starke Anziehung, wenn sie sich sehr nahe sind – ähnlich wie zwischen den Magneten durch das Klebeband. Zwischen Protonen besteht aber auch eine elektrische Abstoßung. Führt man Energie zu, um die Protonenabstände im Kern zu vergrößern, so überwiegt die elektrische Abstoßung und Energie wird abgegeben. Die Nukleonen bewegen sich auseinander. Bei schweren Atomkernen kann man einen solchen Prozess zur Energiegewinnung nutzen. Dafür werden schwere Atomkerne mit Neutronen beschossen.
Macht man das beim Urannuklid U-235, dann dringt das Neutron in den Urankern ein (▸ Bild 02). Der Kern ändert sich zu U-236. Dieser Kern ist instabil und platzt auseinander. Dabei werden nun zwei oder drei Neutronen ausgesendet.

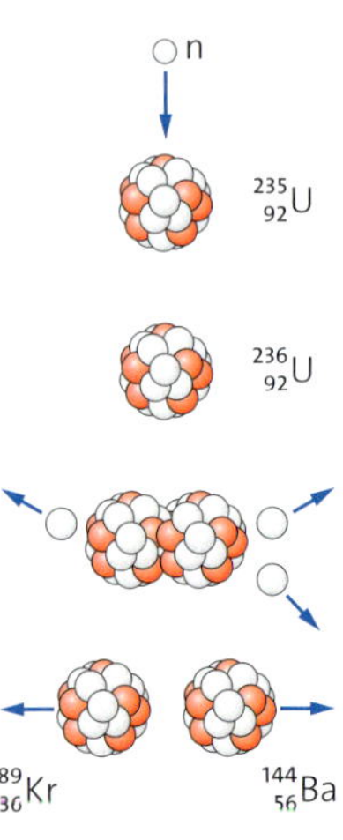

02 Kernspaltung von U-235

Bei der Kernspaltung zerplatzt ein Atomkern in zwei leichtere Kerne und Neutronen. Dabei wird Energie abgegeben.

ENERGIEGEWINN AUS KERNREAKTIONEN · Aus der Fusion zweier Kerne lässt sich Energie gewinnen. Aus der Spaltung eines Kerns ebenso. Wie kann das sein?
Das Diagramm im ▸ Bild 03 zeigt die mittlere Energie eines Nukleons in Abhängigkeit von der Massenzahl der Kerne. Bis zum Fe-56 nimmt der Wert ab, dann steigt er wieder an. Energie wird immer dann abgegeben, wenn durch die Kernreaktion die Kernenergie pro Nukleon kleiner wird. Die Gesamtmasse aller beteiligten Nukleonen hat bei der Kernreaktion dann abgenommen. Das hast du als Massendefekt kennen gelernt.

Man kann aus Kernreaktionen Energie gewinnen, wenn durch die Reaktion die durchschnittliche Kernenergie pro Nukleon kleiner wird.

1 **a)** Berechne jeweils den gesamten Massendefekt sowie den Massendefekt pro Nukleon für folgende Kerne:
$^{2}_{1}H$ ($m = 3{,}3436 \cdot 10^{-27}$ kg);
$^{12}_{6}C$ ($m = 19{,}9210 \cdot 10^{-27}$ kg);
$^{56}_{26}Fe$ ($m = 9{,}2859 \cdot 10^{-26}$ kg).
b) Vergleiche mit ▸ Bild 03. Erkläre.

2 Gib die Kernspaltung von U-235 in Symbolschreibweise an.

BLICKPUNKT

Kernkraftwerke

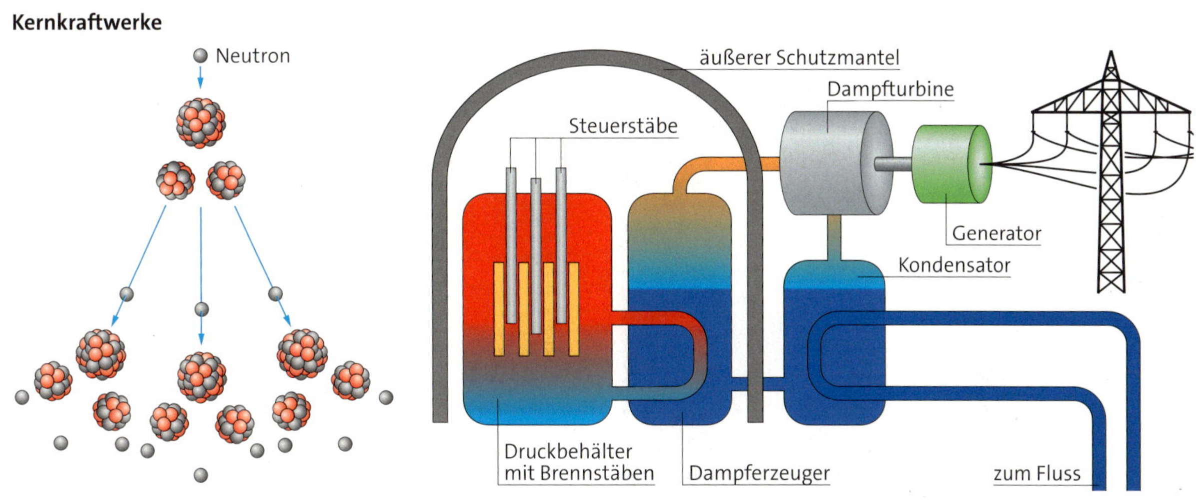

04 Kettenreaktion

05 Vereinfachtes Prinzip eines Kernkraftwerks mit Druckwasserreaktor

Die Kettenreaktion · 1938 entdeckten OTTO HAHN, LISE MEITNER und FRITZ STRASSMANN die Kernspaltung, als sie Uran mit Neutronen beschossen. Bei jeder einzelnen Spaltung eines Kerns werden zwei bis drei Neutronen frei. Diese können weitere Kerne spalten. Es müssen also nicht ständig von außen Neutronen eingeschossen werden, sondern die Kernspaltungen laufen von selbst ab. Man nennt diesen Vorgang Kettenreaktion (▸ Bild 04). Du weißt schon, dass bei der Spaltung eines schweren Kerns Energie frei wird. Bei U-235 sind das pro Kernspaltung etwa $29 \cdot 10^{-12}$ Joule.

Steuerung der Kettenreaktion · Damit die Kettenreaktion ablaufen kann, müssen die Neutronen mit der richtigen Geschwindigkeit auf die Kerne treffen. In einem Kernkraftwerk ist das spaltbare Material im Druckbehälter von Wasser umgeben (▸ Bild 05). Wasser bremst die frei gewordenen Neutronen auf eine Geschwindigkeit ab, bei der die Kettenreaktion abläuft. Die Kettenreaktion würde von selbst lawinenartig anwachsen und schließlich zu einer Explosion führen. Deshalb muss man für eine Steuerung der Kettenreaktion sorgen. Im Reaktor übernehmen das die Steuerstäbe. Sie bestehen aus einem für Neutronen undurchdringlichen Material. Schiebt man sie zwischen die Brennstäbe, dann läuft die Kettenreaktion kontrolliert ab und kann im Notfall auch ganz gestoppt werden.

Kernreaktoren · Im Kernreaktor wird die aus den Kernspaltungen freigesetzte Energie zum Erhitzen des Wassers im Druckbehälter genutzt (▸ Bild 05). Durch die Kernumwandlungen verbraucht sich dabei der Brennstoff U-235. Vom Druckbehälter wird Energie thermisch an den Dampferzeuger übertragen. Dort wird in einem geschlossenen Kreislauf Wasser verdampft und treibt – wie in einem Wärmekraftwerk – Dampfturbinen an. Hat der Wasserdampf seine Energie übertragen, wird er im Kondensator abgekühlt und wieder in den flüssigen Zustand gebracht.

Woraus bestehen Brennstäbe? · Natürliches Uran enthält nur 0,7 % des spaltbaren Nuklids U-235. Um es im Kernkraftwerk zu nutzen, muss dieser Anteil auf 3 % erhöht werden. Man spricht von **Anreicherung.** Dafür wird Uran pulverisiert und in eine gasförmige Verbindung überführt. In Zentrifugen werden die Urannuklide, die sich durch ihre Massen unterscheiden, voneinander getrennt. Anschließend wird das angereicherte Uran zu Uranoxid weiterverarbeitet.

3 **a)** Nimm an, bei einer Kernspaltung entstehen drei Neutronen, die wieder je drei Kerne spalten. Bestimme, wie viele Kernspaltungen dann nach der 5. (10., 20.) „Generation" stattgefunden haben.
b) Schätze die dabei frei werdende Energie ab.

BLICKPUNKT

Energieerzeugung durch Kernfusion

01 Die USA zündeten 1952 die erste Wasserstoffbombe.

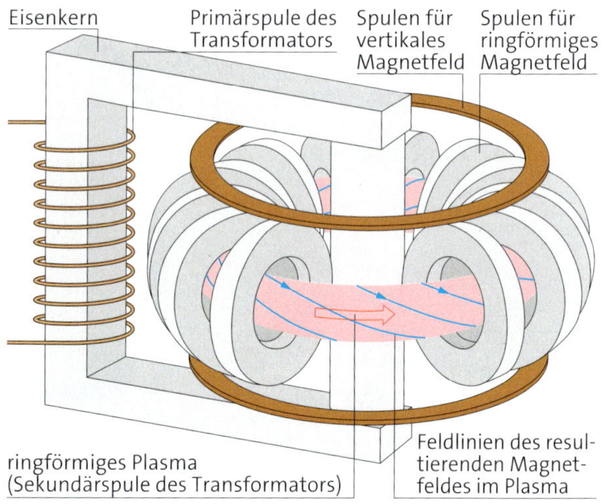

02 Vereinfachtes Prinzip eines Tokamak-Fusionsreaktors

Bedingungen der Kernfusion · Atomkerne können sich nur dann sehr nahe kommen, wenn sie sich mit großer Geschwindigkeit aufeinander zubewegen. Solche Kernreaktionen finden nur in Gasen statt, in denen sich Atomkerne und Elektronen getrennt und unabhängig voneinander bewegen. Man spricht dann von einem **Plasma.** Große Geschwindigkeiten der Kerne lassen sich nur in einem Plasma von sehr hoher Temperatur erreichen, z. B. in der Sonne. Die Grundlage für Kernfusion ist das Verschmelzen von Wasserstoffkernen. Eine mögliche Kernreaktion ist

$^{2}_{1}H + ^{3}_{1}H \rightarrow ^{4}_{2}He + ^{1}_{0}n.$

Wenn die Bedingungen für solch eine Kernreaktion stimmen, kann es zur unkontrollierten Kernfusion kommen. Das wurde mit Wasserstoffbomben erstmals 1952 durch die USA, später auch von anderen Staaten auf katastrophale Weise unter Beweis gestellt. Die amerikanische Bombe „Ivy Mike“ (▸ Bild 01) hatte eine fast 1000fach größere Sprengkraft als die Hiroshima-Bombe!

Kontrollierte Kernfusion · Im Labor bereitet die Kernfusion größte technische Schwierigkeiten. Wolfram als das hitzebeständigste Element hat eine Schmelztemperatur von 3400 °C. Das sehr viel heißere Plasma kann also nicht mechanisch eingeschlossen werden. Eine Möglichkeit ist der magnetische Einschluss. In einem sogenannten Tokamak-Fusionsreaktor wird das Plasma, das elektrische Ladung trägt, durch Überlagerung von Magnetfeldern in einem Ring gehalten (▸ Bild 02). Dieser Ring wirkt gleichzeitig als Transformatorspule. In ihm wird somit ein elektrischer Strom induziert. Neben anderen Heizeffekten führt dieser Strom zur Erhöhung und Aufrechterhaltung der extremen Temperatur im Plasma.

Energiequellen im Vergleich · Beim Verbrennen von fossilen Brennstoffen finden chemische Reaktionen in der Atomhülle statt. Bei der Kernfusion ist im Vergleich dazu die pro Masse frei gesetzte Energie wesentlich größer. Die Verschmelzung von 1 kg Wasserstoff liefert die gleiche Energiemenge wie das Verbrennen von 1000 t Kohle! Zur Bewertung der Kernfusion muss aber auch Folgendes berücksichtigt werden: In einem Fusionsreaktor entstehen zwar weniger langlebige radioaktive Abfälle als in Kernkraftwerken, aber auch diese Technologie ist nicht frei davon.

1 Weitere Kernfusions-Reaktionen sind:

$^{2}_{1}H + ^{3}_{2}He \rightarrow ^{4}_{2}He + X$; $^{2}_{1}H + ^{2}_{1}H \rightarrow ^{3}_{1}H + X$;
$^{2}_{1}H + ^{2}_{1}H \rightarrow ^{3}_{2}He + X$;

Gib jeweils an, für welches Nukleon das X steht.

Material A ▸ Der Brennstoffkreislauf – wirklich ein Kreislauf?

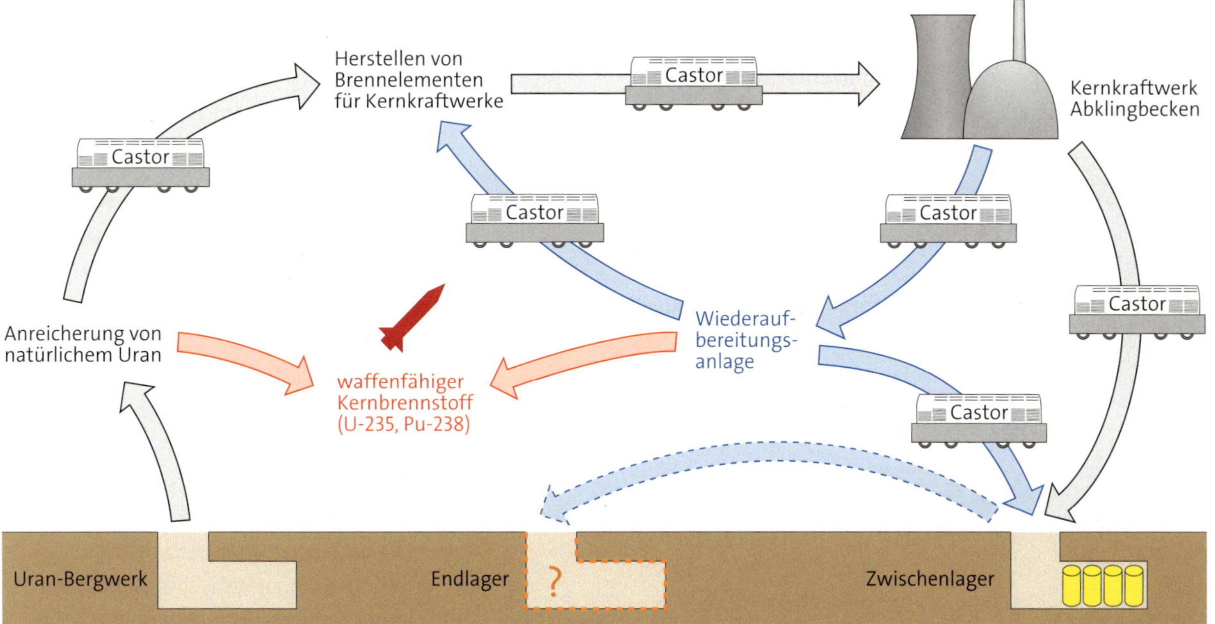

03 Der Weg des Kernbrennstoffs

Die Bundesrepublik Deutschland befindet sich in einer Phase der Erneuerung der Energieversorgung. Damit ist die Stilllegung der Kernkraftwerke verbunden. Dennoch muss unsere Gesellschaft das Problem des Kernbrennstoff-Abfalls aus der Vergangenheit lösen. Dieser Abfall ist zum Teil hoch radioaktiv, giftig und entwickelt sehr viel thermische Energie. Er besteht aus den folgenden Nukliden: Np-237; Pu-238; Pu-239; Pu-240;Pu-241, Pu-242; Am-241 und Am-243. Frische Brennstäbe sind nach einigen Jahren „verbrannt". Durch Kernumwandlungen verbraucht sich das U-235. In Wiederaufbereitungsanlagen werden die radioaktiven Spaltprodukte voneinander getrennt. Dabei erhält man auch Plutonium, das in Kernwaffen eingesetzt wird.

A1 Beschreibe die Grafik zum Brennstoffkreislauf.

A2 Erkläre, was beim „Anreichern" von natürlichem Uran geschieht.

A3 Beurteile Risiken und Probleme auf dem Weg vom natürlichen Uran bis zum Zwischenlager.

A4 Bestimme die Halbwertszeiten der Anteile im radioaktiven Abfall. Wann sind die langlebigsten Nuklide auf ein Zehntel abgeklungen?

Material B ▸ Endlagerung radioaktiver Abfälle

Die Frage der Endlagerung radioaktiver Abfälle ist ein drängendes Problem. Weltweit wird nach Alternativen zur Endlagerung gesucht, zum Beispiel Transmutation. Auch in sozialen Netzwerken wird das Thema diskutiert. Rechts findest du eine Auswahl von Vorschlägen zum Umgang mit den Abfällen.

- „Den Atommüll einfach bei hohen Temperaturen verbrennen."
- „Verteilen der Abfälle über große Flächen, also verdünnen."
- „Entsorgen im Weltraum, am besten direkt in der Sonne."
- „Entsorgen im Eis der Antarktis oder in Tiefseegräben."

B1 Bewerte die Vorschläge zum Thema Endlagerung. Berücksichtige dabei auch die Lösung von Aufgabe A4.

B2 Erläutere, gegen welche Gefahren eine geeignete Endlagerstätte abgesichert werden muss. Berücksichtige dabei natürliche und zivilisatorische Faktoren.

Aufbau von Atomen

Die Bausteine aller festen, flüssigen und gasförmigen Stoffe heißen Atome oder Moleküle. Die Bausteine heißen Moleküle, sobald sie aus zwei oder mehr aneinander gebundenen Atomen bestehen.

Kern-Hülle-Modell des Atoms: Atome bestehen aus einem kleinen positiv geladenen Atomkern und einer negativ geladenen Atomhülle. Die Atomhülle setzt sich aus Elektronen zusammen. Nach außen hin ist das Atom elektrisch neutral.Ein Atomkern ist ungefähr 10^{-14} m, ein Atom etwa 10^{-10} m groß.

Ionisation: In einem glühenden Metall sind die Elektronen einiger Atome nur noch schwach gebunden und werden dadurch leicht abgetrennt **(glühelektrischer Effekt).** Aus dem elektrisch neutralen Atom wird ein positiv geladenes Ion. Das Abtrennen oder Anlagern von Elektronen an zuvor elektrisch neutrale Atome heißt Ionisation. Auch Strahlung radioaktiver Stoffe kann Atome ionisieren.

Kernphysik und Radioaktivität

Atomkerne bestehen aus elektrisch positiv geladenen Protonen und elektrisch neutralen Neutronen. Zwischen den Kernbestandteilen im Atomkern wirkt die **Kernkraft.** Sie wirkt nur zwischen benachbarten Teilchen und ist viel größer als die abstoßende elektrische Kraft.
Einen Atomkern mit einer bestimmten Protonen- und Neutronenanzahl bezeichnet man als **Nuklid.** Nuklide mit der gleichen Protonenanzahl aber unterschiedlichen Neutronenzahlen heißen **Isotope** eines **Elements.**
Die Anzahl der Protonen im Atomkern heißt **Ordnungszahl *Z*** des Elements im Periodensystem. Die Summe von Protonenanzahl und Neutronenanzahl im Kern heißt **Massenzahl *A*.** Die Symbolschreibweise für Atomkerne ist:

$^{\text{Massenzahl}}_{\text{Ordnungszahl}}\text{Elementsymbol}$, kurz: $^{A}_{Z}X$

Beispiel: $^{4}_{2}He$, Helium, $A = 4$, $Z = 2$.

Ionisierende Strahlung: Die Strahlung radioaktiver Stoffe entsteht in ihren Atomkernen. Sie kann andere Atome oder Moleküle ionisieren. Es gibt verschiedene Arten von ionisierender Strahlung:
Alphastrahlung: Aussenden von Heliumkernen aus dem Atomkern. Sie wird in elektrischen und magnetischen Feldern abgelenkt. Alphastrahlung hat ein sehr geringes Durchdringungsvermögen.
Betastrahlung: Aussenden von Elektronen aus dem Atomkern. Sie wird in elektrischen und magnetischen Feldern abgelenkt. Betastrahlung hat ein 100-mal größeres Durchdringungsvermögen als Alphastrahlung.
Gammastrahlung ist elektromagnetische Strahlung. Sie wird in elektrischen und magnetischen Feldern nicht abgelenkt. Gammastrahlung hat ein hohes Durchdringungsvermögen.
Röntgenstrahlung ist wie Gammastrahlung elektromagnetische Strahlung. Sie ist aber energieärmer und entsteht in der Atomhülle.

Die **Aktivität** gibt die Anzahl der radioaktiven Zerfälle einer Stoffmenge pro Zeiteinheit an. Die Einheit ist ein **Becquerel** ($1\ Bq = 1\ s^{-1}$).

Eine **Zerfallsreihe** ist eine Folge von Umwandlungen radioaktiver Kerne, die bei einem stabilen Nuklid endet. In der Natur kommen drei Zerfallsreihen vor: Uran-Radium-Reihe, Uran-Actinium-Reihe und die Thorium-Reihe.

Die **Halbwertszeit $T_{1/2}$** ist die Zeitspanne, in der sich die Hälfte der Kerne eines radioaktiven Nuklids umgewandelt hat (▸ Bild 01).

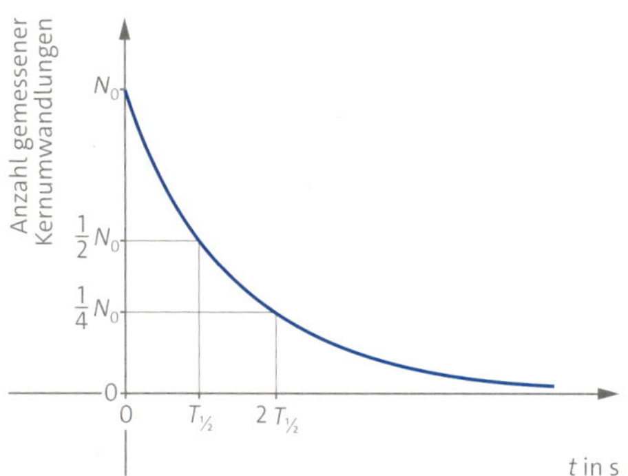

01 Zerfallskurve

Strahlenschäden und Strahlenschutz: Alpha-, Beta-, Gamma- und Röntgenstrahlung ionisieren Moleküle im menschlichen Körper. Dabei kann die DNA und damit die Erbinformation beschädigt werden.

Die **biologische Wirkung** ionisierender Strahlung hängt von Intensität, Dauer und Art der Strahlung sowie von der Empfindlichkeit des bestrahlten Organs ab.

Die **Energiedosis** gibt an, wie viel Energie ein Kilogramm eines Stoffes durch Strahlung aufnimmt. Die **Äquivalentdosis** gibt Auskunft über die biologischen Strahlenwirkungen der durch Strahlung aufgenommenen Energie.
Die Einheit der Äquivalentdosis ist ein **Sievert** ($1\,\text{Sv} = 1\,\frac{\text{J}}{\text{kg}}$).

5-A-Regel: Sie nennt fünf Maßnahmen, die Schutz vor Strahlung bieten. Es sind: Aktivität verringern; Aufenthaltsdauer verringern; Abstand vergrößern; Abschirmung erhöhen; Aufnahme vermeiden.

Kernenergie: In Atomkernen ist Energie gespeichert. Bei Kernumwandlungen ändern sich Masse und Energie des Kerns.
Bei einer **Kernfusion** verschmelzen Atomkerne zu einem schwereren Kern. Dabei wird Energie abgegeben.
Bei der **Kernspaltung** zerplatzt ein Atomkern in zwei leichtere Kerne und Neutronen. Dabei wird Energie frei.

Überprüfe dich selbst:

Kann ich ...

... das RUTHERFORD'sche Experiment beschreiben und die Folgerungen daraus für den Atomaufbau erläutern?

... das Kern-Hülle-Modell beschreiben?

... erklären, was man unter Ionisation eines Atoms versteht?

... den Aufbau des Atomkerns beschreiben und erklären, warum der Kern zusammenhält?

... verschiedene Arten ionisierender Strahlung nennen und erläutern, wie man sie experimentell unterscheiden könnte?

... die Wirkung ionisierender Strahlung auf den menschlichen Organismus beschreiben und Schutzmaßnahmen angeben?

... den Begriff der Halbwertszeit erläutern und eine Zerfallskurve grafisch darstellen?

... erläutern, was man unter der C-14-Methode versteht?

... mithilfe einer Nuklidkarte eine radioaktive Zerfallsreihe beschreiben?

... Energiedosis und Äquivalentdosis voneinander unterscheiden?

... Aufbau und Wirkungsweise eines Geiger-Müller-Zählrohres beschreiben?

... den Energiegewinn sowohl bei der Kernspaltung als auch bei der Kernfusion erläutern?

... die Risiken und Probleme der Kernenergieversorgung im Vergleich zu ihrem Nutzen abwägen?

Elektrizitäts-leitung

In diesem Kapitel beschäftigst du dich mit

- den Leitungsmechanismen in Leitern und Halbleitern. Du lernst Modelle kennen, die diese Mechanismen beschreiben und erklären.
- Halbleiter-Bauteilen wie Diode, LED, Transistor. Du lernst ihre Eigenschaften und Funktionsweisen kennen sowie eine Reihe technischer Anwendungen.
- Sensoren. Du lernst, wie man Leitungseigenschaften in technischen Anwendungen nutzen kann, um andere Größen zu registrieren oder zu messen.

Elektrostatik

Leiter und Nichtleiter: Elektrische Leiter sind Stoffe, die den elektrischen Strom gut leiten. Alle Metalle sind sehr gute elektrische Leiter. Auch viele Flüssigkeiten, z. B. normales Leitungswasser, leiten den Strom relativ gut. Holz, Kunststoffe und Keramik leiten den elektrischen Strom praktisch nicht. Sie werden als Nichtleiter bzw. **Isolatoren** bezeichnet.
Öle und destilliertes Wasser sind gute Isolatoren.

Elektronen und Atome: Atome bestehen aus einem winzigen elektrisch positiv geladenen Atomkern. In einem Raumbereich um den Atomkern – der Elektronenhülle – befinden sich die negativ geladenen Elektronen. Die Elektronenhülle ist etwa 1000-mal größer als der Atomkern.
In Metallen sind einige Elektronen frei beweglich, sie sind Träger des **elektrischen Stroms.** Die Atomkerne zusammen mit den nicht frei beweglichen Elektronen nennt man Atomrümpfe. Sie sind elektrisch positiv geladen und ortsfest.
Ein glühendes Metall sendet Elektronen aus.

Größen des elektrischen Stromkreises

Elektrische Stromstärke: Die elektrische Stromstärke gibt an, wie viel elektrische Ladung in einem bestimmten Zeitabschnitt an einer Stelle im Stromkreis vorbeifließt. Das Größensymbol ist I. Die Einheit der elektrischen Stromstärke ist ein Ampere (1 A).

Elektrische Spannung: Im elektrischen Stromkreis ist die Spannung einer elektrischen Quelle der Antrieb für den elektrischen Strom. Das Größensymbol ist U.
Die Einheit der elektrischen Spannung ist ein Volt (1 V).
Bei gleichen Stromstärken gilt: Je größer die elektrische Spannung der elektrischen Quelle ist, desto mehr Energie wird von der Quelle zum Gerät übertragen.

Elektrischer Widerstand: Der elektrische Widerstand gibt an, wie stark ein Gerät oder ein Gegenstand den elektrischen Strom hemmt.
Bei gleicher Spannung gilt: Je größer der Widerstand ist, desto kleiner ist die Stromstärke im gesamten Stromkreis.
Das Größensymbol ist R.
Die Einheit für den elektrischen Widerstand ist ein Ohm (1 Ω).
Im Stromkreis gilt:

$$R = \frac{U}{I}.$$

Spezifischer Widerstand: Der spezifische Widerstand ρ ist eine Materialkonstante. Für einen Draht der Länge l und der Querschnittsfläche A gilt:

$$R = \rho \cdot \frac{l}{A}.$$

Die Einheit des spezifischen Widerstands ist $1\,\Omega \cdot \frac{\text{mm}^2}{\text{m}}$.

Verzweigter Stromkreis: Im verzweigten Stromkreis ist die Summe der Teilstromstärken gleich der Gesamtstromstärke. Die Spannung ist an den parallel geschalteten Geräten und der Quelle gleich:

$$I_{ges} = I_1 + I_2 + \ldots\ ;\ U_{ges} = U_1 = U_2 = \ldots$$

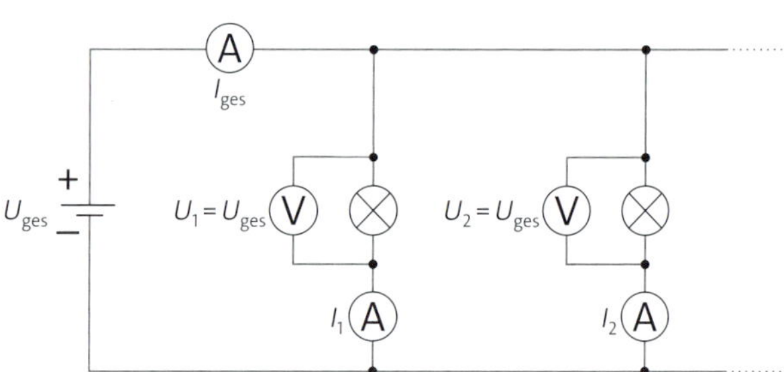

Unverzweigter Stromkreis: Im unverzweigten Stromkreis ist die Stromstärken an jeder Stelle des Stromkreises gleich groß. Die die Summe der Teilspannungen ist genauso groß wie die Gesamtspannung:

$$I_{ges} = I_1 = I_2 = \ldots\ ;\ U_{ges} = U_1 + U_2 + \ldots$$

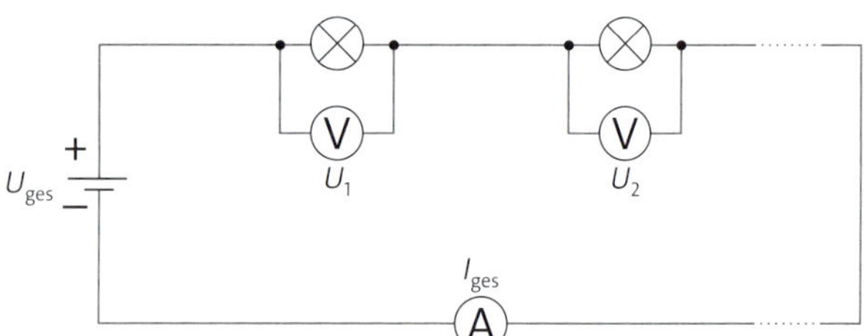

Stromkreis und Energie: Die im Stromkreis pro Sekunde übertragene Energie wird durch die Energiestromstärke bzw. die Leistung P beschrieben:

$P = \frac{\Delta E}{\Delta t} = U \cdot I$; die Einheit ist $1\,\frac{\text{J}}{\text{s}} = 1\,\text{V} \cdot 1\,\text{A} = 1\,\text{W}$.

Elektrischer Leiter

1 Beschreibe ein Modell für den Aufbau eines Metalldrahts. Beschreibe, wie man sich den elektrischen Strom in einem Draht vorstellen kann.

2 Ein Elektron benötigt etwa zehn Stunden, um sich in einem Kupferkabel einen Meter weiter zu bewegen. Eine Lampe leuchtet sofort, wenn man den Lichtschalter betätigt. Erkläre.

Gesetze des elektrischen Stromkreises

3 In einem unverzweigten Stromkreis aus einer Batterie und einer Glühlampe wird eine Stromstärke von 0,45 A gemessen. Gib jeweils die Stromstärke durch die Lampe und die Batterie an.

4 Es ist $I_1 = 1{,}2$ A und $I_3 = 1{,}8$ A. Berechne die Stromstärke I_2 in der Schaltung ▸ Bild 01.

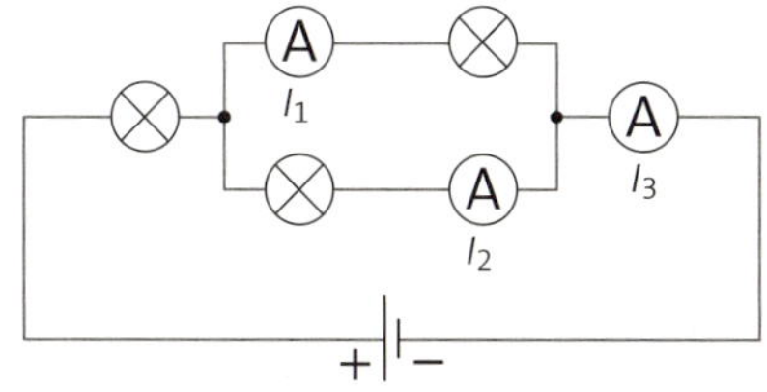

01

5 Es ist $I_2 = 0{,}3$ A und $I_5 = 0{,}8$ A. Bestimme I_1, I_3 und I_4 in der Schaltung ▸ Bild 02.

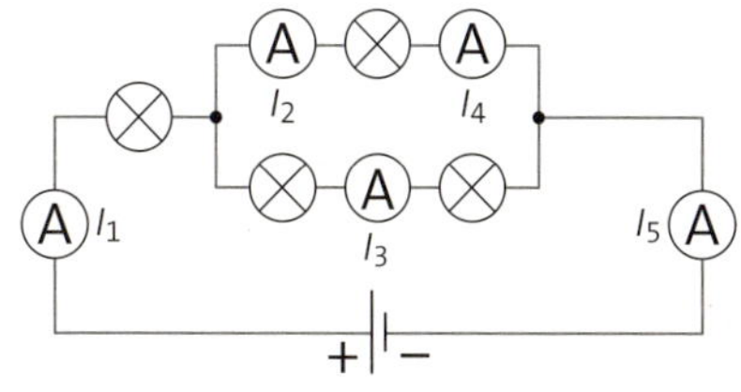

02

6 Im Durchschnitt beträgt die Wasserstromstärke des Rheins am Rheinfall (Schweiz) 373 $\frac{m^3}{s}$.

a) Berechne, wie viel Wasser an einem Tag den Rheinfall hinunter fließt.

b) Das Volumen der Allianz-Arena bei München beträgt ca. 1 900 000 m^3. Berechne, wie lange es dauern würde, bis die Allianz-Arena von einem solchen Wasserstrom gefüllt wäre.

7 Bei einem ISDN-Anschluss beträgt die maximale Datenstromstärke 64 $\frac{\text{kbit}}{\text{s}}$. Berechne die Downloadzeit für eine Datei der Größe 1,44 MByte. (8 bit = 1 Byte)

8 **a)** Erläutere die Aussagen zu ▸ Bild 03:
Ein Stromstärkemessgerät muss in Reihe zum Gerät geschaltet werden.
Ein Spannungsmessgerät muss parallel zur Batterie oder zum Gerät geschaltet werden.

b) Begründe: Ein Stromstärkemessgerät muss den Strom praktisch ungehemmt durchlassen.
Ein Spannungsmessgerät darf den Strom praktisch nicht durchlassen.

c) Ein Stromstärkemessgerät wird statt eines Spannungsmessgeräts eingebaut (oder umgekehrt). Beschreibe und erkläre, was geschieht.

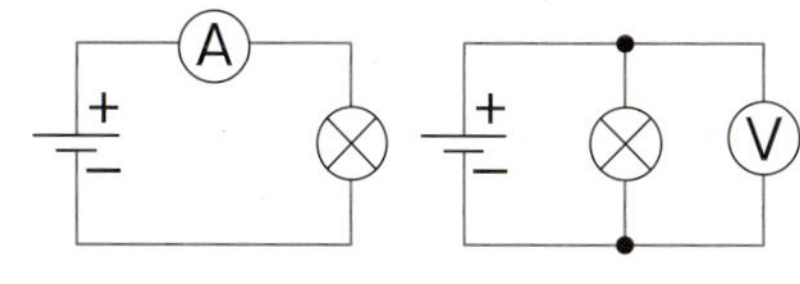

03

9 **a)** Zeichne Plan A aus ▸ Bild 04 ab und ersetze die Zahlen in den Kreisen sinnvoll durch das Messgerätezeichen A oder V.

b) Verfahre für Plan B im ▸ Bild 04 wie in a).

A

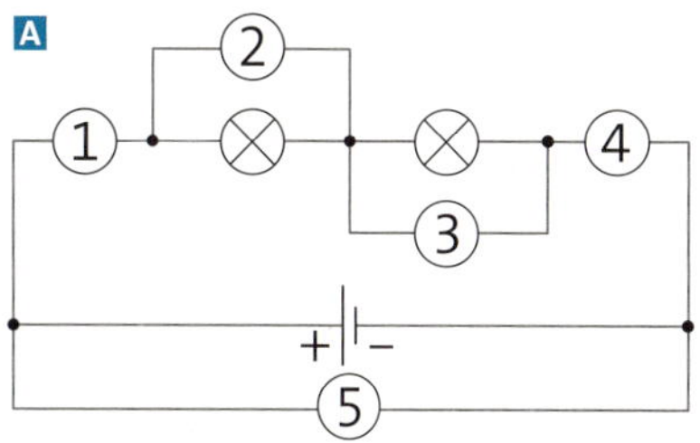

B

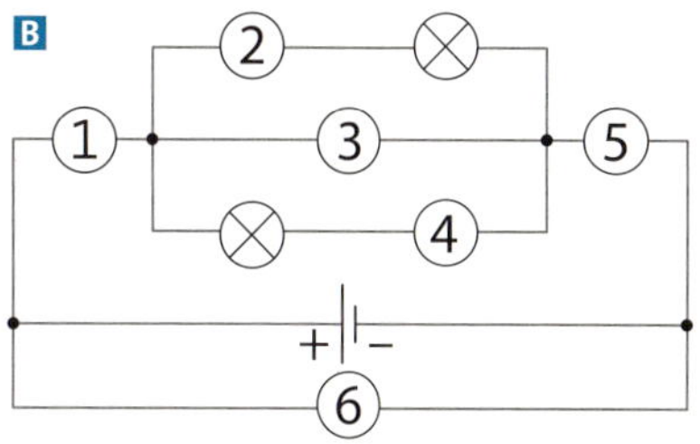

04

10 Victor hat die Stromstärke einer Glühlampe in Abhängigkeit von der Spannung gemessen:

U in V	0	2,0	4,0	6,0	8,0	10,0
I in A	0	1,1	1,8	2,3	2,6	2,8

a) Zeichne die *U*-*I*-Kennlinie.

b) Gib die Stromstärke bei einer Spannung von 3,0 V an.

c) Gib an, bei welcher Spannung die Stromstärke 2,5 A beträgt.

d) Bestimme für jedes gemessene Wertepaar den Widerstand. Zeichne die *U*-*R*-Kennlinie.

Die elektrische Leistung

11 Ein Toaster hat eine Leistung von 900 W und wird an der Steckdose (230 V) betrieben. Berechne die Stromstärke und den Widerstand.

12 Erläutere den Begriff Energiestromstärke.

01 In der Technik braucht man sowohl Leiter als auch Nichtleiter.

Elektrische Leiter

Das weißt du schon: Es gibt Stoffe, die den elektrischen Strom leiten und Stoffe, die ihn nicht leiten. Worin unterscheiden sich Leiter und Nichtleiter? Und was geschieht eigentlich bei der Elektrizitätsleitung genau?

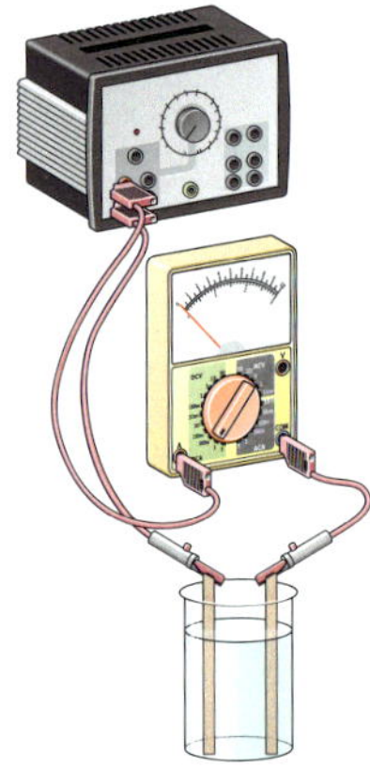

02 Wasser ohne Salz ist ein Nichtleiter – Salz ohne Wasser ebenso.

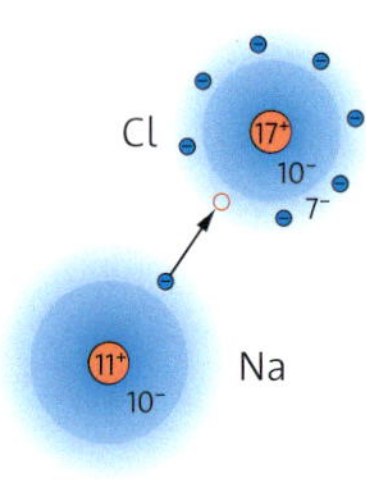

03 NaCl-Kristall

Metalle sind gute elektrische Leiter. Beispiele für Nichtleiter oder Isolatoren sind Kunststoff, Glas und Keramik. Wie ist es mit Wasser?

WASSER – EIN LEITER? · Wir untersuchen, ob destilliertes, also hochreines Wasser den Strom leitet (▸ Bild 02). Trotz angelegter Spannung beträgt die Stromstärke 0 A. Reines Wasser ist ein Isolator. Vielleicht weißt du noch, dass Wasser durch Zugabe von Salz elektrisch leitfähig wird. Wir rühren etwas Kochsalz in das Wasser. Anschließend steigt die Anzeige des Stromstärkemessgeräts stark an. Das Salz macht das Wasser leitfähig. Und wie ist es mit reinem Salz?

SALZ – EIN LEITER? · Wir tauschen das Becherglas mit Wasser durch ein Glas mit Kochsalz aus. Wir beobachten, dass die Stromstärke wieder 0 A beträgt. Salz ohne Wasser ist offensichtlich ein Isolator. Wasser ohne Salz auch. Warum leitet dann Salzwasser?

BEWEGLICHE LADUNGSTRÄGER · Du weißt, elektrischer Strom ist bewegte elektrische Ladung. In Metallen existieren pro Atom ein bis zwei bewegliche Elektronen, also insgesamt eine große Zahl freie elektrische Ladungsträger. In Nichtleitern wie Kunststoff, reinem Wasser und Kochsalz existieren fast keine beweglichen Ladungsträger. Nichtleiter können also keine Ladung transportieren.

Wenn man Kochsalz, also Natriumchlorid (NaCl), in Wasser löst, dann ändern beide Stoffe ihre Leitungseigenschaften.

IONEN · In Salzkristallen befinden sich positiv geladene Natrium-Ionen (Na^+) und negativ geladene Chlor-Ionen (Cl^-). Na^+-Ionen haben einen Elektronenmangel, Cl^--Ionen haben einen Elektronenüberschuss (▸ Bild 03). Im Wasser werden diese Ionen beweglich.
Die Na^+- und Cl^--Ionen sind die beweglichen Ladungsträger der Salzlösung.

Jetzt kennen wir den Unterschied zwischen Leitern und Nichtleitern. Leiter haben bewegliche Ladungsträger, Nichtleiter haben sie nicht.

Damit ein Stoff den elektrischen Strom leitet, muss er bewegliche Ladungsträger enthalten.

STROMRICHTUNG IN SALZLÖSUNGEN · Wir tauchen zwei Stäbe, sogenannte **Elektroden,** in eine Salzlösung ein (▸ Bild 04). Die eine Elektrode ist an den Pluspol, die andere an den Minuspol einer elektrischen Quelle angeschlossen. Zwischen den Elektroden liegt eine Spannung an. Du weißt, dass die Spannung der Antrieb für die Ladung ist. Gleichnamige Ladungen stoßen sich ab, ungleichnamige Ladungen ziehen sich an. So bewegen sich die negativen Ladungsträger der Salzlösung in Richtung der positiven Elektrode. Die positiven Ladungsträger bewegen sich in Richtung der negativen Elektrode.

Um eine Stromrichtung festzulegen, erinnern wir uns an die Stromleitung in Metallen. Diese Stromleitung kam durch die Elektronen zustande. Sie definiert unsere Stromrichtung.

Unsere Stromrichtung verläuft vom Minuspol zum Pluspol der elektrischen Quelle.

LADUNGSTRÄGER UND LADUNG · In der Salzlösung gibt es also zwei Bewegungen von Ladungsträgern. Heben sich diese beiden Ladungsträgerbewegungen nicht gegenseitig auf? Wenn das so wäre, dann müsste die Stromstärke im gesamten Stromkreis 0 A betragen. Das ist nicht der Fall. Die beiden Ladungsträgerbewegungen heben sich nicht auf.
Der Grund dafür ist, dass die Ionen unterschiedlich geladen sind. Stell dir vor, die Na^{+}-Ionen transportierten Guthaben und die Cl^{-}-Ionen Schulden. Ein „Schuldenstrom" von rechts nach links ist gleichbedeutend mit einem „Guthabenstrom" von links nach rechts. Deswegen tragen beide Ionenarten zu einem Ladungsstrom bei.

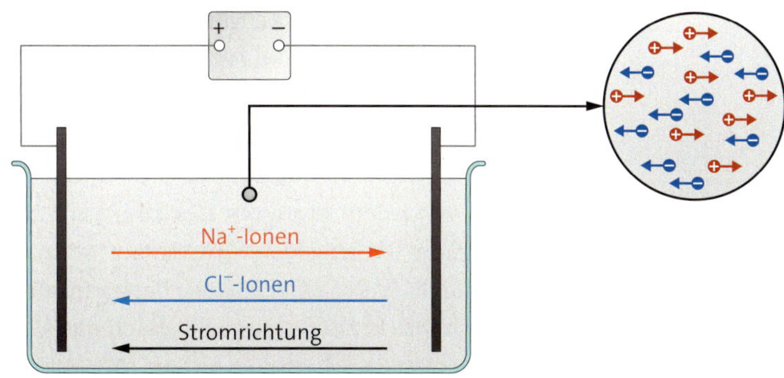

04 Ionenbewegung und Stromrichtung bei einer Salzlösung (schematisch)

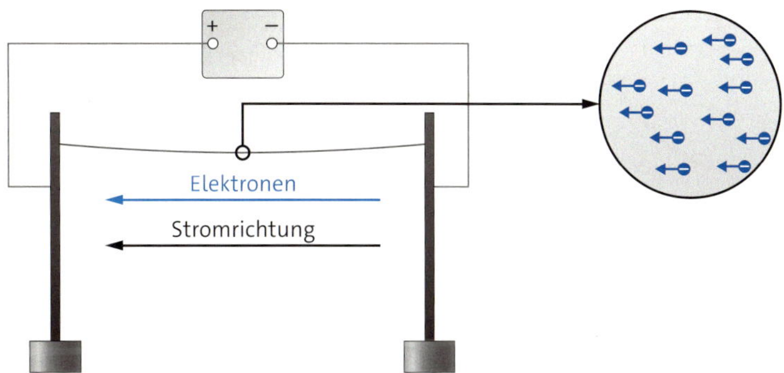

05 Elektronenbewegung und Stromrichtung bei einem Metall (schematisch)

In Salzlösungen bewegen sich positive Ionen zur negativen Elektrode und negative Ionen zur positiven Elektrode. Beide Ionenarten tragen zum elektrischen Strom bei.

LEITUNG IN METALLEN · Da Metalle sehr gute elektrische Leiter sind, müssen sie ebenfalls bewegliche Ladungsträger enthalten. Diese sind die dir bereits bekannten negativ geladenen Elektronen. Sie bewegen sich vom Minus- zum Pluspol der elektrischen Quelle (▸ Bild 05).

In Metallen bewegen sich Elektronen vom Minus- zum Pluspol.

1 Wenn man in einen Stromkreis Drähte aus unterschiedlichen Metallen einbaut, dann vermischen sich die Metalle niemals. Diese Beobachtung bestätigt die Hypothese von den Elektronen als bewegliche Ladungsträger. Begründe.

LEITER, HALBLEITER UND ISOLATOREN

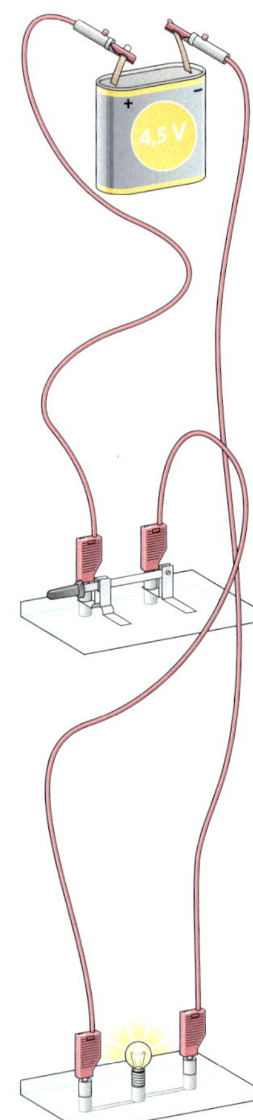

01 Wenn der Schalter geschlossen wird, dann leuchtet die Lampe sofort auf.

METALLE UND ELEKTRONEN · Ein Atom besteht aus einem Kern und einer Hülle aus Elektronen. Typisch für ein Metallatom ist, dass ein bis zwei Elektronen nur sehr schwach gebunden sind. Das führt dazu, dass sich in einem Metall von jedem Atom ein Elektron leicht ablösen kann. Die abgelösten Elektronen können sich durch das ganze Metall bewegen. Die Atomrümpfe können sich nicht durch das Metall bewegen. Sie schwingen nur um ihre Mittellage. Je höher die Temperatur, desto stärker schwingen sie.

ELEKTRIZITÄTSLEITUNG IM MODELL · Wir betrachten einen Stromkreis mit einer Glühlampe (▸ Bild 01). Wenn man den Schalter schließt, dann leuchtet die Lampe sofort – gleichgültig, wie lang die Kabel sind. Daraus folgt, dass sich die Elektronen im Stromkreis alle gleichzeitig in Bewegung setzen. Die Ursache dafür ist die Spannung zwischen den Polen der elektrischen Quelle, die die Elektronen im gesamten Stromkreis antreibt.

Warum benötigen die Elektronen einen Antrieb? Dies erklären wir im Modell folgendermaßen: Durch Stöße mit den schwingenden Atomrümpfen werden die Elektronen in ihrer Bewegung ständig gehemmt. Deswegen müssen die Elektronen ständig angetrieben werden. Dieses Hemmen der Elektronenbewegung kennst du als elektrischen Widerstand.

Wenn wir die Spannung vergrößern, dann vergrößern wir den Antrieb der Elektronen. Die Stromstärke steigt (▸ Bild 02).

WIDERSTAND UND TEMPERATUR · Wir untersuchen, wie sich der Widerstand eines metallischen Drahts beim Erhitzen ändert. Ein gewendelter Eisendraht ist an eine elektrische Energiequelle angeschlossen (▸ Bild 03). Wenn wir den Draht erhitzen, dann nimmt die Stromstärke ab. Die Spannung ist konstant geblieben. Der Widerstand $R = \frac{U}{I}$ ist also mit zunehmender Temperatur gestiegen.

Im Modell können wir das folgendermaßen verstehen. Wenn sich ein Körper erwärmt, dann nimmt die Schwingung der Atome des Körpers zu. Je stärker die Atome schwingen, desto mehr wird die Elektronenbewegung gehemmt. Je höher die Temperatur des Metalls ist, desto größer ist folglich der Widerstand.

/// In Metallen nimmt der elektrische Widerstand mit zunehmender Temperatur zu.

WÄRMEWIRKUNG · Ein Draht kann so heiß werden, dass er glüht. Dies ist ein Beispiel für die Wärmewirkung des Stroms. Die Elektronen übertragen durch Zusammenstöße mit den Atomrümpfen ständig einen Teil ihrer Energie. Dadurch schwingen die Atomrümpfe stärker und die Temperatur des Metalls steigt. Damit die Elektronen ihre mittlere Geschwindigkeit beibehalten, müssen sie ständig Energie von der elektrischen Energiequelle erhalten. Die Übertragung der Energie von der Quelle auf die Elektronen erfolgt über die anliegende Spannung.

1 Erkläre die Veränderung des Widerstandes von Metallen bei Temperaturveränderung.

02 Je größer die Spannung ist, desto größer ist auch die Stromstärke.

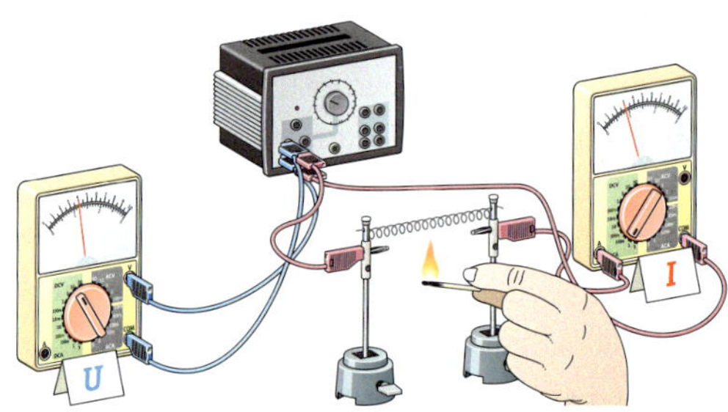

03 Beim Erhitzen des Eisendrahts nimmt die Stromstärke ab.

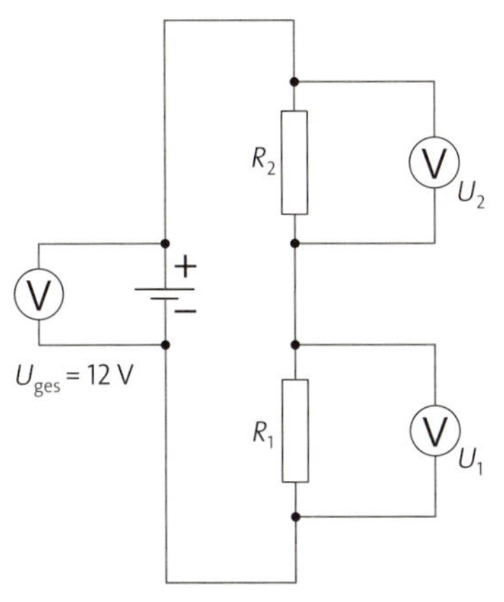

04 Spannungsteilerschaltung

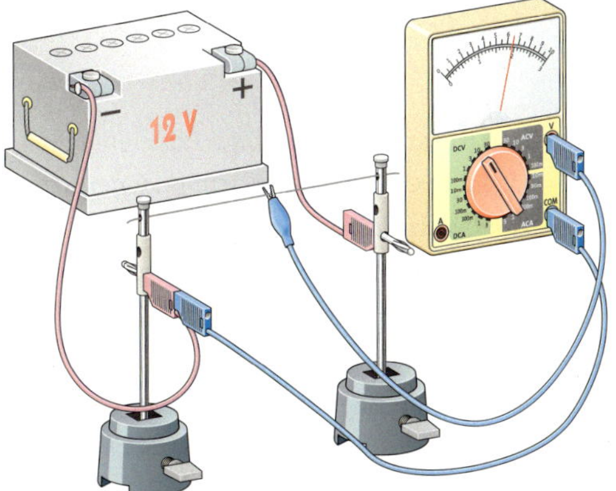

05 Potenziometerschaltung – Nachbau

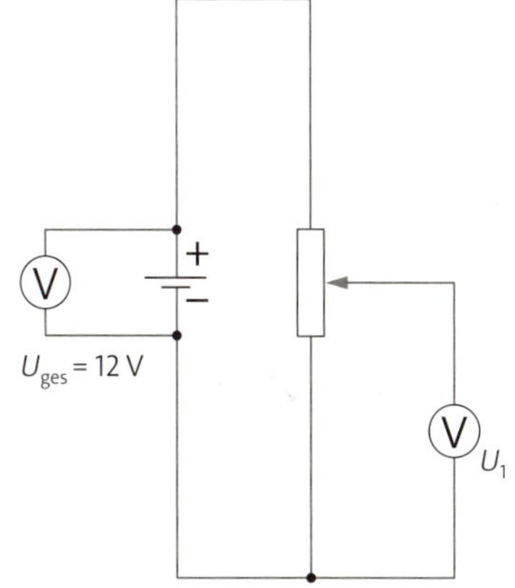

06 Potenziometerschaltung

SPANNUNGSTEILER UND POTENZIOMETER · Häufig ist es erforderlich, eine Spannung zu regeln, ohne die Spannung am Netzgerät zu verändern. Dies gelingt mit einem sogenannten Potenziometer. Dieses ist im Wesentlichen ein regelbarer Widerstand. Ein Potenziometer besteht z.B. aus einem langen dünnen Draht, der auf einen Ring oder ein Rohr gewickelt ist. Ein Potenziometer hat drei Anschlüsse (▸ Bild 08). Die beiden äußeren sind die Drahtenden. Der mittlere Anschluss ist mit einem Gleitkontakt verbunden, den man auf dem Draht entlang verschieben kann. Damit lässt sich der Widerstand zwischen 0 Ω und dem aufgedruckten Maximalwert verändern. Dieser Gleitkontakt teilt den Gesamtwiderstand des Drahtes in zwei Teilwiderstände auf, die in Reihe geschaltet sind (▸ Bild 04). Du weißt bereits, dass sich die Spannungen an einem Widerstand proportional zum Wert des Widerstands verhalten, $U \sim R$. Es gilt also:

$$\frac{U_1}{R_1} = \frac{U_2}{R_2} = \frac{U_{ges}}{R_{ges}}.$$

Im ▸ Bild 05 siehst du, dass der Widerstandsdraht mit der blauen Abgreifklemme in zwei Widerstände geteilt wird. Je weiter die Abgreifklemme nach links verschoben wird, desto kleiner wird der Widerstand zwischen den beiden Klemmen. ▸ Bild 06 zeigt die gleiche Schaltung in symbolischer Form.

A

B
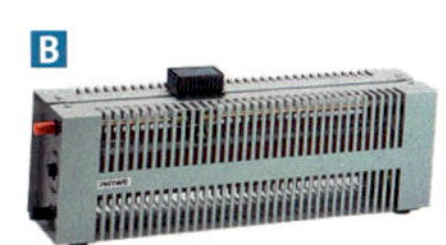

C
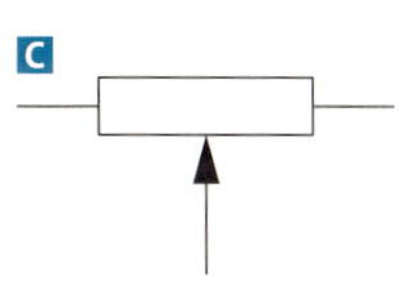

08 Potenziometer:
A Drehpotenziometer,
B Schiebepotenziometer,
C Schaltsymbol

BLICKPUNKT

Der Joystick

Am Computer arbeitest du mit einer Maus und vielleicht mit einem Joystick. Wie wird die Bewegung des Joysticks in der Ebene erfasst? Für die Erfassung benötigt man zwei Koordinaten, die x- und die y-Koordinate. Jeder Koordinate wird ein Potenziometer zugeordnet. Im ▸ Bild 07 siehst du zwei Potenziometer – eins für die Bewegung in x-Richtung und eins für die Bewegung in y-Richtung. Je nach Bewegung des Joysticks ändert sich die Einstellung der Potenziometer. So kann jeder x- und jeder y-Koordinate ein bestimmter Widerstand zugeordnet werden.

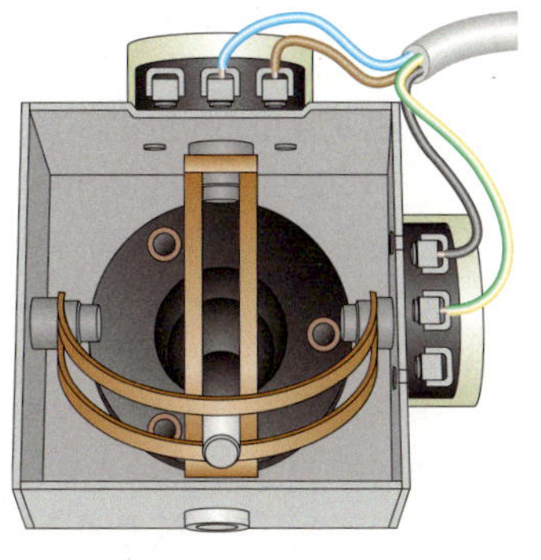

07 Joystick, Innenansicht

BLICKPUNKT

Sensoren

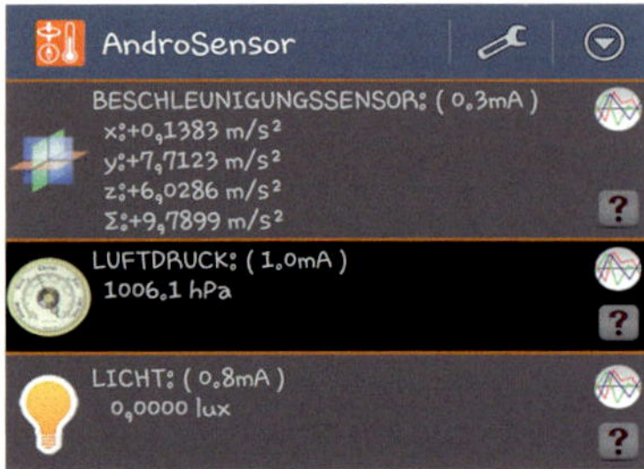

01 Screenshot „AndroSensor"

A

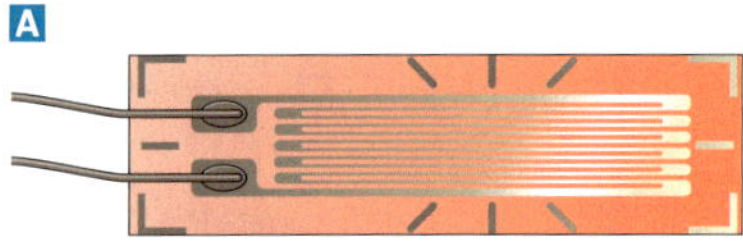

B

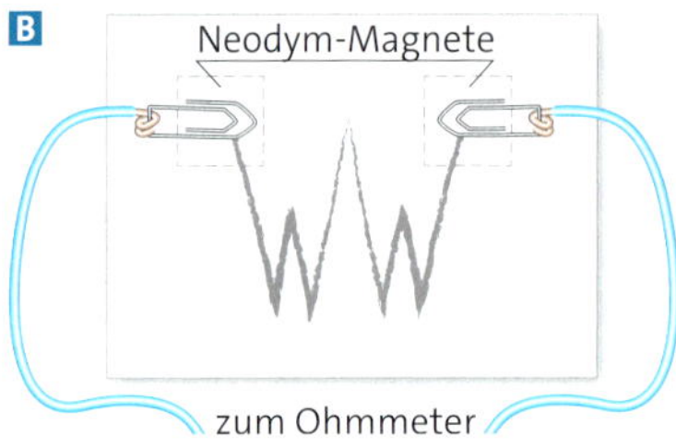

02 **A** Dehnungsmessstreifen, **B** Versuch zum Dehnungsmessstreifen

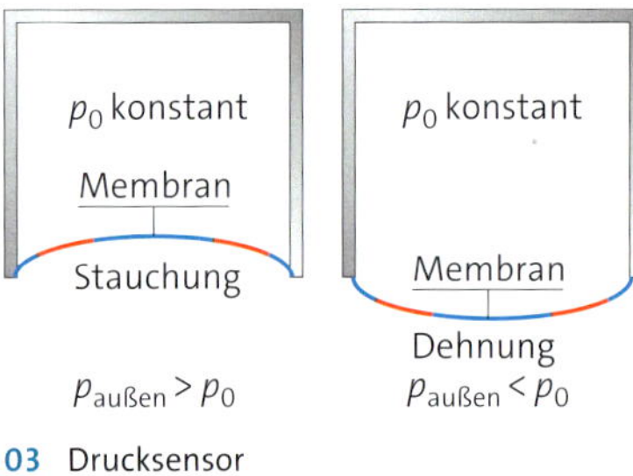

03 Drucksensor

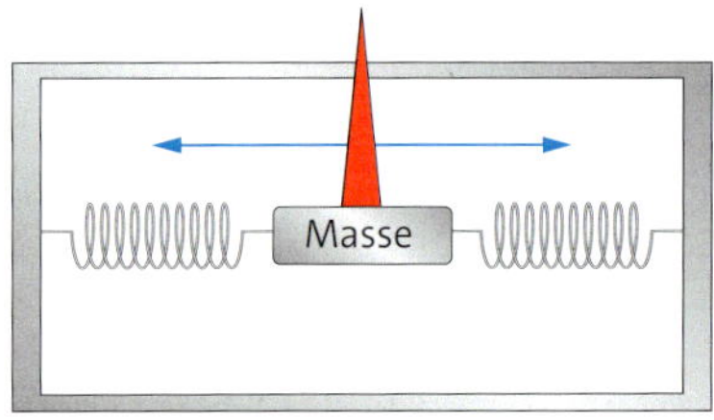

04 Beschleunigungssensor

Dein Smartphone verfügt über eine Vielzahl von Sensoren, mit denen du diverse Messungen aufnehmen kannst. ▸ Bild 01 zeigt eine App, mit der du einige der Sensoren auslesen kannst. Diese Apps sind sowohl für Android, als auch für iOS kostenlos erhältlich. Mithilfe dieser Sensoren ist es möglich, deine Position zu bestimmen, die Himmelsrichtung anzuzeigen und deinen Bildschirm zu drehen, wenn du dein Smartphone in eine andere Position bringst.
Wie funktionieren diese Sensoren? Die meisten Sensoren erfassen eine Änderung des Widerstandes.

Dehnungsmessstreifen · Diese werden zur Messung von Drücken und Kräften eingesetzt (▸ Bild 02 A).
Auf einen Kunststofffilm wird eine dünne Schicht eines leitenden Materials aufgebracht. Durch Dehnung oder Stauchung des Messstreifens ändert sich die Dicke der Schicht und somit der elektrische Widerstand. Du weißt, dass der Widerstand R proportional zur Querschnittsfläche A und antiproportional zur Länge l eines Leiters ist. Ändert sich eine der Größen, dann ändert sich auch der Widerstand:

$$R = \rho \cdot \frac{l}{A}.$$

Ein einfacher Versuch wie im ▸ Bild 02 B zeigt die Wirkung eines Dehnungsmessstreifens. Mit einem weichen Bleistift wurde ein W, Strichbreite 5 mm, auf ein Blatt Papier gezeichnet. Wenn man die ausgemalte Fläche über eine Kante zieht, dann ändert sich die Stromstärke im Stromkreis. Also muss sich der Widerstand des „Dehnungsmessstreifens" ändern. Beim Strecken wird er größer und beim Stauchen kleiner.
Neben dem Einsatz im Smartphone, werden Dehnungsmessstreifen auch in Brücken und in Tragflächen von Flugzeugen eingesetzt, um Verformungen frühzeitig zu erkennen.

Drucksensor · Der Drucksensor wandelt eine Druckdifferenz in ein elektrisches Signal um (▸ Bild 03). In einer mit einer Membran abgeschlossenen Kammer besteht ein konstanter Druck. Wenn sich der Außendruck vergrößert, dann wird die Membran nach innen gedrückt. Ist der Außendruck geringer als der Druck in der Kammer, dann wölbt sich die Membran nach außen. Je nach Wölbung werden die Dehnungsmessstreifen (rot) auf der Membran gedehnt oder gestaucht. Ihr Widerstand ändert sich.

Beschleunigungssensor · Dein Smartphone verfügt über drei Beschleunigungssensoren. ▸ Bild 01 zeigt die Messwerte des Beschleunigungssensors in x-, y- und z-Richtung. Den prinzipiellen Aufbau zeigt ▸ Bild 04. Solange dein Smartphone ruht oder sich gleichförmig bewegt, befindet sich die Masse zwischen den Federn in der Mittellage. Je stärker dein Smartphone beschleunigt wird, desto stärker bewegt sich die Masse entgegen der Beschleunigungsrichtung. Du kennst das, wenn du z. B. in einem bremsenden Bus stehst. Die Auslenkung der Masse wird registriert.

Material A ▸ Leiter und Isolatoren

A1 Zur Isolation an Hochspannungsleitungen verwendet man Porzellan. Erkläre, warum man nicht andere Isolatoren wie Kunststoff, Glas oder Gummi benutzt.

A2 Die LED im ▸ Bild rechts leuchtet nicht, obwohl der Stromkreis geschlossen ist. Begründe, welche Dinge man durch ein Drahtstück ersetzen sollte, damit die LED leuchtet.

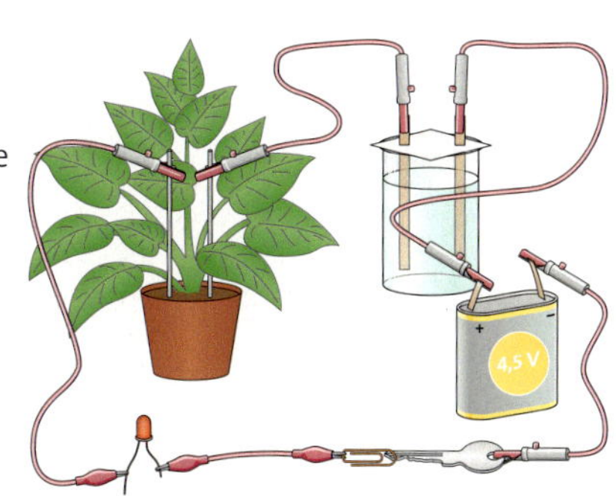

Material B ▸ Kennlinien

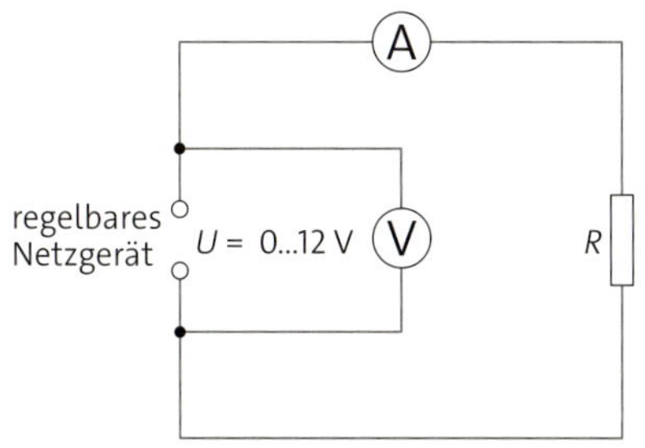

05 Schaltung zur Aufnahme der U-I-Kennlinie

B1 Nimm mithilfe der Schaltung im ▸ Bild 05 die Kennlinie
a) eines Lämpchens und
b) eines Widerstands auf.
Stelle die Messwerte in einem U-I-Diagramm dar.
Erkläre den Verlauf der Kennlinien.

U in V	I in mA	U in V	I in mA
0	0	5	16
1	3	8	25
2	6	10	30
3	10	12	36

B2 a) Die Tabelle oben zeigt eine neue Messung. Stelle die Messwerte mithilfe einer Tabellenkalkulation in einem U-I-Diagramm dar.
b) Ist es sinnvoll eine Ausgleichsgerade durch die Messwerte zu legen? Begründe.

Material C ▸ Temperaturmessung mit Widerständen

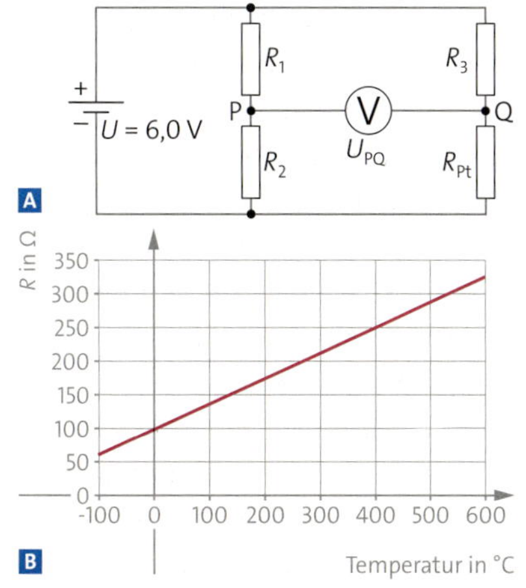

06 **A** Schaltung, **B** ϑ-R-Diagramm

In digitalen Thermometern wird die Temperatur elektrisch gemessen. Dafür eignet sich nebenstehende Schaltung. Dabei sind R_1, R_2 und R_3 Festwiderstände mit exakt 100,0 Ω. R_{Pt} ist ein temperaturabhängiger Platinwiderstand, der bei 0 °C ebenfalls einen Widerstand von exakt 100,0 Ω hat. Die genaue Abhängigkeit des Platinwiderstands von der Temperatur zeigt das Diagramm. Um die Temperatur zu bestimmen, wird die Spannung zwischen den Punkten P und Q gemessen. Aus dieser Spannung wird die Temperatur elektronisch berechnet.

C1 a) Bestimme die Spannung U_{PQ} zwischen den beiden Punkte P und Q bei 0 °C. Begründe, dass die Spannung U_{PQ} bei einer Temperatur von 0 °C exakt null ist.
b) Beschreibe, wie sich die Spannung U_{PQ} ändert, wenn die Temperatur größer bzw. kleiner als 0 °C ist. Begründe.
c) Bestimme, bei welcher Temperatur R_{Pt} = 200,0 Ω ist. Berechne die zugehörige Spannung U_{PQ}.
d) Bestimme die Temperatur, wenn die Spannung U_{PQ} = 1,5 V beträgt.

01 Die „Netzhaut“ einer Digital Kamera, ein CCD-Chip

Halbleiter

CCD: Abkürzung für charge-coupled device (ladungsgekoppeltes Bauteil)

Nicht nur der CCD-Chip einer Digitalkamera, auch Smartphones, TV-Geräte und Computer, alle elektronischen Geräte enthalten Bauteile aus Halbleitern. Sie sind das Ausgangsmaterial zur Herstellung von Prozessoren, Speichern, Leuchtdioden, Solarzellen usw. Was ist das Besondere an Halbleitern?

NICHT LEITER, NICHT ISOLATOR · Halbleiter stehen in ihrer Fähigkeit, den elektrischen Strom zu leiten, zwischen Leitern und Isolatoren. Dies allein erklärt jedoch nicht ihre Besonderheit. Interessant ist, dass sich die Leitfähigkeit von Halbleitern auf viele Arten beeinflussen lässt.

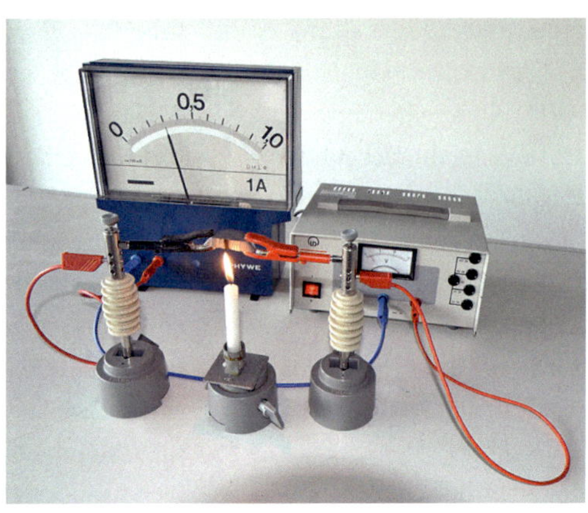

02 Beim Erhitzen des Siliciums steigt die Stromstärke

TEMPERATURABHÄNGIGKEIT · Wir betrachten als Halbleiter ein Stück Silicium, das in einen Stromkreis eingebaut ist (▸ Bild 02). Wir legen eine Spannung von ca. 2 V an. Die Stromstärke ist bei Raumtemperatur sehr gering. Der Widerstand des Siliciums ist also sehr groß.
Jetzt erwärmen wir das Silicium (▸ Bild 02). Die Stromstärke steigt stark an. Im Gegensatz zu Metallen, nimmt der Widerstand bei Halbleitern bei Erwärmung ab. Wenn wir das Silicium wieder abkühlen, dann nimmt auch die Stromstärke ab, der Widerstad wird also größer.

In Halbleitern nimmt der elektrische Widerstand mit zunehmender Temperatur ab.

HALBLEITER IM KRISTALLGITTERMODELL · Warum verhalten sich Halbleiter ganz anders als Metalle? Um das zu verstehen, betrachten wir den Aufbau von Silicium. Im Periodensystem der Elemente befindet sich Silicium in der vierten Hauptgruppe. Ein Siliciumatom kann also vier Bindungen mit benachbarten Atomen eingehen. Dadurch entsteht eine regelmäßige räumliche Struktur, ein Kristallgitter. In diesem Kristallgitter ist jedes der Atome von vier Nachbaratomen umgeben.

Ein Siliciumatom hat vier äußere Elektronen. Jedes dieser vier äußeren Elektronen geht eine Bindung mit einem Elektron des Nachbaratoms ein (▸ Bild 03) Diese Bindungen sind sehr stabil und ortsfest. Sie werden als **Elektronenpaarbindungen** bezeichnet.

Bei sehr tiefen Temperaturen sind die Elektronen in Halbleitern, anders als in Metallen, fest gebunden. Da sie die Bindungen nicht ohne weiteres verlassen können, gibt es keine beweglichen Ladungsträger. Deswegen ist reines Silicium ein guter Isolator – zumindest bei sehr tiefen Temperaturen.

SILICIUM WIRD ZUM LEITER · Steigt die Temperatur, so nimmt die Leitfähigkeit langsam zu. Mit zunehmender Temperatur lösen sich die Elektronenpaarbindungen teilweise auf (▸ Bild 04 A, B).

Die Elektronen sind jetzt nicht mehr so stark an die Atome gebunden. Wenn man eine Spannung an das Silicium anlegt, dann bewegen sich die freien Elektronen in Richtung des Pluspols der elektrische Quelle (▸ Bild 05).

Dabei hinterlässt jedes herausgelöste Elektron ein sogenanntes **Loch.** Der Bereich um dieses Loch ist jetzt positiv geladen, da ein Elektron fehlt. Das Loch kann von einem Elektron einer benachbarten Elektronenpaarbindung gefüllt werden (▸ Bild 05). Das Loch, das eine positive Ladung darstellt, bewegt sich in Richtung des Minuspols der elektrischen Quelle.

Silicium hat somit zwei Sorten beweglicher Ladungsträger. Liegt eine Spannung an, dann bewegen sich die Elektronen in Richtung Pluspol. Gleichzeitig bewegen sich die Löcher in Richtung Minuspol.

Was wir hier für Silicium erklärt haben, gilt für Halbleiter allgemein.

In Halbleitern bewegen sich negativ geladene Elektronen in Richtung Pluspol und positiv geladene Löcher in Richtung Minuspol der elektrischen Quelle. Beide Ladungsträger tragen zu einem elektrischen Strom bei.

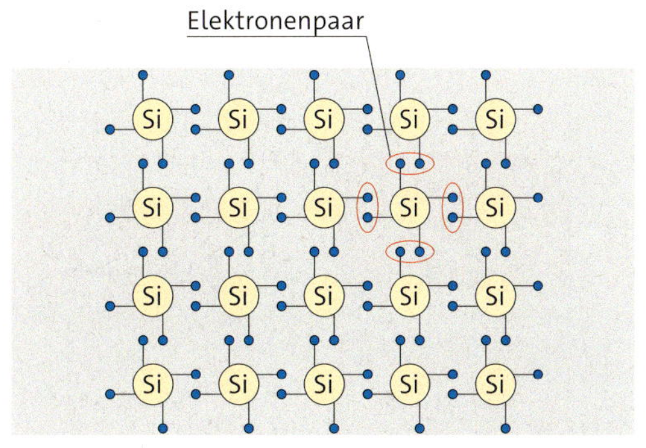

03 Kristallgittermodell

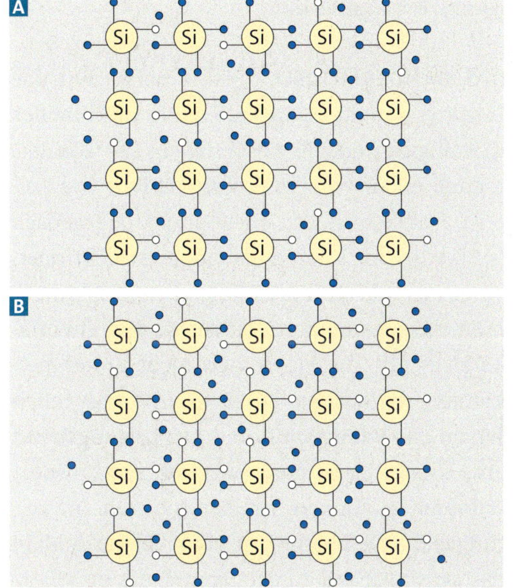

04 Kristallgittermodell bei **A** leichter und **B** starker Erwärmung

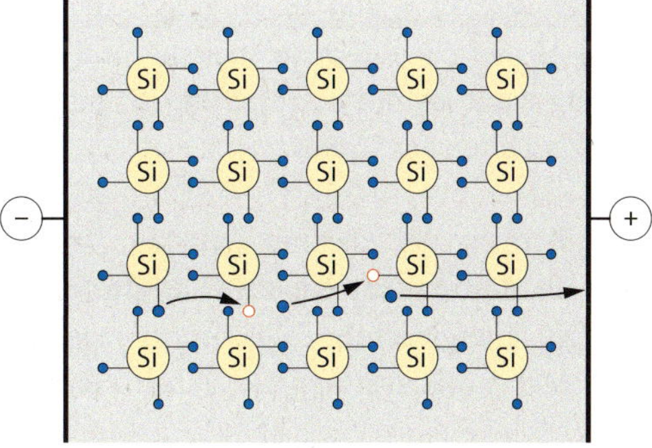

05 Kristallgittermodell mit angelegter Spannung

1 Je stärker die Atome schwingen, desto mehr werden die beweglichen Ladungsträger gebremst. Dennoch nimmt der Widerstand von Halbleitern mit zunehmender Temperatur nicht zu, sondern ab. Erkläre.

LEITER, HALBLEITER UND ISOLATOREN

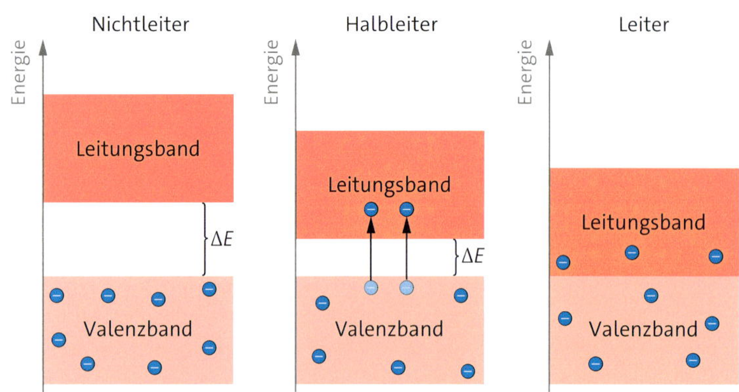

01 Nichtleiter, Halbleiter und Leiter im Bändermodell

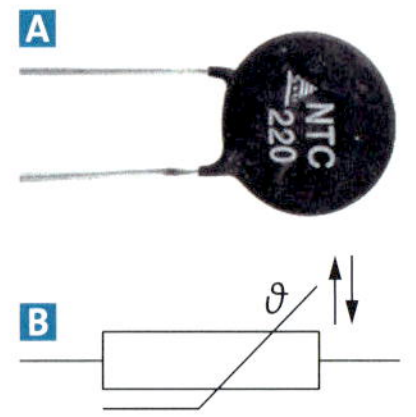

B

02 Heißleiter **(A)** mit Schaltsymbol **(B)**

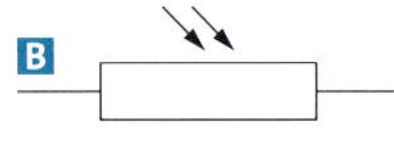

03 LDR **(A)** mit Schaltsymbol **(B)**

DAS BÄNDERMODELL · Bisher haben wir das Leitungsverhalten von Halbleitern mithilfe des Kristallgittermodells beschrieben. Das Bändermodell erklärt das Leitungsverhalten von Leitern, Halbleitern und Nichtleitern energetisch (▸ Bild 01). An Atome gebundene Elektronen können nur bestimmte Energiebereiche annehmen, die sogenannten Bänder. Es gibt Energiebereiche, die die Elektronen nicht annehmen können, die **Lücken.** Die Energiebänder teilen wir in das **Valenzband** und das **Leitungsband** ein. Damit Elektronen am Ladungstransport teilnehmen können, müssen sie sich im Leitungsband befinden. Um vom Valenzband in das Leitungsband zu gelangen, muss den Elektronen eine bestimmte Menge an Energie zugeführt werden (▸ Bild 01). Je größer der Abstand ΔE zwischen dem Valenzband und dem Leitungsband ist, desto schlechter ist das Leitungsverhalten des Stoffes.

Bei Leitern ist der Abstand zwischen Valenzband und Leitungsband so klein, dass er durch geringe Energiezufuhr überbrückt werden kann. Manchmal überlappen sich beide Bänder sogar.

Bei Nichtleitern ist der Abstand zwischen den Bändern sehr groß. Ein Wechsel von Elektronen ins Leitungsband ist nur sehr schwer möglich.

Bei Halbleitern kann man den Elektronen die zur Überbrückung der Lücke nötige Energie ΔE auf verschiedene Weise zuführen.

ENERGIEZUFUHR THERMISCH · Die Leitfähigkeit hängt bei Halbleitern besonders stark von der Temperatur ab. Bei Silicium z.B. verdoppelt sich die Anzahl der Ladungsträger, wenn die Temperatur um etwa 30 K erhöht wird. Diesen Effekt nutzt man beim sogenannten **Heißleiter,** dem **NTC** (englisch: **N**egative **T**emperature **C**oefficient), aus (▸ Bild 02). Je höher seine Temperatur ist, desto besser leitet er.

ENERGIEZUFUHR DURCH LICHT · Die Energie kann auch durch Licht zugeführt werden. Diese Eigenschaft wird beim sogenannten **Fotowiderstand** bzw. **LDR** (**L**ight **D**ependend **R**esistor) ausgenutzt (▸ Bild 03). Je intensiver der LDR mit Licht bestrahlt wird, desto mehr Ladungsträger werden in das Leitungsband gehoben. Der Widerstand des LDR wird kleiner.

Je nach Beleuchtungsstärke kann der Widerstand eines LDR zwischen einigen Megaohm und Werten unter einem Kiloohm variieren.

DOTIEREN VON HALBLEITERN · Silicium ist bei Raumtemperatur ein schlechter Leiter. Durch Zugabe von Fremdstoffen kann man die Leitfähigkeit von Silicium erhöhen. Man nimmt dazu Elemente aus der dritten oder aus der fünften Hauptgruppe. Die Konzentration der Fremdatome ist extrem gering. Nur etwa jedes zehntausendste bis millionste Siliciumatom wird durch ein Fremdatom ersetzt. Man sagt, Silicium ist **dotiert.**

N-DOTIERUNG · Wir betrachten zuerst die Dotierung mit einem Element aus der fünften Hauptgruppe, z.B. Phosphor. Dabei werden einige wenige Siliciumatome durch Phosphoratome ersetzt. Ein eingebautes Phosphoratom ist wie jedes Siliciumatom von vier benachbarten Atomen umgeben. Ein Phosphoratom hat aber fünf äußere Elektronen und damit eines mehr, als für die vier Bindungen benötigt wird. Folglich befindet sich ein Elektron nicht in einer Elektronenpaarbindung (▸ Bild 04). Dieses Elektron löst sich leicht vom Phosphoratom ab und ist anschließend frei beweglich. Dem Phosphoratom fehlt nun ein Elektron, es ist also positiv geladen. Der Halbleiter ist insgesamt elektrisch neutral. Da die beweglichen Ladungsträger Elektronen sind, spricht man vom **n-dotierten** Halbleiter.

Im Bändermodell stellen wir uns die n-Dotierung so vor: Durch das Phosphoratom gibt es ein schwach gebundenes Elektron. Es entsteht ein Zwischenband mit einem geringen Abstand zum Leitungsband. Das Elektron benötigt relativ wenig Energie, um vom Valenzband ins Leitungsband zu wechseln.

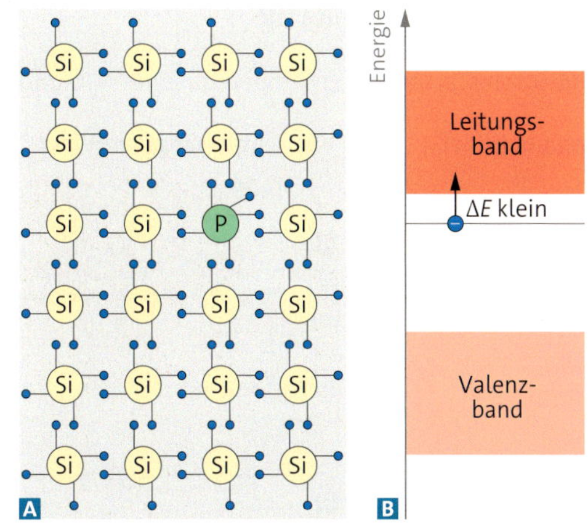

04 n-Halbleiter mit Phosphor dotiert: **A** Kristallgittermodell, **B** Bändermodell

P-DOTIERUNG · Bei der Dotierung mit einem Element aus der dritten Hauptgruppe werden einige Siliciumatome durch z.B. Boratome ersetzt. Ein eingebautes Boratom ist wieder von vier benachbarten Siliciumatomen umgeben. Es hat aber nur drei äußere Elektronen und damit eines für die vier Elektronenpaarbindungen zu wenig (▸ Bild 05).

Eine der Elektronenpaarbindungen hat also eine Lücke. Diese Lücke wird leicht von einem Elektron einer benachbarten Elektronenpaarbindung aufgefüllt. Dadurch entsteht in den Elektronenpaarbindungen ein bewegliches positiv geladenes Loch. Das Boratom hat nun ein zusätzliches Elektron, es ist also negativ geladen. Der Halbleiter ist insgesamt elektrisch neutral. Da die beweglichen Ladungsträger positive Löcher sind, spricht man vom **p-dotierten** Halbleiter.

Im Bändermodell: Durch das Bor fehlt im Valenzband ein Elektron. Elektronen von den Siliciumatomen können unter geringem Energieaufwand in diese Lücke springen. Das Leitungsband spielt hier kaum eine Rolle, da es nur wenige freie Elektronen im Leitungsband gibt.

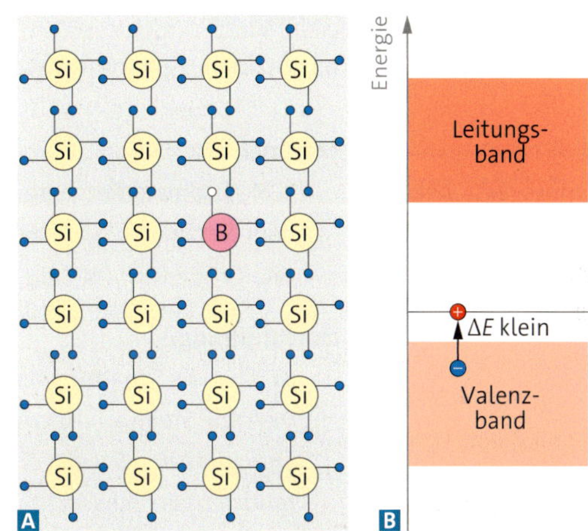

05 p-Halbleiter mit Bor dotiert: **A** Kristallgittermodell, **B** Bändermodell

Durch Dotieren mit einem Element aus der fünften Hauptgruppe erhält man einen n-dotierten Halbleiter. Durch Dotieren mit einem Element aus der dritten Hauptgruppe erhält man einen p-dotierten Halbleiter.

1 Nenne für den NTC und den LDR mindestens eine technische Anwendung und beschreibe deren Funktion.

2 NTCs und LDRs nutzen die Eigenschaft von Halbleitern, bei Energiezufuhr ihre Leitungseigenschaften zu verändern. Beschreibe dieses Verhalten mithilfe eines geeigneten Modells.

3 Silicium wird mit Stickstoff, Kohlenstoff oder Aluminium dotiert. Erläutere, wie sich dies auf die Art und die Anzahl der beweglichen Ladungsträger auswirkt.

Beim n-dotierten bzw. p-dotierten Halbleiter spricht man häufig auch von der n-Leitung bzw. p-Leitung.

VERSUCHE ▸ Versuche mit NTC und LDR

Du untersuchst, wie die Stromstärke von der Temperatur eines NTC und der Beleuchtung eines LDR abhängt.

V1 Temperaturabhängiger Widerstand

A

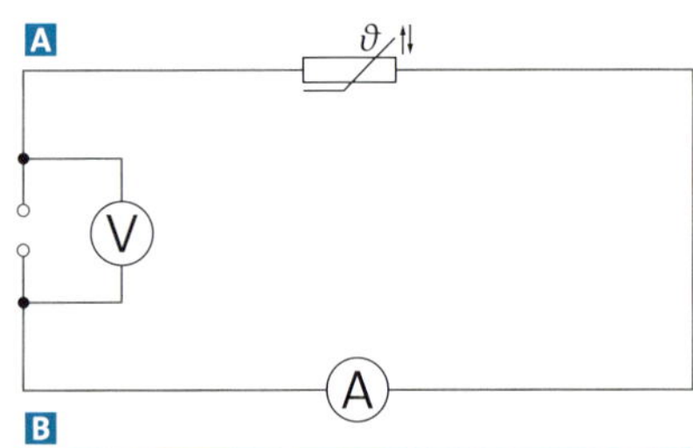

B

Temperatur	I in mA
Raumtemperatur	
Körpertemperatur	
Nach Reiben	

01 **A** Schaltung mit NTC, **B** Messwerte

Material:

NTC, Stromstärkemessgerät, Akku oder Netzgerät, Spannungsmessgerät

Durchführung:

a) Baue die Schaltung nach ▸ Bild 01 A auf. Stelle am Netzgerät eine Spannung von 6 V ein und ändere sie nicht mehr. Durch Anfassen oder Reiben mit den Fingern kannst du den NTC unterschiedlich stark erwärmen.
b) Miss die Stromstärke in Abhängigkeit von der Temperatur des NTC und trage sie in eine Tabelle ein (▸ Bild 01 B).
c) Beschreibe deine Beobachtungen und vergleiche diese mit denen, die du bei der Erwärmung eines Eisendrahts machen konntest.
d) Erkläre beide Beobachtungen in einem geeigneten Modell.
e) Du hast die wesentlichen Eigenschaften des NTC kennengelernt. Entwickle eine Möglichkeit zum technischen Einsatz.

V2 Lichtabhängiger Widerstand

A

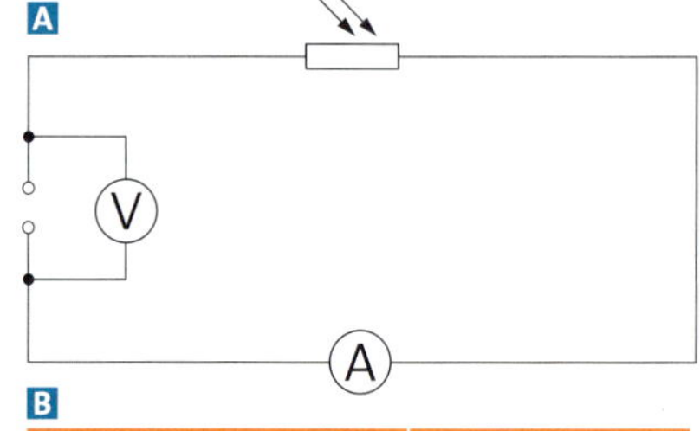

B

Temperatur	I in mA
Abgedunkelt	
Raumlicht	
Beleuchtet	

02 **A** Schaltung mit LDR , **B** Messwerte

Material:

LDR , Stromstärkemessgerät, Akku oder Netzgerät, Spannungsmessgerät

Durchführung:

a) Baue die Schaltung nach ▸ Bild 02 A auf. Stelle am Netzgerät eine Spannung von 6 V ein, die du während des Versuchs nicht veränderst. Durch Abdecken oder Drehen des LDR kannst du die Beleuchtung verändern.
b) Miss die Stromstärke in Abhängigkeit von der Beleuchtung des LDR und trage sie in eine Tabelle ein (▸ Bild 02 B).
c) Beschreibe deine Beobachtungen.
d) Erkläre deine Beobachtungen in einem geeigneten Modell.
e) Du hast die wesentlichen Eigenschaften des LDR kennengelernt. Entwickle eine Möglichkeit zum technischen Einsatz.

V3 Beleuchtung in verschiedenen Abständen

Abstand s in cm	Stromstärke I in mA	Widerstand R in Ω (berechnet)
10		
...		
...		
50		

03 Messwerte

Material:

LDR , Amperemeter, Akku oder Netzgerät, Voltmeter, langes Lineal, Taschenlampe oder Lampe aus Schülerübungen mit Akku oder Netzgerät.

Durchführung:

a) Baue die gleiche Schaltung wie in V2 auf. Positioniere vor dem LDR eine Lampe und das Lineal. Achte darauf, dass nur wenig Raumlicht auf den LDR fällt.
b) Miss die Stromstärke in Abhängigkeit vom Abstand s zwischen Lampe und LDR.
c) Berechne den Widerstand. Stelle den Widerstand in Abhängigkeit vom Abstand der Lampe in einem Diagramm dar.
d) Finde einen mathematischen Zusammenhang zwischen Abstand und Widerstand.
e) Bewerte den in d) gefundenen Zusammenhang.

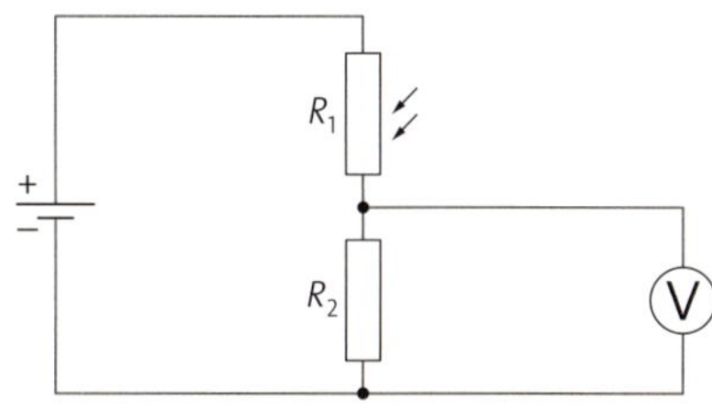

04 Lichtabhängige Spannung (zu V4)

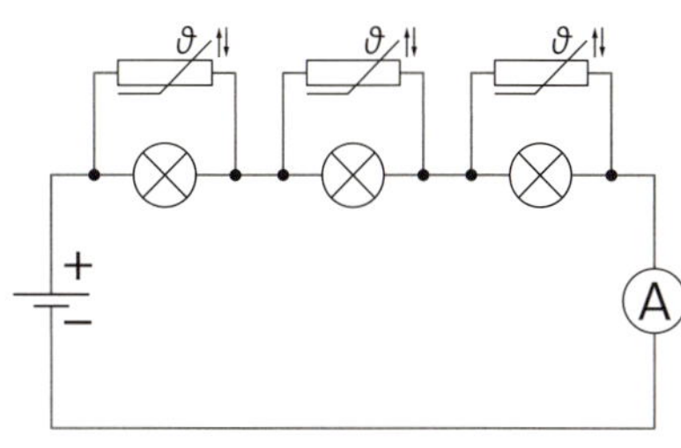

05 Zur Lichterkette (zu V5)

V4 Lichtabhängige Spannung

Material:

LDR, Festwiderstand, Akku oder Netzgerät, Spannungsmessgerät

Durchführung:

a) Baue die Schaltung nach ▸ Bild 04 auf. Untersuche, wie sich die Spannung am Widerstand R_2 bei stärkerer oder schwächerer Beleuchtung ändert. Erkläre.

b) Vertausche LDR und Festwiderstand. Untersuche, wie sich nun die Spannung bei stärkerer oder schwächerer Beleuchtung ändert. Erkläre.

V5 Clevere Lichterkette

Material:

3 Glühlampen (z. B. 6 V/0,1 A), 3 Heißleiter (z. B. NTC1k8), Netzgerät 18 V, Stromstärkemessgerät

Durchführung:

a) Baue die Schaltung nach ▸ Bild 05 auf. Simuliere das Durchbrennen einer Lampe. Drehe dazu eine Lampe aus ihrer Fassung. Beobachte die Anzeige des Stromstärkemessgeräts. Beschreibe die Helligkeitsänderungen der beiden anderen Lampen.

b) Erkläre die Beobachtungen.

Material A ▸ Heißleiter

A1 Ein Heißleiter R_1 und ein Festwiderstand R_2 sind in Reihe geschaltet und an eine elektrische Quelle mit konstanter Spannung angeschlossen.

a) Zeichne einen Schaltplan.

b) Beschreibe, wie sich die Spannung U_1 am Widerstand R_1 ändert, wenn die Temperatur zu- bzw. abnimmt.

c) Beantworte b) für die Spannung U_2 am Widerstand R_2.

A2 Ein Heißleiter hat bei Raumtemperatur einen Widerstand von 1,8 kΩ. Er wird an eine Quelle mit einer Spannung von 6 V angeschlossen.

a) Berechne die Stromstärke unmittelbar nach dem Anschließen.

b) Begründe, dass die Stromstärke mit der Zeit immer mehr zunimmt.

c) Ein Heißleiter darf nicht direkt an eine elektrische Quelle angeschlossen werden. Begründe.

A3 Bei Weihnachtslichterketten sind viele Glühlampen in Reihe geschaltet. Wenn eine Lampe durchbrennt, müsste eigentlich die ganze Kette ausgehen. Damit das nicht passiert, baut man zu jeder Lampe einen parallel geschalteten Heißleiter ein. Das Prinzip zeigt ▸ Bild 05.

a) Im Normalzustand, also wenn die Lampen alle leuchten, sind die Heißleiter kalt und der Strom fließt praktisch nur durch die Lampen. Erkläre.

b) Brennt eine Lampe durch, so ist die Spannung am entsprechenden Heißleiter zuerst sehr groß. Begründe.

c) Die Stromstärke durch den Heißleiter nimmt mit der Zeit immer mehr zu. Begründe. Erkläre, was daraus für die Lampen folgt?

Material B ▸ Elektrizitätsleitung

B1 a) Fülle die Tabelle aus.

b) Beschreibe, wie sich positive bzw. negative Ladungsträger im Stromkreis bewegen.

c) Die Richtung des elektrischen Stroms ist immer gleich. Erkläre mit Guthaben- und Schuldenströmen.

Material	Bewegliche Ladungsträger	sind vorhanden bzw. entstehen durch
Kochsalzlösung	Positive und negative Ionen	sind immer vorhanden
Metall		
undotierter Halbleiter		
n-dotierter Halbleiter		
p-dotierter Halbleiter		

01 Farbiges Licht durch Leuchtdioden

Leuchtdioden und andere Dioden

Jeder kennt sie: Sie leuchten rot, gelb, grün oder blau. Leuchtdioden oder LEDs erobern immer mehr Anwendungsgebiete. Neben den farbigen Leuchtdioden gibt es auch LEDs für weißes Licht und sogar für Infrarot- und Ultraviolettstrahlung. Wie funktionieren die Leuchtdioden?

AUF DIE POLUNG KOMMT ES AN · Eine Leuchtdiode muss richtig gepolt in den Stromkreis eingebaut werden. Außerdem muss man darauf achten, dass die Stromstärke nicht zu hoch ist, sonst wird die LED zerstört. Deswegen schließen wir einen passenden Widerstand in Reihe zur LED in den Stromkreis (▸ Bild 03). Wir stellen fest:

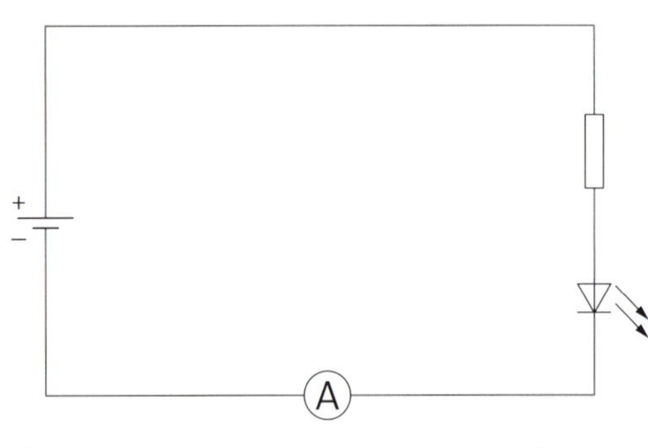

03 Eine LED muss richtig gepolt und mit einem Vorwiderstand in den Stromkreis eingebaut werden.

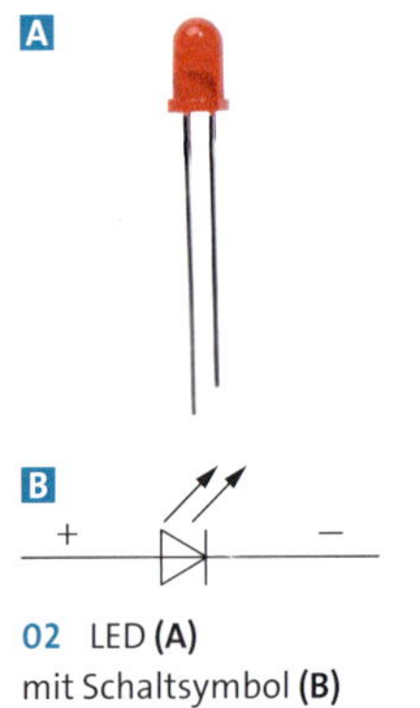

02 LED **(A)** mit Schaltsymbol **(B)**

Nur wenn der lange Anschlussdraht mit dem Pluspol verbunden ist, leuchtet die LED. Werden die Anschlüsse vertauscht, dann leuchtet die LED nicht. Die Stromstärke ist dann 0 A. Man sagt, die LED ist in **Sperrrichtung** geschaltet. Die LED lässt den Strom nur in eine Richtung durch. Diese Richtung wird als **Durchlassrichtung** bezeichnet. Die LED wirkt also wie ein elektrisches Ventil.

Eine Leuchtdiode lässt den Strom nur in eine Richtung passieren.

P-N-ÜBERGANG · Die LED ist aus einem p-dotierten und einem n-dotierten Bereich aufgebaut. Den prinzipiellen Aufbau zeigt ▸ Bild 04. Wir betrachten zunächst den Fall, dass keine Spannung an der LED anliegt. Ohne äußere Spannung bewegen sich die beweglichen Ladungsträger völlig ungeordnet. Dadurch gelangen Elektronen aus dem n-Bereich in den p-Bereich. Sobald aber ein Elektron aus dem n-Bereich auf ein Loch, also in eine Lücke in den Elektronenpaarbindungen, im p-Bereich trifft, füllt das bewegliche Elektron diese Lücke. Man sagt, Loch und Elektron **rekombinieren.** Das freie Elektron und die Lücke neutralisieren sich gegenseitig. Dasselbe passiert mit den Löchern, die vom p-Bereich in den n-Bereich gelangen. Dadurch entsteht ein Bereich ohne bewegliche Ladungsträger, die **Sperrschicht.**

DER P-N-ÜBERGANG SPERRT ... · Werden der p-dotierte Bereich an den Minuspol und der n-dotierte Bereich an den Pluspol angeschlossen, dann werden die Löcher in Richtung des Minuspols und die Elektronen in Richtung des Pluspols getrieben (▸ Bild 05). Die Sperrschicht am p-n-Übergang verbreitert sich. Es kann kein Strom fließen. Die LED sperrt.

... UND LÄSST DURCH · Wenn die Polung der LED getauscht wird, also der p-dotierte Bereich an den Pluspol und der n-dotierte Bereich an den Minuspol angeschlossen werden, dann werden sowohl die Löcher als auch die Elektronen zur Grenzschicht getrieben. Löcher und Elektronen rekombinieren (▸ Bild 06). Dies passiert ständig, es fließt also ein Strom.

DAS LEUCHTEN · Wenn ein Loch und ein Elektron rekombinieren, dann wird Energie frei. Diese Energie wird in Form von Licht abgegeben (▸ Bild 07). Die Farbe des abgegebenen Lichtes hängt von dem Energieunterschied ΔE zwischen Leitungs- und Valenzband ab. Diesen Energieunterschied kann man durch die Wahl der Materialien beeinflussen.
LEDs können nur einfarbiges Licht aussenden. LEDs für weißes Licht funktionieren nach dem Prinzip der Farbaddition. Sie enthalten z.B. LEDs für rotes, grünes und blaues Licht.

AUFBAU EINER LED · Der Halbleiter ist in eine kegelförmige Vertiefung des Metallhalters eingebettet (▸ Bild 08). Der n-dotierte Teil des Halbleiters ist direkt über den Metallhalter an den kurzen Anschlussdraht angeschlossen. Der p-dotierte Bereich ist durch einen dünnen Draht mit dem langen Anschlussdraht verbunden. Die gesamte Anordnung ist in ein lichtdurchlässiges Kunststoffgehäuse eingeschmolzen.

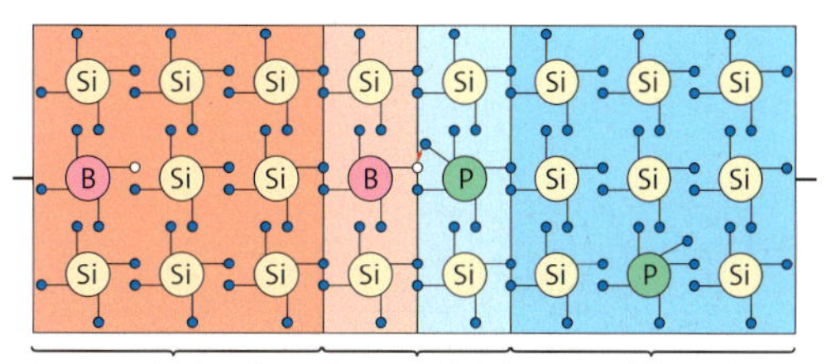

04 Der p-n-Übergang im Kristallgittermodell

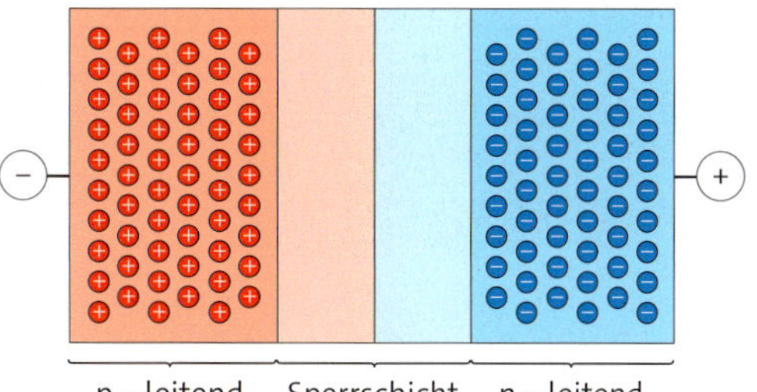

05 Der p-n-Übergang in Sperrrichtung

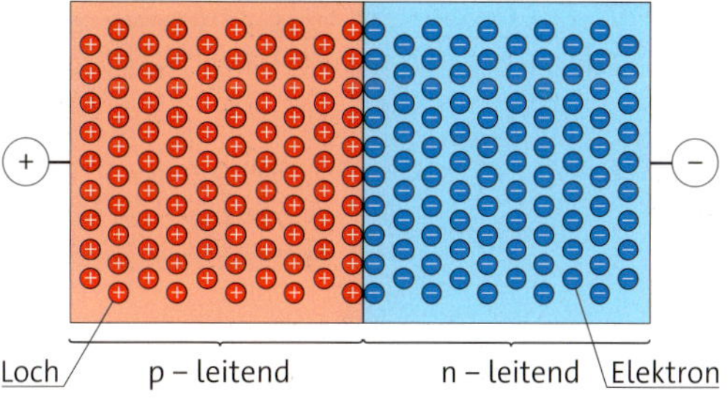

06 Der p-n-Übergang in Durchlassrichtung

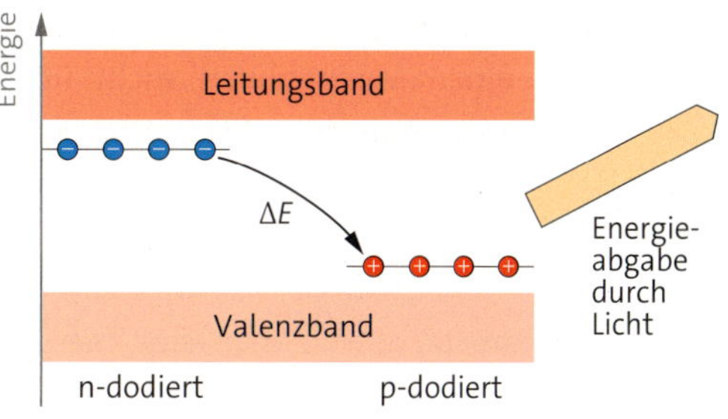

07 Der p-n-Übergang im Bändermodell

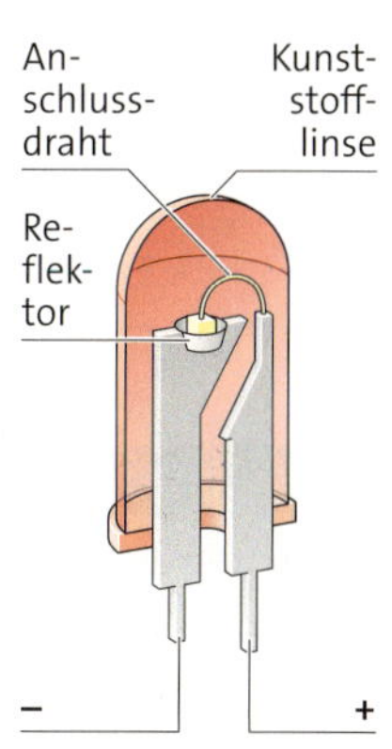

08 Aufbau einer Leuchtdiode

1 **a)** Beschreibe die Unterschiede von additiver und subtraktiver Farbmischung.
b) Beschreibe das Leuchten der LED mithilfe der Energieumwandlung.

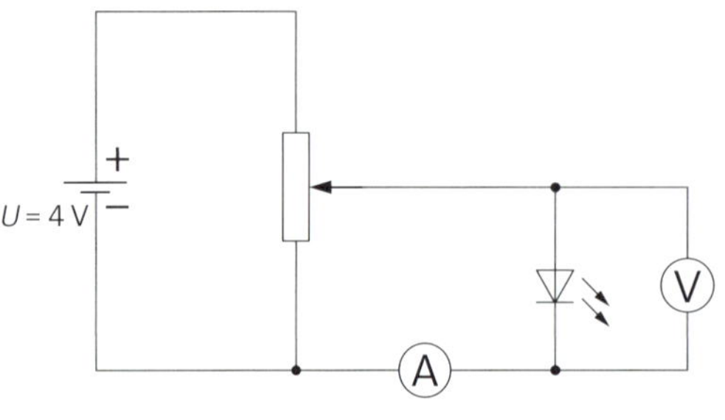

01 Potenziometerschaltung zur Messung der Kennlinien verschiedener LEDs

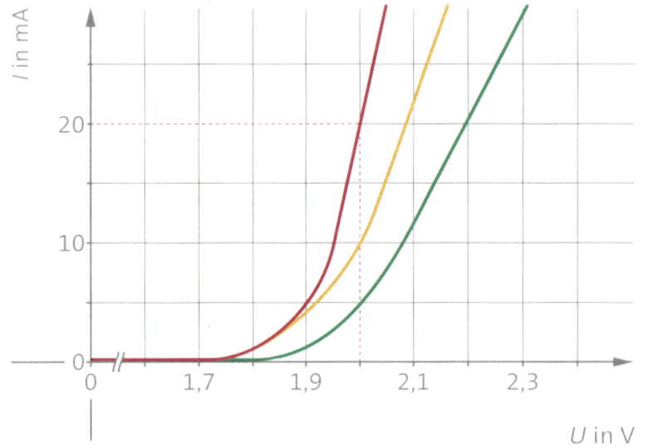

02 Kennlinien einer roten, gelben und grünen LED

03 **A** Gleichrichtung von Wechselstrom, **B** Oszillographenbild

KENNLINIEN · Bei einer Leuchtdiode darf die Stromstärke einen Maximalwert nicht überschreiten. Bei den meisten LEDs beträgt die maximale Stromstärke 20 mA bis 50 mA. Um zu wissen, bei welcher Spannung dieser Wert erreicht wird, muss man den Zusammenhang zwischen Stromstärke und Spannung messen. Dazu nutzen wir die Schaltung im ▸ Bild 01. Wir verändern die Potenziometer-Stellung und notieren die Spannung und die zugehörige Stromstärke. ▸ Bild 02 zeigt für verschiedene Leuchtdioden die so erhaltenen *U-I*-Kennlinien. Bis zu einer Spannung von etwa 1,7 V ist die Stromstärke null. Für größere Spannungen steigt die Stromstärke steil an. Diese Beobachtung können wir mit den Vorgängen am p-n-Übergang erklären. Solange die Spannung einen gewissen Wert nicht überschreitet, können die Elektronen und Löcher die Sperrschicht nicht überwinden. Der Widerstand des p-n-Übergangs ist dann fast unendlich groß. Mit steigender Spannung wird die Sperrschicht kleiner. Ab einer Spannung von 1,7 V ist sie praktisch nicht mehr vorhanden. Der Widerstand der LED geht gegen null.

DER PASSENDE VORWIDERSTAND · Damit die maximale Stromstärke nicht überschritten wird, schließt man beim Betrieb einer Leuchtdiode einen Vorwiderstand in Reihe zur LED. Eine rote LED hat z. B. eine maximale Stromstärke von 20 mA. Die LED leuchtet aber auch schon bei geringeren Stromstärken. Eine Stromstärke von mehr als 20 mA reduziert die Lebensdauer der LED. Wenn die LED mit einer Spannung von 6 V betrieben werden soll, dann berechnet sich der Vorwiderstand wie folgt:

$$R = \frac{U - U_{\text{LED}}}{I_{\text{max}}} = \frac{6\,\text{V} - 2\,\text{V}}{0{,}02\,\text{A}} = \frac{4\,\text{V}}{0{,}02\,\text{A}} = 200\,\Omega.$$

DIODEN – NICHT NUR ZUM LEUCHTEN · Dioden aus Silicium leuchten nicht (▸ Bild 04). Aber auch sie lassen den Strom nur in eine Richtung durch. Dies nutzt man aus, um Wechselstrom in Gleichstrom umzuwandeln, z. B. in einem Netzgerät. ▸ Bild 03 A zeigt die einfachste Möglichkeit einer Gleichrichterschaltung. Eine Wechselspannung wird an eine Diode und einen Widerstand angeschlossen. Die Diode lässt den Strom nur in eine Richtung passieren. ▸ Bild 03 B zeigt die Eingangsspannung (oben) und die Spannung am Widerstand (untern).

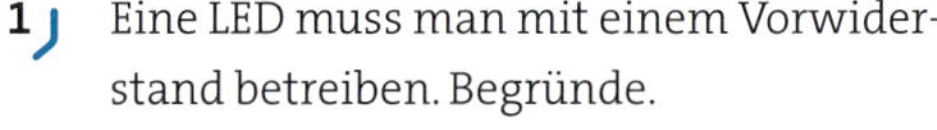

1 Eine LED muss man mit einem Vorwiderstand betreiben. Begründe.

2 Berechne mithilfe der Kennlinie im ▸ Bild 02 den Vorwiderstand für die gelbe und grüne LED (Spannung $U = 6$ V).

3 Zwei rote LEDs sollen **a)** in Reihe, **b)** parallel an einer 9-V-Batterie betrieben werden. Berechne den Vorwiderstand.

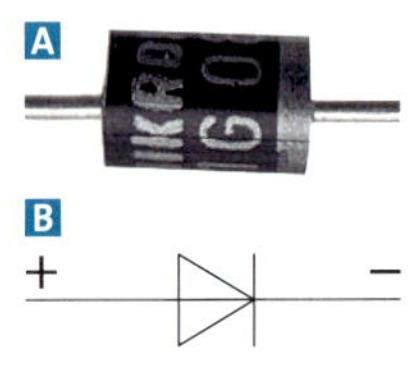

04 Diode (**A**) mit Schaltsymbol (**B**)

VERSUCHE ▸ Versuche mit Leuchtdioden

Material:

Netzgerät, Leuchtdioden, Widerstände, Spannungsmessgerät

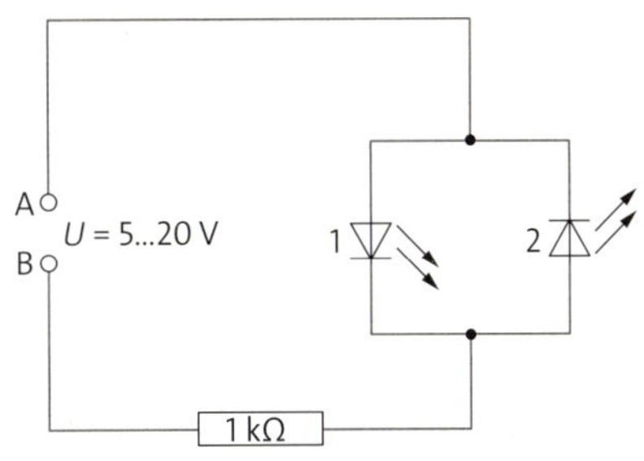

05 Polungsanzeiger (zu V1)

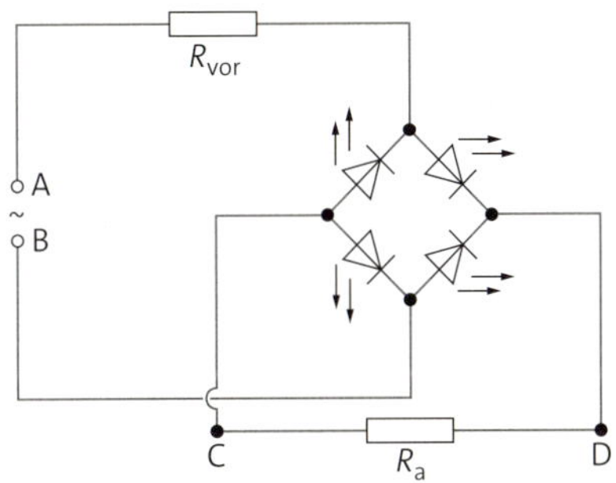

06 Zwei-Wege-Gleichrichtung (zu V2)

V1 Polungsanzeiger

Mit der Schaltung nach ▸ Bild 05 kannst du feststellen, wie eine elektrische Spannung, z. B. einer Batterie, gepolt ist.

Durchführung:

a) Baue die Schaltung mit unterschiedlich farbigen LEDs auf. Teste deinen Polungsanzeiger und beschrifte ihn sinnvoll.

b) Notiere, wie die Spannung gepolt ist, wenn die LED 1 leuchtet bzw. wenn die LED 2 leuchtet.

c) Untersuche, wie der Polungsanzeiger bei Wechselspannung reagiert. Erkläre.

V2 Graetz-Schaltung

Untersuche die Graetz-Schaltung von ▸ Bild 06 mit LEDs.

Durchführung:

a) Übertrage den Schaltplan zweimal in dein Heft und baue die Schaltung auf.

b) Anschluss A sei zunächst positiv und B negativ gepolt. Markiere in dem ersten Schaltplan, welche LEDs leuchten.

c) Nun sei A negativ und B positiv gepolt. Markiere in dem zweiten Schaltplan, welche LEDs leuchten.

d) Zeichne die Stromrichtung durch den Widerstand ein. Folgere daraus, wie die Spannung zwischen den Punkten C und D gepolt ist.

e) Lege eine Wechselspannung zwischen A und B an. Notiere deine Beobachtung und erkläre sie.

Material A ▸ LEDs und Vorwiderstand

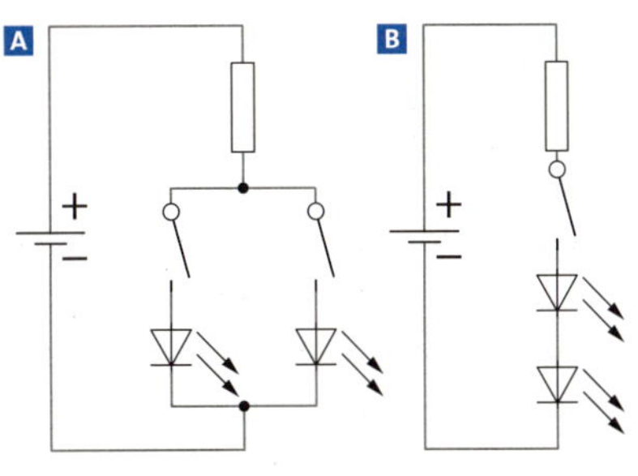

07 Vorwiderstand bei zwei LEDs

A1 ▸ Bild 07 A und B zeigt zwei Möglichkeiten, um zwei baugleiche LEDs anzuschließen. Die Spannung der Quelle beträgt 6 V. Die LEDs benötigen eine Spannung von 2,2 V und eine Stromstärke von 20 mA.

a) Berechne die Widerstände.

b) Bewerte Vor- und Nachteile der beiden Schaltungen.

A2 Drei LEDs (rot, gelb, grün) sollen an einer Spannung von 6 V betrieben werden. Die LEDs sollen sich einzeln ein- und ausschalten lassen. Zeichne einen Schaltplan. Berechne die erforderlichen Vorwiderstände. Verwende dazu die Kennlinien von ▸ Bild 02 auf der linken Seite.

Material B ▸ Dioden und Lampen bei Gleich- und Wechselstrom

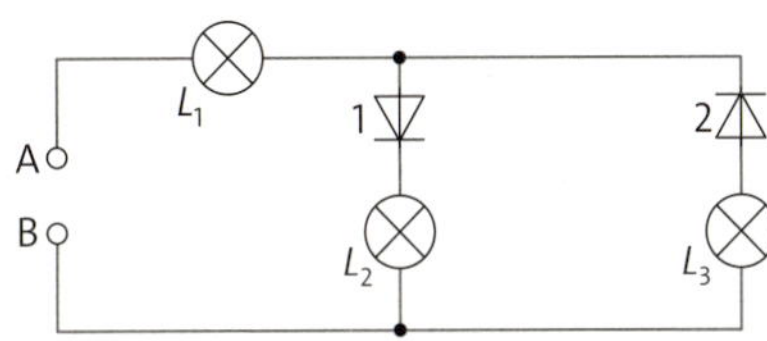

B1 **a)** In der Schaltung links wird eine Gleichspannung zwischen die Anschlüsse A und B angelegt. Dabei ist A der Plus- und B der Minuspol. Gib an, welche Lampen leuchten.

b) Die Polung wird vertauscht. Gib an, welche Lampen nun leuchten.

c) Zwischen A und B wird eine Wechselspannung angelegt. Gib an, welche Lampen leuchten.

BLICKPUNKT

Die Solarzelle

01 Solarmodule einer Fotovoltaikanlage

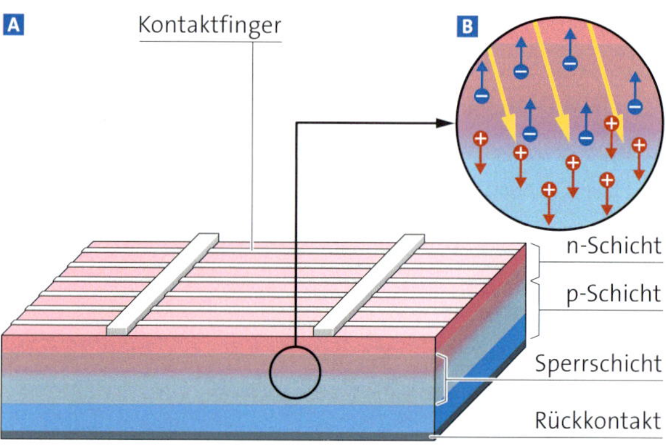

02 Silicium-Solarzelle: **A** Aufbau, **B** Funktionsweise

Fotovoltaikanlagen stellen einen zunehmenden Beitrag zur Energieversorgung dar. Eine Fotovoltaikanlage besteht aus Solarmodulen, die wiederum aus einzelnen Solarzellen aufgebaut sind. Wie funktioniert solch eine Solarzelle? Wie groß sind Spannung, Stromstärke und Leistung?

Eine Solarzelle stellt wie eine Leuchtdiode ebenfalls eine Diode dar. Während eine Leuchtdiode elektrisch zugeführte Energie durch Licht abgibt, ist es bei einer Solarzelle genau umgekehrt. Wird eine Solarzelle mit Licht bestrahlt, so gibt sie einen Teil der zugeführten Energie auf elektrische Art ab.

Eine Silicium-Solarzelle besteht prinzipiell aus einer n-dotierten und einer p-dotierten Schicht (▸ Bild 02). Wegen der p-n-Schichtfolge hat die unbeleuchtete Solarzelle eine ausgedehnte Sperrschicht ohne bewegliche Ladungsträger. Wird die Solarzelle beleuchtet, dann dringt Licht in die Sperrschicht ein, bricht dort Elektronenpaar-Bindungen auf und erzeugt so bewegliche Elektronen und Löcher. Die Elektronen bewegen sich innerhalb der Sperrschicht zur n-Schicht und werden dort von metallischen Streifen, den Kontaktfingern, weitergeleitet. Die Löcher bewegen sich zur p-Schicht und werden von Elektronen aus der metallischen Beschichtung, dem Rückkontakt, aufgefüllt. Die Elektronen und Löcher bewegen sich also genau umgekehrt wie bei einer Leuchtdiode. Die Solarzelle wirkt folglich als Pumpe für die elektrische Ladung im geschlossenen Stromkreis. Die Energie für das Pumpen der Ladung erhält die Solarzelle durch das Licht.

Für die Leistung der Solarzelle sind ihre Spannung und ihre Stromstärke maßgeblich. Bestrahlt man eine Solarzelle mit Licht, dann misst man eine Spannung von etwa 0,5 V. Diese sogenannte Leerlaufspannung U_L ist unabhängig von der Größe der Solarzelle und steigt bei stärkerer Bestrahlung kaum. Dagegen hängt die maximale Stromstärke, die Kurzschlussstromstärke I_K, sowohl von der Größe der Solarzelle als auch von der Intensität des Lichts ab. Damit kann man die Leistung einer einzelnen Solarzelle mit einer Fläche von 100 cm² abschätzen zu:

$$P \approx U_L \cdot I_K = 0{,}5\,\text{V} \cdot 2{,}2\,\text{A} = 1{,}1\,\text{W}.$$

Um größere Spannungen und Stromstärken zu erreichen, schließt man immer dieselbe Anzahl an Solarzellen zu einem Strang in Reihe. Die Stränge schließt man parallel.

Eine Solarzelle kann nur einen kleinen Teil der Energie des Lichts in elektrische Energie umwandeln. Der Wirkungsgrad einer Solarzelle beträgt zwischen 11 % und 20 %. Neuere Technologien erreichen im Labor Wirkungsgrade bis 40 %.

1 60 Solarzellen sind zu einem Strang in Reihe, 40 Stränge sind parallel geschaltet. Berechne Leerlaufspannung, Kurzschlussstromstärke und maximale Leistung.

METHODE

Kennlinien von elektrischen Quellen

Elektrische Quellen werden meistens durch eine Spannungsangabe gekennzeichnet. Bisher sind wir davon ausgegangen, dass die Spannung einer Quelle konstant ist. Wir prüfen, ob das auch wirklich der Fall ist. Dazu messen wir die Spannung eines Akkus zuerst ohne und dann mit angeschlossener Glühlampe. Ohne Lampe erhalten wir etwa 6,5 V. Wenn wir aber eine Lampe mit der Aufschrift 6 V/5 A anschließen, so sinkt die Spannung unter 4 V.

Um diesen Zusammenhang genauer zu untersuchen, ersetzen wir die Lampe durch einen verstellbaren Widerstand (▸ Bild 03). Wir messen für verschiedene Widerstände die Spannung zwischen den Anschlüssen des Akkus und die Stromstärke. Die gemessenen Werte für *U* und *I* tragen wir in ein *U*-*I*-Diagramm ein (▸ Bild 04, rote Linie). Aus der *U*-*I*-Kennlinie können wir ablesen, wie Stromstärke und Spannung des Akkus zusammenhängen. Die maximale Spannung erhält man ohne angeschlossenes Gerät für $I = 0$ A. Für diese sogenannte **Leerlaufspannung** lesen wir $U_L = 6{,}5$ V ab. Die maximale Stromstärke erhält man für $U = 0$ V, also wenn man die Anschlüsse des Akkus kurzschließt. Für die zugehörige **Kurzschlussstromstärke** entnehmen wir dem Diagramm $I_K = 5{,}5$ A.

▸ Bild 04 zeigt auch die *U*-*I*-Kennlinie der Glühlampe. Für den Schnittpunkt der beiden Kennlinien lesen wir $U = 3{,}8$ V und $I = 4{,}6$ A ab. Das sind genau die Werte für *U* und *I*, die man beim Anschluss der Lampe erhält.

Die *U*-*I*-Kennlinie ist auch für Solarzellen wichtig. Wir verwenden die Schaltung aus ▸ Bild 03 und ersetzen den Akku durch eine beleuchtete Solarzelle. Je nach Lichtintensität erhalten wir unterschiedliche Kennlinien (▸ Bild 05). Die Leerlaufspannung U_L beträgt maximal 0,55 V und hängt kaum von der Lichtintensität ab, außer bei geringen Intensitäten. Die Kurzschlussstromstärke I_K hängt dagegen stark von der Lichtintensität ab.

Mithilfe der Kennlinie kann man die maximale Leistung der Solarzelle bestimmen. Für die Leistung gilt $P = U \cdot I$. Im Leerlaufbetrieb ist $I = 0$ A, im Kurzschlussbetrieb ist $U = 0$ V. In beiden Fällen ist die Leistung null. Im *U*-*I*-Diagramm entspricht die Leistung dem Flächeninhalt des Rechtecks mit Spannung *U* und Stromstärke *I* (▸ Bild 06). Je nach Belastung der Solarzelle erhält man einen anderen Flächeninhalt. Die maximale Leistung erhält man für das Rechteck A. Das ist der Maximum Power Point (MPP) der Solarzelle. Der MPP hängt u. a. von der Lichtintensität ab. Um die maximale Leistung der Zelle zu erhalten, passt man den äußeren Widerstand durch eine elektronische Schaltung an.

1 Bestimme die von der Glühlampe im ▸ Bild 04 abgegebene Leistung.

2 Berechne die Leistungen für die Solarzelle, wenn diese an den Punkten B und C betrieben wird (▸ Bild 06).

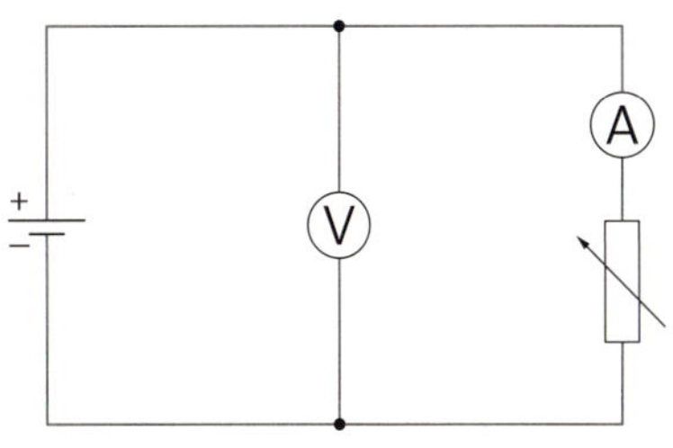

03 Aufnahme der *U*-*I*-Kennlinie eines Akkus

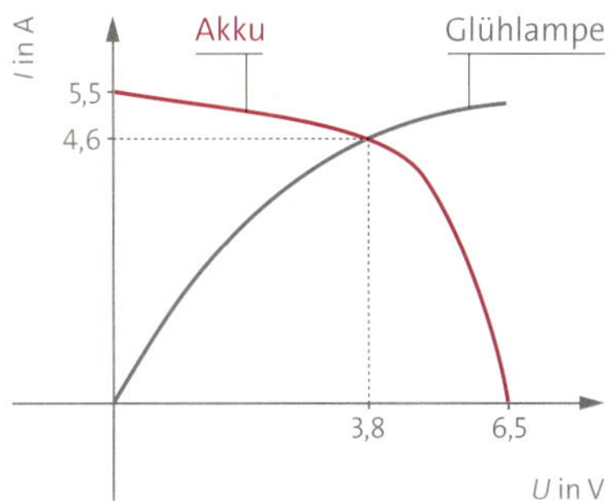

04 *U*-*I*-Kennlinie eines 6 V-Akkus

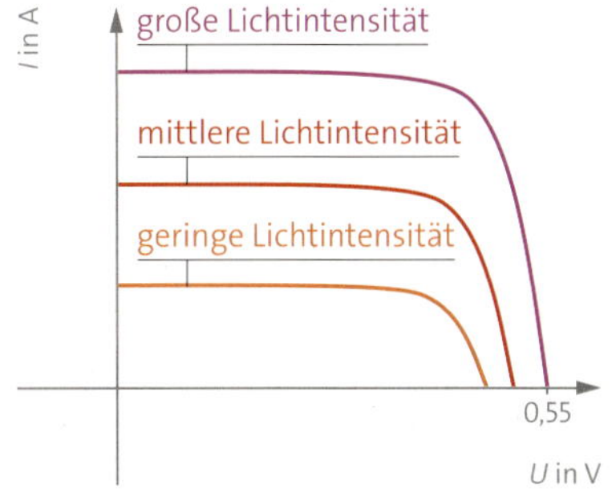

05 *U*-*I*-Kennlinie einer Si-Solarzelle

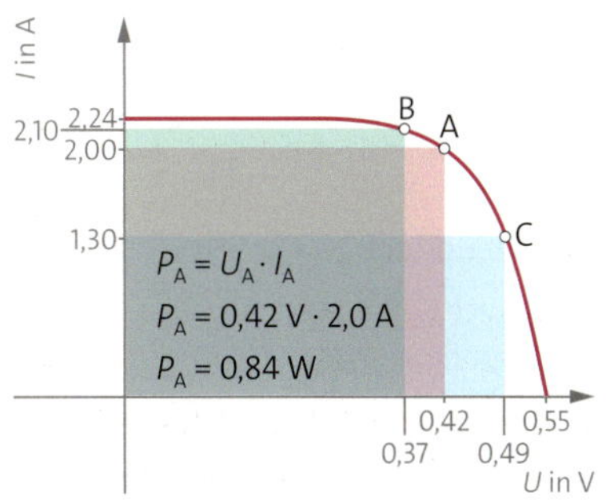

06 Maximale Leistung der Solarzelle

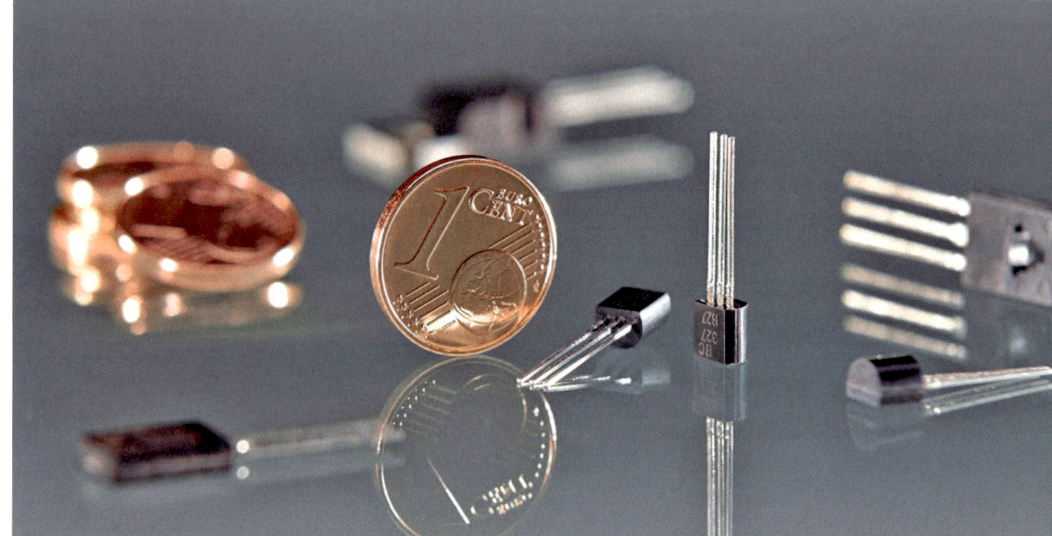

01 Der Transistor – auffallend sind die drei Anschlüsse

Transistoren steuern Ströme

Der Transistor ist ein äußerst nützliches elektronisches Bauteil. Der Begriff des Transistors leitet sich von „transfer resistor" ab, was sinngemäß steuerbarer Widerstand bedeutet. Damit kann ein Strom gesteuert und sogar ein- und ausgeschaltet werden. – Wie verwendet man den Transistor und wie funktioniert er?

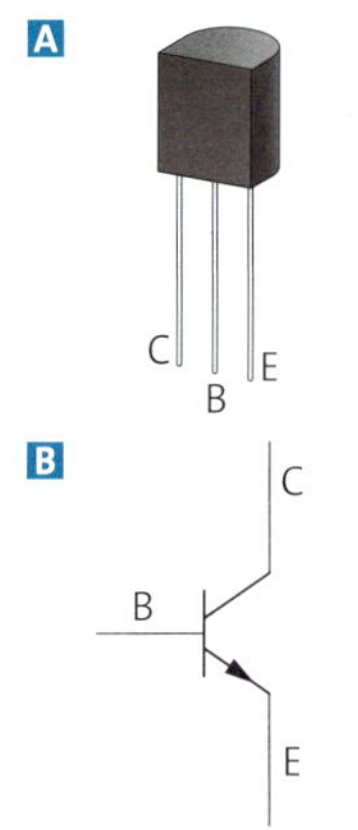

02 **A** n-p-n-Transistor, **B** Schaltsymbol

TRANSISTORTYPEN · Es gibt verschiedene Typen von Transistoren. Wir betrachten zunächst die **n-p-n-Transistoren.** Diese Transistoren sind aus drei dotierten Halbleiterschichten aufgebaut. Zwischen zwei n-leitenden Schichten befindet sich eine dünne p-leitende Schicht.

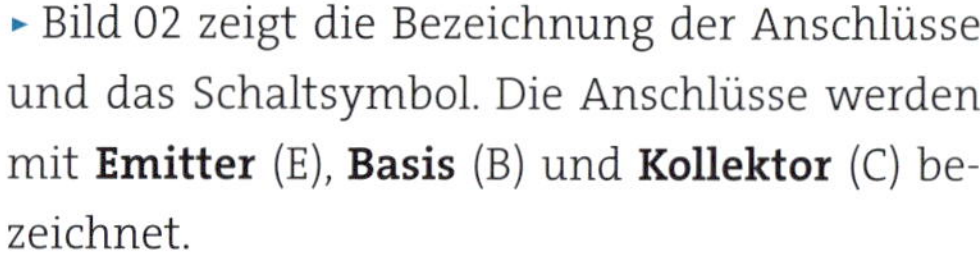

▸ Bild 02 zeigt die Bezeichnung der Anschlüsse und das Schaltsymbol. Die Anschlüsse werden mit **Emitter** (E), **Basis** (B) und **Kollektor** (C) bezeichnet.

Um die Funktionsweise eines Transistors zu verstehen, überprüfen wir zunächst das Leitungsverhalten zwischen zwei Anschlüssen (▸ Bild 03). Dabei stellen wir fest, dass die Lampe nur in den Schaltungen C und E leuchtet. Der Transistor leitet den Strom folglich nur, wenn der Pluspol an der Basis liegt. Zwischen Emitter und Kollektor fließt kein Strom. Der Transistor verhält sich also wie zwei gegenläufig geschaltete Dioden (▸ Bild 04 B).

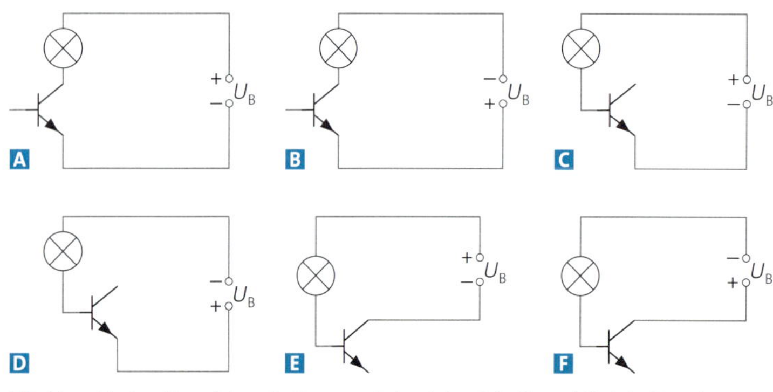

03 Verschiedene Transistorschaltungen: Bei welcher Schaltung leitet der Transistor den Strom?

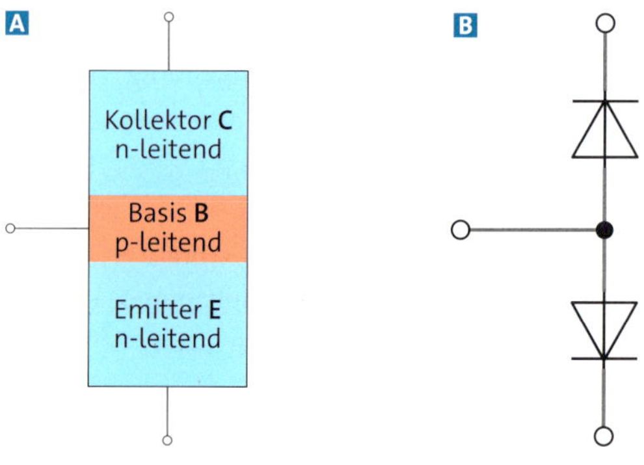

04 **A** Aufbau eines Transistors, **B** Ersatzschaltbild

DER TRANSISTOR ALS SCHALTER · Wir experimentieren mit einer Transistorschaltung wie im ▸ Bild 05. Dabei beobachten wir:

1. Wenn das regelbare Netzgerät ausgeschaltet ist, dann leuchtet die Lampe nicht.
2. Wenn wir das regelbare Netzgerät einschalten und eine Spannung kleiner als 0,6 V einstellen, dann leuchtet die Lampe wieder nicht.
3. Jetzt erhöhen wir langsam die Spannung am regelbaren Netzgerät. Die Lampe beginnt zu leuchten. Das Leuchten der Lampe beginnt aber praktisch sofort und nicht so langsam und gleichmäßig, wie wir es von einer Potenziometer-Schaltung kennen. Der Transistor wirkt hier wie ein Schalter. Die Lampe im rot markierten Stromkreis wird über den grün markierten Stromkreis gesteuert. Den grün markierten Stromkreis nennt man deshalb **Steuerkreis.** Der rot markierte Stromkreis heißt **Arbeitskreis.**

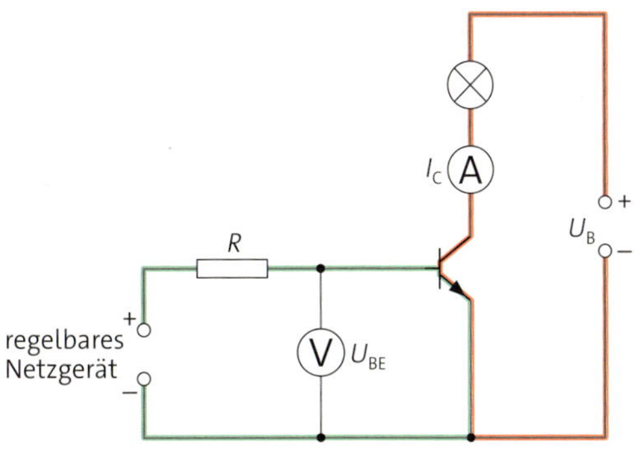

05 Transistorschaltung mit Steuerkreis (grün) und Arbeitskreis (rot)

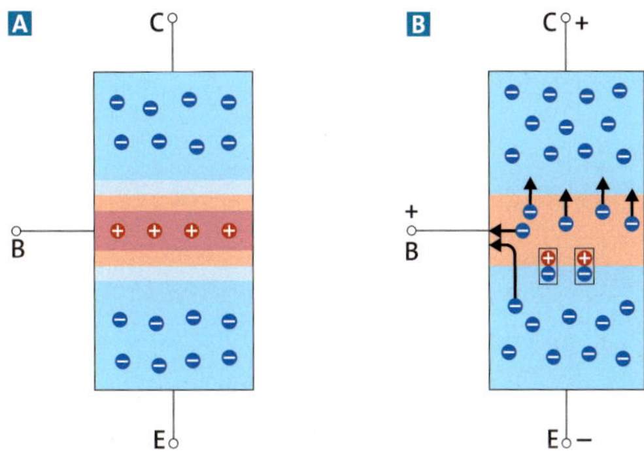

06 n-p-n-Transistor: **A** stromlos, **B** leitend

Das Verhalten des Transistors können wir folgendermaßen erklären:

1. Im Steuerkreis fließt kein Strom. Die Strecke zwischen Emitter und Kollektor wirkt wie zwei gegenläufig geschaltete Dioden. Eine dieser Dioden ist für den Strom im Arbeitskreis in Sperrrichtung geschaltet. Der Transistor wirkt wie ein geöffneter Schalter.
2. Wenn die Spannung U_{BE} kleiner als 0,6 V ist, dann fließt im Steuerkreis kein wesentlicher Strom.
3. Du weißt, dass bei der Diode in Durchlassrichtung erst ab einer bestimmten Spannung ein Strom fließt. Hier ist es ebenso. Zwischen Emitter und Basis fließt jetzt ein Strom. Dabei gelangen Elektronen in die p-Schicht, die Basis (▸ Bild 06). Da die p-Schicht sehr schmal ist, treffen nur wenige Elektronen auf ein Loch. Die meisten Elektronen gelangen in die n-Schicht des Kollektors. Dort werden sie vom positiven Pol angezogen. Die Strecke Emitter-Kollektor wird leitend. Der Arbeitskreis ist geschlossen, die Lampe leuchtet.

Oder kurz: Wenn die Basis mit Elektronen überflutet wird, baut sich die Sperrschicht zwischen Basis und Kollektor ab. Die Emitter-Kollektor-Strecke verringert ihren Widerstand und wird leitend. Die Spannung, ab der das geschieht, nennt man **Schwellenspannung.**

Mit einem Transistor kann man einen Strom steuern. Solange die Spannung U_{BE} zwischen Basis und Emitter kleiner als die Schwellenspannung ist, ist die Stromstärke I_{CE} zwischen Emitter und Kollektor null. Mit zunehmender Spannung U_{BE} nimmt auch die Stromstärke I_{CE} zu.

1 Überprüfe, ob die Fälle „Lampe leuchtet nicht" im ▸ Bild 03 mit dem Ersatzschaltbild des Transistors übereinstimmen.

2 Wenn man an die Basis eine negative Spannung anlegt, dann sperrt der Transistor. Erkläre das Sperren des Transistors mithilfe von ▸ Bild 06.

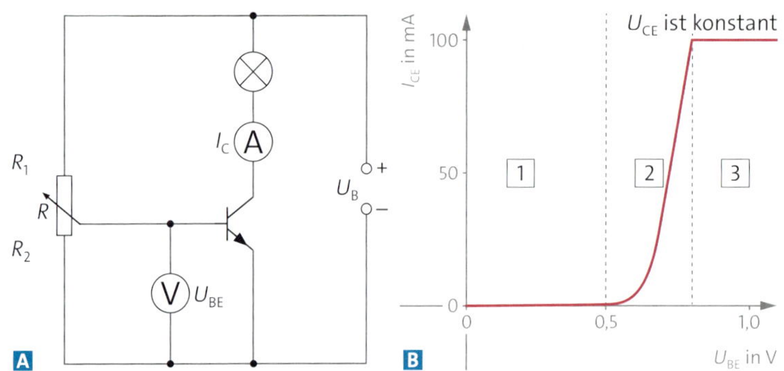

01 **A** Schaltung zur Aufnahme einer Kennlinie, **B** Kennlinie eines Transistors

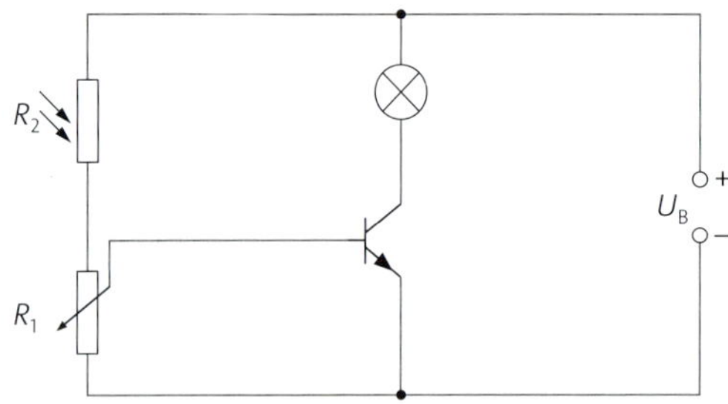

02 Beleuchtungsschaltung

03 Rauchmelder

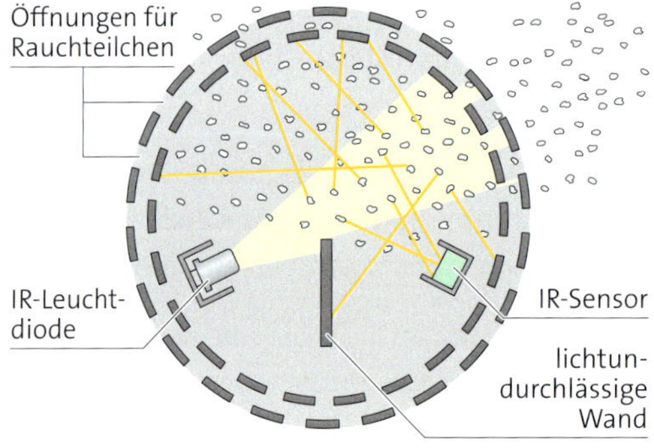

04 Prinzipieller Aufbau eines Rauchmelders

TRANSISTORKENNLINIE · Mithilfe der Schaltung im ▸ Bild 01 A nehmen wir die U_{BE}-I_C-Kennlinie eines n-p-n-Transistors auf (▸ Bild 01 B). Im U_{BE}-I_C-Diagramm erkennen wir drei Bereiche:

1. Wenn die Spannung U_{BE} kleiner als 0,6 V ist, dann beträgt die Kollektorstromstärke 0 A. Die Emitter-Kollektor-Strecke wirkt wie ein geöffneter Schalter.
2. Wenn die Spannung U_{BE} größer wird als die die Schwellenspannung von 0,6 V, dann beginnt der Transistor zu leiten. Der Widerstand der Emitter-Kollektor-Strecke nimmt sehr stark ab.
3. Ab einer Spannung von ca. 0,8 V flacht die Kennlinie ab. Die Emitter-Kollektor-Strecke wirkt jetzt wie ein geschlossener Schalter. Die Stromstärke I_C wird jetzt nur noch durch den Widerstand der Lampe begrenzt.

EIN LICHTSENSOR · Wenn du in den Steuerkreis einen LDR einbaust, dann kannst du damit den Strom im Arbeitskreis schalten. ▸ Bild 02 zeigt eine Schaltung, die bei Beleuchtung die Emitter-Kollektor-Strecke leitend schaltet. LDR und Potenziometer stellen dabei einen Spannungsteiler dar. Wenn Licht auf den LDR fällt, dann verringert sich sein Widerstand. Wenn aber der Widerstand des LDR kleiner wird, dann steigt die Spannung U_{BE}. Die Emitter-Kollektor-Strecke wird leitend und die Lampe leuchtet.

TRANSISTOREN RETTEN LEBEN · Eine weitere Anwendung der Transistorschaltung findest du im Rauchmelder (▸ Bild 03). ▸ Bild 04 zeigt den prinzipiellen Aufbau eines Rauchmelders. Das Licht der Infrarot-LED kann nicht direkt in den LDR gelangen, es wird durch eine Blende abgeschirmt. Sobald Rauch in den Rauchmelder eindringt, wird das Licht der LED an den Rauchteilchen gestreut. Wenn das Licht auf den LDR gestreut wird, dann verringert sich der Widerstand des LDR und die Emitter-Kollektor-Strecke wird leitend (▸ Bild 02). Die Lampe in der Schaltung von ▸ Bild 02 kann man durch einen Summer ersetzen.

TRANSISTOR ALS VERSTÄRKER · An der U_{BE}-I_C-Kennlinie im ▸ Bild 01B erkennst du, dass die Kennlinie im 2. Bereich sehr steil verläuft. Diese Transistoreigenschaft kann man zur Verstärkung kleiner Eingangssignale nutzen. Im ▸ Bild 05 ist durch die blaue Kurve unter der U_{BE}-Achse ein kleines Eingangssignal dargestellt. An der Kennlinie erkennst du, dass eine kleine Änderung der Spannung U_{BE} zu einer großen Änderung der Kollektorstromstärke I_C führt. Die blaue Kurve im ▸ Bild 05 über der U_{BE}-Achse zeigt das Ausgangssignal. Damit das Ausgangssignal dem Eingangssignal ähnelt, muss man den sogenannten **Arbeitspunkt** der Schaltung richtig wählen (▸ Bild 05). Diesen stellt man über das Potenziometer ein.

TRANSISTOREN REGELN UND VERSTÄRKEN · Transistoren können sehr kleine Ströme und Spannungen im Stromkreis verarbeiten. Die Schaltung im ▸ Bild 06 zeigt einen Leitfähigkeitstester. Wenn du deine Finger zwischen die Anschlüsse A und B legst, dann zeigt dir die LED an, dass ein Strom fließt. Auch wenn sich mehrere Personen anfassen, weist der Leitfähigkeitstester noch einen Strom nach

SCHALTUNGEN MIT SENSOREN · Der Leitfähigkeitstester im ▸ Bild 06 stellt bereits einen einfachen Sensor dar. Je fester du die Kabelenden anfasst und je feuchter deine Haut ist, desto geringer ist dein Widerstand. Mit dieser Schaltung kannst du einen einfachen Lügendetektor bauen, da der Körper unter Stress vermehrt Schweiß produziert und somit den Strom besser leitet.

MIKROFONVERSTÄRKER · Bei dem Signal eines Mikrofons oder eines MP3-Players handelt es sich nicht um ein Gleichspannungssignal, wie es bei der Änderung des Widerstandes z.B. des LDR war. Wenn du das Signal von einem Mikrofon oder von einem MP3-Player verstärken möchtest, dann benötigst du für die Schaltung ein weiteres Bauelement, einen **Kondensator.** Ein Kondensator hat die Eigenschaft, dass er für Gleichstrom wie eine Leitungsunterbrechung wirkt, während er Wechselstrom leitet. Das Schaltsymbol eines Kondensators siehst du im ▸ Bild 08. Eine Schaltung für einen Mikrofonverstärker zeigt ▸ Bild 07.

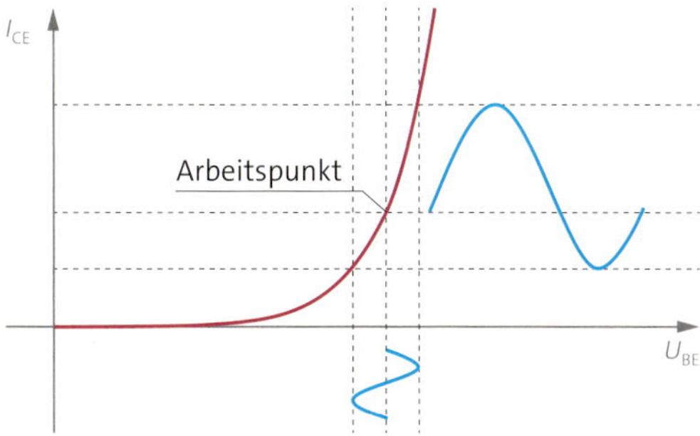

05 U_{BE}-I_C-Kennlinie und Arbeitspunkt

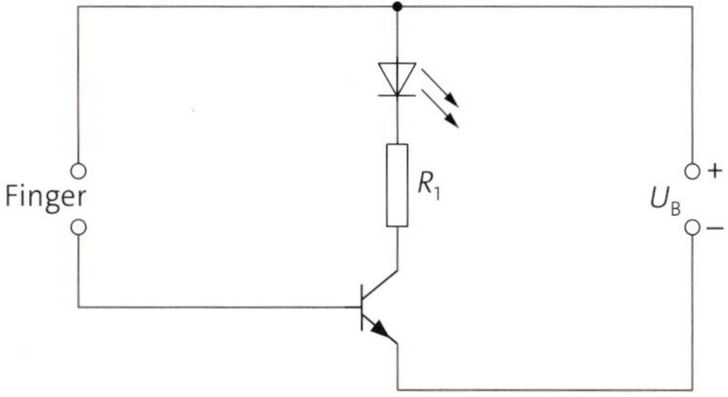

06 Schaltung für einen Leitfähigkeitstester

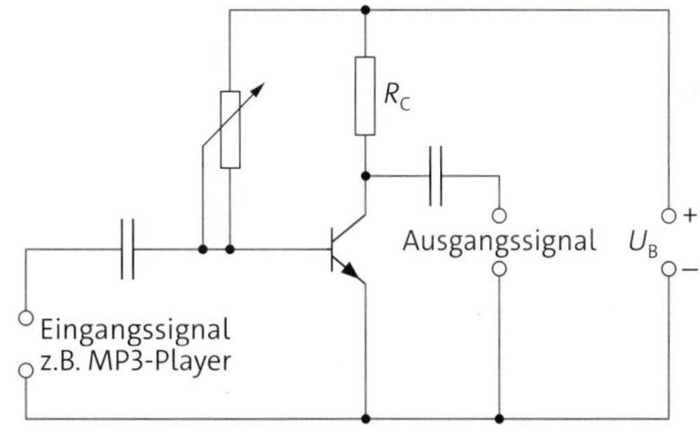

07 Verstärkerschaltung

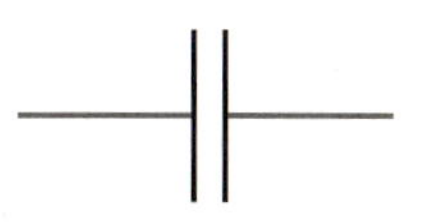

08 Schaltsymbol eines Kondensators

1 Ändere die Schaltung von ▸ Bild 02 so, dass sie als Dämmerungsschalter wirkt. Die Lampe soll leuchten, wenn es dunkel wird.

2 Entwirf eine Schaltung für einen Frostwächter. Die Schaltung soll ein Signal geben, wenn es kälter wird.

BLICKPUNKT

Der MOSFET

01 MOSFET: Schaltbild und Anschlüsse Drain (D), Gate (G) und Source (S)

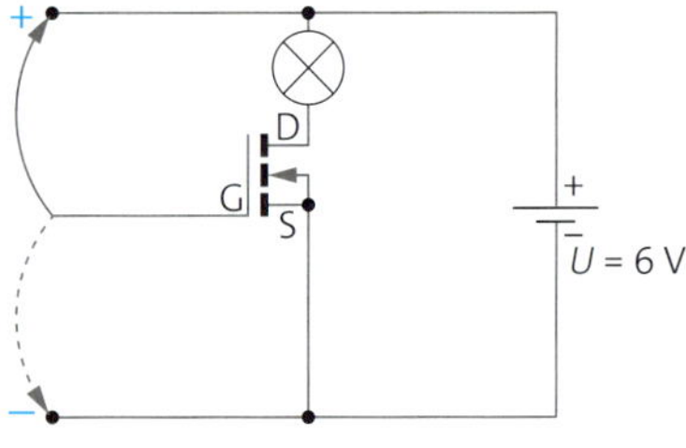

02 Schaltung mit einem MOSFET

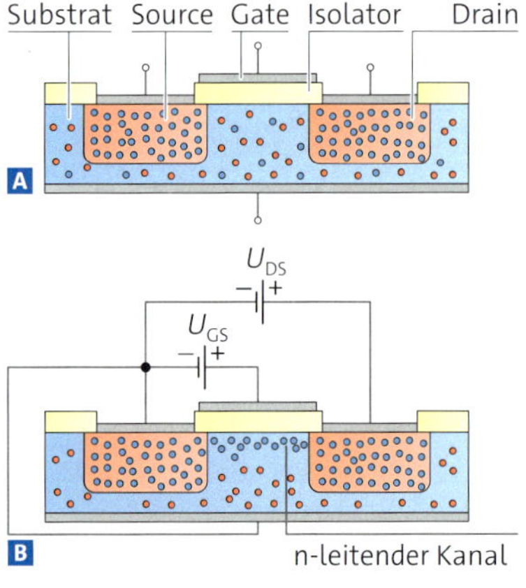

03 **A** Aufbau eines MOSFET, **B** mit Beschaltung

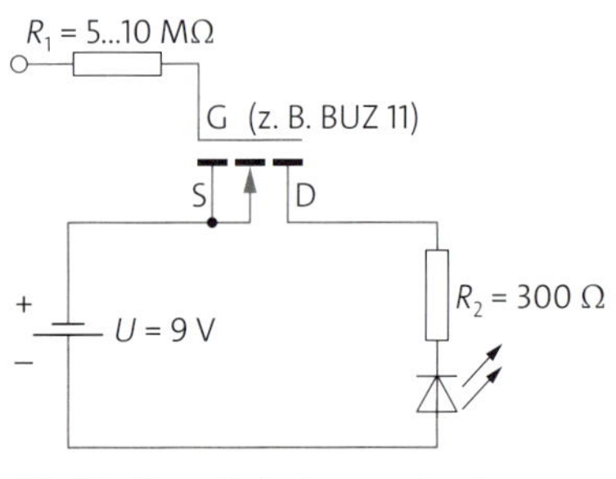

04 Schaltung für Ladungsnachweis

MOSFET · Neben den n-p-n-Transistoren gibt es weitere Transistortypen, wie die **M**etall-**O**xid-**S**emiconduktor-**F**eld**e**ffekt**t**ransistoren oder kurz MOSFETs. Auch die MOSFETs haben drei Anschlüsse. ▸ Bild 01 zeigt die Beschaltung der Anschlüsse und das Schaltsymbol. Wir werden im Folgenden den n-MOSFET untersuchen.

Was ist neu am MOSFET? · Um das zu überprüfen, bauen wir eine Schaltung aus elektrischer Quelle, Lampe und MOSFET auf (▸ Bild 02). Ist das Gate nicht angeschlossen, dann leuchtet die Lampe nicht. Wenn das Gate mit dem Pluspol verbunden wird, dann leuchtet die Lampe. Anders als beim n-p-n-Transistor leuchtet die Lampe aber auch dann noch, wenn das Gate wieder vom Pluspol getrennt wird. Erst wenn wir das Gate mit dem Minuspol verbinden, dann leuchtet die Lampe nicht mehr. Der MOSFET kann also den Schaltzustand halten.

Steuerung ohne Strom · Anders als der n-p-n-Transistor kann der MOSFET Ströme steuern, ohne dass durch sein Gate ein Steuerstrom fließt. Wenn das Gate positiv geladen ist, dann bleibt diese Ladung auf dem Gate gespeichert. Solange die Ladungen vom Gate nicht abfließen können, bleibt die Strecke Source-Drain leitend. Erst wenn die positive Ladung des Gates ausgeglichen wird, sperrt der MOSFET wieder.

▸ Bild 04 zeigt eine einfache Schaltung, mit der du positive Ladungen nachweisen kannst. Dabei musst du mit dem oberen Kontakt nicht einmal den zu testenden Körper berühren. Ist der Körper stark geladen, dann reicht es aus, wenn du dich dem Körper näherst.

Wenn du die LED wieder abschalten möchtest, um einen weiteren Körper zu testen, dann musst du die Strecke zwischen Gate und Minuspol kurz überbrücken, damit die positive Ladung am Gate ausgeglichen werden kann.

Die Schaltung eignet sich aber nur für den Nachweis positiver Ladung.

Aufbau des MOSFET · Der MOSFET ist aus drei Halbleiterbereichen aufgebaut (▸ Bild 03). Das sogenannte Substrat ist so schwach p-dotiert, dass es nicht nur frei bewegliche Löcher, sondern auch einige freie Elektronen enthält. In das Substrat sind die stark n-dotierten Bereiche **Source** und **Drain** eingelassen. Das **Gate** ist durch einen Isolator vom Substrat getrennt. Anders als beim n-p-n-Transistor kann also zwischen Gate und Source kein Strom fließen.

Wenn am Gate keine positive Spannung anliegt, dann sperrt der MOSFET. Wenn man zwischen Gate und Source eine Spannung anlegt, Pluspol an G, dann werden die Elektronen aus dem Substrat vom Gate angezogen (▸ Bild 04). Zwischen den n-dotierten Bereichen von Source und Drain befinden sich jetzt viele frei bewegliche Elektronen. Je größer die positive Spannung am Gate ist, desto besser leitet die Strecke Source-Drain.

VERSUCHE ▸ Versuch mit Transistoren

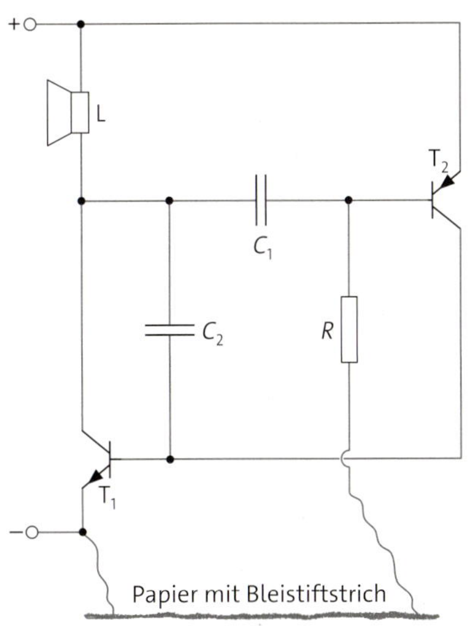

05 Schaltskizze zur Bleistiftorgel

V1 Bleistiftorgel

Material:

4,5 V-Batterie, Lautsprecher, n-p-n-Transistor BD 137 (T_1), p-n-p-Transistor BC 57 oder BC 558 (T_2), Kondensator 10 nF (C_1), Kondensator 47 nF (C_2), Widerstand 100 kΩ, ca. 0,5 m langen Draht, Büroklammer

Du kannst die Schaltung frei verdrahten oder auf einem Sperrholzbrettchen (ca. 15 cm × 15 cm) aufbauen. In letzterem Fall benötigst du noch 14 Reißzwecken, einen Lötkolben und Lötzinn.

Durchführung:

a) Baue die Schaltung entsprechend ▸ Bild 05 auf.

b) Bewege die Büroklammer über den Bleistiftstrich. Beschreibe, wie sich dabei der Ton ändert.

c) Beschreibe die Funktion des Bleistiftstrichs.

Achte darauf, dass du die freien Kabelenden nicht miteinander verbindest!

Material A ▸ Transistorschaltungen

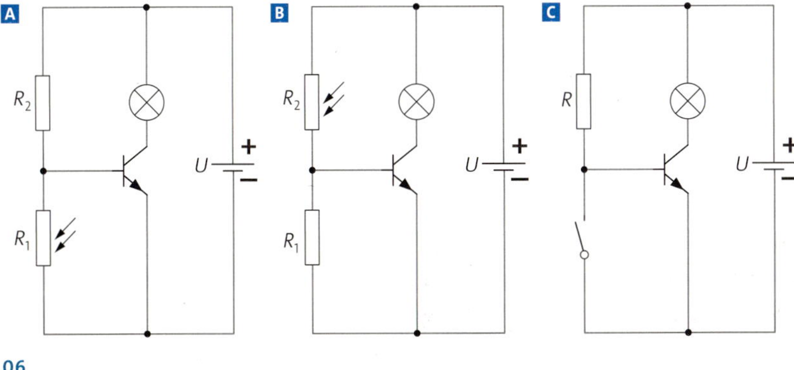

06

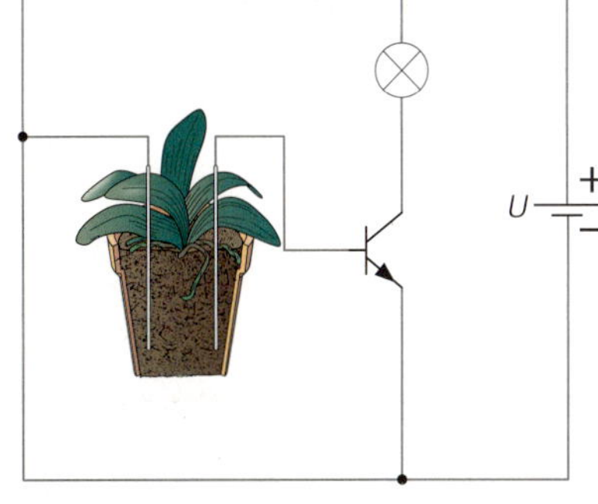

07

A1 **a)** Bei Zimmerhelligkeit leuchtet die Lampe in der Schaltung ▸ Bild 06 A schwach. Beschreibe, wie sich die Helligkeit der Lampe ändert, wenn der LDR beleuchtet bzw. abgedunkelt wird. Begründe mithilfe der Basis-Emitter-Spannung.

b) Beantworte die Frage aus a) für die Schaltung ▸ Bild 06 B. Begründe deine Antwort.

c) In der Schaltung ▸ Bild 06 B ist $U = 9{,}0\ \text{V}$ und $R_1 = 1{,}0\ \text{k}\Omega$. Die Schwellenspannung des Tranistors beträgt 0,7 V. Berechne, wie groß R_2 mindestens sein muss, damit die Lampe aus ist.

d) In der Schaltung von ▸ Bild 06 C ist der Schalter offen. Begründe, dass die Lampe leuchtet. Der Schalter wird nun geschlossen. Erkläre, was mit der Lampe geschieht.

e) Beim Öffnen der Autotür geht die Innenbeleuchtung an. Erkläre, wie man die Schaltung ▸ Bild 06 C dafür verwenden kann. Beschreibe, wie man die Schaltung abändern muss, damit sie auch bei zwei oder mehr Türen funktioniert.

A2 Lars vergisst des öfteren, die Topfpflanze zu gießen. Deshalb möchte er eine Schaltung bauen, die bei trockener Erde automatisch eine Warnlampe einschaltet. Seine Schaltung funktioniert aber nicht (▸ Bild 07). Finde die Fehler. Zeichne den korrekten Schaltplan.

BLICKPUNKT

Datenspeicherung – analog und digital

01 Auf einer Schallplatte ist die Musik analog gespeichert.

02 In einem MP3-Player ist die Musik digital gespeichert.

Zeichen	binär	Zeichen	binär
0	00110000	A	01000001
1	00110001	B	01000010
2	00110010	C	01000011
3	00110011	D	01000100

03 Beispiele für Digitalisierung von Ziffern und Buchstaben im ASCII-Code.

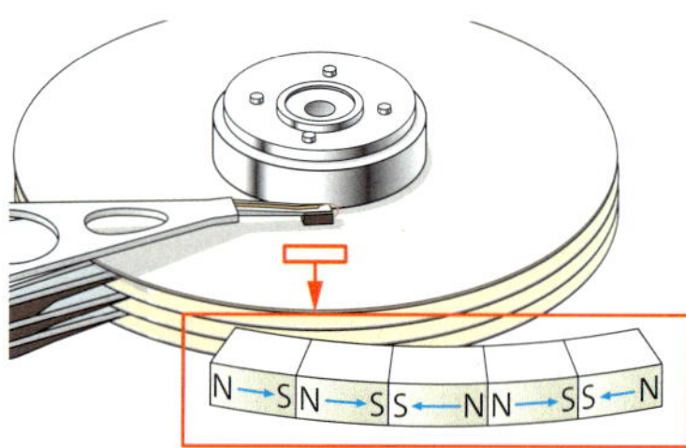

04 Prinzip der digitalen Datenspeicherung bei einer Festplatte.

Auf einer Schallplatte sind die Töne in Form von seitlichen Vertiefungen in einer spiralförmigen Rille gespeichert (▸ Bild 01). Beim Abspielen der Platte werden die Vertiefungen mit einer feinen Nadel abgetastet, dabei schwingt die Nadel mit genau der Frequenz und Lautstärke des gespeicherten Tons. Man sagt, die Musik ist **analog** gespeichert.

Bei einem MP3-Player sind die Musikstücke dagegen **digital** gespeichert (▸ Bild 02). Dazu ist die Musik bei der Aufnahme digitalisiert worden. Das bedeutet, dass das Musikstück in extrem kurzen Zeitabständen (44 100-mal pro Sekunde) abgetastet und in eine unvorstellbar lange Reihe von Nullen und Einsen übersetzt worden ist. Beim Abspielen wird das Muster von Nullen und Einsen wieder zurück in Schwingungen übersetzt.

Nicht nur Musik, auch Fotos und Videos werden heute digital aufgenommen und gespeichert. Alle digitalen Daten liegen im binären Zahlensystem, also in Form von Nullen und Einsen vor. Die kleinste digitale Einheit ist ein Bit (englisch: binary digit). Ein Bit kann nur zwei Zustände annehmen, diese werden als 0 und 1 bezeichnet. Acht Bit werden zu einem Byte zusammengefasst. Ein Byte entspricht 256 verschiedenen Kombinationen von Nullen und Einsen, nämlich 00000000, 00000001, 00000010 bis 11111111. Mit einem Byte können alle Ziffern, Buchstaben und viele Sonderzeichen dargestellt werden. Diese international übliche Codierung heißt ASCII-Code (▸ Tabelle 03).

Zur digitalen Datenspeicherung gibt es verschiedene Datenträger: Auf der Computerfestplatte sind die Daten magnetisch gespeichert. Dabei sind kleinste Bereiche der Festplatte in unterschiedliche Richtungen magnetisiert (▸ Bild 04). Die beiden Magnetisierungen entsprechen den beiden Zuständen 0 und 1. Die Festplatte ist ein Beispiel für einen permanenten Datenspeicher, da die Daten auch nach dem Ausschalten des Computers erhalten bleiben. Weitere Beispiele für permanente Speicher sind CD, DVD und Blu-Ray-Disc. Die Daten sind in Form von Vertiefungen gespeichert, die mithilfe eines Lasers gelesen werden.

Neben einer Festplatte braucht ein Computer noch einen Arbeitsspeicher, um Daten schnell speichern und wieder ausgeben zu können. Als Arbeitsspeicher werden sogenannte RAM-Speicher verwendet. Dabei sind die Daten in Form von elektrischen Strömen oder Ladungen in Halbleiterstrukturen gespeichert. Da die Daten nach dem Ausschalten verloren sind, handelt es sich beim Arbeitsspeicher um einen flüchtigen Speicher.

Bei der Speicherkarte und dem USB-Stick kommt der Flash-Speicher zum Einsatz. Obwohl die Daten hier ebenfalls elektrisch gespeichert sind, bleiben sie nach dem Ausschalten erhalten. Flash-Speicher werden z. B. in Kameras und MP3-Playern eingesetzt.

BLICKPUNKT

Datenverarbeitung und Datenspeicherung

Im Computer, im Smartphone, im MP3-Player werden Daten im binären Zahlensystem Bit für Bit verarbeitet und gespeichert. Die Verarbeitung der Daten baut auf wenigen sogenannten logischen Operationen auf. Die einfachste Operation ist NOT („nicht"). Sie hat einen Eingang x und einen Ausgang y (▸ Tabelle 05 A). Aus x = 1 macht sie y = 0. Die Operation AND („und") verknüpft zwei Eingänge x_1 und x_2 miteinander. Nur wenn beide Eingänge gleich 1 sind, ist der Ausgang gleich 1, ansonsten ist er gleich 0 (▸ Tabelle 05 B). Bei der Operation OR („oder") folgt schon aus einer 1 an einem der beiden Eingänge automatisch eine 1 am Ausgang (▸ Tabelle 05 C).

Diese Operationen können durch Transistorschaltungen realisiert werden. Dazu werden die Eingänge und Ausgänge durch sogenannte Potenzialwerte dargestellt. Dabei bedeutet niedriges Potenzial 0 und hohes Potenzial 1. ▸ Bild 06 zeigt eine Schaltung für die Operation NOT. Sie hat einen Eingang E und einen Ausgang A. Liegt der Eingang E auf hohem Potenzial gegenüber O, dann leitet der Transistor (▸ Bild 06 A). Der Stromkreis über den Widerstand und den Transistor ist geschlossen und die Spannung fällt praktisch vollständig am Widerstand ab. Folglich liegt der Ausgang A auf niedrigem Potenzial. Wenn der Eingang auf niedrigem Potenzial liegt, dann sperrt der Transistor und der Ausgang liegt auf hohem Potenzial (▸ Bild 06 B). Übersetzt macht die Schaltung aus 1 den Wert 0 und aus 0 den Wert 1.

▸ Bild 07 A zeigt eine Schaltung für die Operation AND. Nur wenn beide Eingänge auf hohem Potenzial liegen, ist der Stromkreis geschlossen und der Ausgang liegt auch auf hohem Potenzial. Dagegen reicht es bei der Schaltung nach ▸ Bild 07 B für OR aus, wenn nur einer der beiden Eingänge auf hohem Potenzial liegt, damit auch der Ausgang auf hohem Potenzial liegt.

Die Speicherung von Daten kann ebenfalls mit Transistoren erfolgen. Da die Daten binär vorliegen, muss die kleinste Speichereinheit zwei unterschiedliche Zustände annehmen können. Die beiden Zustände entsprechen 0 und 1. Eine Schaltung zur Realisierung einer solchen Speicherzelle zeigt ▸ Bild 08. Die Schaltung ist aus zwei NOT-Schaltungen aufgebaut. Der Ausgang A_1 der ersten NOT-Schaltung ist gleich dem Eingang der zweiten NOT-Schaltung. Entsprechend ist der Ausgang A_2 der zweiten NOT-Schaltung gleich dem Eingang der ersten NOT-Schaltung. Liegt der Eingang E einmal auf hohem Potenzial, dann bleibt die Schaltung in diesem Zustand – selbst dann noch, wenn das äußere Potenzial nicht mehr anliegt. Auch wenn das Potenzial am Eingang niedrig ist, bleibt die Schaltung in diesem Zustand. Die Schaltung hat also zwei stabile Zustände, die über den Eingang E gesetzt und zu einem späteren Zeitpunkt wieder ausgelesen werden können.

1 Veranschauliche für die Schaltungen in ▸ Bild 07 für $x_1 = 0$, $x_2 = 1$ das Potenzial in Farbe.

A

x	0	1
$y = \overline{x}$	1	0

B

x_1	0	0	1	1
x_2	0	1	0	1
$y = x_1 \wedge x_2$	0	0	0	1

C

x_1	0	0	1	1
x_2	0	1	0	1
$y = x_1 \vee x_2$	0	1	1	1

05 Die Operationen NOT **(A)**, AND **(B)**, OR **(C)**

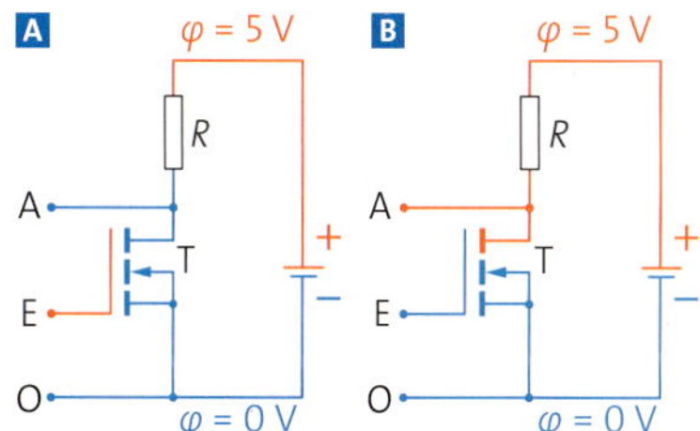

06 Eine Schaltung für NOT.

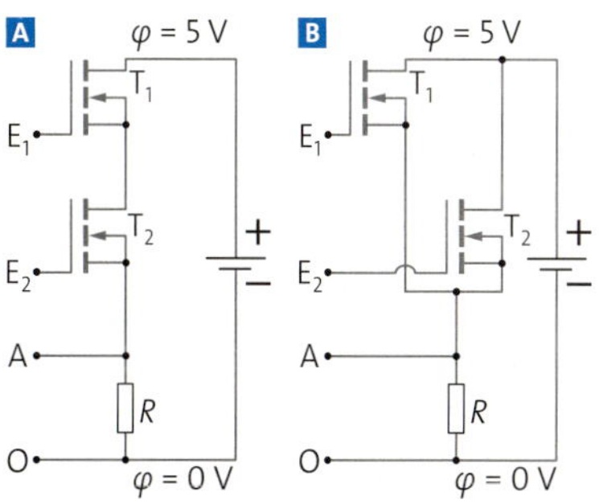

07 Schaltungen **A** AND, **B** OR

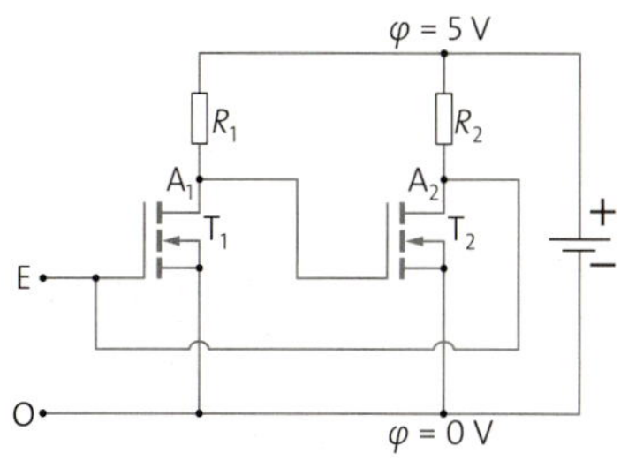

08 Speicherung von 0 oder 1

Widerstände

Potenziometer sind regelbare Widerstände. Ein Potenziometer hat drei Anschlüsse. Zwischen zwei Anschlüssen liegt ein Festwiderstand. Am dritten Anschluss kann der Widerstand zwischen 0 Ω und dem Maximalwert variiert werden.

NTC – Negative Temperature Coefficient: Ein NTC ist ein temperaturabhängiger Widerstand. Je höher die Temperatur des NTC ist, desto kleiner ist der Widerstand.

LDR – Light Dependend Resistor: Ein LDR ist ein lichtempfindlicher Widerstand. Je stärker der LDR beleuchtet wird, desto kleiner ist sein Widerstand.

Elektrizitätsleitung

Damit ein Stoff den elektrischen Strom leiten kann, muss er bewegliche Ladungsträger enthalten.

In **Salzlösungen** bewegen sich positive Ionen zur negativen Elektrode und negative Ionen zur positiven Elektrode. Beide Ionenarten tragen zum elektrischen Strom bei.

Leitung in Metallen: In Metallen gibt es je Atom ein bis zwei bewegliche Elektronen. Diese bewegen sich in Richtung des positiven Pols der elektrischen Quelle. Sie definieren unsere Stromrichtung. Unsere **Stromrichtung** verläuft vom Minuspol zum Pluspol der elektrischen Quelle.

Elektrischer Widerstand: Wenn sich ein Körper erwärmt, dann nimmt die Schwingung der Atome des Körpers zu. Je stärker die Atome schwingen, desto mehr wird die Elektronenbewegung gehemmt. Je höher die Temperatur eines Metalls ist, desto stärker wird die Bewegung der Elektronen gehemmt.
In **Metallen** nimmt der elektrische Widerstand mit zunehmender Temperatur zu.

Halbleiter stehen in ihrer Fähigkeit, den elektrischen Strom zu leiten, zwischen Leitern und Isolatoren. Halbleiter sind Elemente der vierten Hauptgruppe im Periodensystem der Elemente.

In Halbleitern bewegen sich negativ geladene Elektronen in Richtung Pluspol und positiv geladene **Löcher** in Richtung Minuspol der elektrischen Quelle. Beide Ladungsträger tragen zu einem elektrischen Strom bei.

In Halbleitern nimmt der elektrische Widerstand mit zunehmender Temperatur stark ab.

Dotieren bezeichnet das Einbringen von Fremdatomen in einen Halbleiterkristall. Dabei ändern sich die Leitungseigenschaften des Halbleiters.

n-Dotieren: Durch Dotieren mit einem Element aus der fünften Hauptgruppe des Periodensystems erhält man einen n-Halbleiter mit beweglichen Elektronen und ortsfesten positiv geladenen Ionen.

p-Dotieren: Durch Dotieren mit einem Element aus der dritten Hauptgruppe des Periodensystems erhält man einen p-Halbleiter mit beweglichen positiv geladenen Löchern und ortsfesten negativ geladenen Ionen.

Halbleiter-Bauteile

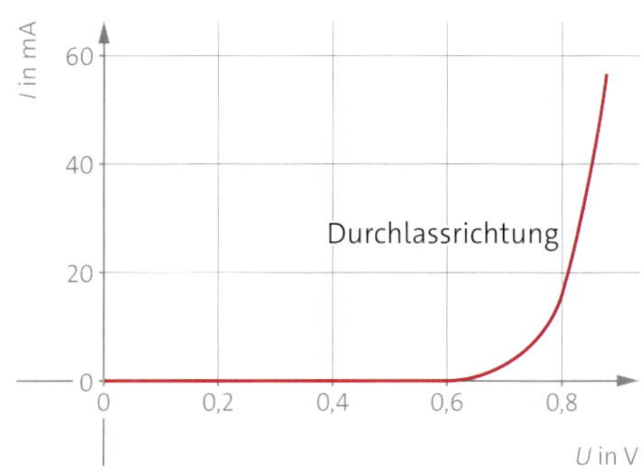

01 Kennlinie einer Diode

Dioden lassen nur bei richtiger Polung, in **Durchlassrichtung,** den Strom durch. Bei falscher Polung, in **Sperrrichtung,** fließt kein Strom.

Dioden werden zum Beispiel zur Gleichrichtung von Wechselströmen eingesetzt.

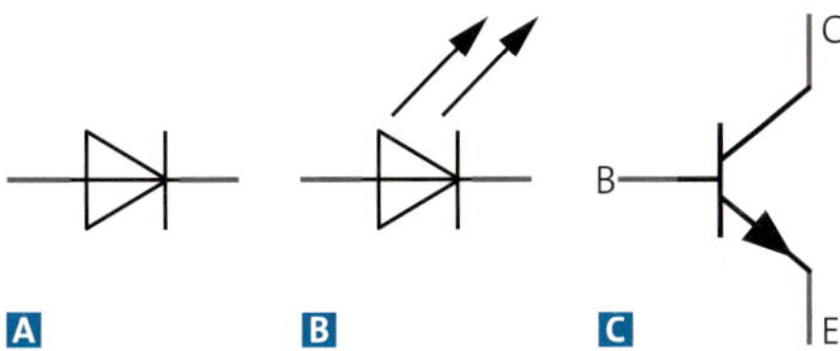

02 Schaltsymbole für **A** Diode, **B** LED, **C** Transistor

Leuchtdioden (LED) lassen wie Dioden den Strom nur in eine Richtung durch. Damit eine LED leuchten kann, muss sie in Durchlassrichtung betrieben werden. Bei der Leuchtdiode wird elektrische Energie in Lichtenergie umgewandelt.

Solarzellen wandeln Lichtenergie teilweise in elektrische Energie um.

Transistoren: Mit Transistoren kann man Ströme steuern.
Ein Transistor hat drei Anschlüsse: **Emitter, Basis** und **Kollektor.**

Solange die Spannung U_{BE} zwischen Basis und Emitter kleiner als die Schwellenspannung ist, ist die Stromstärke I_{CE} zwischen Emitter und Kollektor null. Mit zunehmender Spannung U_{BE} nimmt auch die Stromstärke I_{CE} zu.

Da Transistoren eine sehr steile Kennlinie haben, können sie sowohl als Schalter, als auch als Verstärker eingesetzt werden.

Schwellenspannung: Die Schwellenspannung ist die Spannung, die erforderlich ist, um die **Sperrschicht** zwischen dem n-dotierten und p-dotierten Bereich zu überwinden.

Überprüfe dich selbst:

Kann ich ...

... die Leitungsvorgänge in Salzlösungen beschreiben?

... die Leitungsvorgänge in Metallen beschreiben?

... die Zunahme des elektrischen Widerstands bei Temperaturerhöhung erklären?

... den Aufbau und die Funktionsweise eines Potenziometers beschreiben?

... die Eigenschaften von Halbleitern beschreiben und mit denen von Metallen vergleichen?

... erläutern, was man unter Dotieren versteht und die Unterschiede zwischen p-Dotierung und n-Dotierung beschreiben?

... den Aufbau und die Funktion von Dioden und Leuchtdioden beschreiben?

... erklären, warum Dioden den Strom nur in eine Richtung durchlassen?

... mit einem geeigneten Modell erklären, warum Dioden erst ab einer bestimmten Spannung den Strom in Durchlassrichtung passieren lassen?

... die Kennlinie eine Diode beschreiben und mithilfe der Kennlinie die Leitungseigenschaften einer Diode erklären?

... mithilfe der Kennlinie einer Diode erklären, warum eine Diode mit einem Vorwiderstand betrieben werden muss?

... den Vorwiderstand einer Diode berechnen?

... den Aufbau und die Funktion eines Transistors beschreiben?

Energieübertragung in Kreisprozessen

In diesem Kapitel beschäftigst du dich mit

- dem Verhalten von Gasen. Du erfährst etwas darüber, wie die Größen Druck, Volumen und Temperatur eines Gases zusammenhängen.
- thermischen Maschinen. Dabei lernst du zunächst, wie die Größen Druck und Energie zusammenhängen. Am Beispiel des Stirlingmotors erfährst du, wie man die Energieübertragung bei einer kontinuierlich laufenden thermischen Maschine beschreibt. Dabei lernst du den Begriff des thermischen Wirkungsgrads kennen.
- der Entwertung von Energie. Du lernst, dass bei irreversiblen Vorgängen stets Energie entwertet wird und dass praktisch alle alltäglichen Energieübertragungsvorgänge irreversibel sind. Dabei erfährst du etwas darüber, wie man Energie effizienter nutzen kann.

Eigenschaften von Körpern und Stoffen

Die **Masse m** eines Körpers ist ein Maß dafür, wie schwer ein Körper ist. Die Einheit der Masse ist ein Kilogramm (1 kg).
Jeder Körper hat ein **Volumen V.** Die Einheit des Volumens ist ein Kubikmeter ($1\,m^3$).
Die **Dichte ρ** ist eine Stoffeigenschaft. Es gilt:
$\rho = \frac{m}{V}$. Die Einheit ist $1\,\frac{kg}{m^3}$ bzw. $1\,\frac{g}{cm^3}$.

Druck

Der **Druck p** gibt an, wie sehr ein Gas oder eine Flüssigkeit gepresst ist. Der Druck wirkt in alle Richtungen gleich.

In einem Gas oder in einer Flüssigkeit gilt für den Druck p:

$p = \frac{F}{A}$.

Dabei ist F die Kraft auf das eingeschlossene Gas bzw. die eingeschlossene Flüssigkeit und A die Fläche, auf die die Kraft ausgeübt wird.

Der Druck wird in der Einheit ein Pascal (1 Pa) angegeben. Im Alltag werden häufiger die Einheiten Hektopascal (hPa) oder Bar (bar) benutzt. Es gilt:
1 bar = 1000 hPa = 100 000 Pa = 100 kPa.

Eigenschaften der Energie

Die Einheit für die **Energie E** ist ein Joule (1 J). Energie kann weder entstehen noch verschwinden. Sie bleibt erhalten.

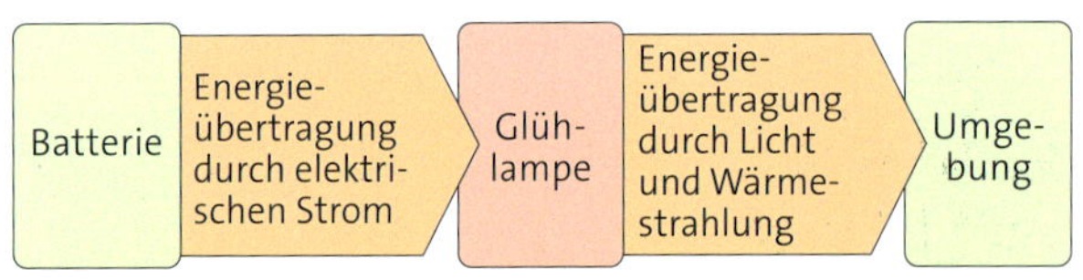

01 Energieflussdiagramm: Energiewandler sind rot, Energiespeicher sind grün gekennzeichnet.

Energie kann **gespeichert** und **übertragen** werden. Die Energieübertragung kann auf verschiedene Arten erfolgen, z. B. durch Licht, durch den elektrischen Strom, durch die Drehbewegung einer Achse usw.

Energieübertragungsvorgänge lassen sich in **Energiefluss-diagrammen** übersichtlich darstellen. Dabei notiert man, auf welche Art die Energie übertragen wird (▸ Bild 01).

Energieformen: Energie kommt in verschiedenen Formen vor. Ein sich bewegender Körper hat **Bewegungsenergie.** Je schneller er sich bewegt, desto größer ist seine Bewegungsenergie.
Ein angehobener Körper hat **Höhenenergie.** Je höher er sich befindet, desto größer ist seine Höhenenergie.
Ein elastisch verformter Körper hat **Spannenergie.** Je stärker er verformt ist, desto größer ist seine Spannenergie.
Je höher die Temperatur eines Körpers ist, desto größer ist seine **thermische Energie.**

Nutzung von Energie

Menschen, Tiere, Maschinen, Gebäude usw. geben die erhaltene Energie letztlich als thermische Energie an die Umgebung ab. Diese Energie kann für den ursprünglichen Zweck nicht wieder eingesetzt werden. Man sagt: Die Energie ist **entwertet.**

Leistung

Für die Energieübertragung ist der Quotient aus übertragener Energie ΔE und der zugehörigen Zeitspanne Δt wichtig. Dieser Quotient heißt **Leistung P.**

$P = \frac{\Delta E}{\Delta t}$.

Die Einheit der Leistung ist $1\,\frac{J}{s} = 1$ W (Watt).

Kraft und Energie

Wenn auf einen Körper entlang der Strecke Δs eine konstante Kraft F in Bewegungsrichtung ausgeübt wird, dann wird Energie auf ihn übertragen. Für diese Energie ΔE gilt:

$\Delta E = F \cdot \Delta s$. Dabei ist 1 J = 1 N · m = 1 Nm.

In einem s-F-Diagramm kann man die übertragene Energie als Fläche bestimmen (▸ Bild 02).

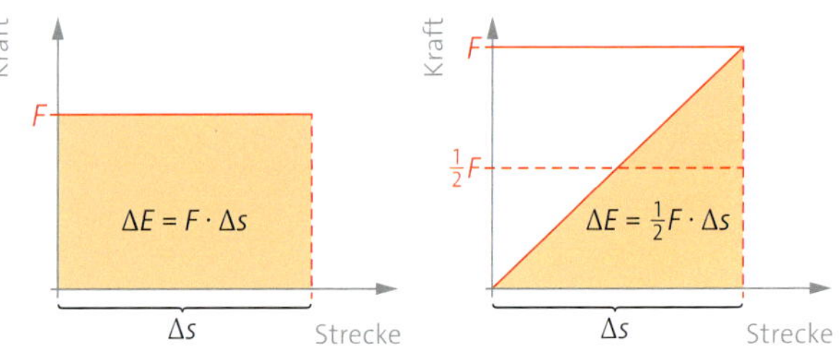

02 Energie bei **A** konstanter, **B** nicht konstanter Kraft

Eigenschaften von Körpern und Stoffen

1 **a)** Berechne die Fläche, die man mit 1 g des Papiers auslegen könnte. Berechne die Masse des gesamten Pakets.
b) Berechne die Masse einer 1 m^3-Lieferung des Papiers.
c) Zwei Körper haben das gleiche Volumen. Einer der Körper hat eine fünfmal größere Masse als der andere. Bestimme das Verhältnis der Dichten beider Körper.
d) Zwei massengleiche Körper haben ein Volumenverhältnis von 1 : 3. Bestimme das Verhältnis der Dichten der beiden Körper.

Druck

2 Beschreibe, was man unter Überdruck und Unterdruck in einem Gas versteht. Nenne Beispiele.

3 Auf einer Bergwanderung wird nach der Gipfelrast eine leere Plastikflasche fest verschlossen. Beschreibe, was mit der Flasche beim Abstieg geschieht.

4 Eine Wasserleitung mit 2,0 cm^2 Querschnittsfläche wird mit einem Daumen verschlossen. Dazu ist eine Kraft von 50 N nötig. Berechne den Druck in der Leitung.

Energie

5 **a)** Im Alltag spricht man oft von „Energieerzeugung", „Energieverbrauch" und „Energiesparen". Erkläre, was damit aus physikalischer Sicht gemeint ist.
b) Vergleiche Energie- und Wasserverbrauch miteinander. Erläutere, was mit der Aussage „Energie wird entwertet" beschrieben wird.
c) Gib Beispiele für Maßnahmen an, mit denen du zuhause Energie „sparen" kannst.

6 Der mittlere Energiebedarf eines Erwachsenen beträgt etwa 10 000 kJ pro Tag. Fast die gesamte zugeführte Energie gelangt als thermische Energie in die Umgebung.
Der Mensch wirkt also wie eine Heizung.
Berechne die Heizleistung des menschlichen Körpers.

7 Kängurus bewegen sich mit großen Sprüngen fort. Dabei nutzen sie die Energieumwandlung. Die Sehnen und Muskeln ihrer Hinterbeine wirken beim Springen wie Stahlfedern.
a) Beschreibe die Energieumwandlungen beim Kängurusprung.
b) Erkläre, warum diese Art der Fortbewegung energiesparend ist.

Energie und Kraft

8 Erläutere die Bedeutung der Goldenen Regel der Mechanik für technische Anwendungen.
Gib Beispiele aus dem Alltag an.

9 **a)** Gib an, von welchen Größen die Höhenenergie eines Körpers abhängt.
b) Erläutere, welche Bedeutung der Ortsfaktor dabei hat.

10 Bei einem Fahrrad-Ergometer wird die mechanische Leistung schrittweise gesteigert.
a) Bestimme mithilfe des Diagramms im Bild unten die in den ersten drei Minuten übertragene Energie.
Bestimme die insgesamt übertragene Energie.
b) Ein Pedal legt bei einer Umdrehung 1,0 m zurück. Im Trainingsprogramm tritt ein Sportler so, dass er dafür immer 1,0 s benötigt. Daher ändert sich die Kraft, mit der er auf die Pedale drückt.
Erkläre mithilfe des Diagramms. Bestimme jeweils die Kraft.

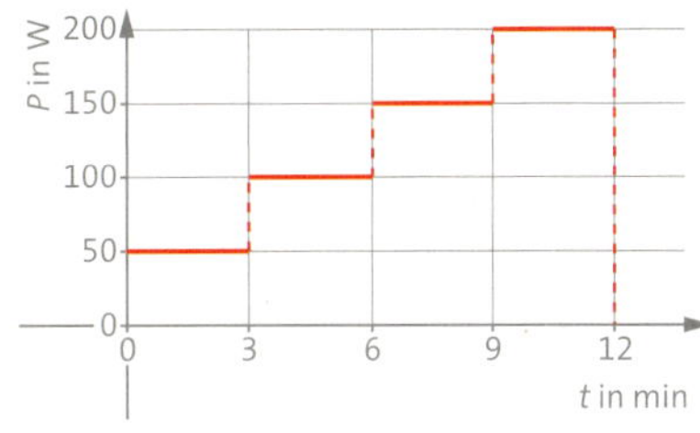

11 Eine Feder ($D = 100\,\frac{\text{N}}{\text{m}}$) wird gedehnt.
a) Bestimme die maximale Kraft, die dabei ausgeübt wird.
b) Berechne die gespeicherte Spannenergie. Stelle die Spannenergie in einem *s*-*F*-Diagramm dar.

01 Ein Experiment mit flüssiger Luft

Die absolute Temperatur

Der niedrigste Wert für eine Außentemperatur auf der Erde wurde 1983 in der Antarktis gemessen: −89,2 °C. Luft wird bei etwa −190 °C flüssig. Im Weltall ist es sogar −270 °C kalt. Wie tief kann die Temperatur noch sinken?

A

B

ϑ in °C	90	70	50	30	20	10	0
p in kPa	100	94,2	89,0	83,5	80,6	77,9	75,2

02 **A** Druckmessung an einem Gas bei Abkühlung,
B Temperatur- und Druckwerte bei der Abkühlung; 100 kPa = 1 bar

TEMPERATUR UND DRUCK · Wenn man ein Gas abkühlt, dann ändert sich nicht nur seine Temperatur, sondern – je nach Versuchsbedingungen – auch sein Druck und sein Volumen.

Wir untersuchen in einem Experiment, wie sich der Druck eines Gases verändert, wenn man das Gas bei konstantem Volumen abkühlt. Dazu schließen wir eine Luftmenge in einen Erlenmeyerkolben ein und kühlen sie ab (▸ Bild 02 A). Wir beobachten, dass der Druck gleichmäßig mit der Temperatur abnimmt (▸ Tabelle 02 B). Je 20 K Temperaturunterschied nimmt der Druck stets um knapp 6 kPa ab. Wenn man die Messwerte in ein ϑ-p-Diagramm einträgt, dann erhält man als Ausgleichskurve näherungsweise eine Gerade (▸ Bild 03).

DER ABSOLUTE NULLPUNKT · Wie verläuft das ϑ-p-Diagramm für noch niedrigere Temperaturen? Wir nehmen an, dass der Druck auch bei tieferen Temperaturen gleichmäßig mit der Temperatur abnimmt. Dann erreicht man bei einer bestimmten Temperatur den Druck 0 Pa.

Um diese Temperatur zeichnerisch zu bestimmen, erweitern wir unser Diagramm weit in den negativen Temperaturbereich hinein (▸ Bild 04). Wir lesen für einen Druck von 0 Pa einen Wert zwischen −270 °C und −280 °C ab. Da der Druck nicht kleiner als 0 Pa werden kann, kann man das Gas offenbar nicht weiter abkühlen.

Wenn man das Experiment mit einer anderen Gasmenge oder einer anderen Gassorte wiederholt, dann ergibt sich stets die gleiche Temperatur. Der genaue Wert ist −273,15 °C. Es liegt also nahe, anzunehmen, dass es keine niedrigeren Temperaturen als −273,15 °C gibt. Man nennt diesen Wert den **absoluten Nullpunkt** der Temperatur.
Die im Labor gemessenen Werte bestätigen unseren Gedankengang: Die tiefste jemals erzeugte und folglich auch gemessene Temperatur liegt 0,000 000 0001 K über dem absoluten Nullpunkt.

EINE NEUE TEMPERATURSKALA · Es liegt nahe, eine neue Temperaturskala festzulegen (▸ Bild 05). Dazu legt man den Nullpunkt der Temperaturskala auf den absoluten Nullpunkt. Die Skalenabstände lässt man so wie bei der Celsiusskala. Auf diese Weise erhält man die absolute Temperatur *T*. Man misst sie in Kelvin, kurz K.

Der absolute Nullpunkt liegt bei −273,15 °C. Die absolute Temperatur *T* wird in Kelvin (K) gemessen. Es gilt:
T (in K) = ϑ (in °C) + 273,15.

Wenn man den Druck über der absoluten Temperatur aufträgt, dann erhält man eine Ursprungsgerade.

Bei konstantem Volumen sind für eine Gasmenge die absolute Temperatur und der Druck proportional zueinander:
$p \sim T$ für konstantes V.
(Gesetz von AMONTONS)

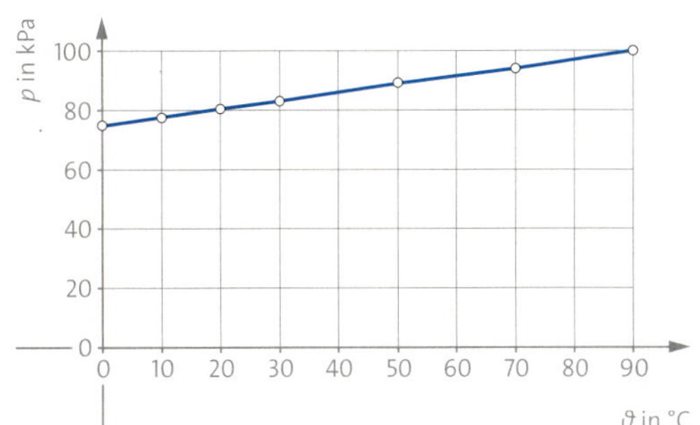

03 Das ϑ-p-Schaubild

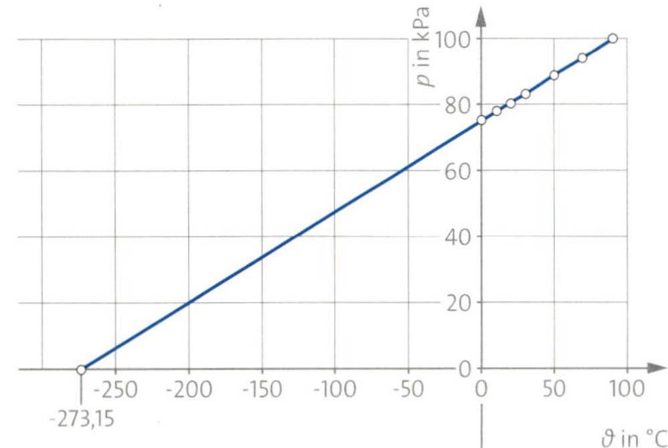

04 Das Ausgleichsgerade wird nach links erweitert.

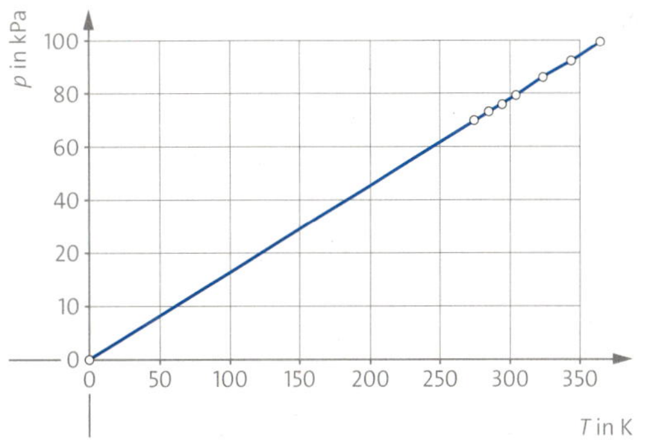

05 Abhängigkeit des Drucks von der absoluten Temperatur

Die Zimmertemperatur beträgt auf der neuen Skala also ungefähr 293 K.

1 Gib den Siedepunkt des Wassers und die normale Körpertemperatur des Menschen auf der Kelvin-Skala an.

2 Ein halber Liter Luft wird bei 20 °C in einen Kolben eingeschlossen. Der Druck soll von 100 kPa auf 200 kPa erhöht werden.
Gib die Temperatur in K und in °C an, auf die das Gas dazu erhitzt werden muss.

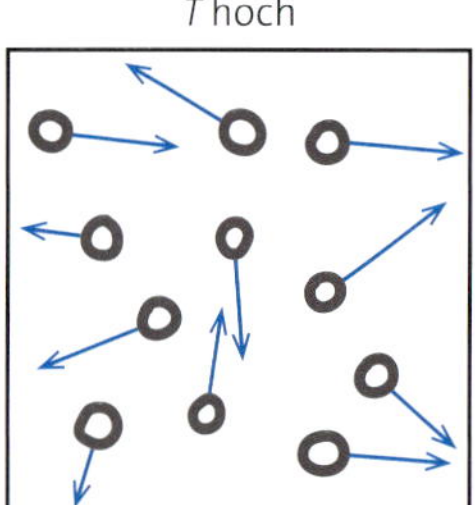

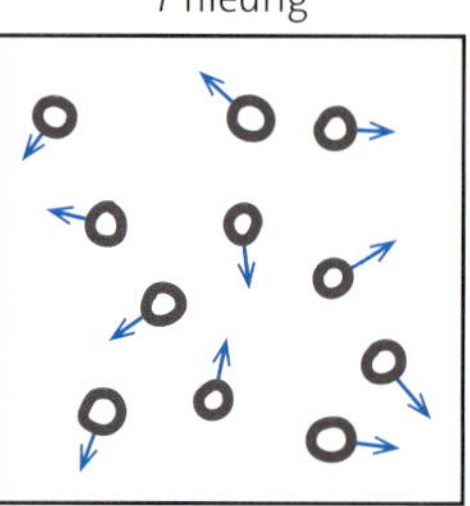

01 Niedrige Temperaturen werden durch langsamere Teilchen beschrieben.

ABSOLUTER NULLPUNKT IM TEILCHENMODELL · Wir können die Existenz des absoluten Nullpunkts der Temperatur im Teilchenmodell erklären. Die Temperatur eines Körpers wird durch die Bewegung der Teilchen beschrieben. Je höher die Temperatur des Körpers ist, desto schneller bewegen sich seine Teilchen (▸ Bild 01). Bei Raumtemperatur bewegen sich die Teilchen eines Gases mit etwa 250 $\frac{m}{s}$, das ist die Geschwindigkeit eines Linienflugzeugs. Bei den tiefsten bisher erreichten Temperaturen brauchen die Teilchen für 1 cm etwa 12 s. Entsprechend stoßen die Teilchen bei hohen Temperaturen wesentlich häufiger untereinander und an die Gefäßwände. Deshalb nimmt der Gasdruck mit steigender Temperatur zu.

Umgekehrt wird mit dem Teilchenmodell auch der absolute Nullpunkt beschrieben. Bei dieser Temperatur bewegen sich die Teilchen nicht mehr und der Gasdruck beträgt 0 Pa.

BLICKPUNKT

Kälterekorde

Die tiefsten Temperaturen auf der Erde betragen etwa −90 °C = 180 K. Auf der dunklen Seite des Mondes liegen die Temperaturen bei −160 °C, also bei etwa 110 K.

Auf dem Zwergplaneten Pluto herrscht eine Temperatur von −230 °C, das ist nur 43 K über dem absoluten Nullpunkt. Im Universum fernab der Sterne betragen die Temperaturen etwa −270 °C, also ungefähr 3 K.

Bereits 1877 gelang es mit einer Kältemaschine, einem verbesserten Kühlschrank, Luft zu verflüssigen, d. h. eine Temperatur von etwa −190 °C bzw. 83 K zu erreichen. Um 1910 erreichte man bereits 4 K und konnte auf diese Weise das Edelgas Helium verflüssigen. Helium ist das Gas mit dem niedrigsten Kondensationspunkt.

Im Jahr 2000 wurde in einem Labor in Helsinki ein Stück Metall auf die tiefste bisher erreichte Temperatur von 0,000 000 0001 K abgekühlt. Die Kältelabore der Menschen sind damit die kältesten Orte des bekannten Universums.

Supraleitung

1911 wurde bei Temperaturen von etwa 4 K die Supraleitung entdeckt. Nahe des absoluten Nullpunkts leiten Metalle den elektrischen Strom ohne Widerstand. Einmal fließende elektrische Ladung fließt durch einen Supraleiter immer weiter, ohne elektrische Energie zu benötigen. Ein supraleitender Elektromagnet kann also ohne angelegte Spannung über einem Magneten schweben, solange die Temperatur nur niedrig genug gehalten wird (▸ Bild 02).

02 Schwebender supraleitender Magnet mit flüssiger Luft gekühlt

Material A ▸ Druck im Autoreifen

03 Messen des Drucks im Autoreifen

A1 Der Druck in einem Autoreifen (▸ Bild 03) beträgt nach Vorschrift 220 kPa über Luftdruck, also insgesamt 320 kPa. Angenommen, der Reifen wird in der Garage bei 20 °C ordnungsgemäß aufgepumpt. Das Auto steht nun bei −10 °C im Freien. Berechne, welcher Reifendruck nun im Reifen herrscht, wenn sich das Volumen in guter Näherung nicht verändert.

A2 Während der Fahrt wird der Reifen durchgewalkt (durchgeknetet). Dadurch erhöht sich die Temperatur des Reifens und der Luft darin. Der Reifendruck wächst von 220 kPa bei 20 °C auf 250 kPa.

a) Berechne die Temperatur der Luft im Reifen.

b) Gib an, auf welchen Wert die Temperatur steigen müsste, damit sich der Druck verdoppelt.

Material B ▸ Heißes Gas im Verbrennungsmotor

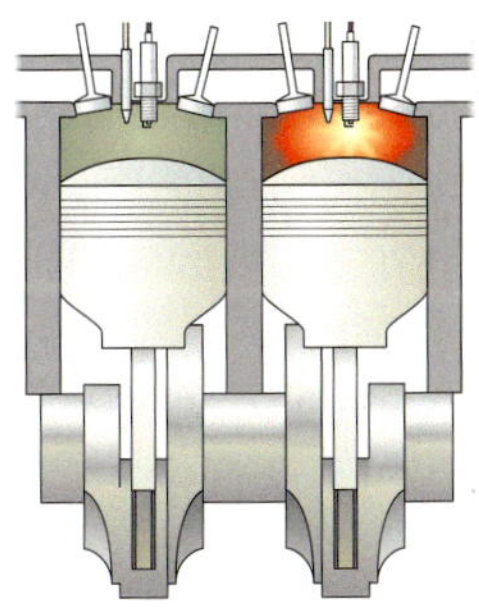

04 Das Benzin-Luft-Gemisch vor und nach der Verbennung

Das Benzin-Luftgemisch im Motor hat vor der Verbrennung einen Druck von etwa 100 kPa. Durch die Verbrennung erreicht das Gas eine Temperatur von über 2000 °C (▸ Bild 04).

B1 Gib an, um welchen Faktor sich die Temperatur ungefähr erhöht. Schätze damit ab, welcher Druck im Gas unmittelbar nach der Verbrennung herrscht.

B2 Begründe im Teilchenmodell, warum das Gas bei höherer Temperatur eine größere Kraft auf den Kolben ausübt.

B3 Nach der Verbrennung ist die Zahl der Gasteilchen um etwa $\frac{1}{4}$ größer als vorher. Schließe mithilfe des Teilchenmodells, wie sich diese Tatsache auf den Druck im Gas auswirkt.

Material C ▸ Extrapolation von Messwerten

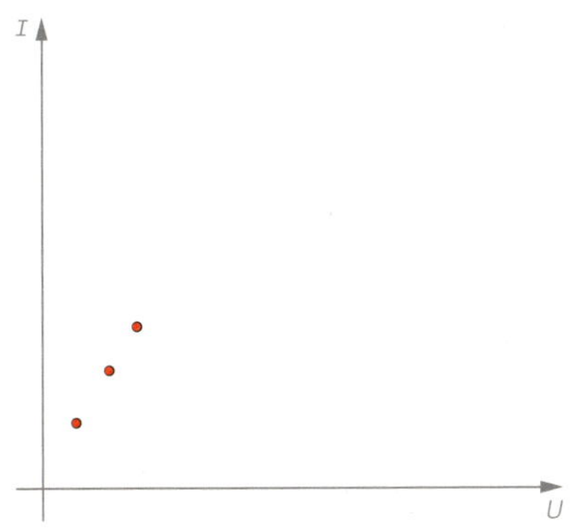

05 *U*-*I*-Kurve für eine Glühlampe bei kleinen Spannungen

Das Verfahren, eine Kurve über den Messbereich hinaus zu verlängern und damit Vorhersagen zu machen, nennt man Extrapolation.

C1 Im ▸ Bild 05 sind drei Messwerte für die Stromstärke für eine Glühlampe bei kleinen Spannungen aufgetragen.

a) Gib an, welchen Zusammenhang zwischen der Spannung *U* und der Stromstärke *I* man auch außerhalb des untersuchten Bereichs vermuten könnte. Skizziere den Zusammenhang in einem *U*-*I*-Diagramm.

b) Für größere Spannungen erwärmt sich der Glühdraht der Glühlampe. Beschreibe, wie sich dies auf die Stromstärke bei größeren Spannungen auswirkt. Skizziere das zugehörige *U*-*I*-Diagramm.

C2 Begründe, bei welchen der folgenden Beispiele eine Extrapolation sinnvoll ist. Notiere sinnvolle Wertepaare und zeichne jeweils ein Diagramm.

a) Masse eines Kindes in Abhängigkeit vom Alter.

b) Handykosten in Abhängigkeit von der Gesprächsdauer.

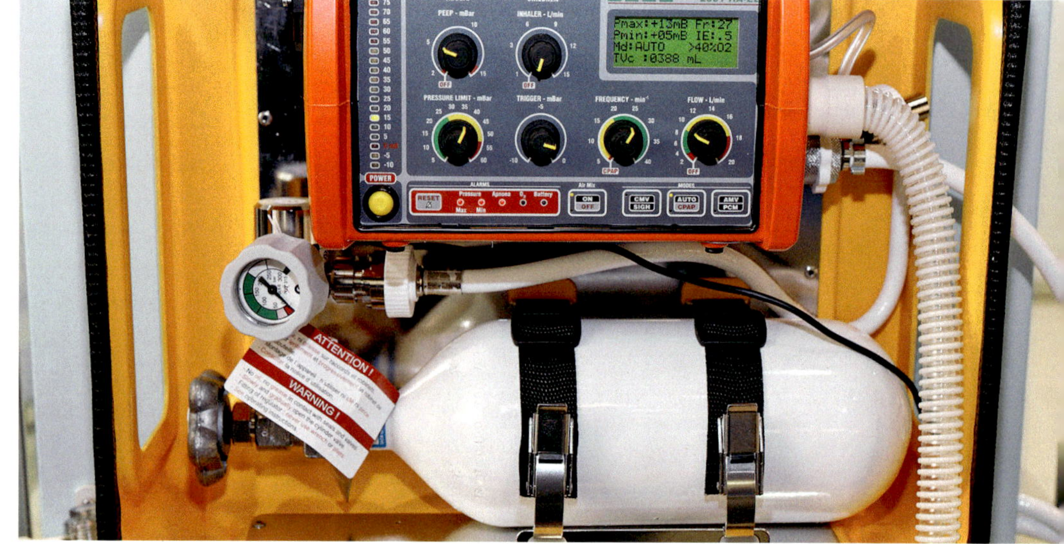

01 Mobiles Sauerstoffgerät mit Sauerstoffflasche

Das allgemeine Gasgesetz

Zu dem mobilen Sauerstoffgerät zur Versorgung von Schwerverletzten gehört eine Flasche mit reinem Sauerstoff. Sie hat ein Volumen von zwei Litern. Wir atmen pro Atemzug etwa einen halben Liter ein. Wie lange reicht der Sauerstoff der Flasche?

DRUCK UND VOLUMEN · Das Gas in der Sauerstoffflasche steht unter einem Druck von etwa 200 bar. Welches Volumen nimmt das Gas unter Normaldruck ein? Wir untersuchen den Zusammenhang zwischen Druck und Volumen am Beispiel von Luft. Dazu verändern wir für eine abgeschlossene Luftmenge das Volumen und messen den Druck, der sich jeweils einstellt. Dabei achten wir darauf, dass der Versuch so langsam durchgeführt wird, dass sich die Temperatur der eingeschlossenen Luft nicht ändert (▸ Bild 02).

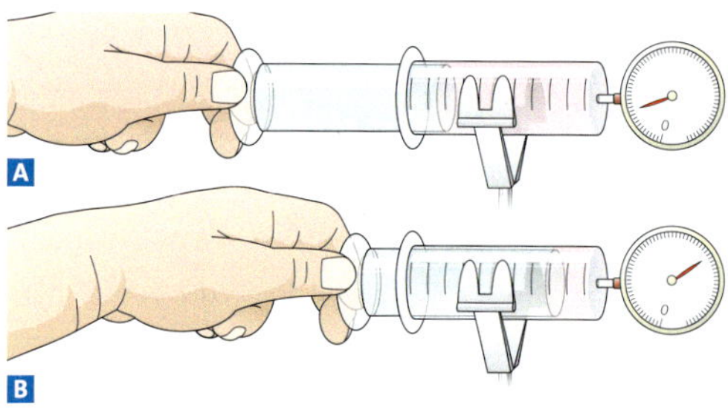

02 Eine Luftmenge wird zusammengedrückt.

V in cm^3	10	15	20	25	30
p in kPa	200	130	100	80	70
$p \cdot V$ in $cm^3 \cdot kPa$	2000	1950	2000	2000	2100
$\frac{1}{V}$ in $\frac{1}{cm^3}$	0,10	0,067	0,050	0,040	0,033

03 Druck einer eingeschlossenen Luftmenge in Abhängigkeit vom Volumen

Wir beobachten: Je größer das Volumen ist, desto kleiner ist der Druck und umgekehrt. Aus den Messwerten lässt sich leicht das Produkt aus Volumen und Druck berechnen (▸ Tabelle 03). Es ist im Rahmen der Messungenauigkeiten konstant. Es gilt:

$$p_1 \cdot V_1 = p_2 \cdot V_2.$$

Es besteht demnach ein umgekehrt proportionaler Zusammenhang zwischen dem Volumen und dem Druck. Tragen wir die Werte in ein V-p-Diagramm ein, so erhalten wir eine Hyperbel (▸ Bild 04 A). Wenn wir die Messwerte allerdings in ein $\frac{1}{V}$-p-Diagramm eintragen, dann erhalten wir eine Ursprungsgerade (▸ Bild 04 B). Der Druck ist folglich proportional zum Kehrwert des Volumens.

Wenn man den Versuch mit anderen Gasen wiederholt, erhält man ähnliche Ergebnisse, sodass man verallgemeinert sagen kann:

Bei konstanter Temperatur sind Druck und Volumen eines Gases umgekehrt proportional zueinander.
$p \sim \frac{1}{V}$ bei konstantem T.
(Gesetz von BOYLE und MARIOTTE)

Nun können wir leicht berechnen, welches Volumen das Gas aus der Sauerstoffflasche bei einem Druck von 100 kPa hat. Wegen der Produktgleichheit gilt:

$$p_1 \cdot V_1 = p_2 \cdot V_2 \quad |:p_2$$

$$V_2 = \frac{p_1 \cdot V_1}{p_2}$$; Einsetzen der Werte liefert

$$V_2 = \frac{20\,000\text{ kPa} \cdot 2\,\ell}{100\text{ kPa}} = 400\,\ell.$$

400 ℓ Sauerstoff reichen also für etwa 800 Atemzüge. 2 ℓ verbleiben in der Flasche.

TEMPERATUR UND VOLUMEN · Um zu untersuchen, welcher Zusammenhang zwischen dem Volumen eines Gases und der absoluten Temperatur besteht, führen wir einen weiteren Versuch durch. Wir erwärmen eine eingeschlossene Luftmenge langsam in einem Wasserbad und messen die Temperatur des Wassers sowie das Volumen der Luftmenge (▸ Bild 05 A). Da der Kolben sehr leichtgängig ist, ändert sich der Druck in dem Zylinder nicht, wenn das Gas sich ausdehnt.

Wir beobachten: Je größer die absolute Temperatur ist, desto größer ist das Volumen und umgekehrt. Aus den Werten in ▸ Tabelle 05 B lässt sich leicht der Quotient aus absoluter Temperatur und Volumen berechnen. Er ist im Rahmen der Messungenauigkeiten konstant. Es gilt:

$$\frac{V_1}{T_1} = \frac{V_2}{T_2}.$$

Wir tragen die Messwerte in ein T-V-Diagramm ein und legen durch die Punkte eine Ausgleichsgerade (▸ Bild 06). Wenn wir diese Ausgleichsgerade bis zur T-Achse verlängern, dann erhalten wir eine Ursprungsgerade. V und T sind also proportional zueinander. Wir halten fest:

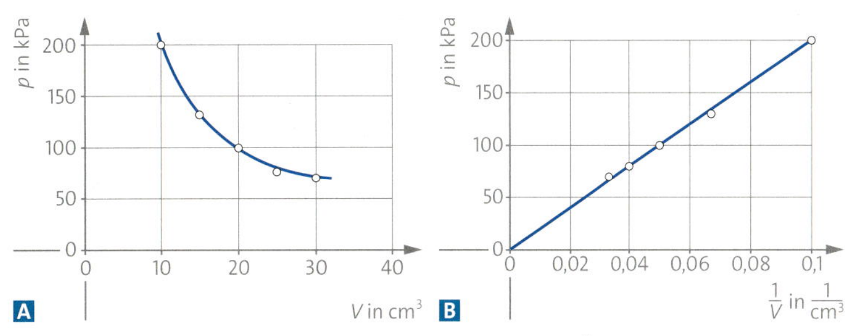

04 Gesetz von BOYLE und MARIOTTE: **A** V-p-Diagramm, **B** $\frac{1}{V}$-p-Diagramm

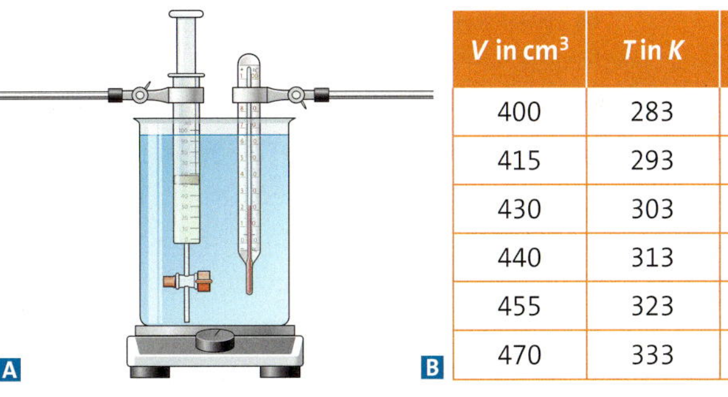

V in cm^3	T in K	$\frac{V}{T}$ in $\frac{cm^3}{K}$
400	283	1,413
415	293	1,416
430	303	1,419
440	313	1,406
455	323	1,409
470	333	1,411

05 Gesetz von GAY-LUSSAC: **A** Versuchsaufbau, **B** Wertetabelle

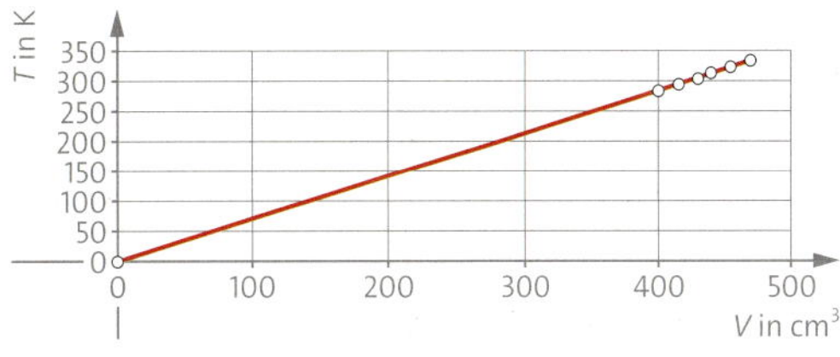

06 V-T-Diagramm

Bei konstantem Druck sind Volumen und absolute Temperatur eines Gases proportional zueinander. Es gilt:
$V \sim T$, bei konstantem p.
(Gesetz von GAY-LUSSAC)

Auch dieses Gesetz lässt sich für alle Gase verallgemeinern.

1 1,0 ℓ Luft habe bei 20 °C den Druck 100 kPa. Die Temperatur der Luft wird auf 100 °C und der Druck wird auf 200 kPa erhöht. Berechne das Volumen.

01 Wenn das Volumen des Gases größer wird, sinken Druck und Temperatur.

02 Wenn das Volumen des Gases geringer wird, steigen Druck und Temperatur.

ALLGEMEINES GASGESETZ · In der Regel ändern sich die drei Größen Druck, Temperatur und Volumen gleichzeitig (▸ Bild 01, 02), aber nicht unabhängig voneinander. Bisher haben wir drei Gasgesetze kennengelernt, die jeweils zwei Größen miteinander verknüpfen:

Das Gesetz von BOYLE und MARIOTTE:

$p \sim \frac{1}{V}$ bei konstantem T,

das Gesetz von GAY-LUSSAC:

$V \sim T$ bei konstantem p,

und das Gesetz von AMONTONS:

$p \sim T$ bei konstantem V.

Diese drei Gesetze kann man zu einem Gesetz, dem **allgemeinen Gasgesetz,** zusammenfassen:

$p \cdot V \sim T$.

Wir können also schreiben:

$\frac{p_1 \cdot V_1}{T_1} = \frac{p_2 \cdot V_2}{T_2}$ oder

$\frac{p \cdot V}{T}$ ist konstant.

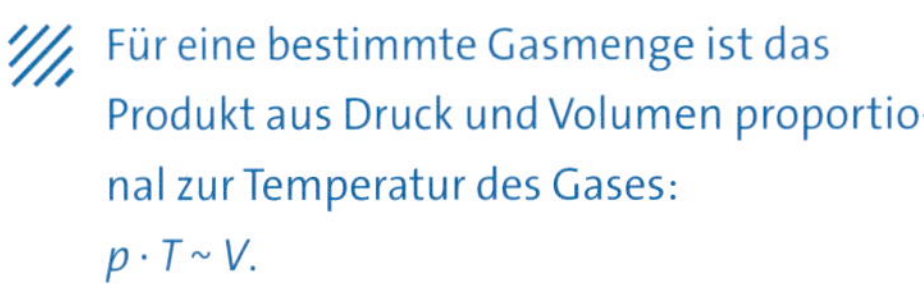

Für eine bestimmte Gasmenge ist das Produkt aus Druck und Volumen proportional zur Temperatur des Gases:

$p \cdot T \sim V$.

Für jeden Zustand des Gases ist der Quotient $\frac{p \cdot V}{T}$ gleich.

WAS IST EIN IDEALES GAS? · Alle Gase, bei denen die Abstände zwischen den Gasteilchen recht groß sind, verhalten sich ähnlich, Stoffeigenschaften spielen keine Rolle. Ein Gas, das diese Eigenschaft hat, nennt man ein ideales Gas. Luft verhält sich bei normalen Luftdruck und Zimmertemperatur in guter Näherung wie ein ideales Gas.

Bei kleinen Abständen zwischen den Gasteilchen, also bei großem Druck oder geringer Temperatur, sind die Kräfte zwischen den Gasteilchen nicht mehr vernachlässigbar. Gase gehen dann in den flüssigen Aggregatzustand über. Dabei verändert sich das Volumen, obwohl Druck und Temperatur gleich bleiben. Dies zeigt die Grenzen der Gültigkeit des allgemeinen Gasgesetzes.

1 Du pustest einen Luftballon auf. Beschreibe, welche Größen sich dabei ändern und welche Größe dabei nahezu konstant bleibt.

2 Du verschließt auf einem Berg eine leere Kunststoffflasche. Nach einer Talfahrt ist sie eingedellt. Erkläre diesen Vorgang.

3 **a)** In eine 2 ℓ-Druckluftflasche werden 500 ℓ Luft gefüllt. Berechne den Druck in der Flasche.
b) Diese Flasche wird bei einer Temperatur von 35 °C gefüllt. Berechne den Druck in der Flasche bei einer Temperatur von 5 °C.

VERSUCHE ▸ Wie viel wiegt Luft?

03 Ein Kleiderbügel als Balkenwaage

Mit einem Kleiderbügel kann man Luft wiegen. Bei Normaldruck ist die auf eine Luftmenge wirkende Auftriebskraft genauso groß wie die Schwerkraft, die die Erde auf sie ausübt.

Material:

Kleiderbügel, Luftballon, Karton, Bindfaden

Durchführung:

a) Hänge den Kleiderbügel an einem Faden auf. Hänge auf eine Seite einen leeren Luftballon und bringe ihn mit einem Stück Karton ins Gleichgewicht (▸ Bild 03). Markiere sorgfältig die Stellung der Balkenarme.

b) Blase den Ballon auf und hänge ihn wieder an den Kleiderbügel. Markiere wieder sorgfältig die Stellung der Balkenarme. Notiere deine Beobachtung.

c) Erkläre deine Beobachtung. Gehe dabei auf den Auftrieb und die Schwerkraft auf den Ballon ein.

Material A ▸ Luft unter hohem und niedrigem Druck

04 Aufsteigende Luftblasen eines Tauchers

A1 Je weiter ein Taucher hinabtaucht, desto mehr wächst der ihn umgebende Wasserdruck. Das ausgeatmete Luftvolumen beträgt etwa einen Liter. Diese Luft steigt in Form von Luftblasen an die Oberfläche (▸ Bild 04).

a) Die Tauchtiefe soll 20 m betragen. Zeichne ein Diagramm, das den Zusammenhang zwischen Volumen der Luftblasen und Wassertiefe zeigt.

b) Erkläre, wieso der Taucher stirbt, wenn er in 20 m Tiefe einatmet und mit angehaltener Luft auftaucht.

A2 Doppelglasfenster enthalten ein Gas zwischen den Scheiben. Erkläre, warum die Scheiben bei den meisten Temperaturen nicht genau parallel zueinander verlaufen. Mache für verschiedene Temperaturen eine Skizze.

A3 **a)** Verkehrsflugzeuge saugen in 10 000 m Höhe frische Luft für die Passagiere an. Berechne, um welchen Faktor der Luftdruck dabei erhöht werden muss.

b) Begründe, warum die Luft dabei nicht geheizt werden muss.

Material B ▸ Aufstieg mit dem Heliumballon

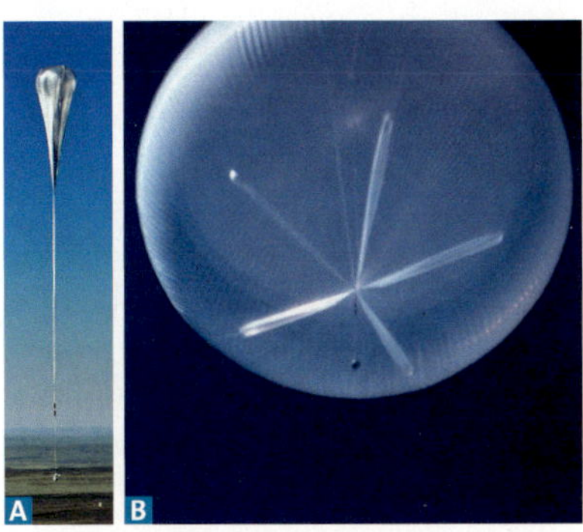

05 Aufnahmen vom Ballonaufstieg

Am 14. Oktober 2012 sprang der Österreicher FELIX BAUMGARTNER aus fast 40 000 m Höhe auf die Erde ab. Er startete auf einer Höhe von 1100 m über dem Meer bei einem Druck von 90 kPa (▸ Bild 05A). Mit einem Heliumballon gelangte er auf fast 40 km Höhe bei etwa 0,5 kPa. Dort hatte der Ballon einen Durchmesser von ca. 100 m (▸ Bild 05B). Die Heliummenge im Ballon war abgeschlossen.

B1 **a)** Erkläre, warum sich der Ballon im Lauf des Aufstiegs immer mehr aufblähte.

b) In 40 000 m Höhe beträgt die Temperatur etwa −70 °C. Schätze ab, um welchen Faktor sich das Volumen des Ballons vervielfacht hat.

c) Beschreibe, wie sich Auftriebskraft und Schwerkraft auf den Ballon während des Aufstiegs verändern.

01 Eine Wasserrakete beim Start. Achtung! Sorge dafür, dass keine Personen von der Rakete getroffen werden können!

Energie und Druck

Es ist beeindruckend, dass eine Spielzeugrakete durch austretendes Wasser viele Meter hoch geschossen werden kann. Woher stammt die Energie für den Raketenflug?

SO FUNKTIONIERT DIE RAKETE · Damit eine Wasserrakete abhebt, bedarf es einiger Vorbereitungen. Unsere Rakete besteht aus einer 1,5-Liter-PET-Flasche, die wir zu etwa einem Drittel mit Wasser füllen. An das Ventil unten an der Rakete schließen wir eine Luftpumpe an (▸ Bild 02). Erst wenn die Rakete sicher auf der Rampe steht, pumpen wir mehrmals Luft in die Rakete. Wenn der Druck in der Rakete groß genug ist, beispielsweise etwa 5 bar bzw. 500 kPa, entfernen wir den Luftschlauch von der Rakete und lassen die Rakete starten.

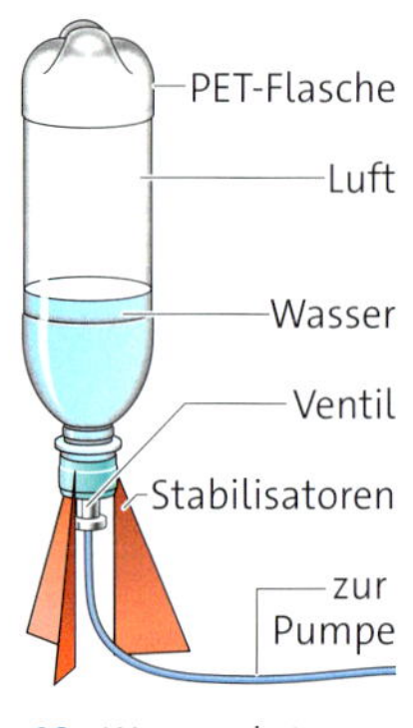

02 Wasserrakete

PUMPEN LIEFERT DIE ENERGIE · Es ist klar, dass die Energie zum Fliegen mit der komprimierten Luft zusammenhängen muss. Wir haben mit unserer Luftpumpe in mehreren Hüben Luft in die Rakete gepresst. Dabei haben wir festgestellt, dass wir anfangs eine ganz geringe und dann eine immer größer werdende Kraft ausüben mussten. Am Ende war 1 ℓ Luft bei einem Druck von 500 kPa in der Flasche. Unter Normaldruck von 1 bar bzw. 100 kPa – wie in der umgebenden Atmosphäre – würde diese Luftmenge nach BOYLE und MARIOTTE ein Volumen von 5 ℓ einnehmen. Wir haben also 4 ℓ Luft in die Flasche gepumpt.

Es spielt keine Rolle, wie die Luft komprimiert wird. Wir nehmen daher einmal an, dass die 5 ℓ Luft mit einem Hub einer großen Luftpumpe auf 1 ℓ komprimiert werden (▸ Bild 03). Wie der Druck sich dabei mit dem Volumen verändert, zeigt das *V*-*p*-Diagramm im ▸ Bild 05.

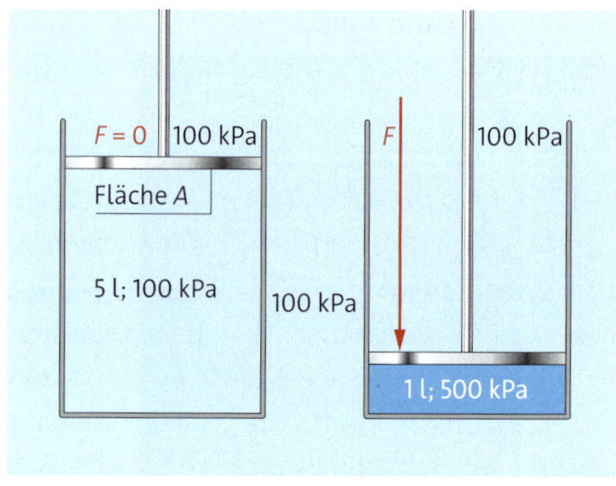

03 5 ℓ Luft werden auf 1 ℓ komprimiert.

BESTIMMEN DER ENERGIE · Wie können wir die auf die komprimierte Luft übertragene Energie bestimmen? Bisher haben wir für mechanische Energieübertragungen die Gleichung $\Delta E = F \cdot \Delta s$ kennengelernt. Die Kraft F ist dabei konstant. In einem zugehörigen s-F-Diagramm wird die so übertragene Energie durch den Inhalt des Rechtecks mit den Kantenlängen Δs und F dargestellt (▸ Bild 04). Beim Luft pumpen ist die Kraft allerdings nicht konstant. Wenn wir aber nur einen kleinen Teil des Kolbenhubs, also eine kleine Strecke Δs, betrachten, dann können wir die Kraft näherungsweise als konstant ansehen.

Bei der Luftpumpe üben wir die Kraft mit einem Kolben der Fläche A auf das Gas aus. Wir können also Δs auch durch $\frac{\Delta V}{A}$ ersetzen, wobei ΔV die Volumenänderung des Gases ist. Damit erhalten wir:

$$\Delta E = F \cdot \Delta s = F \cdot \frac{\Delta V}{A} = \frac{F}{A} \cdot \Delta V = p \cdot \Delta V.$$

Wir können die Energie also auch mit Druck und Volumenänderung bestimmen, statt mit Kraft und Streckenänderung. Der Druck p ist in dieser Gleichung konstant.

Die bei Volumenänderung eines Gases zugeführte Energie ist gleich dem Produkt aus dem konstanten Druck p und der Änderung ΔV des Volumens:
$\Delta E = p \cdot \Delta V.$

Wenn wir die Volumenänderung ΔV klein genug wählen, dann können wir den Druck während des Pumpens als konstant ansehen, ohne dass wir einen allzu großen Fehler machen. Nehmen wir z.B. die Änderung von 5 ℓ auf 4,5 ℓ (▸ Tabelle 06). Dann ändert sich der Druck von 100 kPa auf 111,1 kPa. Den Mittelwert $\overline{p}$ = 105,6 kPa nehmen wir als konstanten Druck für diese Volumenänderung. Damit rechnen wir die übertragene Energie nach $\Delta E = \overline{p} \cdot \Delta V$ aus und erhalten 52,8 J. Dies führen wir in mehreren Schritten bis zum Endzustand von 1 ℓ durch. Im V-p-Diagramm von ▸ Bild 05 ist ΔE jeweils durch die Rechteckflächen $\overline{p} \cdot \Delta V$ dargestellt. Wenn wir alle Rechteckflächen aufsummieren, dann erhalten wir insgesamt eine übertragene Energie von etwa 815 J (▸ Tabelle 06).

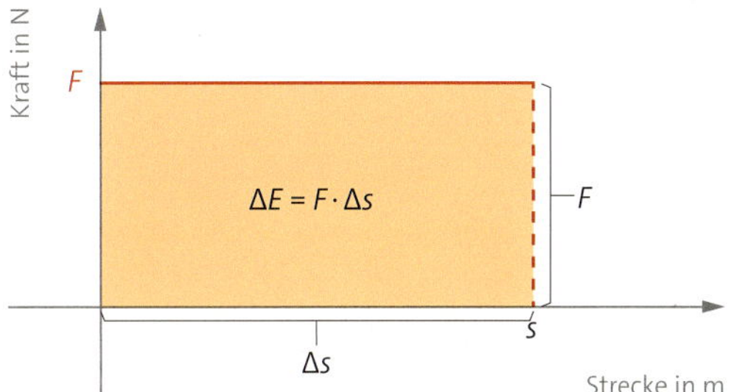

04 Übertragene Energie als Fläche

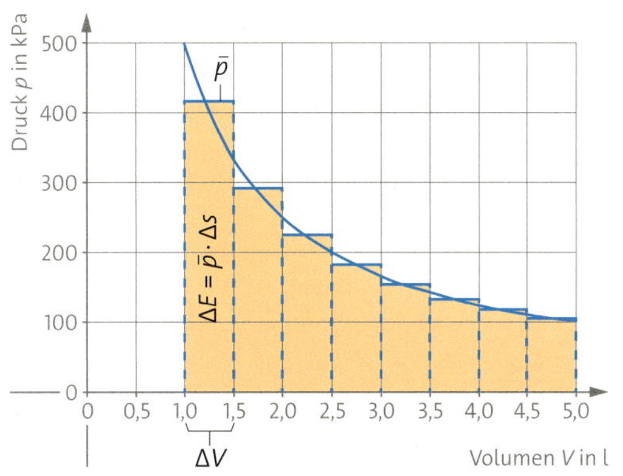

05 V-p-Diagramm

1 **a)** Mit einer Luftpumpe komprimieren wir Luft. Dabei üben wir entlang einer Strecke von 0,4 m eine mittlere Kraft von 100 N aus. Berechne die übertragene Energie.
b) Die Pumpe aus a) hat einen Kolben mit 5 cm² Fläche. Berechne mit F = 100 N den Druck und damit die übertragene Energie.

1 bar = 100 kPa
1 kPa = 1000 Pa
1 m³ = 1000 ℓ
1 kPa · 1 ℓ = 1 Pa · 1 m³

V in m³	ΔV in m³	p in kPa	$\overline{p}$ in kPa	$\Delta E = \overline{p} \cdot \Delta V$ in J
0,0050	–	100,0	–	–
0,0045	0,0005	111,1	105,6	52,8
0,0040	0,0005	125,0	118,1	59,1
0,0035	0,0005	142,9	134,0	67,0
0,0030	0,0005	166,7	154,8	77,4
0,0025	0,0005	200,0	183,4	91,7
0,0020	0,0005	250,0	225,0	112,5
0,0015	0,0005	333,3	291,7	145,9
0,0010	0,0005	500,0	416,7	208,4

06 Wertetabelle zum V-p-Diagramm (▸ Bild 05); $\Delta E_{ges} \approx 815$ J

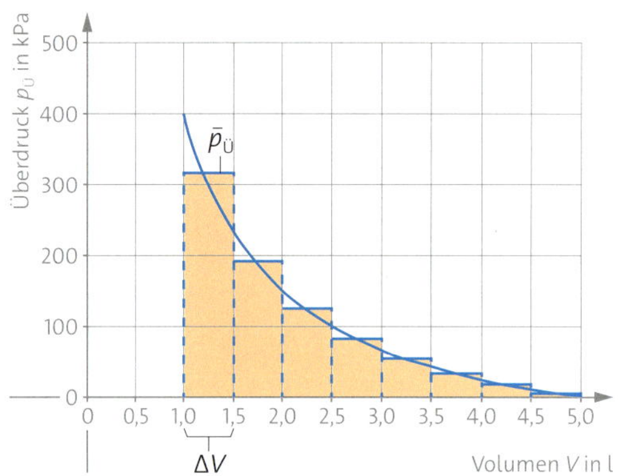

01 V-$p_Ü$-Diagramm

ES ZÄHLT NUR DER ÜBERDRUCK · Was wir bisher nicht bedacht haben, ist die Tatsache, dass die Luft um uns herum ja bereits unter einem Druck von etwa 1 bar = 100 kPa steht. Wir benötigen also nur Energie, um den Überdruck in der Flasche zu erhöhen. Das bedeutet, man muss die Differenz von dem Druck in der Rakete und dem Druck der Außenluft betrachten. Der Überdruck in der Rakete steigt von 0 kPa auf 400 kPa.

Trägt man den Überdruck $p_Ü$ über das Volumen in ein V-$p_Ü$-Diagramm ein, dann erhält man eine Kurve wie im ▸ Bild 01. Die übertragene Energie wird dann aus den Rechteckflächen $\Delta E = \overline{p_Ü} \cdot \Delta V$ berechnet. Dabei ist $\overline{p_Ü}$ jetzt der Mittelwert des Überdrucks. Wenn wir die einzelnen Rechteckflächen aufsummieren, dann erhalten wir für die insgesamt übertragene Energie einen Wert von 415 J. Das sind genau 400 J weniger als bei der Rechnung zuvor. Diese 400 J ergeben sich auch aus der folgenden Überlegung: Der Atmosphärendruck beträgt konstant 100 kPa. Bei einer Volumenänderung der Luft in der Rakete von insgesamt 4 ℓ ergibt sich somit ein Wert von

$$\Delta E = 100\ \text{kPa} \cdot 0{,}004\ \text{m}^3 = 400\ \text{J}.$$

Diese 400 J müssen wir von den 815 J subtrahieren.

KONTINUIERLICHER VERLAUF · Je nachdem, wie groß wir die Änderung des Volumens wählen, für die wir einen konstanten Druck annehmen, erhalten wir unterschiedlich viele und unterschiedlich große Rechtecke. Damit ergeben sich auch unterschiedliche Werte für die Energie. Je kleiner man die betrachtete Änderung des Volumens wählt, desto genauer wird am Ende der Wert für die auf das Gas übertragene Energie. Letztlich stellt die Fläche unter der Kurve im V-$p_Ü$-Diagramm die übertragene Energie dar.

FLUGHÖHE DER RAKETE · In der komprimierten Luft in der Rakete ist also Energie gespeichert, die beim Flug wieder frei wird. Wie hoch würde die Rakete fliegen? Die PET-Flasche hat eine Masse von 45 g. Zu Beginn enthält sie noch 500 g Wasser. Die Masse der Luft können wir vernachlässigen. Das Wasser wird ausgestoßen, also wird die Masse der Rakete immer geringer. Wir nehmen einmal an, dass sich im Mittel 250 g Wasser in der Rakete befinden. Dann ist die mittlere Masse der Rakete etwa 295 g. Mit den 415 J Energie ergibt sich daraus eine Flughöhe von

$$h = \frac{\Delta E}{m \cdot g} = 143\ \text{m}.$$

Tatsächlich wird diese Höhe aber nicht erreicht. Ein Teil des Wassers wird zuerst nach oben und dann nach unten beschleunigt. Hinzu kommt, dass die umgebende Luft die Rakete abbremst. So werden nur Flughöhen von einigen Metern erreicht. In einem anderen Versuch hat man bei einem Überdruck in der Rakete von 11 bar eine Flughöhe von 40 m gemessen.

1 Vergleiche das Pumpen bei der Rakete mit dem Aufpusten eines Luftballons bezüglich der Größen Volumen und Druck.

2 **a)** Bestimme die übertragenen Energiemengen bei der zweiten und der vorletzten Volumenänderung im ▸ Bild 01.
b) Begründe, warum die Werte nicht gleich groß sind.

3 Beschreibe die Zustandsänderung in der Rakete während des Pumpens mit dem Teilchenmodell.

Material A ▸ Druckluft

02 Befüllautomat für Druckluftlaschen

Mit einem Kompressor wird über einen Schlauch mit einem Durchmesser von 22 mm Luft in eine 12-Liter-Druckluftflasche gefüllt. Dabei steigt der Druck in der Flasche auf 30 000 kPa an.

A1 Berechne, welches Volumen die Luft in der Flasche bei einem Druck von 100 kPa einnehmen würde.

A2 In der gepressten Luft ist Energie gespeichert. Berechne die in der Druckluft in der Flasche gespeicherte Energie.

A3 Bestimme die maximale Kraft, die der Kompressor beim Befüllen der Druckluftflasche aufbringen muss. Verluste sollen vernachlässigt werden.

Material B ▸ Druckluftspeicher

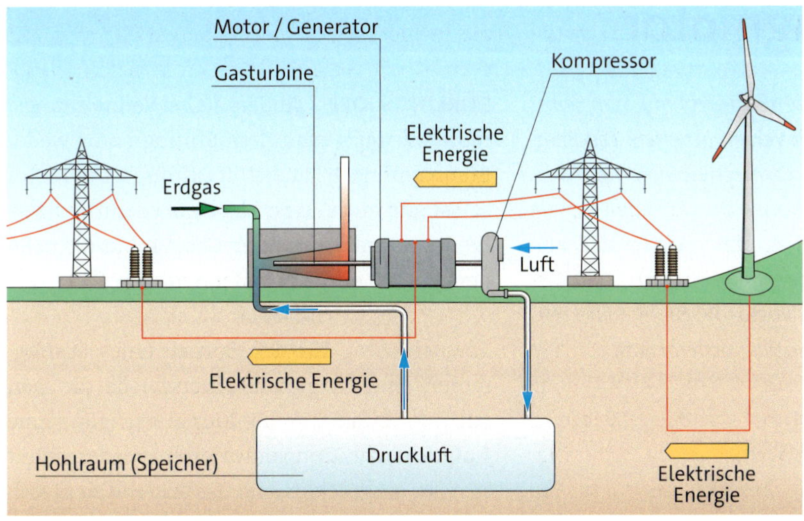

03 Prinzip einer Druckluftspeicheranlage im Verbund mit einer Windenergieanlage

In Huntorf wurde 1978 das erste kommerziell genutzte Druckluftspeicherkraftwerk der Welt gebaut. In dem Druckluftspeicher wurde die überschüssige Energie des nahe gelegenen Kernkraftwerkes gespeichert. Mittlerweile wird dort zu Zeiten, in denen ein starker Wind weht, die Energie von Windenergieanlagen gespeichert. In windarmen Zeiten treibt die Druckluft zusammen mit Erdgas eine Turbine an, die über einen Generator elektrischen Strom erzeugt. Etwa ein Drittel der elektrischen Energie stammt aus der Druckluft, zwei Drittel vom Verbrennen des Erdgases. Das Volumen des Speichers beträgt etwa 300 000 m^3.

B1 **a)** Der Druck in dem Speicher beträgt 7000 kPa. Berechne die in der Druckluft gespeicherte Energie. Gib das Ergebnis in kJ und kWh an.
b) Bewerte, ob die Einheiten kJ und kWh in diesem Zusammenhang sinnvoll sind.

B2 Es werden nur etwa 40 % der Energie der Druckluft und des Erdgases in elektrische Energie umgewandelt. Ein Vier-Personen-Haushalt benötigt im Jahr durchschnittlich 4400 kWh. Berechne, wie viele Vier-Personen-Haushalte eine Stunde lang mit der elektrischen Energie aus der Druckluftspeicheranlage auskommen.

B3 Informiere dich über Gaskraftwerke ohne Druckluftspeicher und beschreibe den Unterschied zu dem Kraftwerk in Huntorf.

01 Ein Stirlingmotor für den Schulunterricht

Der Stirlingmotor

Zu Beginn des 19. Jahrhunderts mussten selbst Kinder in Kohlebergwerken arbeiten. Die Bergwerke wurden mit Dampfmaschinen entwässert. Aufgrund des hohen Drucks in den Kesseln und Leitungen kam es immer wieder zu Explosionen, die viele Todesopfer forderten. Zu dieser Zeit erfand der Pastor ROBERT STIRLING einen Motor, der deutlich sicherer war.

Der Stirlingmotor wird auch Heißluftmotor genannt.

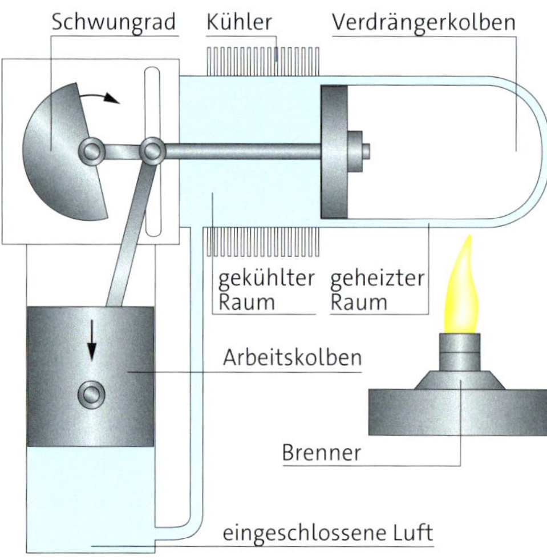

02 Aufbau des Stirlingmotors

STIRLINGS IDEE · Anders als bei Verbrennungsmotoren muss man dem Stirlingmotor weder Brennstoff noch Sauerstoff zuführen. Der Motor selbst gibt auch keine Abgase ab, denn er arbeitet immer mit demselben Gas, das einmal in einem Kolben eingeschlossen wurde (▸ Bild 02).

Voraussetzung für den Betrieb eines Stirlingmotors sind Temperaturunterschiede, die man auch durch eine Verbrennung erzeugen kann. Aufgrund von Temperaturunterschieden dehnt sich das eingeschlossene Gas aus und zieht sich wieder zusammen. Diese Änderung des Volumens führt zu einer Bewegung eines Kolbens. Um eine fortlaufende Bewegung zu erzeugen, muss man das Gas in dem Zylinder periodisch erwärmen und wieder abkühlen (▸ Bild 02).

Bei einer vereinfachten Betrachtung wird die Temperatur des ganzen Zylinders geändert. Tatsächlich wird das Gas aber nur zwischen Bereichen unterschiedlicher Temperatur innerhalb des Zylinders hin und her geschoben. Wir beschreiben die Funktionsschritte im Folgenden.

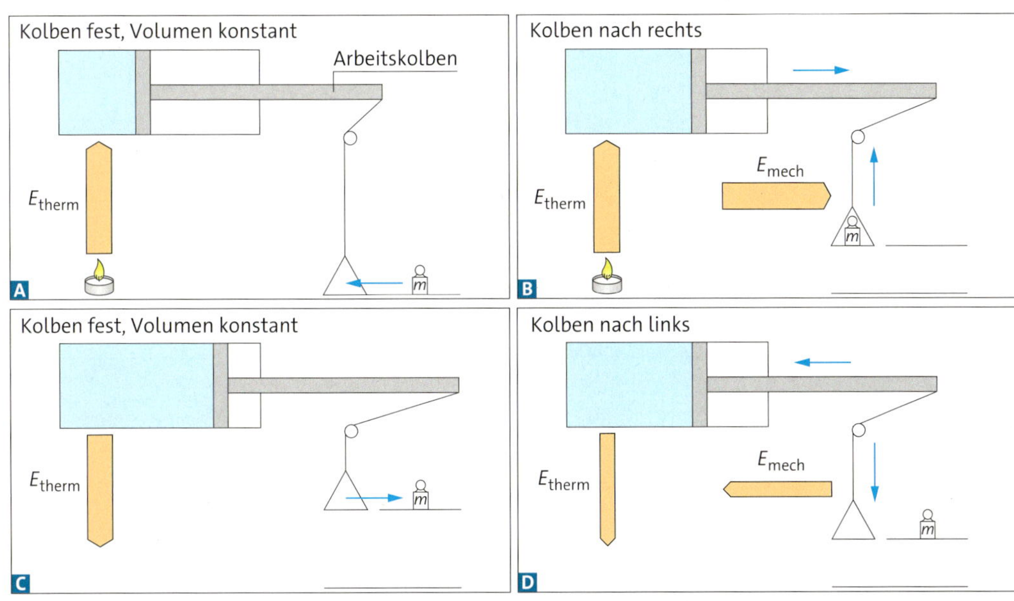

03 Die vier idealisierten Arbeitsschritte des Stirlingmotors

DIE IDEALISIERTEN SCHRITTE DES MOTORS · Um das Verständnis der Arbeitsweise des Stirlingmotors zu erleichtern, vereinfachen wir die einzelnen Schritte so, dass sich immer nur zwei der drei Größen Druck, Temperatur und Volumen ändern, während eine Größe konstant bleibt. Diese Idealisierung erleichtert weitere Berechnungen. Das Hochheben des Massestücks soll verdeutlichen, dass mechanische Energie abgegeben und nutzbar gemacht wird. In der Praxis wird mit dieser Energie häufig ein Schwungrad angetrieben.

Schritt 1, Erwärmungsphase (▸ Bild 03 A):
Das Gas im Zylinder befindet sich im Bereich über der Flamme. Dort wird thermische Energie zugeführt. Dadurch steigen die Temperatur und der Druck im Zylinder. Das Volumen ändert sich nicht. Ein Massestück wird in die Schale gelegt.

Schritt 2, Expansionsphase (▸ Bild 03 B):
Im Innern des Zylinders befindet sich nun Gas mit hoher Temperatur und unter hohem Druck. Das Gas dehnt sich aus und bewegt den Kolben nach rechts. Durch die Bewegung des Kolbens wird das Massestück hochgehoben. Es hat nun mehr Höhenenergie. Bei diesem Schritt wird thermische Energie in mechanische Energie umgewandelt.

Schritt 3, Abkühlungsphase (▸ Bild 03 C):
Das Gas gibt thermische Energie an die Umgebung ab. Die Temperatur und der Druck des Gases sinken, ohne dass sich das Volumen ändert. Das hochgehobene Massestück wird aus der Schale entfernt und bleibt auf dieser Höhe. Damit bleibt die Höhenenergie erhalten.
Beim realen Stirlingmotor wird die Energie an einen Zwischenspeicher, den sogenannten Verdrängerkolben, abgegeben und im nächsten Schritt 1 wieder genutzt.

Schritt 4, Kompressionsphase (▸ Bild 03 D):
Die auf die leere Schale wirkende Schwerkraft bewegt den Kolben in den Zylinder hinein. Dabei wird das Volumen des Gases geringer und der Druck steigt wieder. Die Temperatur bleibt konstant, da thermische Energie an die Umgebung abgegeben wird. In diesem Schritt wird mechanische Energie in thermische Energie umgewandelt.
Danach beginnt der Prozess wieder von vorne.

Wenn Energie in Form von thermischer Energie übertragen wird, spricht man auch von **Wärme.**

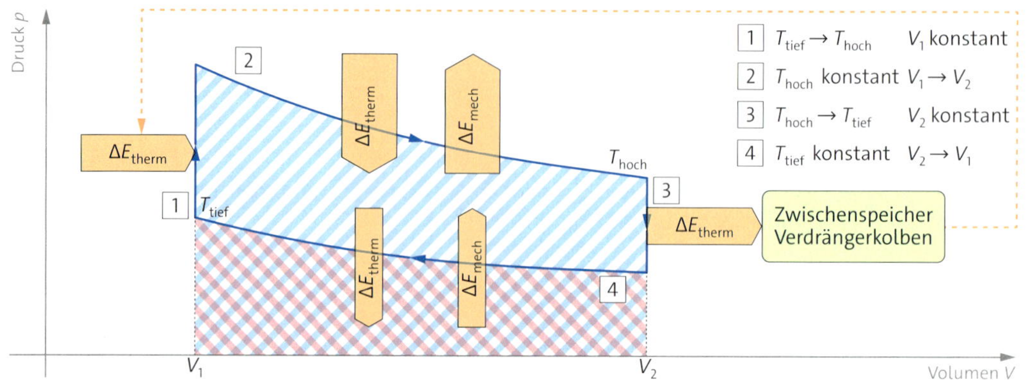

01 V-p-Diagramm zum Stirlingmotor

DARSTELLUNG IM *V-p*-DIAGRAMM · Um die Energie genauer betrachten zu können, ist es hilfreich, die einzelnen Zustandsänderungen des eingeschlossenen Gases in einem V-p-Diagramm darzustellen (▸ Bild 01).

Im ersten Schritt wird thermische Energie aufgenommen. Die Zunahme der Temperatur ist im Diagramm nicht dargestellt. Du erkennst trotzdem, dass Energie aufgenommen wird, weil der Druck bei konstantem Volumen steigt. Der Graph verläuft parallel zur p-Achse.

Im zweiten Schritt werden der Druck kleiner und das Volumen größer. Der Motor gibt mechanische Energie ab. Gleichzeitig liefert die Flamme thermische Energie nach, sodass sich die Temperatur nicht ändert. Der Graph verläuft als Hyperbel, entsprechend dem Gesetz von BOYLE und MARIOTTE.

Im dritten Schritt wird das Gas abgekühlt. Thermische Energie wird an einen Zwischenspeicher abgegeben. Dadurch ist diese Energie für den Motor nicht verloren. Weil das Gas Energie abgibt, wird der Druck bei konstantem Volumen geringer. Der Graph verläuft wieder parallel zur p-Achse.

Im 4. Schritt bewegt sich der Kolben in den Zylinder. Das Gas nimmt also mechanische Energie auf. Dabei nimmt das Volumen ab, während der Druck zunimmt. Das Gas gibt thermische Energie an die Umgebung ab, sodass sich die Temperatur nicht ändert. Das erkennst du an der unten verlaufenden Hyperbel.

DER KREISPROZESS · Da sich die eben beschriebenen Zustandsänderungen periodisch wiederholen, spricht man in der Physik von einem Kreisprozess. Neben dem Kreisprozess des Stirlingmotors gibt es noch viele weitere Kreisprozesse, z.B. beim Benzin- und Dieselmotor.

ENERGIE IM *V-p*-DIAGRAMM · Du weißt, dass die Fläche unterhalb des Graphen in einem V-p-Diagramm eine Energiemenge darstellt. Die von dem Motor abgegebene mechanische Energie ist in dem Diagramm als blau schraffierte Fläche dargestellt. Die von dem Motor aufgenommene mechanische Energie ist als rosa schraffierte Fläche dargestellt. Demzufolge ist die Energiemenge, die in die Höhenenergie des Massestücks umgewandelt wurde, die Differenz der beiden Flächen, also der Flächeninhalt, der von dem Graphen umschlossen ist.

1 Ein Stirlingmotor arbeitet zwischen zwei Wärmereservoirs, einem mit hoher und einem mit niedriger Temperatur.
Die Temperatur **a)** des heißen, **b)** des kalten Reservoirs wird erhöht. Erläutere mithilfe des V-p-Diagramms, welche Auswirkung das auf die nutzbare Energie hat.

Material A ▸ HERON VON ALEXANDRIA

02 HERONs Tempeltüröffner

Im 1. Jahrhundert n. Chr. betrieb der griechische Mathematiker und Ingenieur HERON VON ALEXANDRIA einen automatischen Tempeltüröffner (▸ Bild 02).

A1 Beschreibe die Funktionsweise des Türöffners. Gehe dabei auf die Zustandsänderung des Gases in dem runden Wasserreservoir ein, wenn das Feuer entfacht wird bzw. wenn das Feuer erlischt.

A2 **a)** Stelle das Öffnen und Schließen der Türen in folgenden vier idealisierten Schritten in einem *V*-*p*-Diagramm dar.
- Die Flamme brennt, aber das Wasser wird am Fließen gehindert.
- Die Flamme brennt weiterhin und das Wasser fließt.
- Die Flamme erlischt und das Wasser wird am Fließen gehindert.
- Die Flamme ist weiterhin erloschen und das Wasser fließt.

b) Gib für jeden Schritt an, ob das Gas thermische bzw. mechanische Energie aufnimmt oder abgibt.

Material B ▸ Die Dampfmaschine

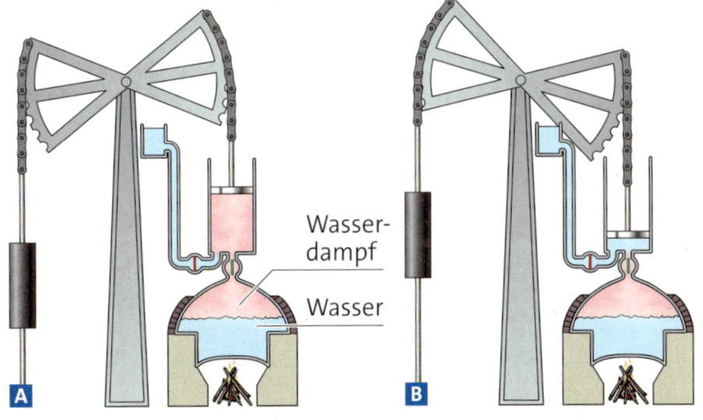

03 Schematische Darstellung der Funktionsweise der Dampfmaschine nach THOMAS NEWCOMEN

Die erste praxistaugliche Dampfmaschine wurde 1712 von THOMAS NEWCOMEN entwickelt. Über einem kugelförmigen Dampfkessel befindet sich ein Zylinder, in den entweder heißer Wasserdampf oder kaltes Wasser gelangt. Wenn das Pumpengestänge den Kolben hebt, wird der Zylinder mit heißem Wasserdampf gefüllt. Danach schließt das Ventil zum Kessel und das Ventil zum Wasserreservoir wird geöffnet. Wasser strömt in den Zylinder, sodass der Wasserdampf kondensiert. Der Luftdruck der Umgebung drückt dann den Kolben wieder zurück. Wenn das Ventil zum Wasserreservoir geschlossen und das Ventil zum Kessel geöffnet wird, beginnt der Kreisprozess von neuem. So bewegt sich der Kolben auf und ab.

B1 Bringe die vier Bilder in die richtige Reihenfolge (▸ Bild 03 A–D).

B2 Stelle für die vier Bilder dar, ob thermische bzw. mechanische Energie aufgenommen oder abgegeben wird.

B3 Informiere dich, warum diese Maschine nicht so oft eingesetzt wurde, wie die WATT'sche Dampfmaschine.

01 Solarthermisches Kraftwerk mit Heißluftmotor in Spanien

Der thermodynamische Wirkungsgrad

Bei diesem solarthermischen Kraftwerk wird Sonnenlicht durch einen Parabolspiegel gebündelt. Dadurch wird eine Metallplatte auf bis zu 900 °C erhitzt. Mit dieser Energie wird ein Heißluftmotor angetrieben. Allerdings kann der Motor nur einen Teil der thermisch zugeführten Energie nutzen. Warum kann er nicht die gesamte zugeführte Energie nutzen?

Statt thermischer Maschine sagt man auch Wärmemaschine oder Wärmekraftmaschine.

THERMISCHE MASCHINEN · Thermische Maschinen nutzen den von selbst ablaufenden Vorgang der thermischen Energieübertragung zwischen einem System hoher Temperatur und einem System niedriger Temperatur. Beispiele dafür sind der Verbrennungsmotor und die Dampfturbine.

heißes System T_1 | ΔE_{auf} | thermische Maschine | ΔE_{ab} | ΔE_{mech} | kaltes System T_2

02 Energieflussdiagramm einer thermischen Maschine

Der Heißluftmotor, nach seinem Erfinder ROBERT STIRLING auch **Stirlingmotor** genannt, ist ein weiteres Beispiel für eine thermische Maschine.

Er besteht im Wesentlichen aus einem luftgefüllten Zylinder. Dieser Zylinder ist verbunden mit einem Behälter zur Speicherung thermischer Energie. Darüber hinaus ist er mit einem Bereich hoher Temperatur T_2 – zur Zufuhr thermischer Energie – und einem Bereich niedriger Temperatur T_1 – zur Abgabe thermischer Energie – verbunden.

ENERGIEBETRACHTUNG · ▸ Bild 02 zeigt den Energiefluss einer thermischen Maschine in einem Energieflussdiagramm. Durch thermische Übertragung nimmt die Maschine die Energie ΔE_{auf} vom heißen System auf und gibt die Energie ΔE_{ab} an das kalte System ab. Die Differenz ΔE_{mech} von aufgenommener und abgegebener Energie gibt die Maschine auf mechanische Weise ab:

$$\Delta E_{mech} = \Delta E_{auf} - \Delta E_{ab}.$$

Der Wirkungsgrad η einer Maschine gibt an, welcher Anteil der zugeführten Energie als nutzbare Energie abgegeben wird. Er ist gleich dem Quotienten aus mechanisch abgegebener und thermisch aufgenommener Energie:

$$\eta = \frac{\Delta E_{\text{mech}}}{\Delta E_{\text{auf}}} = \frac{\Delta E_{\text{auf}} - \Delta E_{\text{ab}}}{\Delta E_{\text{auf}}} = 1 - \frac{\Delta E_{\text{ab}}}{\Delta E_{\text{auf}}}.$$

IDEALER WIRKUNGSGRAD · Im *V*-*p*-Diagramm im ▸ Bild 03 erkennst du, dass der Motor die Energie ΔE_2 aufnimmt und die Energie ΔE_1 abgibt. Wenn du das in die Gleichung für den Wirkungsgrad einsetzt, dann erhältst du.

$$\eta = 1 - \frac{\Delta E_1}{\Delta E_2}.$$

Der Motor nimmt ΔE_2 auf, während sich das Gas im Zylinder bei hoher Temperatur T_2 ausdehnt. Wir nehmen dabei einen mittleren Druck p_2 an. Beim Ausdehnen gibt das Gas also die Energie $\Delta E_2 = p_2 \cdot \Delta V$ an das Schwungrad im ▸ Bild 03 ab und nimmt den gleichen Betrag an thermischer Energie von außen auf. Die Temperatur des Gases bleibt konstant.
Jetzt wird das Gas abgekühlt. Bei niedriger Temperatur T_1 komprimiert das Schwungrad das Gas. Wir nehmen dabei einen mittleren Druck p_1 an. Das Schwungrad gibt die Energie $\Delta E_1 = p_1 \cdot \Delta V$ an das Gas ab. Das Gas gibt eben diesen Energiebetrag thermisch an die Umgebung ab, sodass die Temperatur konstant bleibt. Wenn du die Terme für ΔE_1 und ΔE_2 in die Formel für den Wirkungsgrad einsetzt, dann erhältst du:

$$\eta = 1 - \frac{p_1 \cdot \Delta V}{p_2 \cdot \Delta V} = 1 - \frac{p_1}{p_2}.$$

Nach dem Gesetz von AMONTONS gilt $\frac{p_1}{p_2} = \frac{T_1}{T_2}$.
Also gilt für den Wirkungsgrad:

$$\eta = 1 - \frac{T_1}{T_2} = \frac{T_2 - T_1}{T_2}.$$

Die Gleichung zeigt: Je höher die Temperatur des heißen Systems und je niedriger die Temperatur des kalten Systems ist, desto größer ist der Wirkungsgrad. Die Formel beschreibt den theoretisch größtmöglichen Wirkungsgrad η_{ideal} einer thermischen Maschine.

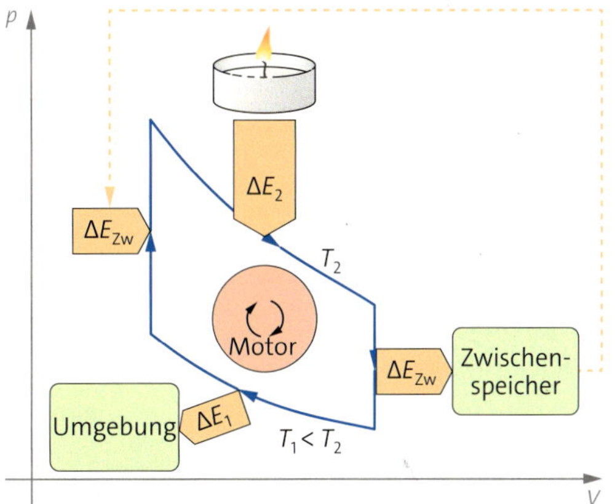

06 *V*-*p*-Diagramm eines Stirlingmotors

REALER WIRKUNGSGRAD · Reale Maschinen haben immer einen kleineren Wirkungsgrad als η_{ideal}. Dies kann man durch einen Widerspruch zeigen: Bei einer Wärmepumpe laufen die Prozesse gerade umgekehrt ab wie bei einem Stirlingmotor. Deshalb ist der ideale Wirkungsgrad einer Wärmepumpe der Kehrwert des idealen Wirkungsgrads des Stirlingmotors. Würde man nun einen Stirlingmotor mit idealem Wirkungsgrad mit einer Wärmepumpe mit idealem Wirkungsgrad koppeln, dann wäre der Gesamtwirkungsgrad $\eta_{\text{ideal}} = 1$. Wenn zwei Maschinen hintereinander geschaltet werden, dann multiplizieren sich nämlich die Wirkungsgrade:

$$\eta_{\text{ideal}} = \frac{T_2 - T_1}{T_2} \cdot \frac{T_2}{T_2 - T_1} = 1.$$

Würde man nun den ersten Heißluftmotor gegen eine thermische Maschine mit einem höheren Wirkungsgrad austauschen, dann wäre der Wirkungsgrad insgesamt größer als 1. Das kann nicht sein. Es kann also keinen Wirkungsgrad geben, der größer ist als η_{ideal}.

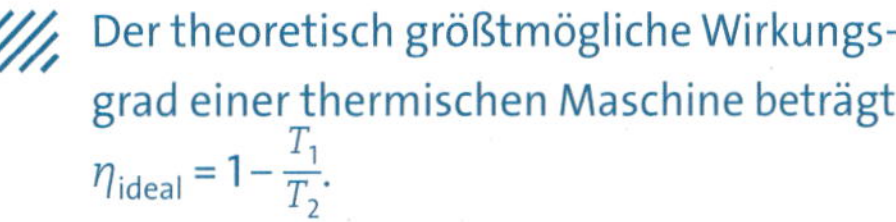

Der theoretisch größtmögliche Wirkungsgrad einer thermischen Maschine beträgt $\eta_{\text{ideal}} = 1 - \frac{T_1}{T_2}$.

1 Berechne η_{ideal} für einen Heißluftmotor, der zwischen 900 °C und 30 °C arbeitet.

BLICKPUNKT

Der Dieselmotor

Verbrennungsmotoren werden überwiegend für Kraftfahrzeuge genutzt. Der Benzinmotor wurde von NIKOLAUS AUGUST OTTO ab 1862 entwickelt. Deshalb nennt man diesen Motor auch Ottomotor. GOTTLIEB DAIMLER entwickelte den Benzinmotor 1872 zur Serienreife. Im Jahre 1892 erfand RUDOLF DIESEL den Dieselmotor und entwickelte ihn in den darauf folgenden Jahren weiter.

Kreisprozess beim Dieselmotor · Den Kreisprozess beim Verbrennungsmotor kann man in vier Takte unterteilen. Diese vier Takte gibt es auch beim Dieselmotor.

Im ersten Takt, dem Ansaugen, bewegt sich der Kolben vom oberen Punkt nach unten. Das Zylindervolumen nimmt zu. Der Druck im Zylinder ist geringer als der Außendruck, sodass Luft von außen durch das Einlassventil in den Zylinder strömt (▸ Bild 01 A).

Im zweiten Takt, dem Komprimieren, bewegt sich der Kolben nach oben. Das Volumen des Zylinders wird kleiner, wodurch die Luft im Zylinder stark verdichtet wird und sich auf etwa 700 °C bis 900 °C erhitzt. Das geschieht so schnell, dass keine Energie über die Zylinderwand abgegeben wird. Wenn die Luft maximal verdichtet ist, wird Dieselkraftstoff in die heiße Luft im Zylinder eingespritzt und dabei zerstäubt (▸ Bild 01 B).

Im dritten Takt, dem Arbeitstakt, entzündet sich das Diesel-Luft-Gemisch von selbst. Durch die Explosion wird der Kolben stark nach unten beschleunigt. Das Zylindervolumen nimmt wieder zu und der Druck sinkt (▸ Bild 01 C).

Im vierten Takt, dem Ausstoßen, öffnet sich das Auslassventil. Der Kolben bewegt sich nach oben. Dabei werden die Verbrennungsprodukte durch den Auspuffkanal aus dem Zylinder gepresst (▸ Bild 01 D).
Nun beginnt der Zyklus wieder beim ersten Takt (Luft ansaugen).

Energiebetrachtung · Beim Motor wird die durch die Verbrennung freiwerdende Energie zum Teil in Bewegungsenergie des Kolbens umgewandelt. Dadurch wird das Auto angetrieben. Der Rest der Energie wird ungenutzt an die Umgebung abgegeben. Es kann also nicht die gesamte eingesetzte Energie in Bewegungsenergie umgewandelt werden, selbst wenn andere Faktoren, wie zum Beispiel die Reibung vernachlässigt werden. Der maximale Wirkungsgrad eines Dieselmotors liegt zurzeit bei 40 % bis 50 %.

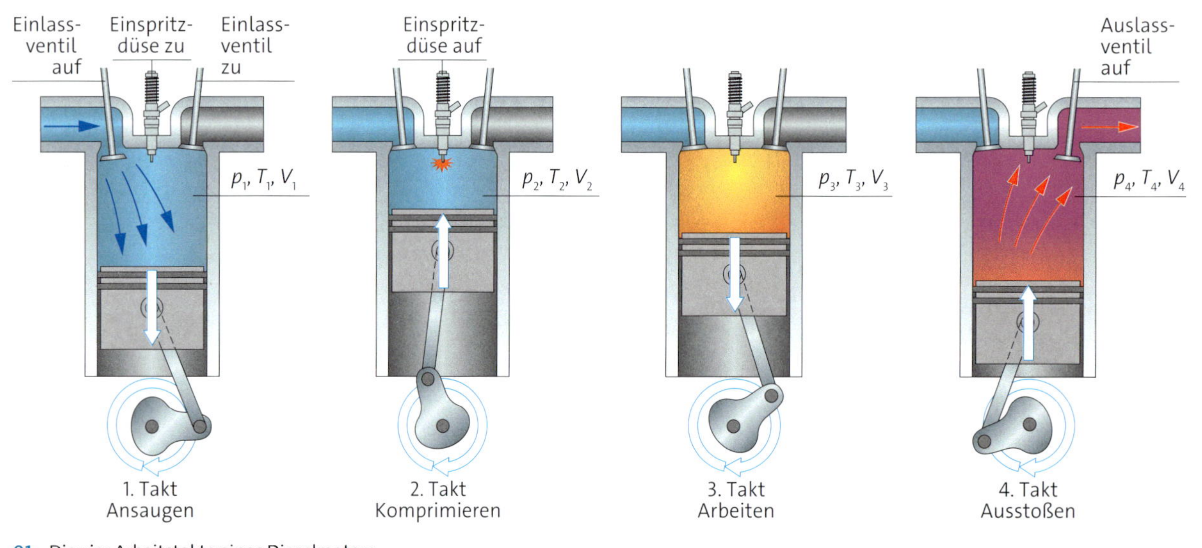

01 Die vier Arbeitstakte eines Dieselmotors

Material A ▸ Thermische Maschinen und Wirkungsgrad

A1 Gib an, welcher von selbst ablaufende irreversible Vorgang zum Antrieb thermischer Maschinen genutzt wird. Begründe, warum eine solche Maschine einen Teil der thermisch zugeführten Energie als „Abwärme" abgeben muss.

A2 In Kohle- und Kernkraftwerken treibt heißer Dampf die Dampfturbinen an. Vor dem Einlass in die Turbine hat der Dampf eine Temperatur von ca. 550 °C. Nach Verlassen der Turbine kondensiert der Dampf. Die Temperatur des Wassers beträgt ca. 50 °C.

a) Berechne den theoretisch größtmöglichen Wirkungsgrad η_{ideal}.
b) Der tatsächliche Wirkungsgrad einer Dampfturbine beträgt ca. 45 %. Berechne, welcher Bruchteil von η_{ideal} das ist.

Material B ▸ Wirkungsgrade

Energiewandler	Wirkungsgrad	Gewünschte Energieumwandlung
Glühlampe	5 %	Elektrische E. → Lichtenergie
Solarzelle	20 %	Lichtenergie → Elektrische E.
Leuchtstofflampe	20 %	Elektrische E. → Lichtenergie
Ottomotor	38 %	Chemische E. → Mechanische E.
Dampfkraftwerk	46 %	Chemische E. → Elektrische E.
Dieselmotor	50 %	Chemische E. → Mechanische E.
Großer Elektromotor	93 %	Elektrische E. → Mechanische E.
Tauchsieder	100 %	Elektrische E. → Thermische E.
Scheibenbremse	100 %	Mechanische E. → Thermische E.

B1 a) Bei einigen Energiewandlern in der Tabelle links, ist der Wirkungsgrad sehr klein. Erläutere, woran das liegt.
b) Gib an, welche Energiewandler auf Basis zweier unterschiedlicher Temperaturen arbeiten.
c) Bei einem Dieselmotor werden in den Zylindern Temperaturen von 900 °C erreicht. Die Abgase verlassen den Auspuff mit 70 °C. Berechne den idealen Wirkungsgrad. Bewerte.

Material C ▸ Verbrennungsmotoren

In Fahrzeugen werden Verbrennungsmotoren eingesetzt. Deren physikalische Grundlagen sind denen des Heißluftmotors ähnlich. Bei einem Verbrennungsmotor wird ein Treibstoff im Motor selbst verbrannt. Takte beim Benzinmotor sind:
1. Takt: Luft wird angesaugt;
2. Takt: Benzin wird eingespritzt, das kalte Benzin-Luft-Gemisch wird komprimiert;
3. Takt: das Gemisch wird gezündet, der Kolben wird nach unten gestoßen;
4. Takt: die Verbrennungsgase werden ausgestoßen.

Verbrennungsmotoren sind leicht und ihre Leistung lässt sich schnell ändern. Sie benötigen spezielle Treibstoffe. Die Abgase enthalten Kohlenstoffdioxid und gesundheitsschädliche Stoffe.

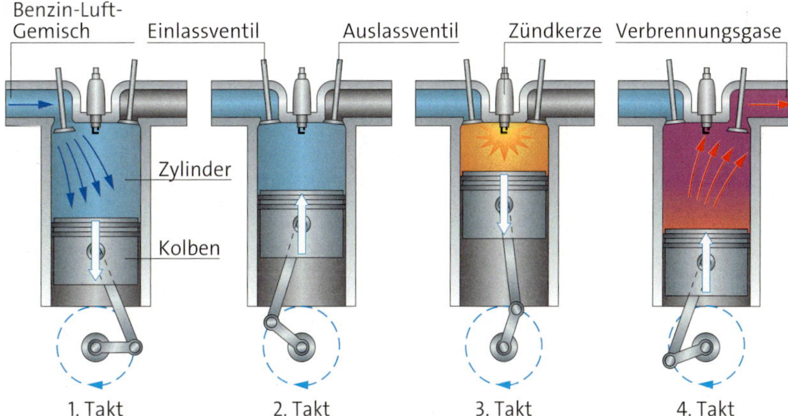

C1 Erkläre den prinzipiellen Unterschied zwischen Verbrennungs- und Heißluftmotor. Welche Bauteile sind grundsätzlich gleich? Welche Takte entsprechen sich im Prinzip?

C2 Vergleiche die Merkmale des Verbrennungs- mit denen des Heißluftmotors. Beschreibe die Vor- und Nachteile von Verbrennungsmotoren gegenüber Heißluftmotoren.

01 Im Winter wird besonders viel Energie benötigt.

Energie und irreversible Vorgänge

Heizung, Elektrogeräte, Verkehr – für alles wird Energie gebraucht. Energie kann aber nicht „verbraucht" werden. Was geschieht dann mit der Energie?

Durch eine gute Dämmung kann man die thermische Übertragung der Energie nach außen verringern – ganz verhindern kann man sie aber nicht.

ENERGIE IN DER EINBAHNSTRASSE · Im Haus ist es warm und draußen ist es kalt. Dieser Temperaturunterschied führt dazu, dass die im Haus befindliche Energie durch die Wände, das Dach und die Fenster nach außen übertragen wird. Die Energie verschwindet dabei nicht. Für die Nutzung ist die Energie dennoch verloren, denn von selbst gelangt sie nicht mehr zurück ins Haus.

Elektrogeräte benötigen Energie für unterschiedliche Zwecke: ein Wasserkocher, um Wasser zu erwärmen, eine Bohrmaschine, um einen Bohrer anzutreiben. Doch die Reibung des Bohrers führt auch hier zu einer Erwärmung. Letztlich steckt die Energie in der Umgebung. Von dort gelangt sie nicht mehr zurück ins Stromnetz.

Autos benötigen Energie zum Beschleunigen und um die Bewegung trotz Reibung und Luftwiderstand aufrecht zu erhalten. Die mit dem Treibstoff zugeführte Energie geben die Autos letztlich an die Umgebung ab, spätestens beim Bremsen. Von dort gelangt sie nicht mehr zurück in den Benzintank.

Für alle Beispiele gilt: Die an die Umgebung abgegebene Energie kommt nicht mehr zurück. Im Alltag sagt man, die Energie ist verbraucht. Wir sagen, die Energie ist entwertet.

Die oben betrachteten Vorgänge laufen niemals von selbst rückwärts ab. Man sagt, sie sind **irreversibel** (unumkehrbar). Die übertragene Energie wird dabei entwertet.

Wenn Energie entwertet wird, dann bedeutet dies, dass Energie irreversibel übertragen wird.

Sind alle Energieübertragungsvorgänge irreversibel oder gibt es auch reversible, also umkehrbare Vorgänge? Zur Klärung dieser Frage betrachten wir im Folgenden einige einfache Beispiele.

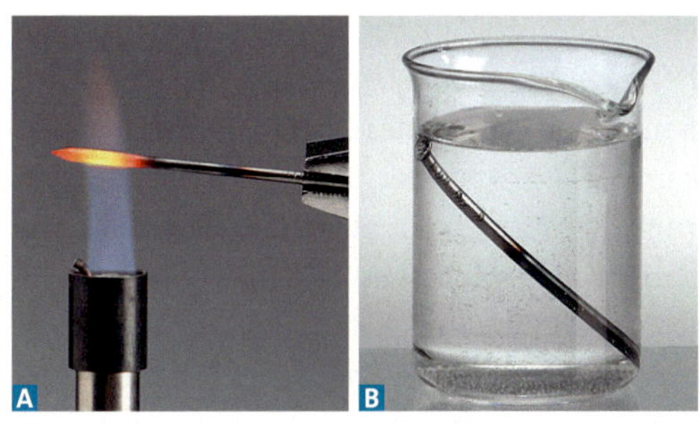

02 Die thermische Energieübertragung vom heißen Nagel zum kalten Wasser ist irreversibel.

03 Im Glühdraht wird elektrisch zugeführte Energie irreversibel in innere Energie umgewandelt.

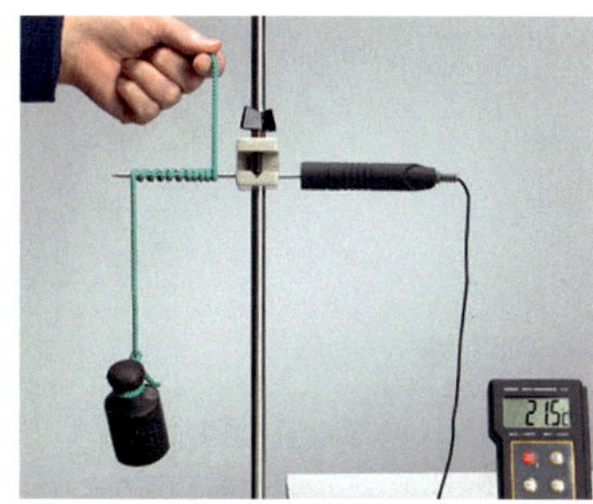

04 Durch Reibung wird mechanisch zugeführte Energie irreversibel in innere Energie umgewandelt.

THERMISCHE VORGÄNGE · Wir erhitzen einen Nagel in einer Bunsenbrennerflamme (▸ Bild 02 A). Anschließend lassen wir den heißen Nagel in einen Becher mit kaltem Wasser fallen (▸ Bild 02 B). Wir beobachten, dass der Nagel sich abkühlt und das Wasser sich erwärmt. Bei diesem Vorgang wird also Energie vom heißen Nagel auf das kalte Wasser übertragen. Du kennst diese Form der thermischen Energieübertragung als Wärmeleitung. Der Antrieb für die Wärmeleitung ist der Temperaturunterschied. Die Energieübertragung hält so lange an, bis die Temperaturen von Nagel und Wasser gleich sind. Dieser Vorgang ist irreversibel.

/// Die thermische Energieübertragung ist ein irreversibler Vorgang.

ELEKTRISCHE VORGÄNGE · Wir schließen einen zu einer Wendel gebogenen Eisendraht an einen Akku an (▸ Bild 03). Wegen der Wärmewirkung des elektrischen Stroms glüht der Draht. Die Ursache dafür ist der elektrische Widerstand. Deswegen wird ständig elektrisch zugeführte Energie in innere Energie des Drahts umgewandelt. Wenn wir genügend lange warten, dann ist der Akku „leer". Die Energie, die vorher im Akku gespeichert war, wurde an die Umgebung abgegeben. Dieser Vorgang ist irreversibel.

/// Die Umwandlung elektrischer Energie in innere Energie ist ein irreversibler Vorgang.

MECHANISCHE VORGÄNGE · Ein schwerer Gegenstand hängt an einer Schnur (▸ Bild 04). Die Schnur ist einige Male um die Messspitze eines Thermometers gewickelt. Wenn wir die Schnur loslassen, dann bewegt sich der Gegenstand nach unten. Dabei steigt die vom Thermometer angezeigte Temperatur an. Offensichtlich wird durch die Reibung zwischen Schnur und Messspitze die ursprünglich mechanisch gespeicherte Energie irreversibel in innere Energie umgewandelt.

/// Die Umwandlung mechanischer Energie in innere Energie ist ein irreversibler Vorgang.

GIBT ES REVERSIBLE VORGÄNGE? · Es gibt Vorgänge, die auf den ersten Blick vorwärts und rückwärts ablaufen können, also reversibel zu sein scheinen, z.B. die Auf- und Abbewegung eines elastischen Flummis. Allerdings erreicht der Flummi beim Aufsteigen niemals wieder die ursprüngliche Höhe. Dies liegt zum einen am Luftwiderstand, zum anderen an der teilweise unelastischen Verformung beim Aufprall. Dadurch wird mechanische Energie irreversibel in innere Energie umgewandelt. Da Reibung, unelastische Verformung und elektrischer Widerstand in der Regel unvermeidbar sind, sind reale Vorgänge normalerweise irreversibel.

Ausnahmen sind Supraleitung (verschwindender Widerstand) und Suprafluidität (verschwindende Reibung von Flüssigkeiten) bei sehr tiefen Temperaturen.

1 Beschreibe drei Vorgänge aus dem Alltag, bei denen Energie irreversibel übertragen oder umgewandelt wird.

ENERGIE WIRD ENTWERTET

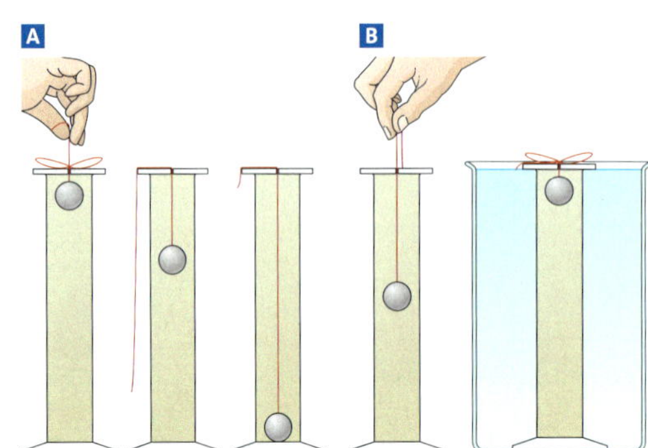

01 **A** Ein irreversibler Vorgang läuft ab.
B Der abgelaufene Vorgang wird durch Eingriffe von außen rückgängig gemacht.

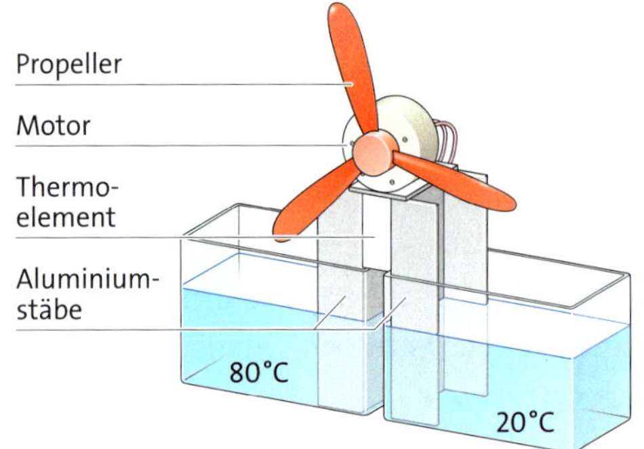

02 Der irreversible Vorgang des Temperaturausgleichs kann zum Antrieb eines Thermoelements und eines Motors genutzt werden.

EINGRIFFE VON AUSSEN · Im ▸ Bild 01 A hängt eine Bleikugel in einem Gefäß mit zähflüssigem Öl. Lassen wir die Kugel los, dann bewegt sie sich langsam nach unten. Durch die Reibung zwischen Kugel und Öl wird ständig mechanische Energie in innere Energie umgewandelt. Dieser Vorgang ist irreversibel. Das bedeutet jedoch nicht, dass es keine Möglichkeit gibt, das System aus Kugel und Öl in den Ausgangszustand zurückzusetzen. Selbstverständlich kann man die Kugel wieder nach oben ziehen (▸ Bild 01 B). Dabei nimmt das System von außen mechanisch Energie auf. Auch die Erwärmung kann man rückgängig machen, indem man das System in ein Gefäß mit kälterem Wasser gibt. Dabei gibt das System Energie thermisch nach außen ab. Durch diese „Eingriffe von außen" gelangt das System wieder in den Ausgangszustand.

/// Abgelaufene irreversible Vorgänge können oft durch Eingriffe von außen rückgängig gemacht werden.

03 Nicht alle abgelaufenen irreversiblen Vorgänge können rückgängig gemacht werden.

Ein System, das Energie von der Umgebung aufnehmen und an die Umgebung abgeben kann, nennt man ein **offenes System.** Ein System, das keine Energie mit der Umgebung austauschen kann, nennt man ein **abgeschlossenes System.** Perfekt abgeschlossene Systeme gibt es nicht. Jedoch können gut gedämmte Systeme näherungsweise als abgeschlossen betrachtet werden. Da bei einem abgeschlossenen System ein „Eingriff von außen" nicht möglich ist, gilt:

In einem abgeschlossenen System kann ein abgelaufener irreversibler Vorgang nicht rückgängig gemacht werden.

IRREVERSIBLE VORGÄNGE ALS ANTRIEB · Irreversible Vorgänge können zum Antrieb von Maschinen genutzt werden. Beispielsweise kann man mit dem Vorgang des Temperaturausgleichs ein Thermoelement betreiben (▸ Bild 02). Dabei wird ein Teil der übertragenen thermischen Energie in elektrische Energie umgewandelt. Damit kann man z. B. einen entladenen Akku wieder aufladen. Auf diese Weise kann ein irreversibler Vorgang (wie der Temperaturausgleich) dazu genutzt werden, einen anderen irreversiblen Vorgang (wie die Entladung eines Akkus) rückwärts ablaufen zu lassen.

/// Irreversible Vorgänge können andere abgelaufene irreversible Vorgänge rückwärts laufen lassen.

Überall auf der Erde laufen irreversible Vorgänge ab. Die Absorption von Sonnenstrahlung durch die Ozeane ist ein solcher irreversibler Vorgang. Durch die Energiezufuhr erhöht sich die Temperatur der Ozeane. Dadurch verdunstet Wasser, steigt als Wasserdampf auf, kondensiert wieder und fällt als Regen herab. So treibt der irreversible Vorgang der Absorption von Sonnenstrahlung den globalen Wasserkreislauf an.

1 Kraftwerke nutzen irreversible Vorgänge. Erläutere anhand von drei Beispielen.

VERSUCHE ▸ Thermoelement als Generator und als Wärmepumpe

Mit den folgenden Versuchen erkundest du die unterschiedlichen Verwendungsmöglichkeiten eines Thermoelements.

V1 Thermoelement als Generator

Material:

Zwei Behälter, zwei Aluminiumschienen, Thermoelement, Motor, Propeller, heißes und kaltes Wasser

Durchführung:

a) Baue den Versuch entsprechend ▸ Bild 02 auf der linken Seite auf.

b) Welche Möglichkeiten gibt es, den Propeller schneller laufen zu lassen? Probiere und notiere deine Beobachtungen.

c) Das Thermoelement wird hier als Generator betrieben. Erkläre, welcher irreversible Vorgang das Thermoelement als Generator antreibt.

d) Beschreibe den Vorgang mithilfe der Energie. Zeichne ein Energieflussdiagramm.

V2 Thermoelement als Wärmepumpe

Material:

Thermoelement, elektrische Quelle, zwei Tonnenfüße, evtl. ein Infrarotthermometer

Durchführung:

a) Lege das Thermoelement zwischen die beiden Tonnenfüße und schließe es an die elektrische Quelle an. Beachte die maximale Stromstärke.

b) Beobachte und notiere, wie sich die Temperatur der beiden Tonnenfüße ändert.

c) Das Thermoelement wird hier als Wärmepumpe betrieben. Erkläre, welcher irreversible Vorgang das Thermoelement als Wärmepumpe antreibt.

d) Beschreibe den Vorgang mithilfe der Energie. Zeichne ein Energieflussdiagramm.

Material A ▸ Irreversibel?

A1 Beschreibe folgende Vorgänge mithilfe der Energie. Begründe, warum die Vorgänge irreversibel sind.

a) Eine Tasse heißen Kaffees kühlt sich ab.

b) Ein Stein fällt auf den Boden.

c) Ein Glas kalte Limonade erwärmt sich.

d) Ein Pendel schwingt hin und her.

e) Ein Radfahrer bremst aus voller Fahrt.

f) Eine Glühlampe wird an einen Akku angeschlossen.

g) Ein Motor wird an einen Akku angeschlossen und hebt eine Last an.

A2 Einige der Vorgänge aus A1 können näherungsweise als reversibel betrachtet werden. Gib an, welche Vorgänge das sind und unter welchen Annahmen sie reversibel sind.

Material B ▸ Trinkvogel

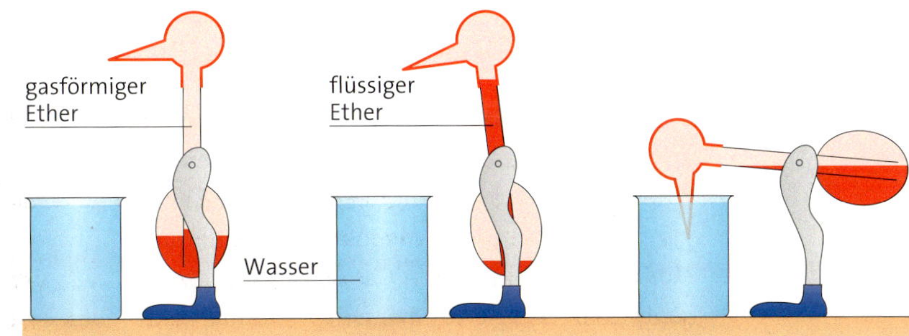

Der Trinkvogel (▸ Bild oben) kippt scheinbar ohne Grund nach vorne und taucht den Schnabel in das Glas Wasser. Das Innere des Vogels ist ganz mit Ether gefüllt. Der Ether ist teils flüssig, teils gasförmig. Der flüssige Anteil befindet sich im Bauch, der gasförmige Anteil füllt Hals und Kopf. In den Bauch ragt ein Glasrohr hinein, in das der flüssige Ether aufsteigen kann. Der Kopf des Vogels ist mit einem filzartigen Stoff überzogen. Taucht der Schnabel ins Wasser, dann nimmt der Filz Wasser auf.

B1 a) Bringe in die richtige Reihenfolge: flüssiger Ether steigt im Rohr auf – das Wasser im Stoff um den Kopf verdunstet – der Vogel kippt und taucht seinen Schnabel in das Wasser – im Kopf kondensiert gasförmiger Ether – der Kopf kühlt sich ab – der Druck im Kopf sinkt.

b) Der Trinkvogel scheint sich von selbst ununterbrochen zu bewegen. Tatsächlich aber gibt es einen irreversiblen Vorgang, der den Vogel antreibt. Erkläre.

01 Kohle oder Wind – woher kommt unsere Energie heute und morgen?

Energieversorgung heute und morgen

Wie sieht unsere Energieversorgung heute und in Zukunft aus? Um mitreden zu können, musst du wissen, wie die verschiedenen Kraftwerke funktionieren und welche Vor- und Nachteile sie haben.

VERBRENNUNGSKRAFTWERKE · Die elektrische Energieversorgung in Deutschland beruht zum großen Teil auf Kraftwerken, die ihre Energie durch Verbrennung von fossilen Energierohstoffen wie Kohle, Öl oder Gas erhalten. Die wesentlichen Energiewandler sind Turbine und Generator. In der Turbine wird ein heißes, unter hohem Druck stehendes Gas so auf die Schaufeln eines Laufrads geleitet, dass es einen Teil seiner Energie an das Laufrad abgibt (▸ Bild 02).

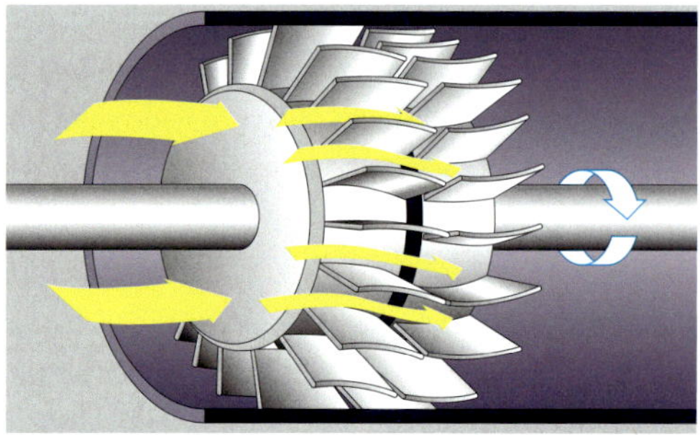

02 Die Schaufeln des festen Leitrads bewirken, dass das Gas im richtigen Winkel auf die Schaufeln des Laufrads strömt.

Beim Durchströmen der Turbine nehmen Druck und Temperatur des Gases ab. Letztlich wird die Turbine von dem von selbst ablaufenden Vorgang der Expansion des heißen Gases angetrieben. Die Turbine treibt ihrerseits den Generator an.

Während der Wirkungsgrad des Generators annähernd 100 % beträgt, ist der Wirkungsgrad der Turbine prinzipiell begrenzt. Dies liegt daran, dass die Turbine wie alle thermischen Maschinen einen großen Teil der zugeführten Energie als Abwärme abgeben muss.

GASTURBINEN-KRAFTWERKE · Im einfachsten Fall treibt das heiße Verbrennungsgas direkt eine Gasturbine an (▸ Bild 03 A). Die Temperatur des Verbrennungsgases beträgt beim Eintritt in die Turbine etwa 1600 °C, beim Austritt aus der Turbine etwa 650 °C. Für den theoretisch größtmöglichen Wirkungsgrad erhält man somit

$$\eta_{\text{ideal}} = 1 - \frac{T_2}{T_1} = 1 - \frac{923\ \text{K}}{1873\ \text{K}} = 51\,\%.$$

Der tatsächliche Wirkungsgrad ist deutlich geringer. Zum Betrieb von Gasturbinen benötigt man leicht brennbare Gase oder Flüssigkeiten.

DAMPFTURBINEN-KRAFTWERKE · Um auch feste Brennstoffe einsetzen zu können, muss man einen Umweg in Kauf nehmen (▸ Bild 03 B). Dazu wird mit dem Verbrennungsgas zuerst Wasser verdampft. Mit dem heißen und unter hohem Druck stehenden Wasserdampf wird eine Dampfturbine angetrieben. Diese nutzt den Unterschied zwischen der Temperatur des Wasserdampfs (etwa 600 °C) und der Temperatur des Kühlwassers (etwa 100 °C). Der theoretisch größtmögliche Wirkungsgrad beträgt

$$\eta_{\text{ideal}} = 1 - \frac{T_2}{T_1} = 1 - \frac{373\ \text{K}}{873\ \text{K}} = 57\,\%.$$

In der Praxis ist der Wirkungsgrad auch hier deutlich geringer. Zum Betrieb eignen sich alle festen Brennstoffe. In großen Kraftwerken wird vorwiegend Braun- und Steinkohle eingesetzt.

GAS- UND DAMPFTURBINEN-KRAFTWERKE · Solche auch als GuD-Kraftwerke bezeichneten Kraftwerke kombinieren eine Gasturbine mit einer Dampfturbine (▸ Bild 03 C). Nachdem das Verbrennungsgas die Gasturbine verlassen hat, ist es immer noch heiß genug, um Wasserdampf zum Betrieb einer Dampfturbine zu erzeugen. Durch den zweistufigen Vorgang nutzen GuD-Kraftwerke einen sehr viel größeren Temperaturunterschied als reine Dampfkraftwerke.

VOR- UND NACHTEILE · Verbrennungskraftwerke haben eine große Leistung. Ihr Wirkungsgrad ist allerdings relativ gering, da Verbrennungskraftwerke Abwärme abgeben müssen. Außerdem benötigt das Kraftwerk selbst Energie zum Betrieb von Förderbändern, Kohlemühlen, Pumpen usw. Der Gesamtwirkungsgrad eines Kohlekraftwerks liegt zwischen 35 % und 40 %. Mit Erdgas betriebene GuD-Kraftwerke erreichen immerhin einen Wirkungsgrad von 60 %.

Die Vorräte von Kohle, Öl und Gas sind begrenzt. Eine Energieversorgung auf der Basis von fossilen Energien kann daher nicht beliebig in die Zukunft fortgesetzt werden. Auch wenn die

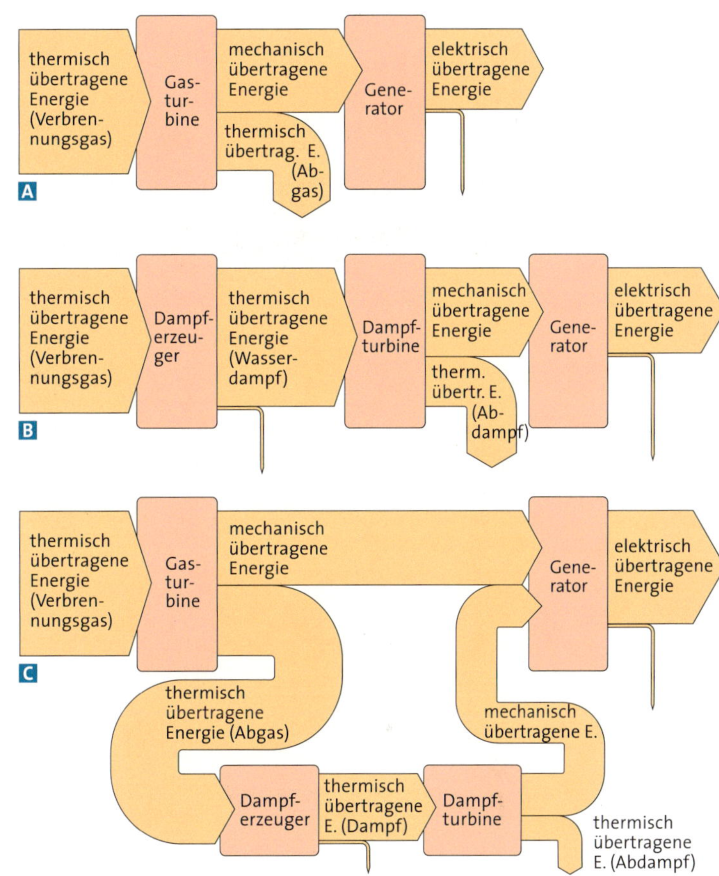

03 Energieflussdiagramme: **A** Gasturbinen-Kraftwerk, **B** Dampfturbinen-Kraftwerk, **C** Gas-und-Dampfturbinenkraftwerk

Vorräte noch einige Zeit reichen, führt die Verwendung fossiler Energien zu einem weiteren Anstieg von Kohlenstoffdioxid in der Atmosphäre und damit zu einer Verstärkung des anthropogenen Anteils am Treibhauseffekt. Dabei ist Kohle als Brennstoff noch problematischer als Erdgas, weil bei der Verbrennung von Kohle etwa dreimal so viel CO_2 entsteht wie bei der Verbrennung einer entsprechenden Menge Erdgas. GuD-Kraftwerke sind daher sinnvoller als Kohlekraftwerke, aber in Zukunft müssen alle fossilen Energien durch erneuerbare Energien wie Wasser, Wind, Sonne usw. ersetzt werden.

1 Verbrennungskraftwerke haben einen relativ geringen Wirkungsgrad. Gib die wichtigsten Gründe an.

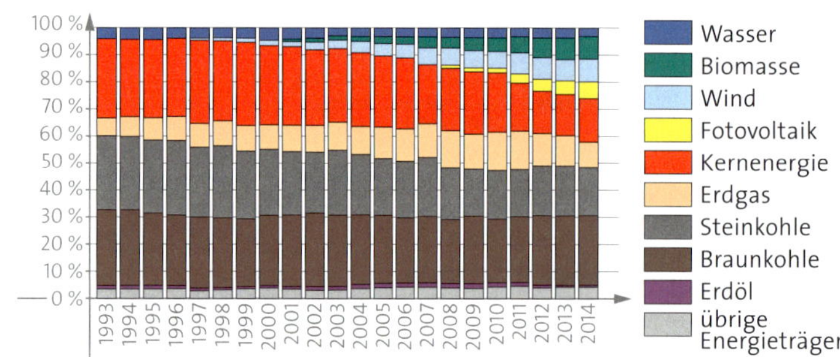

01 Anteil der Energie-„Träger" an der elektrischen Energieversorgung in Deutschland

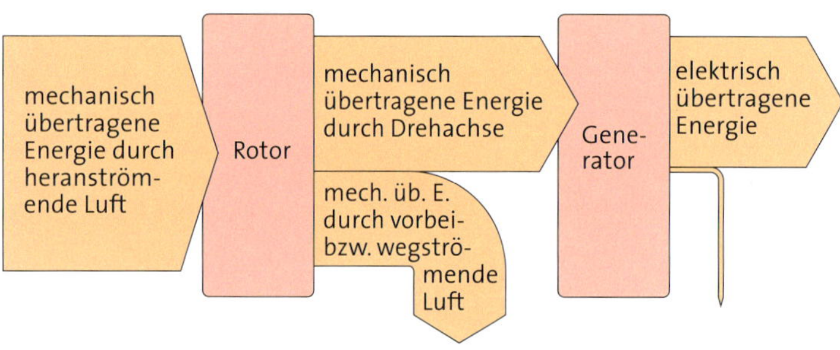

02 Energieflussdiagramm einer Windkraftanlage

NACHHALTIGE ENERGIEVERSORGUNG · Die heutige Energieversorgung ist mit erheblichen Auswirkungen auf die Umwelt verbunden. Zum Schutz der natürlichen Lebensgrundlagen muss die Energieversorgung nachhaltig gestaltet werden. Die Energieversorgung ist nachhaltig, wenn sie dauerhaft betrieben werden kann, ohne dass dadurch die Umwelt ernsthaft geschädigt wird.

Physikalisch betrachtet, bedeutet nachhaltige Energieversorgung die Nutzung von natürlicherweise ablaufenden irreversiblen Vorgängen. Zum Beispiel strömt Luft von selbst aus einem Hochdruck- zu einem Tiefdruckgebiet und kann zum Antrieb von Windkraftanlagen genutzt werden. Wasser fließt von selbst bergab und kann zum Antrieb von Wasserkraftwerken genutzt werden. Die Sonnenstrahlung kann zum Antrieb von Solarkraftwerken genutzt werden. Diese Art der Energieversorgung nennt man **erneuerbar** oder **regenerativ.** Anhand ▸ Bild 01 erkennt man die Zunahme der regenerativen Energien an der elektrischen Energieversorgung. Den größten Anteil hat die Windenergie. Ihr Anteil wird weiter zunehmen.

WINDKRAFTANLAGEN · Diese Anlagen nutzen den Wind zum Antrieb eines Rotors. Strömende Luft hat Bewegungsenergie. Eine Windkraftanlage entnimmt der Luft Energie und wandelt sie in elektrisch nutzbare Energie um. Dazu muss der Rotor die Luft abbremsen. Die Luft kann aber nicht vollständig abgebremst werden, da die Luft die Windkraftanlage auch wieder verlassen muss. Durch das Abbremsen der Luft weicht etwa ein Drittel der heranströmenden Luft dem Rotor aus. Diese Energie kann nicht genutzt werden (▸ Bild 02). Die wegströmende Luft hat immer noch Bewegungsenergie. Auch diese Energie kann nicht genutzt werden. Eine Rechnung zeigt, dass die Leistung am höchsten ist, wenn der Rotor die Luft auf ein Drittel ihrer ursprünglichen Geschwindigkeit abbremst. Der Wirkungsgrad beträgt dann theoretisch 59 %. Tatsächlich nutzt eine Windkraftanlage etwa 50 % der Energie der heranströmenden Luft.

VOR- UND NACHTEILE · Windenergie steht dauerhaft zur Verfügung und reicht im Prinzip aus, um den gesamten Bedarf an elektrischer Energie zu decken. Dafür müssen allerdings sehr viele Windkraftanlagen gebaut werden. Wie alle technischen Bauwerke haben auch Windkraftanlagen Auswirkungen auf die Umwelt. Dazu gehören insbesondere Lärm und Schattenwurf. Die größte Schwierigkeit bei der Nutzung der Windenergie sind jedoch die Schwankungen in der Windgeschwindigkeit und damit in der bereitgestellten Leistung. Daher müssen mehr Speicher für Energie wie Pumpspeicherkraftwerke oder Druckluftspeicherkraftwerke geschaffen werden.

1 **a)** Windkraftanlagen können dem Wind nicht die gesamte Energie entnehmen. Begründe.
b) Gib die wesentlichen Vor- und Nachteile der Nutzung der Windenergie an.

BLICKPUNKT

Effizienzsteigerung durch Kraft-Wärme-Kopplung

03 Heizkraftwerk mit Fernwärmerohren

04 Blockheizkraftwerk für ein Einfamilienhaus

Ein großer Nachteil von Verbrennungskraftwerken ist, dass sie die zugeführte Energie nur zu etwa 40 % elektrisch abgeben. Der Rest wird thermisch über Kühltürme an die Umgebung abgegeben. Andererseits benötigen Haushalte und Fabriken sowohl elektrische Energie als auch thermische Energie zum Heizen und zur Warmwasserbereitung. Die thermische Energie stammt oft aus fossilen Energierohstoffen wie Erdöl oder Erdgas. Nun ist es naheliegend, zum Heizen die Abwärme der Kraftwerke zu nutzen. Dazu wird mit der Abwärme Wasser erwärmt und als Fernwärme über ein Rohrsystem an die Haushalte und Fabriken geleitet (▸ Bild 03). Man nennt die kombinierte Nutzung von elektrisch und thermisch abgegebener Energie **Kraft-Wärme-Kopplung.**

Die Nachteile der Fernwärme sind die hohen Kosten für den Bau des Rohrleitungssystems sowie die unerwünschte thermische Abgabe von Energie an die Umgebung. Dies hat zur Folge, dass Fernwärme nur in Ballungsräumen technisch und wirtschaftlich sinnvoll ist. Deutschlandweit waren im Jahr 2005 etwa 14 % aller Wohnungen an ein Fernwärmenetz angeschlossen.

Diese Nachteile vermeiden die sogenannten **Blockheizkraftwerke** (▸ Bild 04). Es handelt sich hierbei um Minikraftwerke zur Versorgung von einem oder mehreren Gebäuden in unmittelbarer Nähe. Blockheizkraftwerke arbeiten ebenfalls nach dem Prinzip der Kraft-Wärme-Kopplung, d. h. sie geben die zugeführte Energie zum einen Teil elektrisch und zum anderen Teil thermisch ab. Die elektrische Energie kann direkt genutzt werden oder an das Stromnetz abgegeben werden. Die thermische Energie wird zum Heizen und zur Warmwasserbereitung genutzt.

Blockheizkraftwerke bestehen in der Regel aus einem Motor und einem Generator (▸ Bild 05). Mit der beim Betrieb des Motors entstehenden Abwärme wird Wasser erwärmt und zum Heizen verwendet. Es gibt Ausführungen, die mit gasförmigen, mit flüssigen oder mit festen Brennstoffen betrieben werden. Die Brennstoffe stammen aus fossilen Quellen wie Erdgas und Erdöl oder aus nachwachsenden Rohstoffen wie Biogas und Holz. Blockheizkraftwerke gibt es in unterschiedlichen Größen, je nachdem, ob ein ganzes Stadtviertel, eine Schule oder nur ein Einfamilienhaus versorgt werden soll. Durch die Kraft-Wärme-Kopplung steigt der nutzbare Anteil der zugeführten Energie deutlich. Je nachdem, wie viel von der Abwärme genutzt wird, steigt der Gesamtwirkungsgrad auf bis zu 90 %.

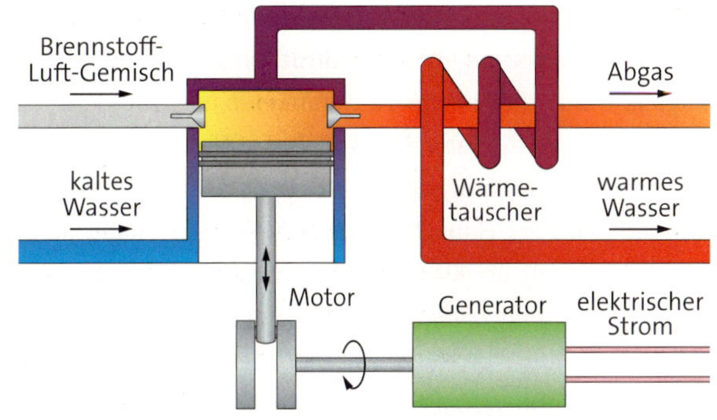

05 Schematische Darstellung eines Blockheizkraftwerks

BLICKPUNKT

Vom Niedrig- zum Plusenergiehaus

01 Ein Passivhaus braucht fast keine Energie zum Heizen.

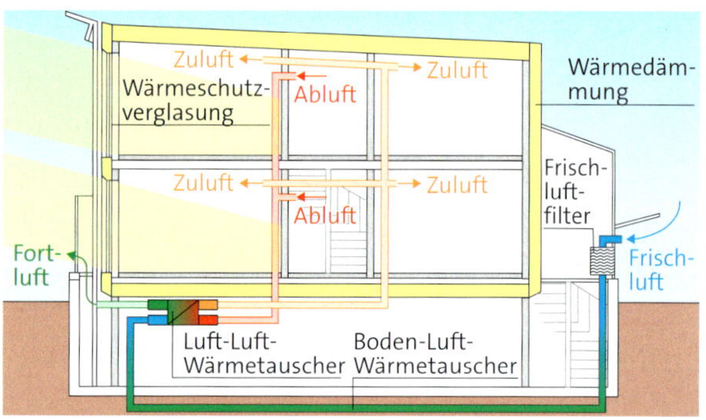

02 Prinzip eines Passivhauses

Ein durchschnittlicher Haushalt benötigt über die Hälfte der jährlich bezogenen Energie zum Heizen. Da hierzu hauptsächlich Erdöl oder Erdgas eingesetzt werden, hat die Gebäudeheizung einen erheblichen Anteil am Ausstoß von klimaschädlichem Kohlenstoffdioxid (CO_2).

Um Energie und Heizkosten zu sparen, werden heute oft Niedrigenergiehäuser gebaut. Ein solches Haus benötigt wegen seiner guten Wärmedämmung pro Jahr und Quadratmeter nur etwa 3–5 Liter Heizöl bzw. 3–5 m^3 Erdgas.

Noch weniger Energie benötigen Passivhäuser (▸ Bild 01). Sie sind so gut gedämmt, dass die Energieabgabe durch die Bewohner und Elektrogeräte sowie die Energieaufnahme durch Sonneneinstrahlung in der Regel ausreicht, um das Haus warm zu halten. Nur an sehr kalten Tagen muss eventuell zusätzlich geheizt werden. Neben einer sehr guten Wärmedämmung mit Dämmstärken von 30–40 cm hat ein Passivhaus eine kontrollierte Be- und Entlüftung mit Wärmetauscher (▸ Bild 02). Dabei wird die kalte Frischluft durch die warme Abluft erwärmt. Um auch die Energieabgabe durch die Fenster zu minimieren, verwendet man dreifach verglaste Fenster mit hohem Wärmedämmwert (▸ Bild 03). Damit möglichst viel Energie durch Sonneneinstrahlung in das Haus gelangt, hat ein Passivhaus nach Möglichkeit auf der Südseite große Fenster. Nach Norden werden nur wenige kleine Fenster eingebaut. Passivhäuser sind also so konstruiert, dass sie viel Energie von der Sonne aufnehmen und wenig Energie nach außen abgeben. Damit die Räume nicht zu warm werden, muss die Sonneneinstrahlung durch eine geeignete Abschattung mittels Jalousien etc. geregelt werden. Unter Umständen ist eine Klimatisierung der Räume nötig, die allerdings zusätzlich Energie benötigt.

Die Weiterentwicklung des Passivhauses ist das Plusenergiehaus. Es ist gegenüber dem Passivhaus zusätzlich noch mit einer Fotovoltaikanlage zur Versorgung mit elektrischer Energie und mit einer solarthermischen Anlage zur Warmwasserbereitung ausgestattet. Plusenergiehäuser beziehen im jährlichen Durchschnitt mehr Energie aus der Umwelt, als sie benötigen.

Wie viel Energie ein Haus oder eine Wohnung benötigt, wird im **Energieausweis** für das Gebäude festgehalten. Dieser Ausweis ist für alle Wohngebäude, die vermietet, verkauft oder verpachtet werden, verpflichtend und zeigt dem Interessenten, welche Energiekosten auf ihn zukommen werden.

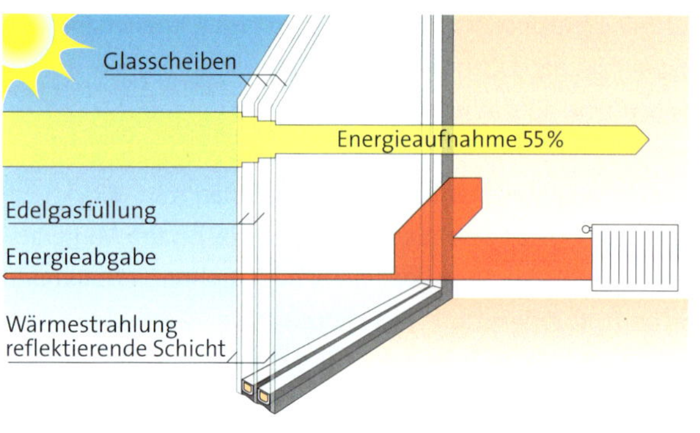

03 Moderne Isoliergläser für Fenster

Material A ▸ Kohlekraftwerk

03 Kohlekraftwerk Heilbronn

Der „Block 7" des Kohlekraftwerks in Heilbronn hat eine Leistung von 750 MW (Megawatt). Bei ca. 3000 Betriebsstunden pro Jahr benötigt das Kraftwerk etwa 720 000 t Steinkohle.

A1 **a)** Berechne, wie viel Kohle das Kraftwerk pro Stunde benötigt.
b) Eine Tonne Steinkohle enthält ca. 30 GJ (Gigajoule) Energie. Berechne die stündlich zugeführte Energie.
c) Berechne die pro Stunde abgegebene Energie in kWh und in GJ.
d) Berechne aus b) und c) den Wirkungsgrad des Kraftwerks.

Material B ▸ Energieeffizienz durch Blockheizkraftwerke

Ein Blockheizkraftwerk (kurz BHKW) nutzt die Abwärme, die beim Betrieb einer thermischen Maschine zur Bereitstellung von elektrischer Energie anfällt. In Reutlingen beliefert ein mit Erdgas betriebenes BHKW drei Schulen mit thermischer Energie für die Heizung und Warmwasserbereitung. Die bereitgestellte elektrische Energie wird an das Stromnetz abgegeben. Das BHKW gibt jährlich ca. 310 000 kWh elektrische Energie und ca. 560 000 kWh thermische Energie ab.

B1 Ein BHKW benötigt weniger Energie als bei der getrennten Bereitstellung von elektrischer Energie durch ein Kraftwerk und von thermischer Energie durch eine Heizung. Erkläre.

B2 Von der eingesetzten Energie gibt das BHKW ca. 32 % als elektrische Energie und ca. 58 % als thermische Energie ab. Der Rest wird an die Umgebung abgegeben.
a) Gib den insgesamt genutzten Anteil der eingesetzten Energie an.
b) Berechne die jährlich eingesetzte Energie in kWh und in MJ.
c) Ein Kubikmeter Erdgas enthält ca. 35 MJ Energie. Berechne die jährlich benötigte Erdgasmenge.

B3 Die Betreiber des BHKW in Reutlingen geben eine jährliche CO_2-Einsparung von 120 t an.
Überprüfe diese Angabe durch eine Überschlagsrechnung.
Hinweis: Bei der Verbrennung von einem Kubikmeter Erdgas entstehen ca. 2 kg CO_2.
2012 wurden deutschlandweit pro kWh elektrischer Energie durchschnittlich ca. 0,6 kg CO_2 an die Atmosphäre abgegeben.

B4 **a)** Informiere dich über die Art der elektrischen und thermischen Energieversorgung deiner Schule. Erörtere den Einsatz eines BHKW.
b) Recherchiere, wo in deiner Nähe ein BHKW ist. Erstelle eine Übersicht mit den wichtigen Daten.

Material C ▸ Nutzung der Windenergie

Die Leistung eines Luftstroms der Geschwindigkeit v und der Querschnittsfläche A beträgt $P_{Wind} = \frac{1}{2}\rho \cdot A \cdot v^3$; dabei ist ρ die Dichte der Luft. Eine große Windkraftanlage mit einer Nennleistung von 3,0 MW hat einen Rotordurchmesser von ca. 100 m und kann etwa 50 % der Energie des Windes nutzen. Die Nennleistung erreicht eine Windkraftanlage erst ab einer bestimmten Windgeschwindigkeit, der sogenannten Nennwindgeschwindigkeit.

C1 **a)** Berechne die Leistung der Windkraftanlage für eine Windgeschwindigkeit von 6 $\frac{m}{s}$ und von 8 $\frac{m}{s}$. Erkläre den großen Unterschied.
b) Berechne die Nennwindgeschwindigkeit der Windkraftanlage.

C2 Gib mögliche Gründe an, warum die Türme von Windkraftanlagen möglichst hoch sind.

C3 Sammle Vorteile und Nachteile von Off-shore-Anlagen gegenüber Anlagen im Binnenland.

C4 Gib an, welcher Zusammenhang im ▸ Diagramm 04 dargestellt ist. Beschreibe den Verlauf. Erkläre.

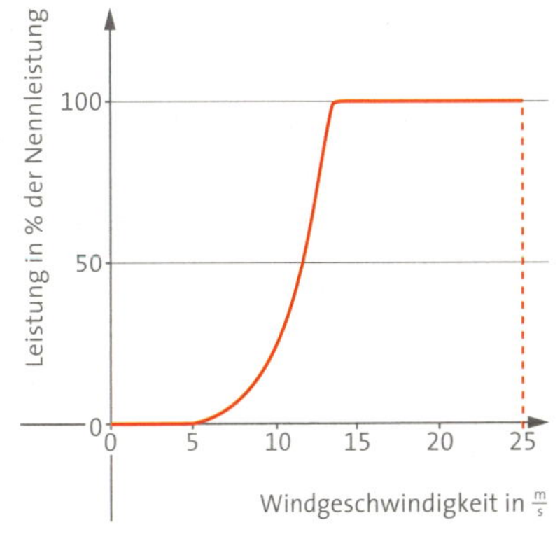

04

Gasgesetze

Absolute Temperatur: Der absolute Temperaturnullpunkt liegt bei –273,15 °C. Die absolute Temperatur T wird in Kelvin (1 K) gemessen. Es gilt:

T (in K) = ϑ (in °C) + 273,15.

Gesetz von AMONTONS: Bei konstantem Volumen sind für eine Gasmenge die absolute Temperatur und der Druck proportional zueinander:

$p \sim T$ für konstantes Volumen V.

Im Teilchenmodell: Am absoluten Temperaturnullpunkt bewegen sich die Teilchen nicht mehr. Der Gasdruck beträgt 0 Pa.

Gesetz von BOYLE und MARIOTTE: Bei konstanter Temperatur sind Druck und Volumen eines Gases umgekehrt proportional zueinander:

$p \sim \frac{1}{V}$ bei konstanter Temperatur T.

Diese Abhängigkeit zeigt das V-p-Diagramm im ▸ Bild 01.

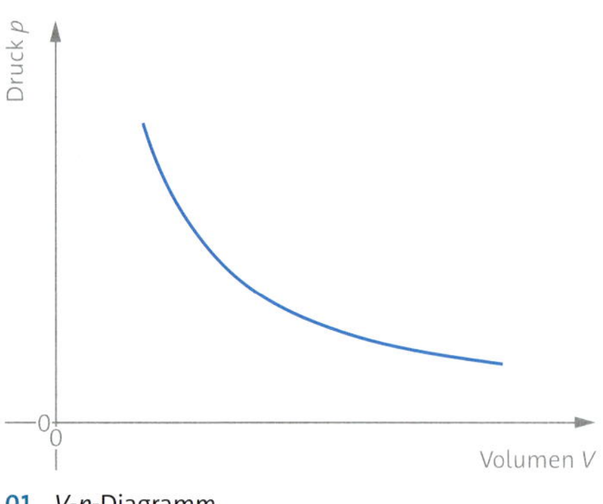

01 *V-p*-Diagramm

Gesetz von GAY-LUSSAC: Bei konstantem Druck sind Volumen und absolute Temperatur eines Gases proportional zueinander:

$V \sim T$ bei konstantem Druck p.

Allgemeines Gasgesetz: Für eine bestimmte Gasmenge ist das Produkt aus Druck und Volumen proportional zur Temperatur des Gases:

$p \cdot V \sim T$.

Für jeden Zustand des Gases ist der Quotient

$p \cdot \frac{V}{T}$ gleich.

Ideales Gas: Bei einem idealen Gas üben die Gasteilchen nur dann Kräfte aufeinander aus, wenn sie zusammenstoßen. Außerdem sind die Teilchen so klein, dass ihr eigenes Volumen keine Rolle spielt.

Ein **reales Gas** verhält sich in guter Näherung wie ein ideales Gas, wenn der Druck nicht zu groß und die Temperatur nicht zu klein sind.

Energie und Druck: Wenn ein eingeschlossenes Gas komprimiert wird, dann ist der Druck für kleine Volumenänderungen ΔV konstant. Die Energieänderung des Gases beträgt dann:

$\Delta E = p \cdot \Delta V$ bei konstantem Druck p.

Wenn man ein Gas bei konstanter Temperatur komprimiert, dann ist die im komprimierten Gas gespeicherte Energie durch die entsprechende Fläche unter der Kurve im V-p-Diagramm (▸ Bild 01) gegeben.

Kreisprozesse

Kreisprozess: Alle thermischen Maschinen wandeln thermische Energie in mechanische Energie. Dabei nutzen sie die Zustandsänderungen von Gasen. Die Maschinen arbeiten periodisch, das heißt die verschiedenen Zustände des Gases werden immer wieder durchlaufen.

Stirlingmotor: Der Stirlingmotor – auch Heißluftmotor genannt – arbeitet ohne Zufuhr von Brenn- und Sauerstoff. Er nutzt die Zustandsänderungen der eingeschlossenen Luft bei periodischer Erwärmung und Abkühlung.

Thermodynamischer Wirkungsgrad: Der theoretisch größtmögliche Wirkungsgrad einer thermischen Maschine beträgt:

$$\eta_{\text{ideal}} = 1 - \frac{T_1}{T_2}.$$

Dabei ist T_1 die Temperatur, bei der thermische Energie abgegeben wird. T_2 ist die die Temperatur, bei der thermische Energie aufgenommen wird. Je höher T_2 und je niedriger T_1 sind, desto größer ist der Wirkungsgrad.

Reale Maschinen haben stets einen Wirkungsgrad kleiner als η_{ideal}.

Wärmepumpe: Bei einer Wärmepumpe laufen die Prozesse gerade umgekehrt wie bei einem Stirlingmotor ab. Der ideale Wirkungsgrad einer Wärmepumpe ist der Kehrwert des idealen Wirkungsgrads des Stirlingmotors:

$$\eta_{WP,\,\text{ideal}} = \frac{1}{\eta_{\text{ideal}}}.$$

Energie wird entwertet

Irreversibel: Wenn Energie entwertet wird, dann bedeutet dies, dass Energie irreversibel – also unumkehrbar – übertragen wird. Irreversible Vorgänge sind z. B. die thermische Energieübertragung und die Umwandlung elektrischer oder mechanischer Energie in innere Energie.
Abgelaufene irreversible Vorgänge können durch Eingriffe von außen rückgängig gemacht werden.

In einem **abgeschlossenen System** kann ein abgelaufener irreversibler Vorgang nicht rückgängig gemacht werden.

Thermische Maschinen nutzen den von selbst ablaufenden Vorgang der thermischen Energieübertragung von einem heißen zu einem kalten System.

Überprüfe dich selbst:

Kann ich ...

... den absoluten Nullpunkt im Teilchenmodell veranschaulichen?

... die Kelvin-Skala erläutern und wie man diese Skala erhält?

... mit Druck, Volumen und absoluter Temperatur einer eingeschlossenen Gasmenge rechnen?

... die Gasgesetze beschreiben und anwenden?

... beschreiben, was man unter einem idealen Gas versteht?

... erklären, was ein *V*-*p*-Diagramm ist?

... die Energieänderung bei Kompression eines Gases bestimmen?

... erläutern, was ein Kreisprozess ist?

... das gemeinsame Funktionsprinzip thermischer Maschinen erklären?

... beschreiben, wie ein Verbrennungsmotor funktioniert?

... die Energiebilanz eines Stirlingmotors erläutern?

... begründen, warum der größtmögliche Wirkungsgrad einer thermischen Maschine kleiner 1 sein muss?

... erläutern, was irreversible Vorgänge sind und Beispiele dafür angeben?

... die Vor- und Nachteile der Energieversorgung mit fossilen und regenerativen Energieträgern erörtern?

... Maßnahmen beschreiben, die eine effizientere Nutzung von Energie ermöglichen?

METHODE

Projekt: Nichtlineare Zusammenhänge – Linearisierung von Messwerten

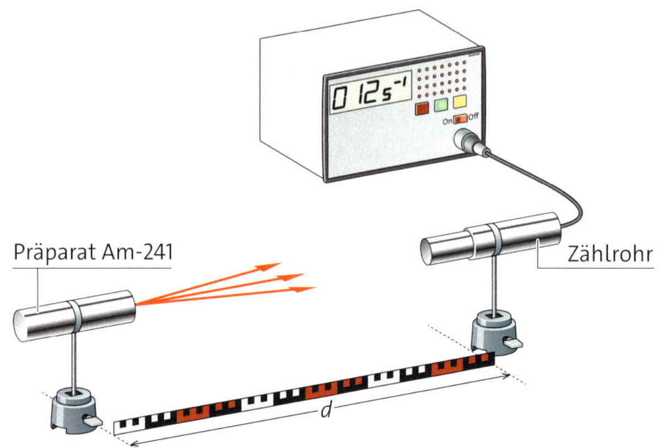

01 Versuch zum Abstandsgesetz

Nr.	d in cm	N_{korr} in $\frac{Imp}{s}$	$k = \frac{1}{d^2}$ in $\frac{1}{cm^2}$	$\frac{N_{korr}}{k} = N_{korr} \cdot \frac{1}{d^2}$ in $\frac{Imp}{s \cdot cm^2}$
1	10	466	0,01	46 600
2	15	202	0,0044	45 450
3	20	106	0,0025	42 400
4	25	81	0,0016	50 625
5	30	46	0,0011	41 400
6	40	28	0,00063	44 800
7	45	22	0,00049	44 550
8	50	21	0,00040	52 500

04 Erste sieben Zeilen der Messwertetabelle

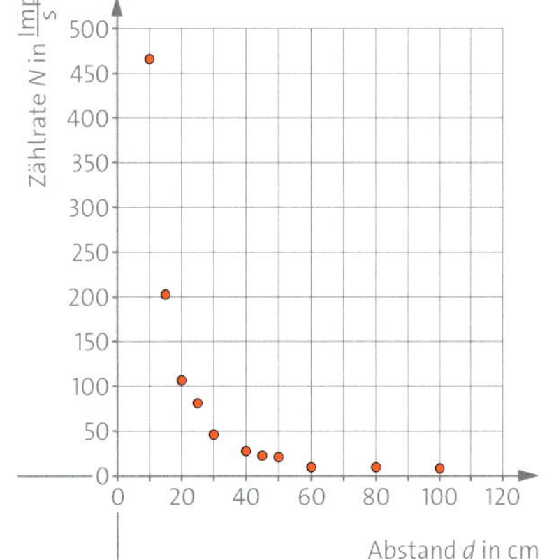

02 d-N-Diagramm zum Abstandsgesetz

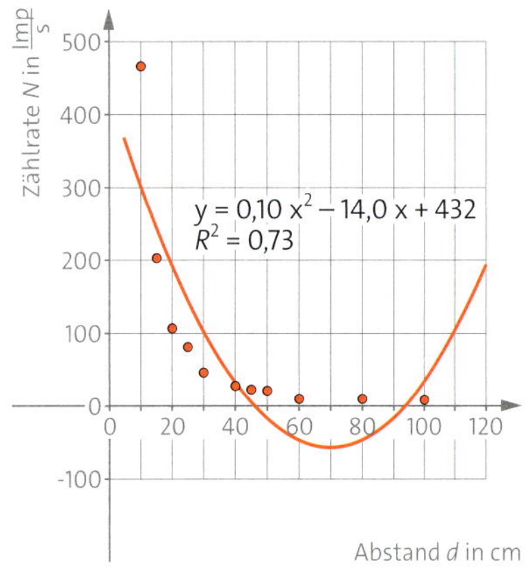

03 Quadratische Regression

Im Experiment im ▸ Bild 01 wurde die Zählrate N des radioaktiven Präparats Am-241 in Abhängigkeit vom Abstand aufgenommen. Am-241 ist ein α- und γ-Strahler. Um nur die γ-Strahlung zu messen, wurde die Messung erst in einem Abstand von 10 cm begonnen.

▸ Bild 02 zeigt die aufgenommenen Werte in einem d-N-Diagramm. Vor dem Experiment wurde die Nullrate N_0 zu $4 \frac{Imp}{s}$ bestimmt. Die Nullrate musst du von der Zählrate N abziehen, um nur die γ-Strahlung zu messen. ▸ Bild 02 zeigt: Die Werte liegen nicht auf einer Geraden. d und N sind also nicht proportional zueinander. Welcher Zusammenhang besteht dann zwischen dem Abstand und der Zählrate?

Du kennst bereits das Verfahren der Regression. Für die Wahl des Regressionstyps gibt es zwei wesentliche Auswahlkriterien:
– Passt die Funktion zu den Daten?
– Was ist physikalisch sinnvoll?

Passt die Funktion zu den Daten?
Der Korrelationskoeffizient R gibt an, wie gut eine gefundene Funktion mit den Messwerten übereinstimmt. Der Korrelationskoeffizient nimmt Werte zwischen –1 und 1 an. Je dichter der Korrelationskoeffizient an 1 bzw. –1 liegt, desto besser ist der gefundene Zusammenhang. Um negative Werte zu vermeiden, kann man mit dem Bestimmtheitsmaß R^2 arbeiten.

Was ist physikalisch sinnvoll?
Hier musst du überlegen, ob der gefundene Zusammenhang ggf. auch über die Grenzen der Messwerte hinaus sinnvoll ist. Wenn, wie in diesem Beispiel, die Zählrate mit zunehmendem Abstand abnimmt, dann könnte das mit einem Parabelabschnitt beschrieben werden (▸ Bild 03). Das hieße, dass für größere Abstände die Zählrate wieder zunimmt. Das ist nicht sinnvoll und muss verworfen werden.

Physikalische Überlegungen

Wenn sich der Abstand des Zählrohrs vom Präparat vergrößert, dann wird ein kleinerer Teil der insgesamt abgegebenen Strahlung registriert. Wenn du den Abstand zum Präparat veränderst, dann ändert sich auch die Fläche, die von den γ-Strahlen durchsetzt wird (▸ Bild 05).

Wir können vermuten, dass die in das Zählrohr eindringende Strahlung antiproportional zum Quadrat des Abstands ist: $N \sim \frac{1}{d^2}$.

Passend dazu wählen wir die Potenzregression. ▸ Bild 06 zeigt den Graphen, die Funktion und das Bestimmtheitsmaß. Ein Bestimmtheitsmaß von 0,97 lässt einen guten Zusammenhang zwischen der Funktion und den Daten vermuten. Der Exponent –1,82 liegt schon nahe bei unserer Vermutung. Zur Überprüfung unserer Vermutung, wenden wir noch ein anderes Verfahren an.

Unser Gehirn ist in der Lage, zu erkennen, ob die Punkte der Messwerte auf einer Geraden liegen. Auch einen Kreis kann unser Gehirn erkennen. Wir können aber rein optisch nicht zwischen den Abschnitten einer Parabel, einer Hyperbel oder dem Ausschnitt einer Exponentialfunktion unterscheiden. Man passt die Werte deshalb so an, dass sie ggf. auf einer Geraden liegen. Zu diesem Zweck geben wir den vermuteten Zusammenhang vor: $N \sim \frac{1}{d^2}$.

Wenn zwei Größen *a* und *b* proportional zueinander sind, dann liegen die Messwerte auf einer Geraden und *a* und *b* sind quotientengleich.

Wir ersetzen $\frac{1}{d^2}$ durch eine Größe *k*, für die gilt: $k = \frac{1}{d^2}$. Auf der Rechtsachse tragen wir jetzt nicht mehr die Abstände *d* sondern die Kehrwerte der Quadrate der Abstände ab. Wir erhalten also ein *k*-*N*-Diagramm. Wenn *k* und *N* proportional zueinander sind, dann sollten die Werte im *k*-*N*-Diagramm auf einer Geraden liegen. ▸ Bild 07 zeigt, dass es so ist. Die Funktion passt also zu den Daten.

Zusätzlich können wir anhand von ▸ Tabelle 04 (letzte Spalte) die Quotientengleichheit von *k* und *N* überprüfen.

Das beschriebene Verfahren nennt man **Linearisierung von Messwerten.** Du kannst es auch bei anderen Zusammenhängen anwenden.

1 Für eine feste Strecke *s* gilt: $v \sim \frac{1}{t}$, der Graph im *t*-*v*-Diagramm ist eine Hyperbel.

t in s	*v* in $\frac{m}{s}$
1	10,00
2	5,00
3	3,33
4	2,50
5	2,00
8	1,25
10	1,00

a) Stelle die Werte in einem *t*-*v*-Diagramm dar.

b) Linearisiere die Messwerte.

2 Für den Flächeninhalt eines Quadrates gilt: $A \sim a^2$. Fertige eine Tabelle für 6 Seitenlängen an und gehe dann analog zu Aufgabe 1 vor.

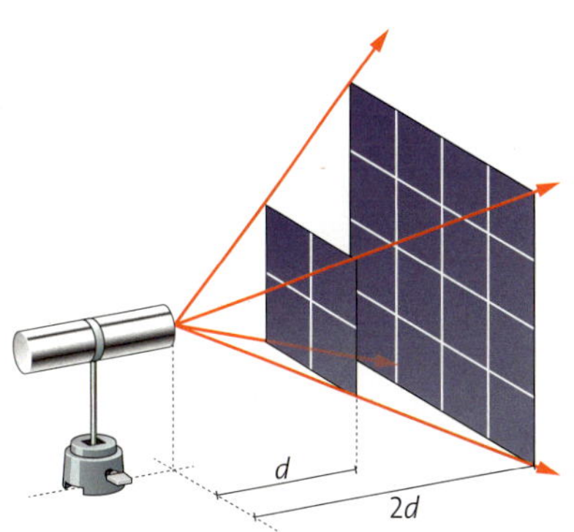

04 Vergrößerung der durchsetzten Fläche mit dem Abstand

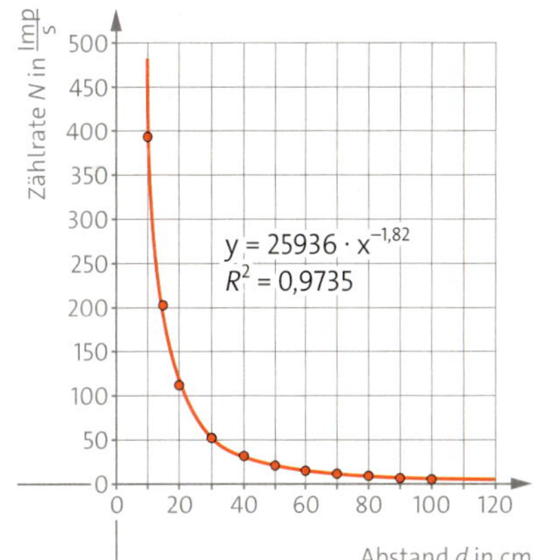

05 Potenzregression

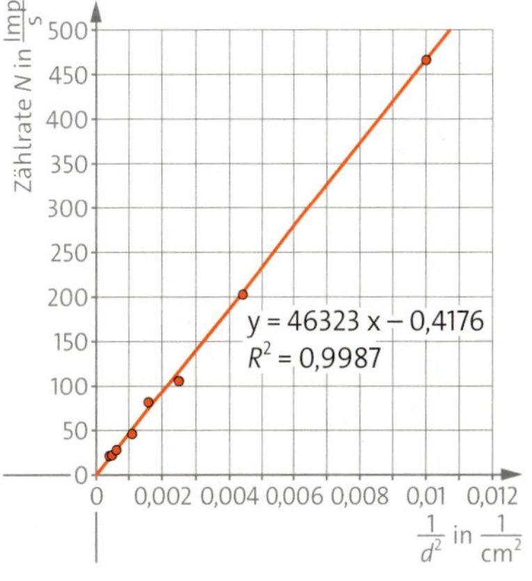

06 Linearisierte Darstellung

METHODE

Projekt: Bau eines einfachen Elektromotors

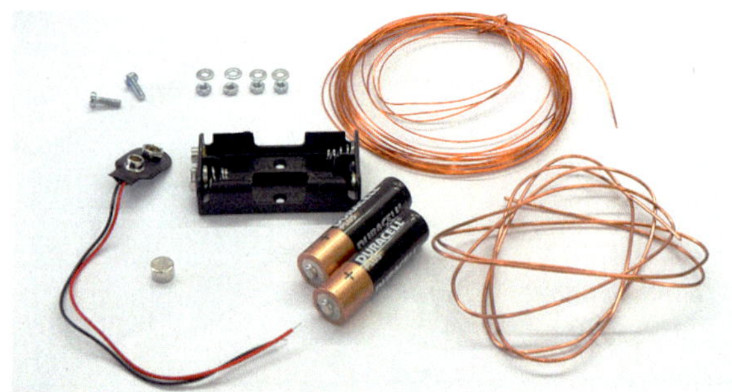

01 Material für den Bau des Elektromotors

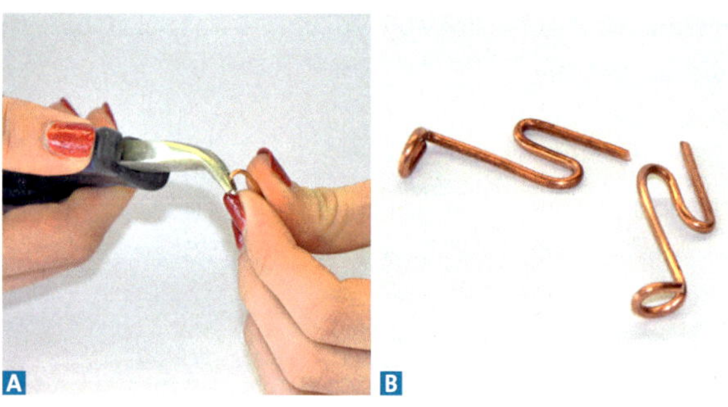

02 **A** Ösen biegen, **B** fertige Ösen

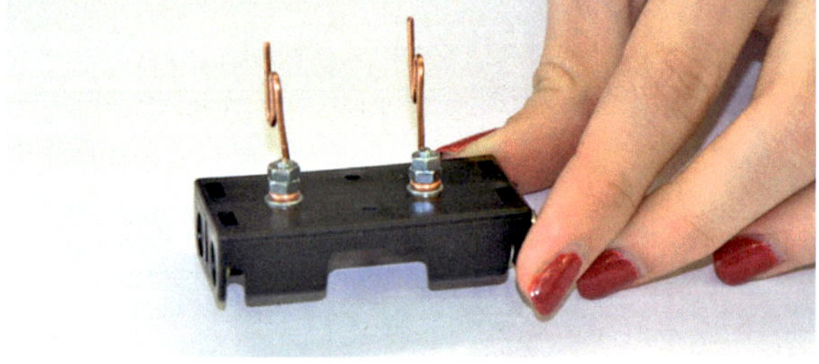

03 Aufhängung für die Spule

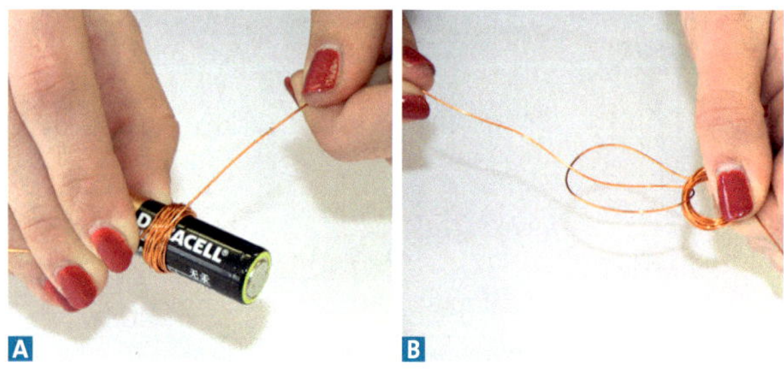

04 **A** Spule wickeln, **B** Spulenwindungen fixieren

Material:

1 Batteriehalter für Mignonzellen (Batterie AA) mit zwei Batterien (AA),
1 Magnet (z. B. vom Kühlschrank),
1 Batterieclip,
Kupferlackdraht (0,5 mm Durchmesser) ca. 1,2 m,
2 Schrauben M3 ca. 12 mm – 16 mm lang,
4 Muttern und 4 Unterlegscheiben für M3,
2 St. Kupferdraht blank (1,5 mm^2), ca. 7 cm

Werkzeug:

kleine Spitzzange,
Cutter-Messer, Schraubenzieher,
Lötkolben mit Lötzinn (nicht unbedingt erforderlich)

Neun Schritte zum Bau des Elektromotors

1. Vom blanken Kupferdraht schneidest du 2 Stücke mit einer Länge von ca. 7 cm zu. Jeweils an einem Ende der Kupferdrähte biegst du mit der Spitzzange eine Öse für die Schrauben M3 (▸ Bild 02 A).

2. Einige Batteriefächer haben keine Löcher auf der Längsachse. Wenn die Löcher in deinem Batteriehalter fehlen, dann bohre zwei Löcher (3 mm) in die Enden des Batteriehalters wie im ▸ Bild 01.

3. Die Kupferdrähte befestigst du mit den Schrauben, Muttern und Unterlegscheiben auf dem Batteriehalter. Der Kopf der Schrauben befindet sich in der Innenseite des Halters, da du sonst die Batterien nicht mehr in den Halter bekommst. Auch wenn der Aufbau nicht viel zu tragen hat, verwende unbedingt die Unterlegscheiben (▸ Bild 03).

4. Mit der Spitzzange biegst du jetzt die beiden, auf dem Batteriehalter verschraubten Kupferdrähte zu einer Aufhängung für die Spule. Der Durchmesser der Spule wird etwas größer sein, als der der Batterie. Achte also darauf, dass die Aufhängung nicht zu hoch oder zu tief gerät. Kleine Korrekturen (±5 mm) kannst du später vornehmen. Die Aufhängung sollte eine mittige Lage der Spule ermöglichen.

5. Jetzt lötest du die Zuleitung vom Batterieclip an die Aufhängung der Spule. Hierbei ist es gleichgültig, welchen der Drähte du an welche Zuleitung lötest. Der Kupferdraht sollte möglichst nur in der Nähe der Lötstelle heiß werden. Es

kommt also darauf an, zügig zu arbeiten. Wird der Draht auch an seinen Enden heiß, dann kann der Kunststoff vom Batteriehalter schmelzen.
Du kannst die Enden des Batterieclips auch mit den Muttern verschrauben, aber eine Lötstelle schafft den besseren Kontakt.

6. Der nächste Arbeitsschritt, das Wickeln der Spule, erfordert die größte Geschicklichkeit. Nimm hierzu eine der Batterien und wickle den Kupferlackdraht in ca. 20–25 Windungen darum herum (▸ Bild 04 A). Lasse am Anfang ein Stück von min. 10 cm frei hängen. Wickle den Kupferlackdraht eng und stramm um die Batterie.
Dann schlingst du die Enden des Kupferlackdrahtes um die entstandene Spule (▸ Bild 04 B) Die Schlingen sollten möglichst exakt gegenüber liegen. Die freien Enden werden jetzt noch einmal durch die Schlingen gezogen, um diese zu fixieren. Je genauer du hier arbeitest, desto besser wird dein Motor laufen.
Achte bei allen Arbeiten darauf, die Zuleitung zu deiner Spule nicht zu knicken. Je „gerader" diese ist, desto „runder" läuft dein Motor.

7. Jetzt musst du beide Enden der Spule halbseitig von der Lackschicht befreien. Lege jeweils ein Spulenende auf eine glatte Unterlage und kratze mit dem Cutter-Messer die Lackschicht halbseitig ab (▸ Bild 05). Der Spulenkörper sollte dabei senkrecht stehen. Das andere Ende wird in gleicher Weise bearbeitet.
Achtung!!! Die Spulenenden dürfen nur halbseitig – jeweils auf der gleichen Seite – von der Lackschicht befreit werden!

8. Lege nun den Magneten auf den Batteriehalter und die Spule in ihre Halterung. Nach einem leichten „Schubs" sollte sich die Spule drehen.
Ein guter Kontakt zwischen Spule und Auflage ist unbedingt erforderlich. Sollte sich die Spule nicht wie gewünscht drehen, dann kratze mit dem Messer noch einmal die Kontaktstellen ab. Ablagerungen auf dem blanken Kupfer verringern die Kontaktfähigkeit.

9. Auch nach geglücktem Start sollten die Kontaktstellen häufiger, nach einigen „Betriebsminuten" abgekratzt werden, da durch die Abreißfunken die Kontaktstellen verbrennen.

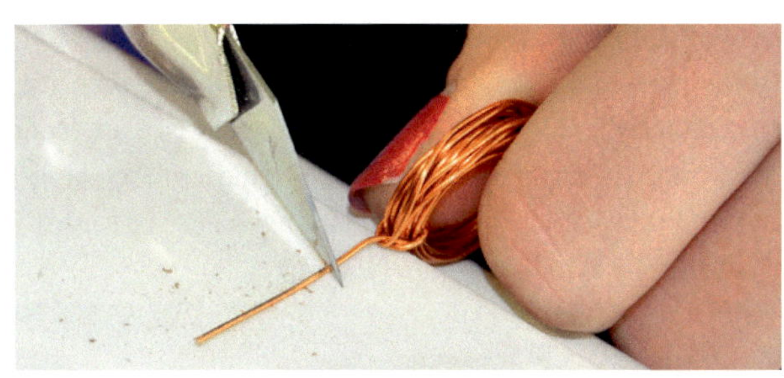

05 Abkratzen der Spule

06 Der fertige Motor

1 **a)** Erkläre die Funktion eines Gleichstrommotors.
b) Der Gleichstrommotor verfügt über einen Kommutator (Polwender). Erkläre, warum der hier beschriebene Motor ohne einen Polwender auskommt.

2 Zum Wickeln der Spule hast du Kupferlackdraht verwendet. Erkläre, warum du nicht mit einfachem Kupferdraht die Spule wickeln konntest.

3 **a)** Einen Gleichstrommotor kannst du auch als Generator nutzen. Beschreibe, wie du den Aufbau des Motors verändern musst, damit du ihn als Generator nutzen kannst.
b) Vermute, was ein Spannungsmessgerät anzeigen würde. Begründe.
c) Beschreibe, welchen Einfluss die Windungszahl deiner Spule auf die Messung haben wird.
d) Beschreibe, welchen Einfluss die Geschwindigkeit, mit der du die Spule drehst, auf deine Messung haben wird.

METHODE

Projekt: Wir messen ein EKG mit dem GTR

Der Fußballer Marc-Vivien Foe spielte 2003 beim Konföderationen-Pokal im Halbfinale. Im Stadion in Lyon versagte sein Herz. Für ihn kam Hilfe zu spät. Heute gibt es in Fußballstadien den Defibrillator zur Lebensrettung (▸ Bild 01). Er misst die elektrische Herzaktivität und regt das Herz passend elektrisch an. Manchen Menschen wird ein ähnlich wirkendes Kleingerät, ein Herzschrittmacher, implantiert (▸ Bild 02). In diesem Projekt lernst du, wie du mit einem GTR und einem EKG-Sensor die vom Herzen erzeugten elektrischen Spannungen messen kannst.

01 Defibrillator im Stadion

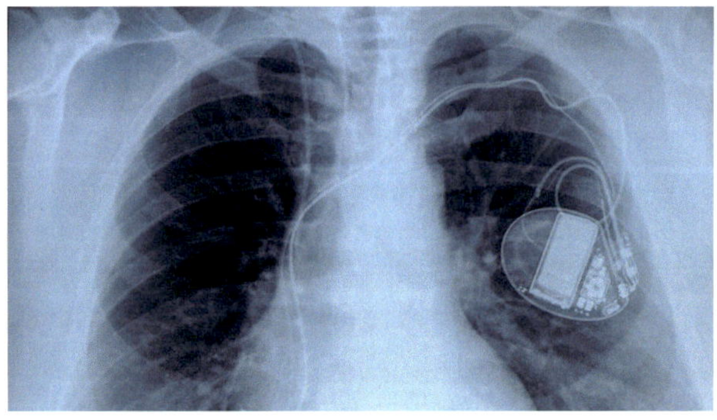

02 Röntgenaufnahme eines implantierten Herzschrittmachers

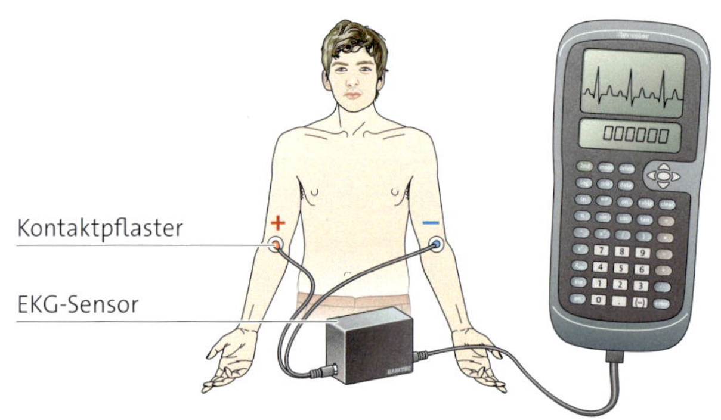

03 Einsatz des EKG-Sensors des GTRs

Messung elektrischer Spannungen des Herzens

Das Elektrokardiogramm, kurz EKG, macht elektrische Vorgänge im Herzen mithilfe eines Spannungsmessgerätes sichtbar. Es ist heute ein Standardverfahren medizinischer Diagnostik. Für seine Entdeckung erhielt WILLEM EINTHOVEN 1924 den Nobelpreis.

1. Miss diese Spannungen so: Schließe an deinen GTR den EKG-Sensor an, den deine Schule als GTR-Sensor erhalten kann. Klebe zwei Kontaktpflaster auf die Haut eines Mitschülers wie im ▸ Bild 03 gezeigt.

2. Starte die Messung so, wie du jede andere Messung mit dem GTR ausführst. Stelle die Spannungsmesswerte abhängig von der Zeit auf dem Display grafisch dar. Bei dem so gemessenen EKG im ▸ Bild 04 sind die Tiefpunkte Q und S sowie die Hochpunkte P, R und T mit den üblichen Buchstaben markiert.

Vergleich von Messungen

3. Vergleiche deine Messung mit einem professionellen EKG (▸ Bild 05). Kontrolliere, ob dein EKG sich auch periodisch mit jedem Herzschlag wiederholt. Überprüfe, ob du die Extrempunkte P, Q, R, S und T aufgezeichnet hast (▸ Bild 04).

Auswertung zur Zeitabhängigkeit

Um für die zeitabhängigen Spannungen $U(t)$ im ▸ Bild 04 eine sinnvolle Größenangabe zu erhalten, bestimmen wir den Unterschied des minimalen und maximalen Spannungsmesswertes und nennen diesen die Minimax-Spannung U_{MM}. Beispielsweise erhalten wir aus ▸ Bild 04 $U_{MM} = 1{,}81\,\text{mV} - 0{,}84\,\text{mV} = 0{,}97\,\text{mV}$.

4. Bestimme für deine Messung von $U(t)$ die Minimax-Spannung U_{MM}.

Messung einer Ortsabhängigkeit

Einige Schülerinnen und Schüler haben untersucht, wie sich Minimax-Spannungen auf einem Weg zum Herzen ändern. Dazu befestigten sie das eine Kontaktpflaster an der Stelle K und das andere nacheinander an den Stellen B, M und N im Abstand von je 8 cm (▸ Bild 06 A). Ihre Messwerte bezeichneten sie nach den beiden Messpunkten wie folgt: U_{MM}(KB) = 0,5 mV, U_{MM}(KM) = 1,1 mV und U_{MM}(KN) = 2,1 mV.

5. Führe eine entsprechende Messung durch. Stelle die Spannungen U_{MM} abhängig vom Abstand r zum Punkt K grafisch dar und beschreibe..

Spannungen für einen anderen Weg

6. Befestige das eine Kontaktpflaster an der Stelle E und das andere nacheinander an den Stellen A bis D im Abstand von je 8 cm und miss die Spannungen U_{MM} (▸ Bild 06 A). Typische Messwerte sind: U_{MM}(ED) = 0,19 mV, U_{MM}(EC) = 0,34 mV, U_{MM}(EB) = 0,4 mV und U_{MM}(EA) = 0,65 mV.

Eine Linie mit konstanter Spannung

7. Befestige ein Kontaktpflaster an der Stelle E. Mit dem zweiten Pflaster bei D ist U_{MM}(ED) = 0,19 mV. Suche in der Nähe von D einen Punkt D', sodass U_{MM}(ED') ≈ 0 mV ist. Finde entsprechende Punkte mit U_{MM}(EC') ≈ 0 mV, U_{MM}(EB') ≈ 0 mV und U_{MM}(EA') ≈ 0 mV.

Die Linie durch die Punkte E', D', C', B' und A' hat eine konstante Spannung. Solche Linien mit konstanter Spannung sind im ▸ Bild 06 B dargestellt.

So wie die Höhenlinien auf einer Landkarte dir eine Vorstellung des Geländes bieten, so geben dir diese Linien konstanter Spannung ein Bild der elektrischen Spannungen, die vom Herzen ausgehen und am Körper messbar sind. Ebenso wie bei Landkarten die Höhenlinie null für den mittleren Meeresspiegel steht, ist im ▸ Bild 06 B für eine bestimmte Linie konstanter Spannung der Wert null festgelegt. Die elektrischen Pole im ▸ Bild 06 B stellen das Herz als elektrische Quelle dar.

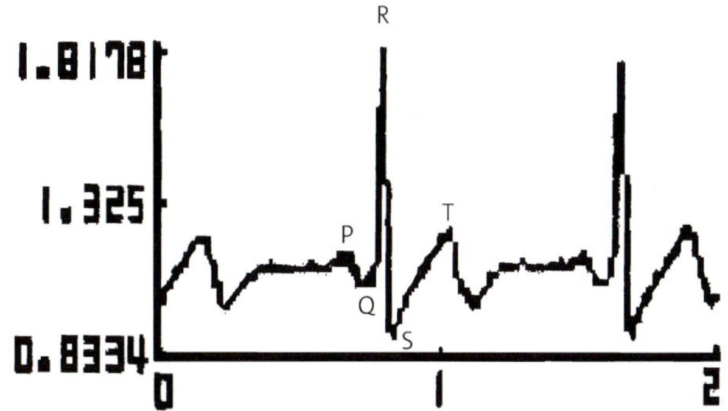

04 GTR-EKG; Rechtsachse: t in s, Hochachse: U in mV

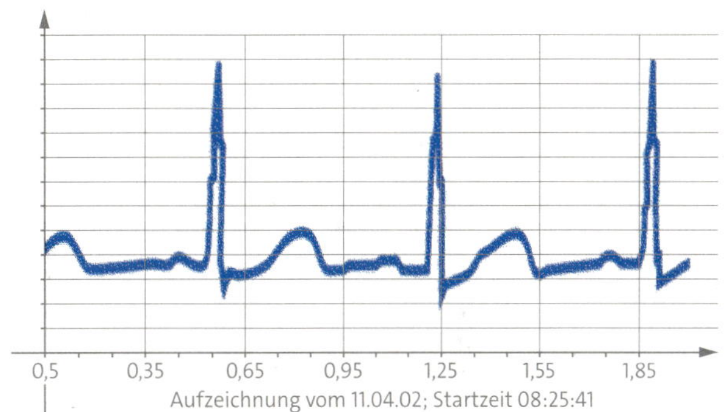

05 Professionelles EKG; Rechtsachse: t in s, Hochachse: U in mV

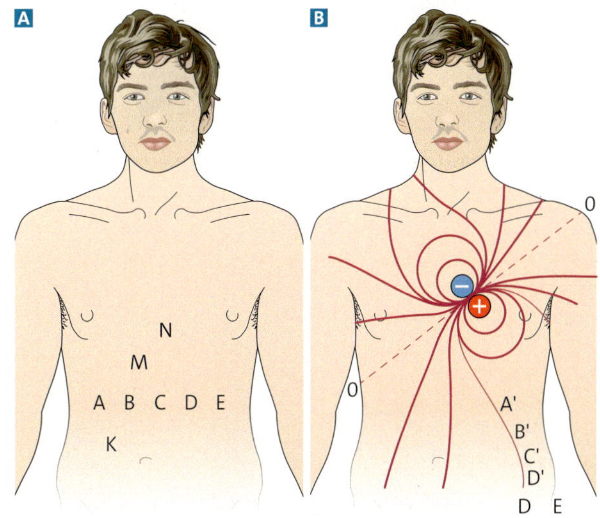

06 **A** Messpunkte für zwei verschiedene Wege zum Herzen, **B** Linien konstanter Spannung

METHODE

Projekt: Wir entdecken die tiefste Temperatur mit dem Smartphone

In diesem Projekt lernst du, wie du mit der Druckmessung des Smartphones die tiefste Temperatur entdecken kannst. Durch weitere Messungen kannst du sogar die ungefähre Höhe der Atmosphäre ermitteln.

01 Versuchsskizze

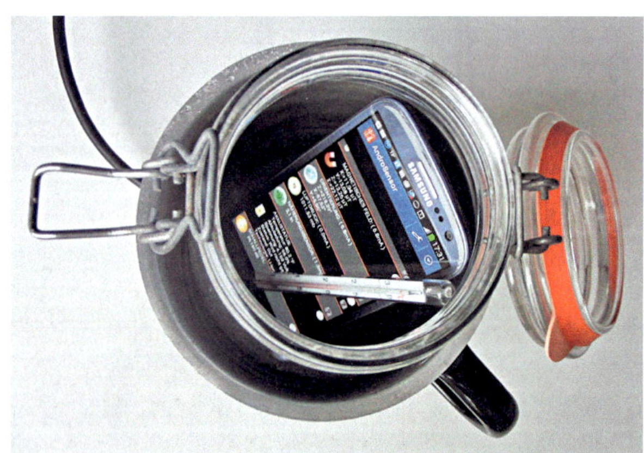

02 Versuch: Smartphone mit Thermometer im Einweckglas

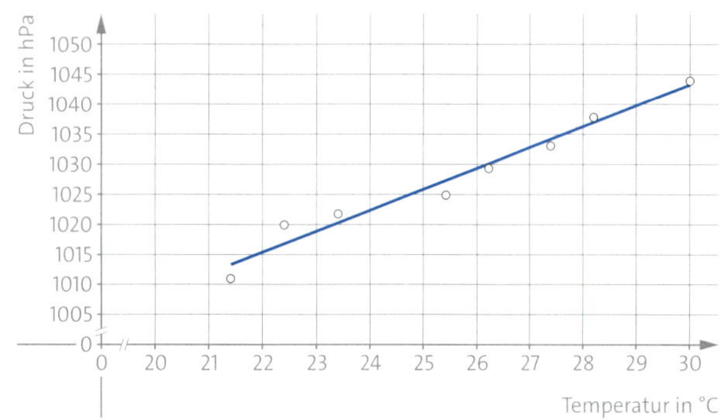

03 Verlauf des Drucks in Abhängigkeit von der Temperatur

Messung des Temperatur-Druck-Diagramms

Bereits im 17. Jahrhundert machte GUILLAUME AMONTONS interessante Entdeckungen zu Gasen und zum Wesen der Temperatur, als er in einem eingeschlossenen Gas beim Abkühlen den Druck aufzeichnete. Typische Messwerte für den Versuch zeigt ▸ Bild 03. Damit nicht unterschiedliche Vorgänge vermischt werden, ist es bei dem Versuch wichtig, dass das Volumen konstant gehalten wird. Du kannst diese Entdeckungen nun selbst mit einem Smartphone machen (▸ Bild 01).

1. Lade die Freeware „Androsensor" für „Android" oder „Barometer" für „iPhone" auf ein Smartphone mit Luftdrucksensor.

Lege das Smartphone und ein Thermometer in ein luftdicht verschließbares Glas (▸ Bild 02). Verschließe das Glas, stelle es in einen Topf mit Wasser und stelle den Topf auf eine Herdplatte (▸ Bild 01).

2. Erwärme das Wasser, lies dabei den Verlauf des Drucks p sowie der Temperatur ϑ ab und notiere beides. Stelle deine Messwerte in einem ϑ-p-Diagramm dar. Vorsicht, erwärme dein Smartphone nicht über 50 °C, da es sonst beschädigt werden könnte!

Auswertung des Temperatur-Druck-Diagramms

3. Lege durch die Datenpunkte eine Ausgleichsgerade und bestimme die Geradengleichung. Alternativ kannst du die Geradengleichung mit dem GTR durch eine lineare Regression bestimmen lassen. Mit den Messwerten aus ▸ Bild 03 erhält man folgende Geradengleichung:

$$p = 939\ \text{hPa} + 3{,}475\ \text{hPa} \cdot \frac{\vartheta}{°\text{C}}.$$

Das entspricht dem Gesetz von AMONTONS: Wenn ein Gas in einem konstanten Volumen eingeschlossen ist, dann ändert sich der Druck linear mit der Temperatur.

Fortsetzung des Gesetzes von AMONTONS

4. Wir nehmen an, dass das Gesetz von AMONTONS über den Messbereich hinaus wichtige Aussagen machen kann.

Dann ist es sinnvoll, die Temperatur zu bestimmen, bei welcher der Druck null ist. Wir lösen hierzu die Geradengleichung nach der Temperatur ϑ auf. Für die Gerade im ▸ Bild 03 erhalten wir:

$$\vartheta = \frac{p - 939\ \text{hPa}}{3{,}475\ \text{hPa}} \cdot {}^\circ\text{C}.$$

Wir setzen für $p = 0$ hPa ein und erhalten für die Temperatur

$\vartheta \approx -270$ C.

Alternativ bestimmen wir diese Temperatur zeichnerisch mit der Geraden im ▸ Bild 04.

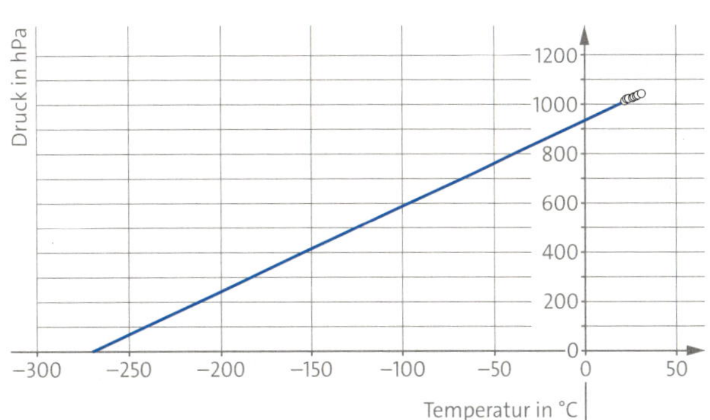

04 Fortsetzung des Gesetzes von AMONTONS

Allgemeingültigkeit der entdeckten Temperatur

5. Die entdeckte Temperatur stellt entweder eine Eigenschaft von Luft dar oder sie charakterisiert das Wesen der Temperatur.
Führe den Versuch nochmals durch. Fülle das Glas aber statt mit Luft mit Kohlenstoffdioxid, das du beispielsweise aus einem Trinkwassersprudler entnehmen kannst. Du solltest herausfinden, dass für alle Gase die mit unserem Verfahren bestimmte Temperatur bei −270 °C liegt.

Teilchenmodell und die entdeckte Temperatur

6. Im Teilchenmodell kommt der Druck eines eingeschlossenen Gases auf die Gefäßwand dadurch zustande, dass die Teilchen bei ihrer zufälligen Bewegung gegen die Wand prallen. Begründe mit dem Teilchenmodell, dass ein Gas keinen negativen Druck haben kann. Begründe daraus, dass die entdeckte Temperatur die tiefste mögliche Temperatur sein muss.

AMONTONS entdeckte im Jahr 1699 den absoluten Temperaturnullpunkt und bestimmte ihn relativ ungenau zu −248 °C.

Steigerung deiner Messgenauigkeit

7. Steigere deine Messgenauigkeit, indem du deine Messung bei einem zweiten Versuch mit in Eiswasser gekühlter Luft beginnst.
Vorsicht! Kühle nicht direkt das Smartphone, weil es sonst unnötig mit Tau oder Reif beschlägt!
Führe den Versuch durch und werte ihn aus. Erkläre, warum eine Messung über einen größeren Temperaturbereich zu einer genaueren Bestimmung der Geradengleichung führen kann.

Messung des Höhe-Luftdruck-Diagramms

8. Bestimme in den verschiedenen Stockwerken des Schulgebäudes den Gasdruck p der Luft, den sogenannten Luftdruck, und die Höhe h. Stelle die Ergebnisse grafisch dar und bestimme die Geradengleichung.

Fortsetzung des linearen Gesetzes

9. Wir nehmen an, dass das lineare Gesetz über den Messbereich hinaus wichtige Aussagen machen kann. Dann ist es sinnvoll die Höhe zu bestimmen, bei der der Druck null ist. Löse hierzu die Geradengleichung nach der Höhe h auf.

Ungefähre Höhe der Atmosphäre

10. Wir wissen bereits, dass der Gasdruck nicht negativ wird. Begründe damit, dass die oben bestimmte Höhe die ungefähre Höhe der Atmosphäre darstellt.

Barometrische Höhenformel

11. Wenn du ein Höhe-Luftdruck-Diagramm für große Höhenunterschiede erstellst, dann ist es nur grob linear. Denn es gilt die barometrische Höhenformel:

$$p(h) = p_0 \cdot \left(\frac{1}{2}\right)^{\frac{h}{5500\ \text{m}}} \text{ mit } p_0 = 1013\ \text{hPa}.$$

Berechne hiermit deine Druckmesswerte.

METHODE

Projekt: Computergestützte Messwerterfassung

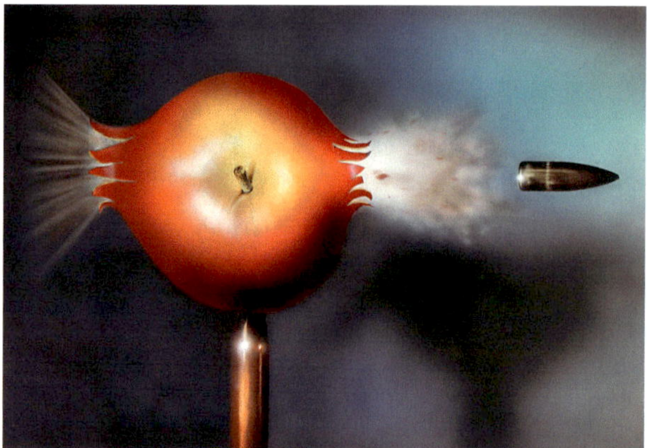

01 Eine Gewehrkugel trifft auf einen Apfel.

02 Der Großglocknergletscher

Zu schnell oder zu langsam? · Eine Gewehrkugel bewegt sich zu schnell für unser Auge (▸ Bild 01). Um die Bewegung dennoch zu untersuchen, muss man die Position der Kugel in sehr kurzen Zeitabständen bestimmen. Ein Gletscher in den Alpen verändert sich dagegen nur sehr langsam (▸ Bild 02). Um diese Veränderung zu verfolgen, muss man viele Messungen durchführen, diesmal allerdings in großen Zeitabständen. In beiden Fällen kann eine computergestützte Messwerterfassung helfen.

Das Prinzip der Messwerterfassung · Am Anfang steht ein Sensor, in unserem Fall eine Kamera, die einen Körper zu verschiedenen Zeiten aufnimmt. Mit dem Computer können diese Bilder ausgewertet werden. Ein Beispiel, Messwerte zu erfassen und auszuwerten, ist die **Videoanalyse.** Dafür benötigen wir eine Digitalkamera oder die Kamera eines Smartphones und eine Analysesoftware. Wir untersuchen damit die Bewegung einer abrollenden Kugel.

Momentaufnahmen · Im ▸ Bild 03 siehst du die Kugel zu sieben unterschiedlichen Zeitpunkten. Die Bilder wurden aus einer Videoaufnahme heraus übereinander gelegt. Jedes Video besteht aus vielen einzelnen Bildern, die schnell hintereinander abgespielt werden. Ab ca. 24 Bildern pro Sekunde nehmen wir die Einzelbilder als Film wahr. Diese Bildanzahl pro Sekunde ist die **Framerate,** sie wird häufig mit fps abgekürzt. Hochgeschwindigkeitskameras, mit denen man zum Beispiel die Bewegung der Gewehrkugel im ▸ Bild 01 auflösen kann, liefern mehrere Tausend Bilder pro Sekunde.

Analyse der Einzelbilder · Der Zeitabstand zwischen den sieben Teilbildern im ▸ Bild 03 beträgt jeweils $\Delta t = 0{,}04$ s. Die Strecken Δs, die die Kugel zwischen den Aufnahmen zurücklegt, kann man mithilfe des abgebildeten Lineals bestimmen. Wir legen fest, dass zum ersten Bild der Zeitpunkt $t = 0$ s und der Ort $s = 0$ m gehören soll. So erhalten wir für jedes Bild den Zeitpunkt und den Ort der Kugel.

Aufnahme · Worauf musst du bei der Aufnahme achten?

1. Fertige das Video so an, dass die Bewegung senkrecht zur Filmrichtung erfolgt.
2. Bewege die Kamera während der Aufnahme nicht mit. Am besten stellst du die Kamera auf ein Stativ, einen Tisch oder stützt dich beim Filmen auf.
3. Bringe einen Maßstab (z. B. 1,0 m) passend in das Bild.
4. Achte darauf, dass der bewegte Körper einen guten Kontrast zum Hintergrund hat.

Auswertung · Öffne das Video mit der Analysesoftware. Es gibt neben professioneller Software auch einige gute kostenlose Programme. Die prinzipielle Arbeitsweise ist bei allen Programmen gleich. Unterschiede bestehen in der Oberfläche und den Möglichkeiten der Software.

Nach dem Laden des Videos sind folgende Schritte wichtig (▸ Bild 04):

1. Gib die Framerate ein.
2. Kalibriere den Maßstab.
3. Wähle die manuelle Auswertung.

Folge jetzt den Anweisungen des Programms. Wenn du alles richtig bearbeitet hast, dann kannst du jetzt in deiner Videoanalyse verschiedene Grafiken und Messwerttabellen auswählen. Die Auswertung kannst du sowohl in der Videoanalyse, als auch in einer Tabellenkalkulation durchführen.

1 Bestimme aus den Diagrammen im ▸ Bild 05 die Geschwindigkeiten und die Beschleunigungen der Kugel in der Mitte und am Ende der Schräge.

2 Klaus war in den letzten beiden Wochen krank und hat die Einführung in die Videoanalyse verpasst. Schreibe für das Videoanalyseprogramm, mit dem du arbeitest, eine kurze Anleitung für Klaus.

3 Eine Gewehrkugel verlässt den Lauf mit einer Geschwindigkeit von 500 $\frac{m}{s}$. Bestimme die Framerate, die eine Hochgeschwindigkeitskamera mindestens liefern muss, um die Darstellung vom ▸ Bild 01 zu untersuchen und begründe deine Entscheidung.

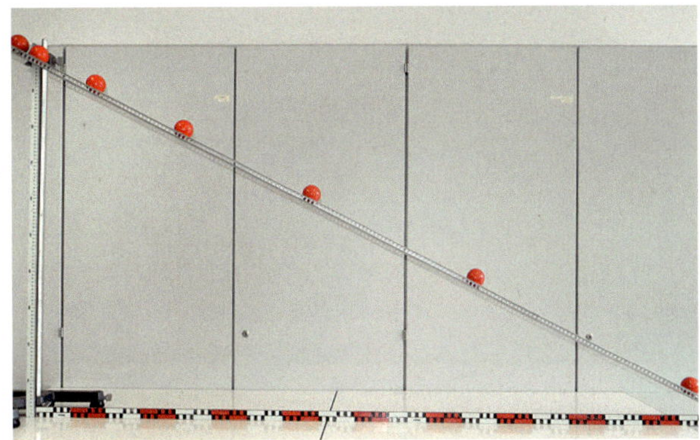

03 Aufnahmen der Kugel (fps 25; jedes vierte Bild)

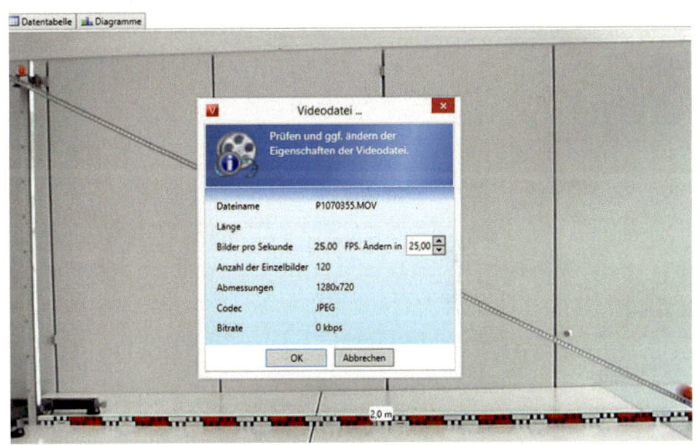

04 Screenshot – Einstellungen

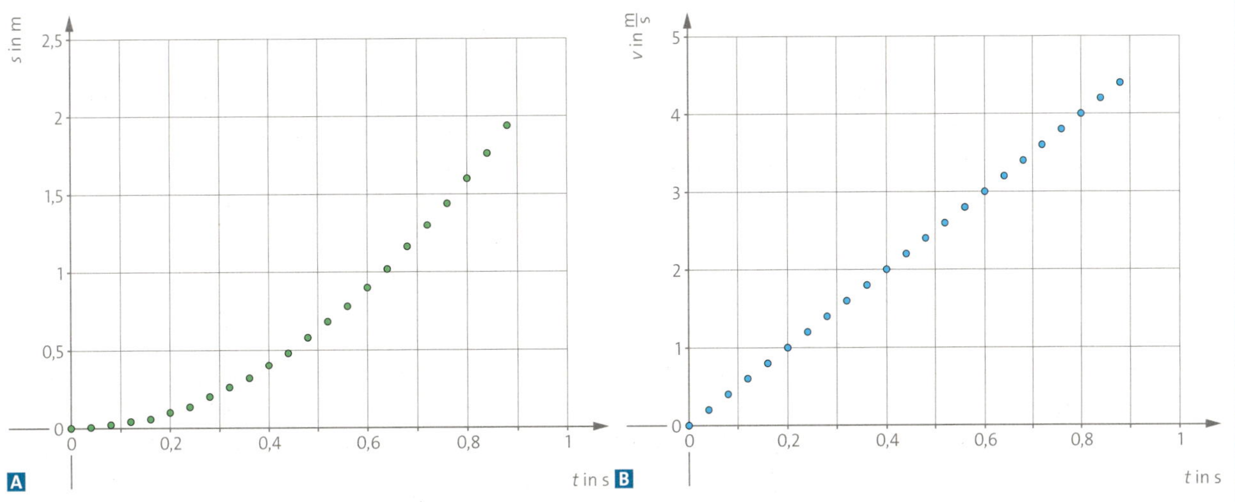

05 Rollende Kugel: **A** *t-s*-Diagramm, **B** *t-v*-Diagramm

Physikalische Größen

Größe	Symbol	Einheit	Gleichung
Aktivität		$1\,\mathrm{Bq} = \frac{1}{\mathrm{s}}$	
Äquivalentdosis		$1\,\mathrm{Sv} = 1\,\frac{\mathrm{J}}{\mathrm{kg}}$	
Beschleunigung	a	$1\,\frac{\mathrm{m}}{\mathrm{s}^2}$	$a = \frac{v}{t}$ $a = \frac{\Delta v}{\Delta t}$
Dichte	ρ	$1\,\frac{\mathrm{g}}{\mathrm{cm}^3} = 1000\,\frac{\mathrm{kg}}{\mathrm{m}^3}$	$\rho = \frac{m}{V}$
Druck	p	1 Pa 1 bar = 100 000 Pa	$p = \frac{F}{A}$
Elektrische Leistung	P	$1\,\mathrm{W} = 1\,\mathrm{V} \cdot \mathrm{A}$	$P = U \cdot I$
Elektrisches Potenzial	φ	1 V	
Elektrische Stromstärke	I	$1\,\mathrm{A} = 1\,\frac{\mathrm{C}}{\mathrm{s}}$	$I = \frac{\Delta Q}{\Delta t}$ $I = \frac{U}{R}$
Elektrische Spannung	U	1 V	$U = R \cdot I$
Elektrischer Widerstand	R	$1\,\Omega$	$R = \frac{U}{I}$
Spezifischer Widerstand	ρ	$1\,\Omega \cdot \frac{\mathrm{mm}^2}{\mathrm{m}}$	$\rho = R \cdot \frac{A}{l}$
Energie	E	1 J $1\,\mathrm{N} \cdot \mathrm{m} = 1\,\mathrm{J}$	$\Delta E = F \cdot \Delta s$
Höhenenergie	$E_{\text{Höhe}}$	1 J	$E_{\text{Höhe}} = m \cdot g \cdot h$
Bewegungsenergie	E_{Bew}	1 J	$E_{\text{Bew}} = \frac{1}{2}\,m \cdot v^2$
Spannenergie	E_{Spann}	1 J	$E_{\text{Spann}} = \frac{1}{2}\,D \cdot s^2$
Energiestromstärke	P	$1\,\frac{\mathrm{J}}{\mathrm{s}}$	$P = \frac{\Delta E}{\Delta t}$
Federkonstante	D	$1\,\frac{\mathrm{N}}{\mathrm{m}}$	$D = \frac{F}{s}$
Geschwindigkeit	v	$1\,\frac{\mathrm{m}}{\mathrm{s}}$	$v = \frac{s}{t}$ $\Delta v = \frac{\Delta s}{\Delta t}$
Kraft	F	$1\,\mathrm{N} = 1\,\frac{\mathrm{kg} \cdot \frac{\mathrm{m}}{\mathrm{s}}}{\mathrm{s}} = 1\,\mathrm{kg} \cdot \frac{\mathrm{m}}{\mathrm{s}^2}$	$F = m \cdot a$
Schwerkraft	F	1 N	$F = m \cdot g$

Physikalische Größen

Größe	Symbol	Einheit	Gleichung
Drehmoment	M	$1\ \mathrm{N} \cdot \mathrm{m} = 1\ \mathrm{Nm}$	$M = r \cdot F$
Länge, Strecke	l, s	$1\ \mathrm{m}$	
Leistung	P	$1\ \frac{\mathrm{J}}{\mathrm{s}} = 1\ \mathrm{W}$	$P = \frac{\Delta E}{\Delta t}$
Mechanische Leistung	P	$1\ \mathrm{W}$	$P = F \cdot v$
Masse	m	$1\ \mathrm{kg}$	$m = \rho \cdot V$
Ortsfaktor	g	$1\ \frac{\mathrm{N}}{\mathrm{kg}}$	$g = 9{,}8\ \frac{\mathrm{N}}{\mathrm{kg}}$
spezifische Wärmekapazität	c	$1\ \frac{\mathrm{kJ}}{\mathrm{kg} \cdot \mathrm{K}}$	$c = \frac{\Delta E}{m \cdot \Delta T}$
spezifische Schmelzwärme	s	$1\ \frac{\mathrm{kJ}}{\mathrm{kg}}$	$s = \frac{\Delta E}{m}$
spezifische Verdampfungswärme	r	$1\ \frac{\mathrm{kJ}}{\mathrm{kg}}$	$r = \frac{\Delta E}{m}$
Strahlungsintensität	S	$1\ \frac{\mathrm{W}}{\mathrm{m}^2}$	$S = \frac{P}{A}$ $S = \sigma \cdot T^4$
Temperatur	ϑ T	$1\ ^\circ\mathrm{C}$ $1\ \mathrm{K}$	
Volumen	V	$1\ \mathrm{m}^3$ $1\ \ell = 1000\ \mathrm{cm}^3$	
Wirkungsgrad	η		$\eta = \frac{\Delta E_{nutz}}{\Delta E_{zu}}$ $\eta_{ideal} = 1 - \frac{T_2}{T_1}$
Zeit	t	$1\ \mathrm{s}$	

Einige physikalische Konstanten und astronomische Daten

Konstante	Zahlenwerte
Stefan-Boltzmann-Konstante σ	$5{,}6704 \cdot 10^{-8}\ \frac{\mathrm{W}}{\mathrm{m}^2 \cdot \mathrm{K}^4}$
Solarkonstante S_E	$1370\ \frac{\mathrm{W}}{\mathrm{m}^2}$
Boltzmann-Konstante k	$1{,}3807 \cdot 10^{-23}\ \frac{\mathrm{J}}{\mathrm{K}}$
Elementarladung e	$1{,}6022 \cdot 10^{-19}\ \mathrm{C}$
Masse des Protons m_p	$1{,}6726 \cdot 10^{-27}\ \mathrm{kg}$
Masse des Neutrons m_n	$1{,}6749 \cdot 10^{-27}\ \mathrm{kg}$
Lichtgeschwindigkeit c	$2{,}99792458 \cdot 10^{8}\ \frac{\mathrm{m}}{\mathrm{s}}$
mittl. Ortsfaktor auf der Erde g	$9{,}814\ \frac{\mathrm{m}}{\mathrm{s}^2}$
mittlere Dichte der Erde ρ	$5{,}515 \cdot 10^{3}\ \frac{\mathrm{kg}}{\mathrm{m}^3}$
Gravitationskonstante γ	$6{,}674 \cdot 10^{-11}\ \frac{\mathrm{N\,m}^2}{\mathrm{kg}^2}$

Konstante	Zahlenwerte
Erdmasse m_E	$5{,}9737 \cdot 10^{24}\ \mathrm{kg}$
Erdradius R_E	$6{,}371 \cdot 10^{6}\ \mathrm{m}$
Radius der Erdbahn r_E	$1{,}4960 \cdot 10^{11}\ \mathrm{m}$
Mondmasse m_M	$7{,}349 \cdot 10^{22}\ \mathrm{kg}$
Mondradius R_M	$1{,}738 \cdot 10^{6}\ \mathrm{m}$
Radius der Mondbahn r_M	$3{,}844 \cdot 10^{8}\ \mathrm{m}$
mittl. Ortsfaktor auf dem Mond g	$1{,}62\ \frac{\mathrm{m}}{\mathrm{s}^2}$
mittlere Dichte des Mondes ρ	$3{,}341 \cdot 10^{3}\ \frac{\mathrm{kg}}{\mathrm{m}^3}$
Sonnenmasse m_S	$1{,}9891 \cdot 10^{30}\ \mathrm{kg}$
Sonnenradius R_S	$6{,}9599 \cdot 10^{8}\ \mathrm{m}$

Dichte von Festkörpern, Flüssigkeiten und Gasen

Feste Körper	$\frac{g}{cm^3}$	Flüssigkeiten	$\frac{g}{cm^3}$	Gase	$\frac{g}{cm^3}$
Aluminium	2,70	Benzol	0,8790	Ammoniak	0,0007710
Blei	11,34	Diäthyläther	0,7160	Chlor	0,0032100
Eisen (rein)	7,86	Ethanol	0,7910	Helium	0,0001780
Jenaer Glas	2,50	Glycerin	1,2600	Kohlenstoffdioxid	0,0019800
Gold	19,30	Petroleum	0,8500	Luft	0,0012930
Kupfer	8,93	Quecksilber	13,5500	Sauerstoff	0,0014300
Platin	21,40	Wasser	0,9986	Stickstoff	0,0012500
Silber	10,51			Wasserdampf (100 °C)	0,0006000
Wolfram	19,30			Wasserstoff	0,0000899
Zink	7,14				

Flüssigkeiten: 18 °C; Gase: 0 °C und 1013 hPa

Schallgeschwindigkeit

in Gasen (bei 0 °C)		in Flüssigkeiten (bei 16 °C)		in Feststoffen (bei 18 °C)	
Kohlenstoffdioxid	260 $\frac{m}{s}$	Benzin	1130 $\frac{m}{s}$	Eis (bei 0 °C)	3250 $\frac{m}{s}$
Sauerstoff	315 $\frac{m}{s}$	Petroleum	1330 $\frac{m}{s}$	Eichenholz	3400 $\frac{m}{s}$
Luft	331 $\frac{m}{s}$	Wasser (rein)	1468 $\frac{m}{s}$	Beton	4000 $\frac{m}{s}$
Wasserstoff	1270 $\frac{m}{s}$	Glycerin	1900 $\frac{m}{s}$	Eisen (Stahl)	5170 $\frac{m}{s}$

Heizwert (Endprodukte gasförmig bei Normaldruck auf 20 °C abgekühlt)

Stoff	$\frac{MJ}{kg}$	Stoff	$\frac{MJ}{kg}$	Stoff	$\frac{MJ}{kg}$
Anthrazit	32,3	Benzin	44 bis 53	Acetylen	48,2
Braunkohle (roh)	7,6 bis 11,6	Brennspiritus	27	Erdgas	38,2
Holz frisch/trocken	10,0/15,5	Dieselkraftstoff	41 bis 44	Kohlenstoffmonoxid	10,1
Hüttenkoks	29,0	Erdöl	42 bis 48	Methan	50,0
Torf (trocken)	15,5	Ethanol	27	Propan	46,5
Trockenspiritus	19,0	Heizöl (EL)	43	Steinkohlegas	36,0
Steinkohle	32,5	Methanol	20	Wasserstoff	120,0

Spezifischer Widerstand (bei 18 °C)

Stoff	$\Omega \cdot \frac{mm^2}{m}$	Stoff	$\Omega \cdot \frac{mm^2}{m}$	Stoff	$\Omega \cdot \frac{mm^2}{m}$
Silber	0,016	Kohle	50 bis 100	Polystyrol	$5 \cdot 10^{18}$
Kupfer	0,017	Germanium	900	Glas	10^{18} bis 10^{19}
Aluminium	0,028	Silicium	1200	Porzellan	10^{19} bis 10^{20}
Wolfram	0,049	Meerwasser	200 000	Glimmer	10^{19} bis 10^{21}
Nickel	0,07	Wasser, destilliert	10^{10}	Hartgummi	10^{19} bis 10^{21}
Messing (66% Cu, 34% Zn)	0,08	Schiefer	10^{12}	Siegellack	10^{22}
Eisen	0,1 bis 0,5	Marmor	10^{13} bis 10^{14}	Paraffin	10^{20} bis 10^{22}
Konstantan	0,5	Pressspan	10^{14}	Bernstein	$> 10^{22}$

Vorsilben für dezimale Vielfache und Teile von Einheiten

Vorsilbe	Deka (da)	Hekto (h)	Kilo (k)	Mega (M)	Giga (G)
Zahlenwert	10	100	1000	1 000 000	1 000 000 000
Potenz	10^1	10^2	10^3	10^6	10^9

Vorsilbe	Dezi (d)	Zenti (c)	Milli (m)	Mikro (µ)	Nano (n)
Zahlenwert	0,1	0,01	0,001	0,000 001	0,000 000 001
Potenz	10^{-1}	10^{-2}	10^{-3}	10^{-6}	10^{-9}

Reibungszahlen

	Haftzahl f_h	**Gleitreibungszahl f_{gl}**
Stahl auf Stahl	0,15	0,03 bis 0,09
Stahl auf Gusseisen	0,18	0,16
Stahl auf Eis	0,03	0,01
Gummireifen auf Asphalt, trocken	0,9	0,8
Gummireifen auf Asphalt, nass	$< 0,7$	0,5
Gummireifen auf Beton, trocken	$< 1,0$	$< 0,5$
Gummireifen auf Beton, nass	$< 0,6$	$< 0,3$
Holz auf Holz	0,5 bis 0,65	0,2 bis 0,4
Metall auf Holz	0,5 bis 0,6	0,2 bis 0,5
Leder auf Metall	0,6	0,25

Umrechnung Druckeinheiten

	$Pa = \frac{N}{m^2}$	**bar**	**mbar**	**Torr***
$1\ Pa = 1\ \frac{N}{m^2}$	1	10^{-5}	10^{-2}	$0,75006 \cdot 10^{-2}$
1 bar	10^5	1	10^3	$0,75006 \cdot 10^3$
1 mbar	10^2	10^{-3}	1	0,75006
1 Torr*	$1,3332 \cdot 10^2$	$1,3332 \cdot 10^{-3}$	1,3332	1

1 Torr* bedeutet den Druck einer 1 mm hohen Quecksilbersäule von 0 °C am Normort.

Umrechnung Energieeinheiten

	J	**kWh**	**cal***	**eV**
1 J	1	$2,7777 \cdot 10^{-7}$	0,23884	$0,6242 \cdot 10^{19}$
1 kWh	$3,6 \cdot 10^6$	1	$0,8598 \cdot 10^6$	$2,247 \cdot 10^{25}$
1 cal*	4,1868	$1,163 \cdot 10^{-6}$	1	$2,613 \cdot 10^{19}$
1 eV	$1,602 \cdot 10^{-19}$	$4,45 \cdot 10^{-26}$	$3,826 \cdot 10^{-20}$	1

1 eV ist die Energie, die ein Teilchen mit der Elementarladung $e = 1,602 \cdot 10^{-19}$ C aufnimmt, wenn es die Spannung 1 V durchläuft.

*) Torr und cal sind nicht mehr zugelassene aber in manchen Bereichen immer noch verwendete Einheiten.

PERIODENSYSTEM DER ELEMENTE

Periode	1[1] I. Hauptgruppe	2 II. Hauptgruppe	3 III. Nebengruppe	4 IV. Nebengruppe	5 V. Nebengruppe	6 VI. Nebengruppe	7 VII. Nebengruppe	8 VIII. Nebengruppe	9 VIII. Nebengruppe	10 VIII. Nebengruppe	11 I. Nebengruppe	12 II. Nebengruppe	13 III. Hauptgruppe	14 IV. Hauptgruppe	15 V. Hauptgruppe	16 VI. Hauptgruppe	17 VII. Hauptgruppe	18 VIII. Hauptgruppe
1	1 1,008 H Wasserstoff																	2 4,003 He Helium
2	3 6,94 Li Lithium	4 9,01 Be Beryllium											5 10,81 B Bor	6 12,01 C Kohlenstoff	7 14,007 N Stickstoff	8 15,999 O Sauerstoff	9 18,998 F Fluor	10 20,18 Ne Neon
3	11 22,99 Na Natrium	12 24,31 Mg Magnesium											13 26,98 Al Aluminium	14 28,09 Si Silicium	15 30,97 P Phosphor	16 32,07 S Schwefel	17 35,45 Cl Chlor	18 39,95 Ar Argon
4	19 39,10 K Kalium	20 40,08 Ca Calcium	21 44,96 Sc Scandium	22 47,88 Ti Titan	23 50,94 V Vanadium	24 51,996 Cr Chrom	25 54,94 Mn Mangan	26 55,85 Fe Eisen	27 58,93 Co Cobalt	28 58,69 Ni Nickel	29 63,55 Cu Kupfer	30 65,39 Zn Zink	31 69,72 Ga Gallium	32 72,61 Ge Germanium	33 74,92 As Arsen	34 78,96 Se Selen	35 79,90 Br Brom	36 83,80 Kr Krypton
5	37 85,47 Rb Rubidium	38 87,62 Sr Strontium	39 88,91 Y Yttrium	40 91 22 Zr Zirconium	41 92,91 Nb Niob	42 95,94 Mo Molybdän	43 [98] Tc* Technetium	44 101,07 Ru Ruthenium	45 102,91 Rh Rhodium	46 106,42 Pd Palladium	47 107,87 Ag Silber	48 112,41 Cd Cadmium	49 114,82 In Indium	50 118,71 Sn Zinn	51 121,76 Sb Antimon	52 127,60 Te Tellur	53 126,90 I Iod	54 131,29 Xe Xenon
6	55 132,91 Cs Caesium	56 137,33 Ba Barium	57 138,91 La • Lanthan	72 178,49 Hf Hafnium	73 180,95 Ta Tantal	74 183,84 W Wolfram	75 186,21 Re Rhenium	76 190,23 Os Osmium	77 192,22 Ir Iridium	78 195,08 Pt Platin	79 196,97 Au Gold	80 200,59 Hg Quecksilber	81 204,38 Tl Thallium	82 207,2 Pb Blei	83 208,98 Bi Bismut	84 [209] Po Polonium	85 [210] At* Astat	86 [222] Rn* Radon
7	87 [223] Fr* Francium	88 226,03 Ra* Radium	89 227,03 Ac* •• Actinium	104 [261] Rf* Rutherfordium	105 [262] Db* Dubnium	106 [266] Sg* Seaborgium	107 [264] Bh* Bohrium	108 [277] Hs* Hassium	109 [268] Mt* Meitnerium	110 [271] Ds* Darmstadtium	111 [272] Rg* Roentgenium	112 [272] Cn* Copernicium	113 [284] Uut[2]* Ununtrium	114 [289] Fl* Flerovium	115 [288] Uup[2]* Ununpentium	116 [293] Lv* Livermorium	117 Uus[2]* Ununseptium	118 [294] Uuo[2]* Ununoctium

Metall
Halbmetall
Nichtmetall

schwarz = Feststoff
weiß = Flüssigkeit
rot = Gas
hellblau = künstliches Element
* = radioaktives Element

[1] = Gruppennummerierung IUPAC (1989): Gruppennummern 1 bis 18
[2] = vorläufiges IUPAC-Symbol

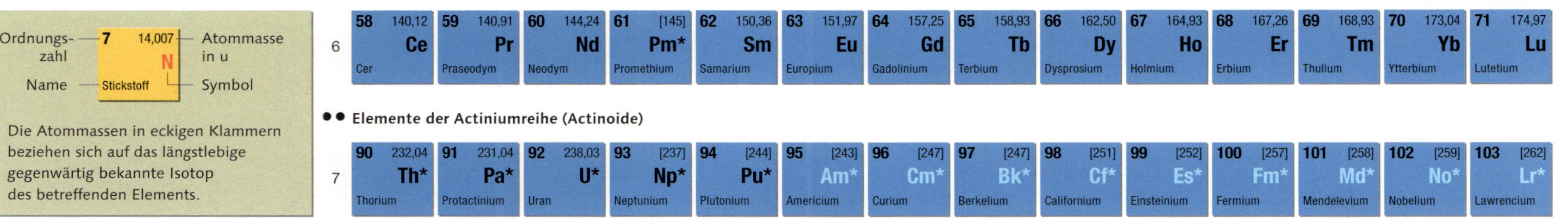

• **Elemente der Lanthanreihe (Lanthanoide)**

Periode														
6	58 140,12 Ce Cer	59 140,91 Pr Praseodym	60 144,24 Nd Neodym	61 [145] Pm* Promethium	62 150,36 Sm Samarium	63 151,97 Eu Europium	64 157,25 Gd Gadolinium	65 158,93 Tb Terbium	66 162,50 Dy Dysprosium	67 164,93 Ho Holmium	68 167,26 Er Erbium	69 168,93 Tm Thulium	70 173,04 Yb Ytterbium	71 174,97 Lu Lutetium

•• **Elemente der Actiniumreihe (Actinoide)**

Periode														
7	90 232,04 Th* Thorium	91 231,04 Pa* Protactinium	92 238,03 U* Uran	93 [237] Np* Neptunium	94 [244] Pu* Plutonium	95 [243] Am* Americium	96 [247] Cm* Curium	97 [247] Bk* Berkelium	98 [251] Cf* Californium	99 [252] Es* Einsteinium	100 [257] Fm* Fermium	101 [258] Md* Mendelevium	102 [259] No* Nobelium	103 [262] Lr* Lawrencium

Die Atommassen in eckigen Klammern beziehen sich auf das längstlebige gegenwärtig bekannte Isotop des betreffenden Elements.

AUSZUG AUS DER NUKLIDKARTE (VEREINFACHT)

a Jahr
d Tag
h Stunde
m Minute
s Sekunde
ms Millisekunde
µs Mikrosekunde

Ausschnitt aus der Nuklidkarte im Bereich der leichten Elemente

Z	Element	0	1	2	3	4	5	6	7	8	9	10	11	12
14	Si 28,0855									Si 22 6 ms	Si 23	Si 24 103 ms	Si 25 218 ms	Si 26 2,21 s
	Al 26,981539										Al 22 70 ms	Al 23 470 ms	Al 24 2,07 s	Al 25 7,18 s
12	Mg 24,3050									Mg 20 95 ms	Mg 21 122,5 ms	Mg 22 3,86 s	Mg 23 11,3 s	Mg 24 78,99
	Na 22,989768									Na 19	Na 20 446 ms	Na 21 22,48 s	Na 22 2,603 a	Na 23 100
10	Ne 20,1797							Ne 16	Ne 17 109,2 ms	Ne 18 1,67 s	Ne 19 17,22 s	Ne 20 90,48	Ne 21 0,27	Ne 22 9,25
	F 18,998403							F 15	F 16	F 17 64,8 s	F 18 109,7 m	F 19 100	F 20 11,0 s	F 21 4,16 s
8	O 15,9994					O 12	O 13 8,58 ms	O 14 70,59 s	O 15 2,03 m	O 16 99,762	O 17 0,038	O 18 0,200	O 19 27,1 s	O 20 13,5 s
	N 14,00674					N 11	N 12 11,0 ms	N 13 9,96 m	N 14 99,634	N 15 0,366	N 16 7,13 s	N 17 4,17 s	N 18 0,63 s	
6	C 12,011				C 9 126,5 ms	C 10 19,3 s	C 11 20,38 m	C 12 98,90	C 13 1,10	C 14 5730 a	C 15 2,45 s	C 16 0,747 s	C 17 193 ms	
	B 10,811				B 8 770 ms	B 9	B 10 19,9	B 11 80,1	B 12 20,20 ms	B 13 17,33 ms	B 14 13,8 ms	B 15 10,4 ms		
4	Be 9,012182			Be 6	Be 7 53,29 d	Be 8	Be 9 100	Be 10 $1,6 \cdot 10^6$ a	Be 11 13,8 s	Be 12 23,6 ms				
	Li 6,941			Li 5	Li 6 7,5	Li 7 92,5	Li 8 840,3 ms	Li 9 178,3 ms	Li 10	Li 11 8,5 ms				
2	He 4,002602		He 3 0,000137	He 4 99,999863	He 5	He 6 806,7 ms	He 7	He 8 119 ms						
1	H 1,00794	H 1 99,985	H 2 0,015	H 3 12,323 a										
			n 1 10,25 m											

Ausschnitt aus der Nuklidkarte im Bereich der natürlichen Zerfallsreihen

Z	110	111	112	113	114	115	116	117	118	119	120	121	122	123	124	125	126	127	128
92																U 238,0289	U 218 1,5 ms	U219 ~ 42 µs	
												Pa 231,03588	Pa 213 5,3 ms	Pa 214 17 ms	Pa 215 14 ms	Pa 216 0,2 s	Pa 217 4,9 ms	Pa 218 0,12 ms	Pa 219 53 ns
90										Th 232,0381	Th 210 9 ms	Th 211 37 ms	Th 212 30 ms	Th 213 0,14 s	Th 214 0,10 s	Th 215 1,2 s	Th 216 28 ms	Th 217 252 µs	Th 218 0,1 µs
								Ac 227,0278	Ac 207 22 ms	Ac 208 95 ms	Ac 209 90 ms	Ac 210 0,35 s	Ac 211 0,25 s	Ac 212 0,93 s	Ac 213 0,80 s	Ac 214 8,2 s	Ac 215 0,17 s	Ac 216 ~ 0,33 ms	Ac 217 69 ns
88						Ra 226,0254	Ra 204 45 ms	Ra 205 0,22 s	Ra 206 0,24 s	Ra 207 1,3 s	Ra 208 1,3 s	Ra 209 4,6 s	Ra 210 3,7 s	Ra 211 13 s	Ra 212 13 s	Ra 213 2,74 m	Ra 214 2,46 s	Ra 215 1,6 ms	Ra 216 0,18 µs
			Fr	Fr 200 0,57 s	Fr 201 48 ms	Fr 202 0,34 s	Fr 203 0,55 s	Fr 204 1,7 s	Fr 205 3,9 s	Fr 206 15,9 s	Fr 207 14,8 s	Fr 208 58,6 s	Fr 209 50,0 s	Fr 210 3,18 m	Fr 211 3,10 m	Fr 212 20,0 m	Fr 213 34,6 s	Fr 214 5,0 ms	Fr 215 0,09 µs
86	Rn	Rn 197 51 ms	Rn 198 64 ms	Rn 199 0,62 s	Rn 200 1,06 s	Rn 201 7,0 s	Rn 202 9,85 s	Rn 203 45 s	Rn 204 1,24 m	Rn 205 2,83 m	Rn 206 5,67 m	Rn 207 9,3 m	Rn 208 24,4 m	Rn 209 28,5 m	Rn 210 2,4 h	Rn 211 14,6 h	Rn 212 24 m	Rn 213 25 ms	Rn 214 0,27 µs
	At		At 197 0,35 s	At 198 4,2 s	At 199 7,2 m	At 200 43 s	At 201 1,5 m	At 202 184 s	At 203 7,4 m	At 204 9,2 m	At 205 26,2 m	At 206 29,4 m	At 207 1,8 h	At 208 1,63 h	At 209 5,4 h	At 210 8,3 h	At 211 7,22 h	At 212 314 ms	At 213 0,11 µs
84	Po		Po 196 5,8 s	Po 197 56 s	Po 198 1,76 m	Po 199 5,2 m	Po 200 11,5 m	Po 201 15,3 m	Po 202 44,7 m	Po 203 36 m	Po 204 3,53 h	Po 205 1,66 h	Po 206 8,8 d	Po 207 5,84 h	Po 208 2,898 a	Po 209 102 a	Po 210 138,38 d	Po 211 0,516 s	Po 212 0,3 µs
	Bi 208,98037		Bi 195 3,0 m	Bi 196 5,1 m	Bi 197 9,3 m	Bi 198 10,3 m	Bi 199 27 m	Bi 200 36,4 m	Bi 201 1,8 h	Bi 202 1,72 h	Bi 203 11,76 h	Bi 204 11,22 h	Bi 205 15,31 d	Bi 206 6,24 d	Bi 207 31,55 a	Bi 208 $3,68 \cdot 10^5$ a	Bi 209 100	Bi 210 5,013 d	Bi 211 2,17 m
82	Pb 207,2		Pb 194 12,0 m	Pb 195 ~15 m	Pb 196 36,4 m	Pb 197 8 m	Pb 198 2,40 h	Pb 199 1,5 h	Pb 200 21,5 h	Pb 201 9,4 h	Pb 202 $5,25 \cdot 10^4$ a	Pb 203 51,9 h	Pb 204 1,4	Pb 205 $1,5 \cdot 10^7$ a	Pb 206 24,1	Pb 207 22,1	Pb 208 52,4	Pb 209 3,253 h	Pb 210 22,3 a
	Tl 204,3833		Tl 193 22,6 m	Tl 194 33 m	Tl 195 1,13 h	Tl 196 1,8 h	Tl 197 2,84 h	Tl 198 5,3 h	Tl 199 7,42 h	Tl 200 26,1 h	Tl 201 73,1 h	Tl 202 12,23 d	Tl 203 29,524	Tl 204 3,78 a	Tl 205 70,476	Tl 206 4,20 m	Tl 207 4,77 m	Tl 208 3,053 m	Tl 209 2,16 m
80	Hg 200,59		Hg 192 4,9 h	Hg 193 3,5 h	Hg 194 520 a	Hg 195 9,5 h	Hg 196 0,15	Hg 197 64,1 h	Hg 198 9,97	Hg 199 16,87	Hg 200 23,10	Hg 201 13,18	Hg 202 29,86	Hg 203 46,59 d	Hg 204 6,87	Hg 205 5,2 m	Hg 206 8,15 m	Hg 207 2,9 m	Hg 208 ~42 m

Si 27 4,16 s	Si 28 92,23	Si 29 4,67	Si 30 3,10	Si 31 2,62 h	Si 32 172 a	Si 33 6,18 s	Si 34 2,77 s	Si 35 0,78 s	Si 36 0,45 s	Si 37	Si 38	Si 39	Si 40	Si 41	Si 42	14
Al 26 7,16 · 10^5 a	Al 27 100	Al 28 2,246 m	Al 29 6,6 m	Al 30 3,60 s	Al 31 644 ms	Al 32 33 ms	Al 33 54 ms	Al 34 60 ms	Al 35 ~150 ms	Al 36	Al 37	Al 38	Al 39		28	
Mg 25 10,00	Mg 26 11,01	Mg 27 9,46 m	Mg 28 20,9 h	Mg 29 1,30 s	Mg 30 335 ms	Mg 31 230 ms	Mg 32 120 ms	Mg 33 90 ms	Mg 34 20 ms	Mg 35	Mg 36	12	26			
Na 24 14,96 h	Na 25 59,6 s	Na 26 1,07 s	Na 27 304 ms	Na 28 30,5 ms	Na 29 44,9 ms	Na 30 48 ms	Na 31 17,0 ms	Na 32 13,5 ms	Na 33 8,2 ms	Na 34 5,5 ms	Na 35 1,5 ms					
Ne 23 37,2 s	Ne 24 3,38 m	Ne 25 602 ms	Ne 26 197 ms	Ne 27 32 ms	Ne 28 17 ms	Ne 29 ~200 ms	Ne 30		Ne 32	10	24					
F 22 4,23 s	F 23 2,23 s	F 24 0,34 s	F 25 59 ms	F 26	F 27		F 29		22							
O 21 3,4 s	O 22 2,25 s	O 23 82 ms	O 24 61 ms	8	18		20									
	14		16													

							Am	Am 232 1,31 m		Am 234 2,32 m		Am 236 3,7 m	Am 237 73,0 m	Am 238 1,63 h	Am 239 11,9 h	Am 240 50,8 h	Am 241 432,2 a	Am 242 16 h	Am 243 7370 a
			94	Pu	Pu 228 ?	Pu 229 ?	Pu 230 ?		Pu 232 34,1 m	Pu 233 20,9 m	Pu 234 8,8 h	Pu 235 25,3 m	Pu 236 2,858 a	Pu 237 45,2 d	Pu 238 87,74 a	Pu 239 2,411·10^4 a	Pu 240 6563 a	Pu 241 14,35 a	Pu 242 3,750 · 10^5 a
		Np	Np 225 ?	Np 226 31 ms	Np 227 0,51 s	Np 228 61,4 s	Np 229 4,0 m	Np 230 4,6 m	Np 231 48,8 m	Np 232 14,7 m	Np 233 36,2 m	Np 234 4,4 d	Np 235 396,1 d	Np 236 1,54 · 10^5 a	Np 237 2,144 · 10^6 a	Np 238 2,117 d	Np 239 2,355 d	Np 240 65 m	Np 241 13,9 m
	U 222 1 µs	U 223 18 µs	U 224 0,7 ms	U 225 95 ms	U 226 0,2 s	U 227 1,1 m	U 228 9,1 m	U 229 58 m	U 230 20,8 d	U 231 4,2 d	U 232 68,9 a	U 233 1,592 · 10^5 a	U 234 0,0055 2,455 · 10^5 a	U 235 0,7200 7,038 · 10^8 a	U 236 2,342 · 10^7 a	U 237 6,75 d	U 238 99,2745 4,468 · 10^9 a	U 239 23,5 m	U 240 14,1 h
Pa 220 0,78 µs	Pa 221 5,9 µs	Pa 222 4,3 ms	Pa 223 6,5 ms	Pa 224 0,95 s	Pa 225 1,8 s	Pa 226 1,8 m	Pa 227 38,3 m	Pa 228 22 h	Pa 229 1,50 d	Pa 230 17,4 d	Pa 231 3,276 · 10^4 a	Pa 232 1,31 d	Pa 233 27,0 d	Pa 234 6,70 h	Pa 235 24,2 m	Pa 236 9,1 m	Pa 237 8,7 m	Pa 238 2,3 m	148
Th 219 1,05 µs	Th 220 9,7 µs	Th 221 1,68 ms	Th 222 2,2 ms	Th 223 0,66 s	Th 224 1,04 s	Th 225 8,72 m	Th 226 31 m	Th 227 18,72 d	Th 228 1,913 a	Th 229 7880 a	Th 230 7,54 · 10^4 a	Th 231 25,5 h	Th 232 100 1,405·10^{10} a	Th 233 22,3 m	Th 234 24,10 d	Th 235 7,1 m	Th 236 37,5 m	Th 237 5,0 m	90
Ac 218 1,1 µs	Ac 219 11,8 µs	Ac 220 26 ms	Ac 221 52 ms	Ac 222 5,0 s	Ac 223 2,10 m	Ac 224 2,9 h	Ac 225 10,0 d	Ac 226 29 h	Ac 227 21,773 a	Ac 228 6,13 h	Ac 229 62,7 m	Ac 230 122 s	Ac 231 7,5 m	Ac 232 119 s	144		146		
Ra 217 1,6 µs	Ra 218 25,6 µs	Ra 219 10 ms	Ra 220 23 ms	Ra 221 28 s	Ra 222 38 s	Ra 223 11,43 d	Ra 224 3,66 d	Ra 225 14,8 d	Ra 226 1600 a	Ra 227 42,2 m	Ra 228 5,75 a	Ra 229 4,0 m	Ra 230 93 m	88					
Fr 216 0,70 µs	Fr 217 16 µs	Fr 218 1,0 ms	Fr 219 21 ms	Fr 220 27,4 s	Fr 221 4,9 m	Fr 222 14,2 m	Fr 223 21,8 m	Fr 224 3,3 m	Fr 225 4,0 m	Fr 226 48 s	Fr 227 2,47 m		142						
Rn 215 2,3 µs	Rn 216 45 µs	Rn 217 0,54 ms	Rn 218 35 ms	Rn 219 3,96 s	Rn 220 55,6 s	Rn 221 25 m	Rn 222 3,825 d	Rn 223 23,2 m	Rn 224 1,78 h	86	140								
At 214 0,56 µs	At 215 0,1 ms	At 216 0,3 ms	At 217 32,3 ms	At 218 ~2 s	At 219 0,9 m	At 220 3,71 m	At 221 2,3 m		138										
Po 213 4,2 µs	Po 214 164 µs	Po 215 1,78 ms	Po 216 0,15 s	Po 217 < 10 s	Po 218 3,05 m	84	136												
Bi 212 60,60 m	Bi 213 45,59 m	Bi 214 19,9 m	Bi 215 7,6 m	Bi 216 3,6 m	134														
Pb 211 36,1 m	Pb 212 10,64 h	Pb 213 10,2 m	Pb 214 26,8 m	82															
Tl 210 1,30 m	130		132																

Zahl der Neutronen

Zahl der Protonen

Instabile (radioaktive) Nuklide

Elementsymbol

Ac 230 122 s ← Massenzahl ← Halbwertszeit

β⁻-Zerfall

Elektronen-einfang oder β⁺-Zerfall

α-Zerfall

Zerfallszweig mit geringer Häufigkeit

Zerfallszweig über Spontanspaltung mit geringer Häufigkeit

Elemente

Elementsymbol

Ra 226,0254 ← relative Atommasse (Mittelwert entsprechend Isotopenhäufigkeit)

Stabile Nuklide

Elementsymbol

Si 30 3,10 ← Massenzahl ← Isotopenhäufigkeit in Prozent

Nuklide, die bei der Bildung der irdischen Materie entstanden

Th 232 100

Nach: G. Pfennig, H. Klewe-Nebenius, W. Seelmann-Eggebert: Karlsruher Nuklidkarte. 6. Aufl. 1995, Copyright by Forschungszentrum Karlsruhe GmbH

Agentur Focus/GUSTOIMAGES/SPL: *Titelbild* – 123RF/Can Balcioglu: *38.1;* Inmagine GmbH/Aleksandr Markin: *54.1;* nui7711: *173.3;* Tyler Olson: *110.1* – A1PIX/Your Photo Today: *115.5;* action press/BECKER + BREDEL GbR: *206.2;* MAGICS: *206.1* – Agentur Focus/ALEXANDER SEMENOV/SCIENCE PHOTO LIBRARY: *73.4* – akg-images: *48.1* – Bildagentur Poseidon: *16.2* – Bislin, C., Sargans/Schweiz: *10.1* – Bosch, Günther: *22.1* – Carmesin, Hans-Otto, Stade: *49.4, 178.1A-E, 208.2* – Conrad Electronic SE: *141.8A, 152.4A* – Corbis/Ocean: *85.6*; Roger Ressmeyer: *4.1, 101.1* – Cornelsen Experimenta: *182.1* – Cornelsen Schulverlage GmbH: *111.4, 122.1* – ddp images/dapd: *90.1* – Deutsches Museum, München: *19.Mat.B, 21.4* – DFNS e.V.: *31.4* – digitalstock/M. Ruta: *12.2* – DLR-Institut für Technische Thermodynamik: *186.1;* EUMETSAT: *65.6* – Döring, V., Hohen Neuendorf: *12.3, 17.6, 83.4A-B* – Eilks, I., Bremen: *41.3* – F1online digitale: *181.2* – Fabian, Michael J., Hannover: *15.4A, 18.3A, 21.3A-E, 24.1, 41.6, 65.4-5, 82.2, 84.2, 84.4, 115.4, 119.2A-B, 119.3, 150.2A, 156.1, 191.2A-B, 191.3-4* – Forschungszentrum Karlsruhe: *172.1* – Fotolia: *71.4*; elilena: *194.1A*; Feldberger: *23.6*; Gilles Gras: *29.3*; henryn0580: *86.1;* Jörg Lantelme: *26.3;* Mallivan: *18.1B;* Mila Supynska: *55.3;* Stefan Schurr: *27.4;* Torsten Lorenz: *27.4B;* Travelfish: *84.3;* udra11: *31.5* – Gaa, Markus, Fotodesign, Heidelberg: *13.6A_links, rechts, 13.6B_links, rechts, 32.1, 41.5, 49.2, 55.4A, 56.1-2, 4, 57.6, 57A-B, 58.2, 66.2, 80.1, 85.5, 111.3, 176.1-2* – gemeinfrei: *116.1* – Glowimages/ Gabriela Medina/Blend Images LLC: *58.1* – imago sportfotodienst/imago stock&people: *106.2* – Informations-Gemeinschaft Passivhaus, Foto:Architekturbüro Wamsler: *198.1* – iStockphoto/acilo: *74.1;* Christine Glade: *13.7; 192.3; 71.5;* FernandoAH: *154.1;* Graeme Shannon: *60.1;* Grand-V: *62.1;* Juanmonino: *18.1A;* mayo5: *94.1,* santirf: *210.2;* Tomasz Tulik: *3.1, 7.1;* Ulrich Schade: *36.1;* Dmitry Mordvintsev: *190.1* – Kasper, Dr. Lutz/Freiburg: *18.2A-B* – Kienle, Dr. Reiner, Forchtenberg: *146.3A* – Konrad, Ulf, Scheeßel: *142.1, 144.1-2, 204.1, 204.2A-B, 204.3, 204.4A-B, 205.5-6, 211.3-4* – Kretschmer, Jan: *35.3* – laif/Johannes Arlt: *52.1* – Look/Y3I-1554967/age fotostock: 20.1 – MAGURA: *22.4* – mauritius images/Alamy: *72.2;* ib/Karl F. Schöfmann: *174.1;* Photo Researchers: *12.1;* SELF: *11.3A* – Meibert, Oliver, Berlin: 15.4B, 20.2 – N-ERGIE Aktiengesellschaft, Nürnberg: *197.3* – NASA: *3.2, 45.1, 61.4, 70.2, 126.1;* David Cartier, Sr.: *78.1;* ESA/Hubble Heritage (STScI/AURA)-ESA/Hubble Collaboration: *127.4;* JPL/ Arizona State University: *66.1* – Nelle, Marion/Pressestelle RUB/IDW: *108.1* – Okapia/Dr. E.R. Degginger/Coleman, Inc./SAVE: *14.2* – PantherMedia/MP 2: *92.1;* Warren Goldswain: *57.5* – Pardall, Carl-Julian, Heidelberg: *69.2* – Photo courtesy of National Nuclear Security Administration/Nevada Site Office: *130.1* – Phywe Systeme GmbH & Co. KG, Göttingen: *92.2, 141.8B* – picture-alliance/dieKLEINERT.de/Robert Perdok: *210.1;* dpa: *40.1, 60.2, 70.1, 97.3, 127.5, 150.1, 170.1;* dpa/Predrag Vuckovic/RED BULL STRATOS: *177.5A;* DPPI Media: *40.2;* OKAPIA KG, Ge: *126.3; ZB: 69.3;* ZB/euroluftbild.de: *199.3* – Pitopia/Robert Marggraff, 2007: *177.4* – Polimaster Holding GmbH, Wien: *124.1* – Rager, Bruno, Esslingen: *102.2-3* – Red Bull Content Pool/Jörg Mitter: *177.5B* – Sammlung Gesellschaft für ökologische Forschung: *73.5A-B* – SeaTops: *28.1* – Shutterstock/Action Sports Photography: *50.1;* Alexander Mak: ***11.2A;*** Alexander Pekour: *39.5;* Bertold Werkmann: *158.3;* Dariush M.: *84.1;* demarcomedia: *138.1;* Designua: *14.1;* DJ Mattaar: *31.6;* KieferPix: ***11.4A;*** leoks: *64.1;* Lucky Business: *162.2;* OBprod: **16.1, 17.5;** Otmar Smit: *62.2;* Shots Studio: *110.2;* wavebreakmedia: *123.3;* WDG Photo: *194.1B* – Siemens AG: *5.3, 82.1, 169.1* – Stabila: *22.2* – The ATLAS Experiment at CERN, http://atlas.ch: *106.1* – Thorens Services AG, Schweiz: *162.1* – TOPICMedia Service: *102.1* – TubeAmpDoctor, Worms: *146.2A* – Vaillant GmbH 2013, Remscheid: *197.4* – Wacker Siltronic Burghausen: *4.2, 135.1* – Witte, Lutz, Oldenburg: *81.3*